이기적
이렇게 기막힌 적중률

정보처리기사
실기 기본서

| 2권 · 이론서 |

당신의 합격을 위한
이렇게 기막힌 적중률!

차례

SQL 응용

모듈 소개

관계형 데이터베이스에서 SQL을 사용하여 응용 시스템의 요구 기능에 적합한 데이터를 정의하고 조작하며 제어할 수 있다.

기본 SQL 작성하기

학습방향

1. DDL문을 활용하여 기본 SQL을 작성할 수 있다.
2. DML문을 활용하여 기본 SQL을 작성할 수 있다.
3. DCL문을 활용하여 기본 SQL을 작성할 수 있다.

CHAPTER **01**

01 SQL 정의어(DDL)

핵심포인트

CREATE · ALTER · DROP · FOREIGN KEY~REFERENCES · CASCADE/RESTRICT

합격생의 비법

SQL은 전반적으로 중요합니다. 각 명령어의 개념과 구문을 이해하고 암기해 두세요. SQL도 일종의 언어이므로 영어 공부할 때 단어, 숙어 외우듯이 구문을 외워두세요.

- SQL(Structured Query Language)은 관계 데이터베이스에서 사용되는 대표적인 언어로, 관계 대수와 관계 해석을 기초로 데이터베이스의 작업을 보다 효율적이고 다양하게 표현하고 처리하기 위한 고급 데이터베이스 언어이다. 대화식이며, 기타 다른 언어로 작성된 프로그램에 내장되어 처리할 수 있다.
- SQL의 종류는 크게 정의어(DDL, Data Definition Language), 조작어(DML, Data Manipulation Language), 제어어(DCL, Data Control Language)로 나누어진다.

합격생의 비법

관계 대수와 관계 해석을 이용해 데이터베이스에서 원하는 자료를 이용하고 검출하기도 하지만 SQL을 이용하면 보다 효율적이고 다양한 기능을 수행할 수 있습니다.

01 SQL 정의어(DDL, Data Definition Language)

- 정의어(DDL)는 관계 데이터베이스에서 사용될 테이블, 스키마, 도메인, 인덱스, 뷰 등을 정의(생성)하거나 수정 · 제거하기 위해 사용되는 언어이다.
- 정의어의 종류에는 CREATE문, ALTER문, DROP문이 있다.

합격생의 비법

'CREATE'의 의미는 '창조하다. 만들다'입니다. 단어의 의미를 생각하면 쉽게 명령어의 용도를 이해할 수 있습니다.

02 CREATE

CREATE 명령어는 테이블, 스키마, 도메인, 인덱스, 뷰 등을 정의(생성)하기 위해 사용하는 명령문이다.

① 테이블 정의

- 테이블은 CREATE TABLE문에 의해 생성되며, 다음과 같은 구문에 따라 만들어진다.
- 구문

```
CREATE TABLE 테이블_이름
 ({속성_이름 데이터_타입 [NOT NULL],}
  [PRIMARY KEY(속성_이름),]
  [UNIQUE(속성_이름),]
  [FOREIGN KEY(속성_이름) REFERENCES 참조테이블_이름(속성_이름)
   [ON DELETE CASCADE | SET NULL | SET DEFAULT | NO ACTION]
   [ON UPDATE CASCADE | SET NULL | SET DEFAULT | NO ACTION],
  [CONSTRAINT 제약조건_이름 CHECK(속성_이름=범위 값)]
 );
```

- 구문에서 표현된 '{ }'는 반복, '[ ]'는 생략 가능, ' | '는 선택을 의미한다.
- CREATE TABLE 테이블_이름 : 테이블을 만들겠다는 의미이며 '테이블_이름'에는 테이블의 이름을 기입한다.
- {속성_이름 데이터_타입 [NOT NULL]} : 테이블을 구성할 속성 이름과 데이터 타입 등을 기입한다. { }가 반복의 의미이므로 테이블을 구성할 속성 수만큼 반복한다.
  - [NOT NULL] : 테이블 생성 시 특정 속성값에 'NULL'이 없도록 지정할 때 사용되며, [ ]가 생략의 의미이므로 필요 없을 때는 생략한다.
- PRIMARY KEY(속성_이름) : 테이블에서 기본키 속성을 지정할 때 사용한다.
- UNIQUE(속성_이름) : 테이블 생성 시 특정 속성의 값에 중복된 값이 없도록 하며, 즉 모든 속성값이 고유한 값을 가지도록 지정할 때 사용한다.
- FOREIGN KEY(속성_이름) REFERENCES 참조테이블_이름(속성_이름) : 외래키를 지정할 때 사용된다.
  - FOREIGN KEY(속성_이름) : 현재 생성되는 테이블에서 외래키로 사용될 속성 이름을 기입한다.
  - 참조테이블_이름(속성_이름) : 외래키를 이용해서 참조할 테이블과 기본키로 지정된 속성 이름을 기입한다.
- CONSTRAINT 제약조건_이름 CHECK(속성_이름=범위 값) : 테이블을 생성할 때 특정 속성에 대해 속성값의 범위를 지정할 때 사용된다.
- SQL 정의어, 조작어, 제어어는 시작부터 ~ ';'까지가 하나의 문장이다.

합격생의 비법

REFERENCES는 '참조'라는 의미입니다. 외래키 지정 시 'FOREIGN KEY~REFERENCES'는 하나의 숙어처럼 외워두세요.

합격생의 비법

속성값의 범위를 지정할 때 'CONSTRAINT 제약조건_이름'은 생략할 수 있으며, 실제 속성의 범위 값은 'CHECK' 옵션을 통해 설정한다는 것을 꼭 알아두세요.

이론 하나 더 알기

데이터 타입

데이터 타입은 데이터의 유형(형식)을 말한다. 컴퓨터에 자료를 저장할 때는 저장될 자료가 어떤 형태인지 지정해야 한다. 예를 들어 전화번호 02-1234-5678인 경우 전화번호는 사실은 문자이다. 그러나 문자형으로 지정해 주지 않으면 숫자로 인식되어 계산될 수 있다. 따라서 데이터가 문자인지, 숫자인지 등과 같이 데이터의 유형(형식)을 지정해 줘야 한다.

▶ 데이터 타입의 종류

데이터 타입	표현 형식	데이터 타입	표현 형식
정수(integer)	INT	가변길이 문자	VARCHAR(문자수)★
실수(float)	FLOAT 또는 REL	시간	TIME
고정길이 문자	CHAR(문자수)	날짜	DATE

★ 오라클의 경우, 가변길이 문자의 표현 형식은 VARCHAR2(문자수)이다.

- 고정길이 문자는 지정된 문자 수만큼의 기억공간을 항상 차지하는 방식이다.
- 가변길이 문자는 지정된 문자 수 안에서 실제 자료에 따라 유동적으로 기억공간을 차지하는 방식이다. 예를 들어 데이터 타입을 CHAR(10)인 경우와 VARCHAR(10)으로 지정했을 때 실제 자료의 문자수가 5라면 CHAR(10)인 경우는 실제 문자 수와 상관 없이 문자 10개를 저장할 공간을 차지하고 VARCHAR(10)인 경우는 문자 5개를 저장할 공간만 차지한다.

예 다음 주어진 지시사항에 따라 테이블을 만드는 SQL문을 완성하시오.

〈테이블 생성 지시사항〉

- 학번, 성명, 학과, 학년, 학점으로 구성된 [학생] 테이블을 만들어라.
- 학번과 학년은 숫자형 자료이며, 나머지는 문자형이다.
- 성명은 가변길이 문자로 최대 25자리로, 학과는 고정길이 문자로 10자리로, 학점은 고정길이 문자로 1자리 문자형이다.
- 학번을 기본키로 지정한다.
- 성명 속성은 공백이 있을 수 없다.
- 학과 속성을 이용하여 [수강] 테이블의 학과를 참조하도록 외래키를 지정하며, 참조 테이블에서 삭제가 발생하면 NULL 값으로 하고, 수정이 발생하면 연쇄적으로 수정하도록 한다.
- 학년의 속성값은 4 이하의 값을 갖도록 'hak' 이름으로 제약한다.

〈풀이〉

```
CREATE TABLE 학생
  ( 학번 INT,
    성명 VARCHAR(25) NOT NULL,
    학과 CHAR(10),
    학년 INT,
    학점 CHAR(1),
    PRIMARY KEY(학번),
    FOREIGN KEY(학과) REFERENCES 수강(학과)
      ON DELETE SET NULL
      ON UPDATE CASCADE,
    CONSTRAINT hak CHECK(학년 <= 4));
```

〈결과〉

학생

학번	성명	학과	학년	학점
...	...	...	...	...

② 스키마 정의

- 시스템 관리자가 일반 사용자에게 스키마에 대한 권한을 주기 위한 스키마를 만들기 위해 사용된다.
- 스키마는 CREATE SCHEMA문에 의해 생성되며, 다음과 같은 구문에 따라 만들어진다.
- 구문

CREATE SCHEMA 스키마_이름 AUTHORIZATION 사용자;

예 스키마 이름이 'JUNGBO'이고, 허가권자가 '이영진'인 스키마를 정의하시오.

```
CREATE SCHEMA JUNGBO AUTHORIZATION 이영진;
```

〈풀이〉
사용자 '이영진'에게 데이터베이스 구축에 필요한 스키마를 정의하고 사용할 수 있도록 'JUNGBO'라는 이름으로 스키마를 만든 것이다.

③ 도메인 정의

• 한 속성값의 범위를 지정하기 위한 도메인은 CREATE DOMAIN문에 의해 생성되며, 다음과 같은 구문에 따라 만들어진다.

• 구문

```
CREATE DOMAIN 도메인_이름 데이터_타입
   [DEFAULT 기본값]
   [CONSTRAINT 제약조건_이름 CHECK(VALUE IN(범위 값))];
```

예 속성의 값으로 'T'와 'F'로만 구성되는 'success'라는 이름의 도메인을 정의하시오(단, 속성값이 입력되지 않을 경우 기본값은 'T'로 한다).

```
CREATE DOMAIN success CHAR(1)
   DEFAULT 'T'
   CONSTRAINT success CHECK(VALUE IN('T', 'F'));
```

④ 인덱스 정의 2020년 2회

• 데이터베이스 내의 자료를 보다 효율적으로 검색하기 위해 인덱스를 만들며, 시스템에 의해 자동 관리된다.

• 인덱스는 CREATE INDEX문에 의해 생성되며, 다음과 같은 구문에 따라 만들어진다.

• 구문

```
CREATE [UNIQUE] INDEX 인덱스_이름
   ON 테이블_이름(속성_이름 [ASC|DESC])
   [CLUSTER];
```

- UNIQUE : 중복을 허용하지 않도록 인덱스를 생성할 때 사용되며, 생략 시 중복이 허용된다.
- ON 테이블_이름(속성_이름) : 지정된 테이블의 속성으로 인덱스를 만든다.
  • [ASC|DESC] : 인덱스로 사용될 속성값의 정렬 방법을 나타내며 ASC는 오름차순, DESC는 내림차순을 의미한다.
- CLUSTER : 인접된 튜플들을 물리적인 그룹으로 묶어 저장하도록 할 때 사용된다.

합격생의 비법

• 'CONSTRAINT 제약조건_이름' 구절에 의해 제약조건 이름을 지정하는 이유는 한 번 만든 제약조건을 반복해서 사용할 경우 다음에는 제약조건 이름만 불러와 편리하게 사용하기 위해서입니다. 필요 없는 경우에는 'CONSTRAINT 제약조건_이름' 부분은 생략해도 됩니다.

• 테이블을 정의할 때도 마찬가지로 속성값의 범위를 지정할 때 'CHECK' 옵션을 이용합니다.

> **예** [학생] 테이블의 학과 속성값을 오름차순 정렬하여, 중복을 허용하지 않도록 'stud_idx'라는 이름의 인덱스를 정의하시오.
>
> ```
> CREATE UNIQUE INDEX stud_idx
>    ON 학생(학과 ASC);
> ```

03 ALTER 2020년 3회

- ALTER 명령문은 기존에 만들어진 테이블에 새로운 속성을 추가하거나 기존 속성을 변경·삭제할 때 사용하는 명령어이다.
- 구문

> ALTER TABLE 테이블 이름 ADD 속성_이름 데이터_타입 [DEFAULT];
> ALTER TABLE 테이블 이름 ALTER 속성_이름 [SET DEFAULT];
> ALTER TABLE 테이블 이름 DROP 속성_이름 [CASCADE | RESTRICT];

- ALTER TABLE ~ ADD : 기존 테이블에 새로운 속성을 추가할 때 사용되는 구문이다.
- ALTER TABLE ~ ALTER : 기존 테이블의 속성에 대한 사항을 변경할 때 사용되는 구문이다. (단, 오라클의 경우 ALTER TABLE ~ MODIFY)
- ALTER TABLE ~ DROP : 기존 테이블에서 속성(항목)을 제거할 때 사용되는 구문이다.

> **예1** 아래 [학생] 테이블에 '주소' 속성을 추가하시오(단, 주소 항목은 가변길이 문자형으로 30자까지 입력될 수 있다).

학생

학번	성명	학과	학년	학점
2071025	이영진	전기통신	3	A
2081517	홍길동	산업공학	2	B
2081520	강희영	컴퓨터공학	4	A

> ALTER TABLE 학생 ADD 주소 VARCHAR(30);

〈결과〉 새로운 '주소' 속성이 추가된다.

학생

학번	성명	학과	학년	학점	주소
2071025	이영진	전기통신	3	A	
2081517	홍길동	산업공학	2	B	
2081520	강희영	컴퓨터공학	4	A	

예 2 아래 [학적] 테이블에서 '학년' 속성을 제거하시오.

학적

학번	성명	연락처	전공	학년
2072233	박봉달	010-1234-5678	컴퓨터	3
2084466	김태수	010-2345-6789	국문	3
2090522	최우수	010-4321-1357	영문	2
2053322	이영진	010-2468-3579	법학	4

```
ALTER TABLE 학적 DROP 학년 CASCADE;
```

〈결과〉 [학적] 테이블에서 '학년' 속성이 제거된다.

학적

학번	성명	연락처	전공
2072233	박봉달	010-1234-5678	컴퓨터
2084466	김태수	010-2345-6789	국문
2090522	최우수	010-4321-1357	영문
2053322	이영진	010-2468-3579	법학

04 DROP

- DROP 명령문은 기존에 사용되던 테이블, 스키마, 도메인, 인덱스, 뷰, 제약조건 등을 제거할 때 사용하는 명령으로 삭제 시 테이블 전체가 제거된다.
- 구문

```
DROP TABLE 테이블_이름 [CASCADE | RESTRICT];
DROP SCHEMA 스키마_이름 [CASCADE | RESTRICT];
DROP DOMAIN 도메인_이름 [CASCADE | RESTRICT];
DROP VIEW 뷰_이름 [CASCADE | RESTRICT];
DROP INDEX 인덱스_이름;
DROP CONSTRAINT 제약조건_이름;
```

합격생의 비법

ALTER TABLE~DROP은 테이블에서 하나의 속성만 삭제되는 것이고, DROP TABLE~은 테이블 전체가 삭제되는 것입니다. 비교해서 정리해 두세요.

예 아래 [학적] 테이블을 제거하시오.

학적

학번	성명	주민등록번호	전공	학년
2083577	강희영	850502-1234567	컴퓨터	3
2093505	김정미	840127-2345678	컴퓨터	2
2072719	홍길동	811022-1345678	토목	4
2100325	이영진	890628-1456789	법학	1

```
DROP TABLE 학적 CASCADE;
```

제거 시 사용되는 옵션 RESTRICT와 CASCADE의 차이점

- RESTRICT : 삭제할 요소가 사용(참조) 중이면 삭제가 이루어지지 않는다.
- CASCADE : 삭제할 요소가 사용(참조) 중이더라도 삭제가 이루어지며, 삭제할 테이블을 참조 중인 다른 테이블도 연쇄적으로 같이 삭제된다. 예를 들어 A 테이블을 B 테이블에서 외래키를 이용해 참조하는 경우 A 테이블을 삭제하면 B 테이블도 같이 모두 삭제된다.

예 테이블 A와 B에서 테이블 B의 한 속성을 외래키로 지정하여 테이블 A를 참조하는 경우

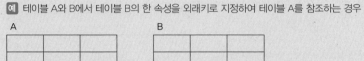

참조

- DROP TABLE A RESTRICT;
  - → 테이블 A는 삭제되지 않는다.
- DROP TABLE A CASCADE;
  - → 테이블 A가 삭제되며, 테이블 A를 참조하는 테이블 B도 연쇄적으로 삭제된다.

이론을 확인하는 문제

01 다음 괄호에 들어갈 알맞은 내용을 채우시오.

(①)	관계 데이터베이스에서 데이터베이스에 필요한 내용을 정의·관리하거나 원하는 결과를 얻기 위해 관계 대수와 관계 해석을 기초로 데이터베이스의 작업을 보다 효율적이고, 다양하게 표현하고 처리하기 위해 사용되는 대표적인 관계 데이터베이스 언어를 말하며 대화식 언어이다.
(②)	관계 데이터베이스에서 사용되는 테이블, 스키마, 도메인, 인덱스, 뷰 등을 정의하거나 수정·제거하기 위해 사용되는 언어를 말하며, 종류로는 CREATE문, ALTER문, DROP문이 있다.
(③)	(③) 명령어는 관계 데이터베이스에 필요한 테이블, 스키마, 도메인, 인덱스, 뷰 등을 정의하기 위해 사용하는 명령문을 말한다. 테이블을 정의는 '(③) TABLE 테이블_이름'의 명령어 구문을 이용한다.
(④)	관계 데이터베이스에서 이미 만들어진 기존의 테이블에 새로운 항목을 추가하거나 변경 또는 항목의 삭제 등에 사용하는 명령어를 말한다. (④) 명령의 기본 사용방법은 다음과 같다. • 항목 추가 : (④) TABLE ~ ADD • 항목 사항 변경 : (④) TABLE ~ ALTER • 항목 삭제 : (④) TABLE ~ DROP
(⑤)	DROP 명령문은 관계 데이터베이스에서 사용되던 테이블, 스키마, 도메인, 인덱스, 뷰, 제약조건 등을 제거할 때 사용하는 명령을 말한다. DROP 명령에 사용되는 옵션 (⑤)(와)과 RESTRICT가 있으며 RESTRICT는 삭제할 요소가 참조 중이면 삭제되지 않도록 하는 옵션을 말하고, (⑤)(은)는 삭제 요소가 참조 중이더라도 삭제가 이루어지며, 삭제할 테이블을 참조 중인 다른 테이블도 연쇄적으로 같이 삭제가 되도록 하는 옵션을 말한다.

- ① :
- ② :
- ③ :
- ④ :
- ⑤ :

02 이미 존재하는 [학생정보] 테이블의 '학번', '성명', '학과' 속성과 속성값을 모두 복제하여 새로운 [학생] 테이블을 생성하는 다음 〈SQL문〉의 빈칸에 알맞은 용어를 쓰시오.

〈SQL문〉

```
CREATE TABLE 학생
_____ SELECT 학번, 성명, 학과 FROM 학생정보;
```

- 답 :

02 SQL 조작어(DML)

핵심포인트

SELECT • INSERT • UPDATE • DELETE

합격생의 비법

SQL 조작어는 실제 사용자가 가장 많이 사용하는 언어로 전반적으로 중요한 부분입니다. 특히 SELECT 명령에 대한 내용은 꼭 숙지하고, 직접 SQL 명령문을 반복하여 작성해 보세요.

- SQL 조작어는 데이터베이스 내의 자료를 실제 사용자가 이용(조작)하기 위한 언어이며, 데이터의 검색, 삽입, 수정, 삭제 등을 위해 사용된다.
- SQL 조작어는 SELECT문(검색), INSERT문(삽입), UPDATE문(갱신), DELETE문(삭제) 4가지 명령어가 있다.

01 SELECT(검색문)

- SELECT문은 테이블에서 원하는 자료를 검색하고자 하는 경우에 사용되는 명령문이며, 산술식에 의한 계산도 수행한다.
- 구문

```
SELECT [DISTINCT] 속성_이름
FROM 테이블_이름
[WHERE 조건]
[GROUP BY 속성_이름 [HAVING 그룹조건]]
[ORDER BY 속성_이름 [ASC | DESC]];
```

- SELECT 속성_이름 : 검색하고자 하는 속성 이름을 나열하여 기술한다. 필요에 따라 구하고자 하는 값에 대한 계산식을 기술한다.
  - DISTINCT : 검색 결과에 중복되는 값이 있는 경우 한 번만 표현하도록 하는 옵션이며, 생략 시 중복된 값이 모두 표시된다.
- FROM 테이블_이름 : 검색하고자 하는 속성이 있는 테이블 이름을 기술한다.
- WHERE 조건 : 검색에 필요한 조건을 기입하는 부분으로 관계 연산자(=, ⟨ ⟩, ⟨, ⟨=, ⟩, ⟩=)와 논리 연산자(NOT, AND, OR) 등의 다양한 연산자를 이용할 수 있다.
- GROUP BY 속성_이름 : 작업의 효율을 위해 필요시 한 속성의 값을 그룹으로 분류하고자 할 때 사용된다.
  - HAVING 그룹조건 : GROUP BY에 의해 그룹으로 분류를 한 후 조건을 제시할 때 사용된다.
- ORDER BY 속성_이름 : 검색하고자 하는 속성의 값을 정렬하여 검색하고자 하는 경우 사용된다. 정렬 방법은 오름차순, 내림차순 등이 있다.
  - ASC : 오름차순(작은 값에서 큰 값)으로 정렬할 때 사용되는 옵션이다.
  - DESC : 내림차순(큰 값에서 작은 값)으로 정렬할 때 사용되는 옵션이다.
  - 기본적으로는 오름차순 정렬이 되며, 정렬 기준은 2가지 이상 주어질 수 있다.

합격생의 비법

일반적인 조건은 WHERE절을 이용하지만 GROUP BY에 의한 그룹 조건은 WHERE절이 아닌 HAVING절을 이용합니다. 주의하세요.

① 단순 질의문 2021년 1회

기본적인 형태의 검색문을 말한다.

학생

학번	성명	학년	수강과목	점수	연락처
2090111	김철수	1	정보통신	85	234-4567
2081010	이철준	2	컴퓨터	80	432-1234
2090223	박태인	1	데이터베이스	88	245-2151
2072020	김길동	3	운영체제	92	
2081533	이영진	2	산업공학	90	242-4461
2061017	최길동	4	컴퓨터	75	625-7588

예 1 [학생] 테이블에서 모든 학생의 성명을 검색하시오.

```
SELECT 성명
FROM 학생;
```

〈결과〉

성명
김철수
이철준
박태인
김길동
이영진
최길동

〈풀이〉

문제에서 검색하고자 하는 것은 성명이다. 검색하고자 하는 자료의 속성 이름은 SELECT절에 기입하고, 사용될 테이블 이름은 FROM절에 기입한다. 문제에서 별다른 조건 없이 모든 학생의 성명을 검색해야 하므로 WHERE절 이하는 생략한다.

예 2 [학생] 테이블에서 데이터베이스를 수강하는 학생의 학번과 성명을 검색하시오.

```
SELECT 학번, 성명
FROM 학생
WHERE 수강과목='데이터베이스';
```

〈결과〉

학번	성명
2090223	박태인

〈풀이〉

문제에서 검색해야 하는 것은 '학번'과 '성명'이다. 검색해야 할 자료의 속성 이름은 SELECT절에 기입하고, 사용할 테이블 이름은 FROM절에 기입한다. 그리고 문제에서 학생 중 데이터베이스를 수강하는 학생이라고 조건을 제시했다. 이런 조건은 WHERE절에 기입한다. 학생이 어느 과목을 수강하는지는 '수강과목' 속성과 비교한다.

예 3 [학생] 테이블에서 3학년 학생의 모든 속성을 검색하시오.

```
SELECT *
FROM 학생
WHERE 학년=3;
```

〈풀이〉

문제에서 검색해야 하는 것은 모든 속성이다. SQL에서 모든 속성을 의미하는 특수문자로 '*'를 사용한다. 조건은 3학년이 된다.

예 4 [학생] 테이블에서 학년이 2학년이고, 수강과목이 '산업공학'인 학생의 성명과 연락처를 검색하시오.

```
SELECT 성명, 연락처
FROM 학생
WHERE 학년=2 AND 수강과목='산업공학';
```

〈결과〉

성명	연락처
이영진	242-4461

〈풀이〉

문제에서는 학년이 2학년이라는 것과 수강과목이 '산업공학'이라는 두 가지 조건이 있다. 문제의 의미상 이 두 조건을 모두 만족해야 한다. 이런 경우 논리 연산자 중 'AND' 연산자를 이용한다.

예 5 [학생] 테이블에서 학년이 '1학년'이거나 수강과목이 '운영체제'인 학생의 성명을 검색하시오.

```
SELECT 성명
FROM 학생
WHERE 학년=1 OR 수강과목='운영체제';
```

〈결과〉

성명
김철수
박태인
김길동

〈풀이〉

문제에서는 학년이 '1학년'이라는 것과 수강과목이 '운영체제'라는 두 가지 조건 중 문제의 의미상 둘 중 하나만 만족되어도 검색대상이 된다. 이런 경우 논리 연산자 중 'OR' 연산자를 사용한다.

② 'DISTINCT' 옵션을 이용하여 중복된 값을 제거한 검색의 경우 2020년 1회

예 [학생] 테이블에서 2학년 이상인 학생의 수강과목을 검색하되, 같은 수강과목값은 한 번만 검색되도록 하시오.

```
SELECT DISTINCT 수강과목
FROM 학생
WHERE 학년>=2;
```

〈결과〉

수강과목
컴퓨터
운영체제
산업공학

'DISTINCT' 옵션을 사용하지 않은 경우는 다음과 같다.

〈결과〉

수강과목
컴퓨터
운영체제
산업공학
컴퓨터

〈풀이〉
검색 결과 중 중복된 값을 한 번만 검색되도록 할 때 'DISTINCT' 옵션을 사용한다.

③ 함수를 이용한 검색문 2021년 1회, 2020년 4회

집계 함수의 종류는 다음과 같다.

SUM(속성_이름)	지정된 속성의 합계를 구하는 함수
AVG(속성_이름)	지정된 속성의 평균을 구하는 함수
MAX(속성_이름)	지정된 속성의 값 중 최댓값을 구하는 함수
MIN(속성_이름)	지정된 속성의 값 중 최솟값을 구하는 함수
COUNT(속성_이름)	지정된 속성의 행 수를 세어주는 함수

예 1 [학생] 테이블에서 1학년 학생의 점수 합계를 구하시오.

```
SELECT SUM(점수)
FROM 학생
WHERE 학년=1;
```

〈결과〉

173

〈풀이〉
합계를 구할 때는 SUM 함수를 이용하며, '점수' 속성에 대한 합계를 구하는 것이므로 'SUM(점수)'와 같이 표기하고, 함수는 SELECT절에 기입한다.

SELECT절의 AS 사용

SELECT 명령문에서 검색된 결과나 계산된 결과를 원하는 속성 이름으로 생성해서 결과를 표현할 수 있으며, 이때 SELECT절에 'AS'를 이용한다. 위 [예1]에서는 계산된 결과가 속성 이름은 없이 결과만 얻어지는데, 만약 결과가 '1학년합계'라는 속성 이름을 가지도록 할 경우 다음과 같다.

```
SELECT SUM(점수) AS 1학년합계
FROM 학생
WHERE 학년=1;
```

〈결과〉

1학년합계
173

예2 [학생] 테이블에서 3학년 이상 학생의 수를 '학생수'라는 속성 이름으로 구하시오.

```
SELECT COUNT(*) AS 학생수
FROM 학생
WHERE 학년>=3;
```

〈결과〉

학생수
2

〈풀이〉

원하는 자료의 개수를 구할 때는 COUNT 함수를 사용한다. 주어진 문제에서는 학생수를 세는데 [학생] 테이블에서 3학년 이상의 학생에 대해 어떤 속성값으로 세어도 동일한 결과가 나온다. 즉, 학번 속성으로 세든, 성명 속성으로 세든, 학년 속성으로 세든 3학년 이상의 학생수는 동일하다. 이와 같이 정해진 한 속성이 아닌 어떤 속성으로 세어도 무방할 때 'COUNT(*)'와 같이 표현한다.

합격생의 비법

앞의 [학생] 테이블을 참고하세요.

④ 검색된 결과를 정렬해서 표현하고자 하는 경우 2021년 2회

검색된 결과를 원하는 기준에 따라 정렬시키고자 할 때, 'ORDER BY'절을 이용한다.

예 [학생] 테이블에서 점수가 85점 이상인 학생을 학번의 오름차순으로 성명을 검색하시오.

```
SELECT 성명
FROM 학생
WHERE 점수>=85
ORDER BY 학번 ASC;
```

〈결과〉

성명
김길동
이영진
김철수
박태인

〈풀이〉

정렬을 수행할 때 ORDER BY절을 사용하며, 오름차순은 ASC, 내림차순은 DESC로 나타낸다.

정렬의 기준

정렬의 기준은 2가지 이상 주어질 수 있다. 'ORDER BY 학번 ASC, 학년 DESC'는 1차적으로 학번을 기준으로 오름차순으로 정렬하고, 학번이 같은 경우 2차적으로 학년의 내림차순으로 정렬하라는 의미이다.

⑤ 그룹 분류 질의문 2020년 3회

- 속성의 값을 그룹으로 분류하고자 할 때 사용하며, 'GROUP BY'절을 사용한다.
- GROUP BY에 의해 그룹으로 분류한 후 조건은 'HAVING'절을 이용한다.

> **예** [학생] 테이블에서 2명 이상인 학년을 검색하시오.

```
SELECT 학년
FROM 학생
GROUP BY 학년
HAVING COUNT(*)=2;
```

〈결과〉

학년
1
2

〈풀이〉

[학생] 테이블에서 학년은 순서대로 되어 있지 않아 수를 세기가 효율적이지 못하다. 이런 경우 학년별로 그룹 지어 분류하면 보다 효율적으로 처리할 수 있다. 아래 [학생] 테이블은 학년별로 그룹지어 분류한 결과이다.

학생

학번	성명	학년	수강과목	점수	연락처
2090111	김철수	1	정보통신	85	234-4567
2090223	박태인	1	데이터베이스	88	245-2151
2081010	이철준	2	컴퓨터	80	432-1234
2081533	이영진	2	산업공학	90	242-4461
2072020	김길동	3	운영체제	92	
2061017	최길동	4	컴퓨터	75	625-7588

⑥ 부속(하위) 질의문 2020년 2회

- 부속 질의문은 질의문 안에 또 하나의 질의문을 가지고 있는 형태로, 일반적으로 두 개 이상 여러 테이블을 이용해야 하는 경우 사용된다.
- 처음에 나오는 질의문을 메인 질의문이라고 하고, 두 번째 나오는 질의문을 부속(하위) 질의문이라고 한다.
- 메인 질의문과 부속 질의문의 연결은 =, IN 등으로 연결된다.

학생정보

학번	이름	학과	학년	연락처
2090111	김감찬	컴퓨터	1	234-4567
2081010	이철수	기계	2	432-1234
2090223	김정애	컴퓨터	1	245-2151
2072020	이길동	수학	3	246-1177
2081533	이영진	법학	2	242-4461
2061017	이순신	체육	4	625-7588

학과인원

학과	학생수
컴퓨터	35
기계	25
수학	30
법학	20
체육	32
전기	33

예1 [학생정보] 테이블과 [학과인원] 테이블을 이용하여 '이영진' 학생이 속한 학과의 학생수를 검색하시오.

```
SELECT 학생수
FROM 학과인원
WHERE 학과 =
    (SELECT 학과
     FROM 학생정보
     WHERE 이름='이영진');
```

〈결과〉

학생수
20

〈풀이〉

문제에서 학생의 이름은 [학생정보] 테이블에, 학생수는 [학과인원] 테이블에 있으므로 이런 경우 두 테이블을 이용하는데 [학생정보] 테이블과 [학과인원] 테이블의 공통 속성으로 '학과' 속성을 이용한다. 우선 [학생정보] 테이블에서 '이영진' 학생의 학과를 검색해서 '이영진' 학생의 학과인 '법학' 학과를 [학과인원] 테이블에서 검색해 그에 해당하는 학생수를 검색하면 된다.

합격생의 비법

메인 질의문과 부속 질의문을 연결할 때 '='을 사용하는 경우와 'IN'을 사용하는 경우가 있습니다. [예1] 과 같이 부속 질의문에서 얻어진 결과가 한 가지인 경우 '='을 사용하고, [예2]와 같이 부속 질의문에서 얻어진 결과가 하나 이상 여러 가지인 경우는 'IN'을 사용해야 합니다.

예2 [학생정보] 테이블과 [학과인원] 테이블을 이용하여 학과 학생수가 30명 이하인 학과 학생의 이름을 검색하시오.

```
SELECT 이름
FROM 학생정보
WHERE 학과 IN
    (SELECT 학과
     FROM 학과인원
     WHERE 학생수〈=30);
```

〈결과〉

성명
이철수
이길동
이영진

〈풀이〉

[학과인원] 테이블에서 학생수가 30명 이하인 학과를 검색해서 [학생정보] 테이블에서 검색된 학과에 해당하는 학생의 이름을 검색한다.

⑦ 부분 매치 질의문 ^{2021년 2회}

- 부분 매치 질의문은 조건문 작성 시 문자형 자료의 일부를 가지고 비교하여 검색하는 질의문을 말한다.
- 부분 매치 질의문에서 '%'는 여러 문자를 대신하고, '_'는 한 자리를 대신한다.
- '%'나 '_'를 이용하여 조건문을 작성할 때는 '=' 대신 'LIKE'를 이용한다.

> **예** [학생] 테이블에서 연락처의 번호가 '7588'로 끝나는 학생의 성명을 검색하시오.
>
> ```
> SELECT 성명
> FROM 학생
> WHERE 연락처 LIKE '%7588';
> ```
>
> 〈결과〉
>
> | 성명 |
> | --- |
> | 최길동 |
>
> 〈풀이〉
> 문제에서 연락처의 번호가 '7588'인 경우를 검색하는데, 이것은 전화번호 중 국번에 해당하는 부분은 어떤 경우든 상관 없고, 전화번호 중 번호 부분(오른쪽 네 자리)만 7588이면 된다는 의미이다. 이런 경우처럼 전화번호 중 국번과 같이 여러 자리를 대신하는 경우 '%'를 사용하며, '%'를 사용하는 경우는 '=' 대신 'LIKE'를 사용한다.

합격생의 비법

앞의 [학생] 테이블을 참고하세요.

⑧ 'NULL' 값과 비교하는 질의문

- 조건문 작성 시 'NULL' 값과 비교하는 경우를 말한다.
- 'NULL'과 비교하는 경우 WHERE절에 '=' 대신 'IS'를 사용하며, '〈 〉' 대신 'IS NOT'을 사용한다.

> **예 1** [학생] 테이블에서 연락처가 NULL인 학생의 학번을 검색하시오.
>
> ```
> SELECT 학번
> FROM 학생
> WHERE 연락처 IS NULL;
> ```
>
> 〈결과〉
>
> | 학번 |
> | --- |
> | 2072020 |
>
> 〈풀이〉
> [학생] 테이블에서 연락처의 속성값이 비어 있는(NULL) 학생의 학번을 검색한다. 이와 같이 'NULL'과 비교하는 경우 'IS'를 사용한다.

> **예 2** [학생] 테이블에서 연락처가 NULL이 아닌 학생의 성명을 검색하시오.
>
> ```
> SELECT 성명
> FROM 학생
> WHERE 연락처 IS NOT NULL;
> ```

합격생의 비법

- WHERE절에서 '='대신 LIKE를 사용하는 경우나 IS(IS NOT)을 사용하는 경우는 예외적인 경우이므로 잘 알아 두세요.
- 여기서 잠깐 혼동할 수 있는 것을 정리하면, 'NOT NULL'은 SQL 정의문에서 CREATE 명령을 이용해 테이블을 생성할 때 임의의 속성값에 NULL이 올 수 없도록 하기 위해 사용하는 것이고, 'IS NOT NULL'은 SELECT 명령에서 NULL과 비교 시 NULL이 아닌 값을 나타낼 때 사용하는 것입니다.
- NOT NULL을 사용한 경우와 IS NOT NULL을 사용한 경우를 혼동하지 마세요.

〈결과〉

성명
김철수
이철준
박태인
이영진
최길동

〈풀이〉

연락처의 속성값이 있는 학생의 성명을 검색한다. 여기서 NULL과 비교할 때는 'IS'를 사용하지만 문제에서 'NULL이 아닌', 즉 'NULL과 같지 않은'의 의미를 나타낼 때는 IS에 NOT을 붙여 'IS NOT'을 사용한다.

02 INSERT(삽입문)

- INSERT문은 기존 테이블에 새로운 자료(튜플)를 삽입하는 경우 사용하는 명령문이다.
- 구문

```
INSERT INTO 테이블_이름[(속성_이름…)]
VALUES (속성값…);
```

- INSERT INTO 테이블_이름[(속성_이름…)] : 자료가 삽입될 테이블 이름과 테이블에서 자료가 삽입될 속성 이름들을 기입한다. 삽입될 자료가 테이블의 모든 속성값을 가지고 있는 경우는 속성 이름을 생략해도 되지만 그렇지 않은 경우 속성 이름을 반드시 기입한다.
- VALUES (속성값…) : 각 속성에 삽입될 실제 속성값들을 기입한다.

학생

학번	성명	학년	수강과목	점수	연락처
2090111	김철수	1	정보통신	85	234-4567
2081010	이철준	2	컴퓨터	80	432-1234
2090223	박태인	1	데이터베이스	88	245-2151
2072020	김길동	3	운영체제	92	
2081533	이영진	2	산업공학	90	242-4461
2061017	최길동	4	컴퓨터	75	625-7588

예 [학생] 테이블에 학번 2051115, 성명 '김정미', 학년 4, 수강과목 '데이터베이스', 연락처 '243-0707'인 학생을 삽입하시오.

```
INSERT INTO 학생(학번, 성명, 학년, 수강과목, 연락처)
VALUES (2051115, '김정미', 4, '데이터베이스', '243-0707');
```

〈결과〉

학생

학번	성명	학년	수강과목	점수	연락처
2090111	김철수	1	정보통신	85	234-4567
2081010	이철준	2	컴퓨터	80	432-1234
2090223	박태인	1	데이터베이스	88	245-2151
2072020	김길동	3	운영체제	92	
2081533	이영진	2	산업공학	90	242-4461
2061017	최길동	4	컴퓨터	75	625-7588
2051115	김정미	4	데이터베이스		243-0707

〈풀이〉

새롭게 추가될 학생의 자료는 [학생] 테이블의 속성 중 '점수' 속성값이 없다. 이런 경우는 자료가 삽입될 속성 이름을 정확히 기재해야 한다.

이론 하나 더 알기

속성 이름의 생략

- 앞선 [예]의 내용에서 모든 속성의 값을 가진 자료를 삽입할 때는 속성 이름을 생략해도 된다.
- [학생] 테이블에 학번 2051115, 성명 '김정미', 학년 4, 수강과목 '데이터베이스', 점수 90, 연락처 '243-0707'인 학생을 삽입하시오.

```
INSERT INTO 학생
VALUES (2051115, '김정미', 4, '데이터베이스', 90, '243-0707');
```

---

03 UPDATE(갱신문) 2021년 2회

- UPDATE문은 테이블의 자료(튜플) 중에서 값을 변경하고자 하는 경우 사용되는 명령문이다.
- 구문

```
UPDATE 테이블_이름
SET 속성_이름=변경 내용
[WHERE 조건];
```

– UPDATE 테이블_이름 : 변경할 테이블 이름을 기재한다.
– SET 속성_이름=변경내용 : 변경할 자료의 값을 기재한다.

예 [학생] 테이블에서 '이영진' 학생의 점수를 92점으로 수정하시오.

```
UPDATE 학생
SET 점수=92
WHERE 성명='이영진';
```

〈결과〉

학생

학번	성명	학년	수강과목	점수	연락처
2090111	김철수	1	정보통신	85	234-4567
2081010	이철준	2	컴퓨터	80	432-1234
2090223	박태인	1	데이터베이스	88	245-2151
2072020	김길동	3	운영체제	92	
2081533	이영진	2	산업공학	92	242-4461
2061017	최길동	4	컴퓨터	75	625-7588

04 DELETE(삭제문)

- DELETE문은 테이블의 자료(행)를 삭제할 경우 사용하는 명령문이다.
- WHERE절의 조건에 맞는 행만 삭제되며, WHERE절이 생략된 경우 모든 행이 삭제되어 빈 테이블이 된다.
- 구문

```
DELETE FROM 테이블_이름
[WHERE 조건];
```

예1 [학생] 테이블에서 2학년 학생의 자료를 삭제하시오.

```
DELETE FROM 학생
WHERE 학년=2;
```

예2 [학생] 테이블의 모든 학생을 삭제하시오.

```
DELETE FROM 학생;
```

〈결과〉

학생

학번	성명	학년	수강과목	점수	연락처

〈풀이〉
WHERE절이 없는 경우 모든 튜플이 삭제되며, 빈 테이블이 된다.

합격생의 비법

예2와 같이 DELETE 명령문에서 WHERE절이 생략되면 테이블은 있지만 자료가 없는 빈 테이블이 되므로, 테이블 자체를 삭제할 때는 SQL 정의어 중 DROP 명령문을 사용합니다.

01 다음 괄호에 들어갈 알맞은 내용을 채우시오.

(①)	'사번', '성명', '담당부서', '연락처'로 구성된 [사원] 테이블에 신입사원의 정보를 삽입하려고 한다. 이와 같이 기존의 테이블에 새로운 자료를 삽입할 때, INSERT 명령을 이용한다. 사번 'A1234', 이름 '이영진', 담당부서 '총무부', 연락처 '010-1234-5678'인 자료를 삽입하는 과정은 다음과 같다. INSERT (①) 사원(사번, 성명, 담당부서, 연락처) VALUES ('A1234', '이영진', '총무부', '010-1234-5678');
(②)	위 [사원] 테이블에 삽입하는 과정에서 사번이 'A0101'인 사원의 담당부서가 잘못 삽입되어 '영업부'로 변경하고자 한다. 테이블의 자료 중에서 값을 변경하고자 하는 경우 UPDATE 명령을 사용한다. UPDATE 사원 (②) 담당부서 ='영업부' WHERE 사번 ='A0101';
(③)	DELETE 명령을 이용해 퇴사한 사원에 대한 정보를 삭제하고자 한다. DELETE 명령 기본 구분은 다음과 같다. DELETE (③) 테이블_이름 [WHERE 조건] ;
(④)	DELETE 명령을 이용해 자료를 삭제하는 경우 WHERE절을 이용해 조건을 만족하는 자료만 삭제할 수 있으며, WHERE절이 생략되는 경우 테이블의 모든 자료가 삭제되게 된다. 이러한 경우 테이블은 삭제되지 않으며 자료가 모두 삭제된 빈 테이블이 된다. 테이블을 삭제하는 경우 (④) 명령을 사용해야 한다.

- ① :
- ② :
- ③ :
- ④ :

02 다음 괄호에 들어갈 알맞은 내용을 채우시오.

(①)	사용자가 실제 관계 데이터베이스의 내용을 검색, 삽입, 수정, 삭제 등을 수행할 수 있도록 사용되는 언어를 말한다. (①)의 종류로는 SELECT문, INSERT문, UPDATE문, DELETE문 등 4가지 명령어가 있다.
(②)	릴레이션(테이블)에서 사용자가 원하는 자료를 검색하고자 하는 경우에 사용되는 명령문을 말하며 기본 구문은 다음과 같다. (②) 검색 속성_이름 FROM 테이블_이름 [WHERE 조건];
(③)	관계 데이터베이스에서 원하는 자료를 검색하는 경우 (②) 명령이 사용되며, 검색 결과에 중복되는 값이 있는 경우 한 번만 표현되도록 하기 위해 (③) 옵션을 이용하고 생략 시 중복된 값이 모두 표시된다.
(④)	관계 데이터베이스에서 검색하고자 하는 속성의 결과를 정렬하여 검색하고자 하는 경우 'ORDER BY' 구문을 사용하여 오름차순 혹은 내림차순으로 정렬할 수 있다. 또한 검색 시 필요에 따라 속성의 값을 그룹으로 분류하고자 할 때 'GROUP BY' 구문을 사용하며 'GROUP BY' 구문을 사용하여 그룹에 대한 조건을 제시하는 경우 (④)(을)를 이용한다.
(⑤)	SELECT 명령에서 자료의 일부를 이용하여 검색하는 질의문을 부분 매치 질의문이라고 하는데 부분 매치 질의문에서 '%'는 여러 문자를 대신하고, '_'는 한 자리를 대신한다. '%'나 '_'를 이용하여 WHERE절을 구성할 때는 '=' 대신 (⑤)(을)를 이용한다.
(⑥)	관계 데이터베이스에서 SELECT 명령을 이용하여 검색할 때 경우에 따라 조건문에서 'NULL'값과 비교하는 경우가 있다. 이러한 경우 일반 조건문과 차이점이 있는데 'NULL'과 비교하는 경우 WHERE절에 '='을 사용하지 않고 (⑥)을(를) 사용해야 한다.

- ① :
- ② :
- ③ :
- ④ :
- ⑤ :
- ⑥ :

O3 SQL 제어어(DCL)

출제
빈도 (상) (중) (하)

핵심포인트

COMMIT · ROLLBACK · GRANT · REVOKE

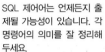

합격생의 비법

SQL 제어어는 언제든지 출제될 가능성이 있습니다. 각 명령어의 의미를 잘 정리해 두세요.

- SQL 제어어는 관리자가 데이터의 보안, 무결성 유지, 병행제어, 회복 등을 하기 위해 사용하는 언어를 말한다.
- SQL 제어어의 종류는 COMMIT, ROLLBACK, GRANT, REVOKE 등이 있다.

01 COMMIT 명령어와 ROLLBACK 명령어

① COMMIT

COMMIT 명령어는 데이터베이스 내의 연산이 성공적으로 종료되어 연산에 의한 수정 내용을 지속적으로 유지하기 위한 명령어를 말한다.

② ROLLBACK 2020년 2회

ROLLBACK 명령어는 데이터베이스 내의 연산이 비정상적으로 종료되거나 정상적으로 수행이 되었다 하더라도 수행되기 이전 상태로 되돌리기 위해 연산 내용을 취소할 때 사용하는 명령어를 말한다.

학생

학번	성명	학년	수강과목	점수	연락처
2090111	김철수	1	정보통신	85	234–4567
2090223	박태인	1	데이터베이스	88	245–2151
2072020	김길동	3	운영체제	92	
2081010	이철준	2	컴퓨터	80	432–1234
2081533	이영진	2	산업공학	90	242–4461
2061017	최길동	4	컴퓨터	75	625–7588

예 1 [학생] 테이블에서 김길동 학생의 연락처를 '232–0077'로 갱신하시오.

```
UPDATE 학생 SET 연락처='232–0077' WHERE 성명='김길동';
COMMIT;
```

〈풀이〉
UPDATE 명령에 의해 수행한 연산 결과를 정상적으로 종료하고, 그대로 유지하겠다는 의미가 된다.

예 2 ROLLBACK 명령에 의해 연산 결과를 취소하시오.

```
DELETE FROM 학생 WHERE 성명='최길동';
ROLLBACK;
```

〈풀이〉
[학생] 테이블에서 최길동 학생의 자료를 삭제했지만 ROLLBACK 명령에 의한 연산이 취소되어 삭제된 자료가 다시 되살아난다.

⓪2 GRANT 명령어와 REVOKE 명령어

① GRANT ^{2021년 3회}

- GRANT 명령어는 관리자(DBA)가 사용자에게 데이터베이스에 대한 권한을 부여하기 위한 명령어이다.
- 구문

GRANT 권한 내용 ON 테이블_이름 TO 사용자 [WITH GRANT OPTION];

  - GRANT 권한 내용 ON 테이블_이름 TO 사용자 : 관리자가 사용자에게 테이블에 대한 권한을 부여한다.
  - WITH GRANT OPTION : 사용자가 관리자로부터 부여받은 권한을 다른 사용자에게 부여할 수 있는 권한 부여권까지 부여하고자 할 때 사용하는 옵션이다.

> 예 관리자가 사용자 OTH에게 [학생] 테이블에 대해 UPDATE 할 수 있는 권한과 그 권한을 필요시 다른 사용자에게 부여할 수 있는 권한을 부여하시오.
>
> GRANT UPDATE ON 학생 TO OTH WITH GRANT OPTION;
>
> 〈풀이〉
> 사용자 OTH은 [학생] 테이블에 대해 UPDATE 할 수 있으며, 자신이 가지고 있는 권한을 다른 사용자에게 부여할 수 있다.

② REVOKE

- REVOKE 명령어는 관리자(DBA)가 사용자에게 부여했던 권한을 취소하기 위해 사용되는 명령어이다.
- 구문

REVOKE 권한 내용 ON 테이블_이름 FROM 사용자 [CASCADE];

  - REVOKE 권한 내용 ON 테이블_이름 FROM 사용자 : 관리자가 사용자에게 부여했던 테이블에 대한 권한을 취소한다.
  - CASCADE : 사용자가 다른 사용자에게 권한을 부여했을 경우 CASCADE 옵션을 이용해 사용자의 권한을 취소하면 사용자가 부여했던 다른 사용자들의 권한도 연쇄적으로 취소된다.

> 예 사용자 OTH에게 부여했던 [학생] 테이블에 대한 UPDATE 권한을 취소하시오.
>
> REVOKE UPDATE ON 학생 FROM OTH CASCADE;
>
> 〈풀이〉
> 사용자 OTH에게 부여되었던 [학생] 테이블에 대한 UPDATE 권한과 권한 부여권이 취소된다. 만약 사용자 OTH가 다른 사용자에게 권한을 부여했다면, 부여했던 모든 권한이 연쇄적으로 취소된다.

01 다음 괄호에 들어갈 알맞은 내용을 채우시오.

(①)	관계 데이터베이스에서 데이터의 정확성과 안정성 및 운영을 하기 위해 관리자가 데이터의 보안, 무결성 유지, 병행제어, 회복 등을 하기 위해 사용되는 언어를 말한다. (①)의 종류는 COMMIT, ROLLBACK, GRANT, REVOKE 등이 있다.
(②)	(②) 명령어는 데이터베이스 내의 연산(트랜잭션)이 성공적으로 종료되어 연산의 결과를 지속적으로 반영하기 위해 사용되는 명령을 말한다. 원하는 연산을 수행한 후 (②) 명령을 수행하면 데이터베이스에 수행한 연산 결과가 저장되게 된다.
(③)	데이터베이스에서 수행한 연산이 잘못 수행되었거나 비정상적으로 종료되어 정확한 연산 결과를 알 수 없는 경우 연산이 수행되기 이전의 상태로 되돌리기 위해 (③) 명령어를 사용한다. (③) 명령은 수행된 연산을 취소시켜 이전 상태로 되돌릴 때 사용된다.
(④)	관계 데이터베이스에서 관리자가 관리와 작업의 효율을 위해 다른 사용자에게 테이블에 대한 권한을 부여할 수 있으며, 관리자가 사용자에게 데이터베이스에 대한 권한을 부여할 때는 GRANT 명령을 사용하며, 관리자가 사용자에게 부여했던 권한을 취소하고자 할 때 (④) 명령을 사용하여 권한을 취소할 수 있다.

- ① :
- ② :
- ③ :
- ④ :

02 DBA가 사용자 PARK에게 테이블 [STUDENT]의 데이터를 갱신할 수 있는 시스템 권한을 부여하고자 하는 SQL문을 작성하고자 한다. 다음 주어진 SQL문의 빈칸 ①, ②에 알맞은 용어를 쓰시오.

```
SQL〉 GRANT ____①____ ____②____ STUDENT TO PARK;
```

- ① :
- ② :

03 사용자 X1에게 department 테이블에 대한 검색 연산을 회수하는 SQL문을 쓰시오.

- 답 :

01 다음 괄호 안 내용으로 가장 적합한 항목을 작성하시오.

(①)	• 고급 데이터베이스 언어로 데이터베이스 정의, 조작, 제어 등을 포함하는 명령어들을 가진다. • 관계 데이터베이스로부터 정보를 요청하기 위하여 사용하는 표준화된 질의어이다. • 비절차형 프로그래밍 언어로서 각 명령은 데이터를 독립적으로 처리할 수 있다.
(②)	• (①)의 언어에는 크게 세 가지가 있다. 이 중 테이블, 스키마, 도메인, 인덱스, 뷰 등을 정의하거나 수정, 제거하기 위해 사용되는 것은 (②)(이)다. • 종류로는 CREATE, ALTER, DROP 명령 등이 있다.
(③)	• ALTER 명령은 기존에 만들어진 테이블에 새로운 속성을 추가하거나 변경, 삭제 등을 위해 사용되는 명령이다. • 다음은 새로운 속성을 추가하기 위한 구문이다. ALTER TABLE 테이블_이름 (③) 속성_이름 데이터_타입;
(④)	DROP 명령을 이용해 테이블, 스키마, 도메인, 인덱스, 뷰 등을 삭제하는 경우 사용하는 옵션으로, 참조 무결성 제약조건이 설정된 기본 테이블의 특정 데이터를 삭제할 때 그 데이터와 관계를 맺고 연관되어 있는 다른 테이블의 데이터들도 연쇄적으로 삭제되는 옵션을 말한다.
(⑤)	• 데이터베이스 내의 자료를 실제 사용자가 이용하기 위한 언어이다. • 자료에 대한 검색, 삽입, 수정, 삭제 등을 위해 사용된다. • 종류에는 SELECT, INSERT, UPDATE, DELETE 등의 명령이 있다.

• ① :
• ② :
• ③ :
• ④ :
• ⑤ :

02 다음 괄호 안 내용으로 가장 적합한 항목을 작성하시오.

(①)	• SQL 정의어는 테이블, 도메인, 스키마, 인덱스, 뷰 등을 정의하거나 수정 또는 삭제 등을 위해 사용되는 언어이다. • 이 중 데이터베이스에 필요한 객체들을 생성하기 위해 사용되는 명령문은 (①)(이)다.
(②)	• (①) 명령을 이용하여 새로운 테이블을 생성하는 과정에서 임의의 속성을 필요에 의해 반드시 입력해야 하는 경우 그 속성값은 NULL이 올 수 없도록 하기 위한 옵션으로 (②)(을)를 사용한다. • 새로운 테이블을 생성 시 특정 속성값이 고유한 값을 가지도록 하기 위해서는 'UNIQUE'를 사용한다.
(③)	다음은 다른 테이블을 참조하기 위한 외래키를 지정하기 위한 구문이다. 빈 곳에 알맞은 것은 무엇인가? FOREIGN KEY(속성_이름) (③) 참조테이블(속성_이름);
(④)	• 데이터베이스에서 필요한 요소들을 생성하기 위해서는 데이터에 대해서 문자인지, 숫자인지 혹은 그 외의 유형인지 등의 데이터 타입을 지정해야 한다. • 데이터의 유형을 지정된 문자수 내에서 유동적으로 기억공간을 차지하도록 하기 위해서는 (④) 자료형으로 지정해야 한다.
(⑤)	다음은 DROP 명령을 이용해 [학생] 테이블을 삭제하기 위한 구문이다. 이때 삭제하고자 하는 [학생] 테이블이 참조 중인 경우 삭제가 되지 않도록 하는 옵션은 무엇인가? DROP TABLE 학생 (⑤);

• ① :
• ② :
• ③ :
• ④ :
• ⑤ :

03 다음 괄호 안 내용으로 가장 적합한 항목을 작성하시오.

(①)	다음은 SQL 조작어 중 SELECT 명령을 이용해 데이터를 검색하기 위한 구문이다. 빈 곳에 알맞은 것은 무엇인가? SELECT 속성_이름 (①) 테이블_이름 WHERE 조건;
(②)	• SELECT 명령을 이용해 검색하는 경우 작업의 효율을 위해 그룹으로 분류해서 처리하고자 하는 경우 'GROUP BY'를 이용한다. • 'GROUP BY'에 의해 그룹으로 분류한 상태에서 조건을 제시하는 경우 (②)(을)를 이용하여 조건을 제시한다.
(③)	다음은 [학생] 테이블에서 전공이 '컴퓨터공학'이면서 성적이 80점 이상인 학생의 이름을 검색하기 위한 구문이다. SELECT 이름 (①) 학생 WHERE 전공='컴퓨터공학' (③) 성적>=80;
(④)	• SELECT 명령에서 조건문을 작성하는 경우 필요에 따라 NULL과 비교하도록 작성해야 하는 경우가 있다. • 일반적으로는 WHERE절에 '='을 이용하지만 NULL과 비교하는 경우는 '='을 사용하지 않고 (④)(을)를 사용한다.
(⑤)	다음 SELECT 명령을 이용해 검색하는 경우 조건에 맞도록 검색하기 위한 구문의 빈 곳에 알맞은 것은 무엇인가? • [도서] 테이블에서 대여한 도서에 대해 반납일을 초과한 값을 나타내는 '초과' 속성이 3일 이상인 사람의 이름을 검색하되, 중복되는 값은 한 번만 표현하도록 한다. SELECT (⑤) 이름 (①) 도서 WHERE 초과>=3;

• ① :
• ② :
• ③ :
• ④ :
• ⑤ :

04 다음 괄호 안 내용으로 가장 적합한 항목을 작성하시오.

(①)	기존에 존재하는 테이블에 새로운 행을 삽입하기 위해서는 INSERT 명령을 이용한다. 다음은 [사원] 테이블에 사원번호가 'A2010'이고, 이름은 '이영진', 부서는 '총무부'인 사원의 자료를 삽입하기 위한 구문이다. 빈 곳에 알맞은 것은 무엇인가? INSERT INTO 사원(사원번호, 이름, 부서) (①) ('A2010', '이영진', '총무부');
(②)	• INSERT 명령을 이용하여 튜플을 삽입하는 과정에서 데이터의 입력을 잘못하여 올바른 값이 되도록 수정을 해야 한다. • 삽입된 튜플의 값을 수정하기 위해서는 다음과 같은 (②) 명령을 이용한다. (②) 테이블_이름 SET 변경사항 WHERE 조건;
(③)	테이블에서 원하는 일부의 자료만 삭제하는 경우 DELETE 명령을 이용한다. 다음은 DELETE 명령의 구문이다. 빈 곳에 알맞은 것은 무엇인가? DELETE (③) 테이블_이름 WHERE 조건;
(④)	다음은 주어진 조건에 따라 자료를 검색하는 경우 정렬하여 검색 결과를 얻기 위한 구문이다. [학생] 테이블에서 2학년 이상 학생의 이름을 내림차순으로 검색하시오. SELECT 이름 FROM 학생 WHERE 학년>=2 (④) 이름 DESC;
(⑤)	• SELECT 명령을 이용하여 원하는 자료를 검색하는 경우, 2개의 테이블을 이용해야 원하는 자료를 검색할 수 있는 경우가 있다. • 이와 같은 경우, 두개의 SELECT 명령을 이용하는 부속 질의문 형태로 구성하게 된다. • 부속 질의문은 메인 질의문과 하위 질의문으로 구성되는데 하위 질의문에서 얻어진 결과가 하나 이상 여러 개인 경우 (⑤)(을)를 이용해 메인 질의문과 연결하게 된다.

• ① :
• ② :
• ③ :
• ④ :
• ⑤ :

05 다음 괄호 안 내용으로 가장 적합한 항목을 작성하시오.

(①)	• 데이터베이스의 데이터 보안과 무결성, 병행수행 제어 및 사용권한 등을 제어하기 위해 사용되는 언어를 (①)(이)라 한다. • GRANT, REVOKE, COMMIT, (②) 등으로 구성된다.
(②)	• [학생] 테이블에서 3학년 학생의 자료를 삭제해야 하는데 실수로 2학년 학생의 자료를 삭제한 경우 (②) 명령을 이용해 삭제하기 이전의 상태로 되돌릴 수 있다. • (②)(은)는 데이터베이스 연산이 비정상적으로 종료되었거나 잘못 수행한 경우 수행되기 이전의 상태로 되돌리기 위한 취소 명령이다.
(③)	INDEX는 데이터베이스의 성능을 향상시키기 위해 사용된다. 다음 'STUDENT' 테이블에서 s 속성으로 중복을 허용하지 않도록 'stud_idx'라는 이름의 INDEX를 정의하기 위한 구문은 다음과 같다. 빈 곳에 알맞은 것은 무엇인가? CREATE UNIQUE INDEX stud_idx (③) STUDENT(s);
(④)	다음은 [학생] 테이블에서 '컴퓨터공학'과 학생의 점수에 대한 평균을 구하기 위한 구문이다. 빈 곳에 알맞은 것은 무엇인가? SELECT (④)(점수) FROM 학생 WHERE 학과='컴퓨터공학';
(⑤)	[상품] 테이블에서 상품명이 'u'로 시작하는 상품의 수량을 SELECT 명령을 이용해 검색하기 위한 구문이다. 빈 곳에 알맞은 것은 무엇인가? SELECT 수량 FROM 상품 WHERE 상품명 (⑤) 'u%';

- ① :
- ② :
- ③ :
- ④ :
- ⑤ :

## CHAPTER 02

고급 SQL 작성하기

학습방향

1. 인덱스를 활용한 쿼리를 작성할 수 있다.
2. 뷰를 활용하여 쿼리를 처리할 수 있다.
3. 다중 테이블 검색을 할 수 있다.

01 인덱스(INDEX)

핵심포인트

인덱스 • B-트리 • 클러스터드 인덱스 • 넌 클러스터드 인덱스 • CREATE INDEX • DROP INDEX • ALTER INDEX

합격생의 비법

인덱스의 개념과 인덱스의 종류를 잘 구분해서 알아두세요.

★ 키 값과 주소
• **키 값** : 인덱스를 만들 때 사용된 속성의 값
• **주소** : 실제로 자료가 저장된 위치

합격생의 비법

인덱스는 전공 서적과 같은 두꺼운 책에서 원하는 자료를 찾을 경우 가장 뒤에 있는 '찾아보기'에서 원하는 자료의 페이지를 확인한 후 해당 페이지에서 원하는 자료를 찾는 방법과 유사합니다.

01 인덱스(Index) 개념 2020년 2회

- 인덱스는 수많은 데이터 중에서 원하는 자료를 빠르고 효율적으로 검색하기 위해서 사용하는 방법을 말한다.
- 인덱스는 기본적으로 데이터의 위치(주소)를 관리·기억하는 인덱스 파일(Index File)과 실제 데이터를 기억하는 데이터 파일(Data File)로 구성된다.
- 데이터를 검색할 때는 먼저 인덱스 파일에서 데이터의 주소를 찾는다. 이어서 데이터 파일에서 인덱스 파일에서 찾은 주소의 데이터를 검색하게 된다.
- 인덱스 파일(Index File)은 [키 값, 주소]*의 두 가지 정보로 구성된다.
- '학번', '성명', '학년', '수강과목', '점수' 속성으로 구성된 [학생] 테이블이 있다.

학생

학번	성명	학년	수강과목	점수
2090111	김철수	1	정보통신	85
2081010	이철준	2	컴퓨터	80
2090223	박태인	1	데이터베이스	88
2072020	김길동	3	운영체제	92
2081533	이영진	2	산업공학	90
2061017	최길동	4	컴퓨터	75

- [학생] 테이블에서 검색을 빠르고 효율적으로 하기 위해 CREATE 명령을 이용해 INDEX를 만든다.

```
CREATE UNIQUE INDEX Stud_idx
ON 학생(학번 ASC);
```

- [학생] 테이블의 '학번' 속성값을 오름차순 정렬하여, 'Stud_idx'라는 이름의 인덱스를 만든 것이다.

Stud_idx

학번	주소
2061017	600
2072020	400
2081010	200
2081533	500
2090111	100
2090223	300

▲ 인덱스 파일

학생

주소	학번	성명	학년	수강과목	점수
100	2090111	김철수	1	정보통신	85
200	2081010	이철준	2	컴퓨터	80
300	2090223	박태인	1	데이터베이스	88
400	2072020	김길동	3	운영체제	92
500	2081533	이영진	2	산업공학	90
600	2061017	최길동	4	컴퓨터	75

▲ 데이터 파일

– 예를 들어 학번 '2081533' 학생의 데이터를 찾고자 하는 경우, 먼저 인덱스 파일에서 '2081533' 학번의 주소 값 '500'을 찾는다. 이어서 데이터 파일에서 주소 '500'에 해당하는 자료가 찾고자 하는 데이터가 되는 것이다.

- 인덱스의 장단점

장점	• 데이터 검색 속도의 향상 • 시스템 부하 감소 • 시스템 전체의 성능 향상
단점	• 추가 DB 공간의 필요 • 인덱스 생성 시간 소요 • 잦은 변경 작업(Insert, Update, Delete)으로 인한 성능 저하

02 인덱스 구조

- 인덱스 구조가 어떻게 형성되느냐에 따라 검색의 효율이 좌우된다.
- 대표적인 인덱스 구조에는 B-트리, B⁺-트리가 있다.

① B-트리(Balanced Tree)

- B-트리는 검색의 효율을 높이기 위해 자료의 구조를 균형 있는 트리 구조로 나타내는 방법이다.
- B-트리에서 하나의 노드에는 여러 개의 자료를 기억할 수 있으며 다음과 같이 구성된다.

P1	data1	P2	data2	P3	...

▲ B-트리의 노드

- 한 노드의 데이터들은 오름차순 정렬되어 있다.
  - P1 : data1보다 작은 값을 갖는 하위 노드의 주소
  - P2 : data1과 data2의 중간 값을 갖는 하위 노드의 주소
  - P3 : data2보다 큰 값을 갖는 하위 노드 주소
- B-트리의 특징
  - 차수★가 m일 때, 루트(Root) 노드★와 리프(Leaf) 노드★를 제외한 모든 노드는 최소 m/2개, 최대 m개의 서브트리를 갖는다. 즉, 한 노드에는 반절 이상의 자료가 채워져야 한다.
  - 모든 리프(단말) 노드는 같은 레벨에 있다.
  - 루트 노드는 리프 노드가 아닌 이상 적어도 두 개의 서브트리를 갖는다.
  - 한 노드 안에 있는 키 값들은 오름차순으로 구성된다.
  - 검색은 루트 노드에서부터 시작한다.
  - 다음은 노드의 차수가 3인, 3원 B-트리이다.

합격생의 비법

테이블에서 기본키 속성으로 만든 인덱스를 '기본 인덱스(Primary Index)'라 하고, 일반 속성으로 만든 인덱스를 '보조 인덱스(Secondary Index)'라고 합니다.

★ 차수
노드의 가짓수

★ 루트 노드
트리에서 최상위 노드

★ 리프 노드
단말 노드라고도 하며, 하위 노드가 없는 노드

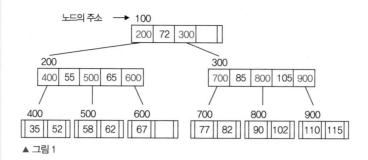

노드의 주소 ⟶ 100

▲ 그림1

– 한 노드의 키 값은 반 이상 채워져 있으며, 오름차순으로 정렬되어 있다.

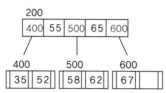

▲ 그림2

– 〈그림2〉는 〈그림1〉의 일부로 200번지 노드의 값은 '55'와 '65'가 저장된 것이다.
  • 400번지 노드는 '35'와 '52'가 저장된 것이며, 200번지의 '55'보다 작은 값으로 구성된다.
  • 500번지 노드는 '58'과 '62'가 저장된 것이며, 200번지의 '55'와 '65' 사이의 값으로 구성된다.
  • 600번지 노드는 '67'이 저장된 것이며, 200번지의 '65'보다 큰 값으로 구성된다.
– 이와 같은 원리에 따라 트리 구조로 나타낸 것이 B-트리이다.
– 〈그림1〉에서 '77'을 찾을 경우 탐색 트리*의 검색법에 따라 루트 노드의 '72'와 비교하여 크므로 우측 서브 트리를 검색한다. 즉, 300번지 노드로 이동한다. 찾고자 하는 '77'은 300번지 노드에 없으며 '85'보다 작으므로 700번지로 이동한다. 700번지 노드에 찾고자 하는 '77'이 있다.

★ 탐색 트리
루트 값과 비교하여 루트보다 작은 값은 좌측 서브트리로 이동하고, 루트보다 큰 값은 우측 서브트리로 이동하면서 검색하도록 만든 트리

② B⁺-트리
• B 트리의 변형으로 인덱스 세트와 순차 세트로 구성된다.
• 인덱스 세트는 단말 노드를 찾기 위한 인덱스를 제공하고, 순차 세트는 단말 노드로만 구성되어 있다.
• 순차 세트의 단말 노드에는 모든 키 값이 다시 나타나도록 하여 단말 노드만으로도 순차 검색이 가능하다.

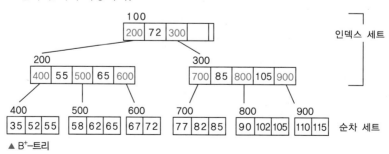

▲ B⁺-트리

03 인덱스 기타 유형

인덱스는 기본적으로 B-트리 구조를 많이 사용하지만 기타 유형으로 클러스터드 인덱스(Clustered Index)와 넌 클러스터드 인덱스(Non Clustered Index)가 있다.

① 클러스터드 인덱스(Clustered Index)
- 테이블에서 하나의 속성을 기준으로 정렬시킨 후, 테이블을 재구성하여 인덱스를 만드는 방법을 말한다.
- 테이블의 물리적 순서(실제 순서)와 인덱스 순서가 동일하다.
- 하나의 테이블에는 하나의 인덱스만 만들 수 있다.
- 아래는 '학번', '이름', '점수' 속성으로 구성된 [학생] 테이블로 클러스터드 인덱스를 만든 것이다.
  - [학생] 테이블의 '학번'을 기준으로 오름차순 하여 테이블을 재구성한다.

학생

학번	이름	점수
500	김길동	80
300	이철수	85
700	박태인	90
400	최태희	65
200	김정미	92
100	이영진	87
600	이찬성	80
900	강희영	92
800	김정애	85

➡

학번	이름	점수
100	이영진	87
200	김정미	92
300	이철수	85
400	최태희	65
500	김길동	80
600	이찬성	80
700	박태인	90
800	김정애	85
900	강희영	92

- 재구성한 테이블을 일정한 크기로 나눠 page 단위로 구성하고, 각 data page★의 첫 번째 키 값(대표값)과 page 번호로 인덱스를 만든다.

★ data page
페이지 단위로 나누어진 데이터가 저장·관리되는 곳

INDEX

page 대표값	page 번호
100	1
400	2
700	3

data page 1

학번	이름	점수
100	이영진	87
200	김정미	92
300	이철수	85

data page 2

학번	이름	점수
400	최태희	65
500	김길동	80
600	이찬성	80

data page 3

학번	이름	점수
700	박태인	90
800	김정애	85
900	강희영	92

- page 대표값은 각 data page의 첫 번째 키 값으로 인덱스에서 하나의 대표값은 다음 대표값 이전까지의 범위를 나타낸다.

- 예를 들어 학번이 600번인 학생의 정보를 검색한다면, 먼저 인덱스 테이블에서 600번에 해당하는 page 번호를 찾는다. 600번은 대표값이 400인 경우에 해당된다. 대표값이 400인 경우 page 번호는 2이므로 data page 2에서 600번 학생을 찾으면 된다.

② 넌 클러스터드 인덱스(Non Clustered Index)

• 넌 클러스터드 인덱스는 테이블을 재구성하지 않고, 데이터 주소로 인덱스를 만들어 주소값을 이용하여 검색하는 방법이다.
• 넌 클러스터드 인덱스는 하나의 테이블에 여러 개의 인덱스를 만들 수 있다.
• 인덱스 구조보다 다소 복잡해질 수 있다.
• 아래는 '학번', '이름', '점수' 속성으로 구성된 [학생] 테이블로 넌 클러스터드 인덱스를 만든 것이다.
  - [학생] 테이블을 일정한 크기의 페이지로 나눈다.

data page 1

학번	이름	점수
500	김길동	80
300	이철수	85
700	박태인	90

data page 2

학번	이름	점수
400	최태희	65
200	김정미	92
100	이영진	87

data page 3

학번	이름	점수
600	이찬성	80
900	강희영	92
800	김정애	85

  - 키 값과 데이터의 위치를 나타내는 ROW id로 구성된 인덱스 페이지를 만든다.
  - ROW id는 (page 그룹, data page 번호, 행 위치)로 구성된다(page 그룹은 파일이 여러 종류인 경우 사용되며 여기에서는 생략한다).

index page 01

키값(학번)	Row id
100	2-3
200	2-2
300	1-2
400	2-1
500	1-1

index page 02

키값(학번)	Row id
600	3-1
700	1-3
800	3-3
900	3-2

  - 인덱스 대표값과 인덱스 page 번호로 구성된 ROOT 인덱스를 만든다.

ROOT 인덱스

index 대표값	index page 번호
100	01
600	02

  - 예를 들어 학번이 900인 학생의 정보를 검색한다면, ROOT 인덱스에서 학번 900에 해당하는 인덱스를 찾는다. 900은 인덱스 대표값 600에 해당하므로 인덱스 page 번호 02번으로 이동한다.

– 인덱스 page 번호 02에서 900을 찾는다. ROW id가 '3-2'이므로 data page 3번의 두 번째 행을 검색하면 된다.

ROOT 인덱스

index 대표값	index page 번호
100	01
600	02

index page 01

키값(학번)	Row id
100	2-3
200	2-2
300	1-2
400	2-1
500	1-1

index page 02

키값(학번)	Row id
600	3-1
700	1-3
800	3-3
900	3-2

data page 1

학번	이름	점수
500	김길동	80
300	이철수	85
700	박태인	90

data page 2

학번	이름	점수
400	최태희	65
200	김정미	92
100	이영진	87

data page 3

학번	이름	점수
600	이찬성	80
900	강희영	92
800	김정애	85

- 클러스터드 인덱스는 실제 데이터의 순서와 인덱스의 순서가 일치하기 때문에 일정한 범위를 가지고 찾는 경우 속도 향상에 도움이 됩니다.
- 클러스터드 인덱스는 삽입, 수정의 경우 변경된 내용을 인덱스에 반영하고 재정렬해야 하므로 넌 클러스터드 인덱스보다 불리합니다.
- 넌 클러스터드 인덱스는 한 개의 특정 값을 찾거나, 많은 양의 데이터 중에서 작은 범위를 찾을 때 유용합니다.

04 인덱스 정의어

- 데이터베이스 내의 자료를 보다 효율적으로 검색하기 위해 인덱스를 만들며, 시스템에 의해 자동 관리된다.
- 인덱스는 DB 사용자에 의해 DDL문을 통해 '생성·제거·수정'이 가능하다.
- 인덱스의 정의어는 표준 SQL에 포함되지 않아 DBMS 제품마다 구문이 약간씩 다르다.

① 인덱스 생성

- 인덱스는 CREATE INDEX문에 의해 생성되며, 테이블에 있는 하나 이상의 속성(컬럼)으로 만들 수 있다.
- 다음과 같은 구문에 따라 만들어진다.
- 구문

```
CREATE [UNIQUE] INDEX 인덱스_이름
ON 테이블_이름(속성_이름 [ASC|DESC])
[CLUSTER];
```

- UNIQUE : 중복을 허용하지 않도록 인덱스를 생성할 때 사용되며, 생략 시 중복이 허용된다.
- ON 테이블_이름(속성_이름) : 지정된 테이블의 속성으로 인덱스를 만든다.
- [ASC|DESC] : 인덱스로 사용될 속성값의 정렬 방법을 나타내며 ASC는 오름차순, DESC는 내림차순을 의미한다.

– CLUSTER : 인접된 튜플들을 물리적인 그룹으로 묶어 저장하도록 할 때 사용된다.

> **예1** [학생] 테이블의 학과 속성값을 오름차순 정렬하여, 중복을 허용하지 않도록 'stud_idx'라는 이름의 인덱스를 생성하시오.
>
> CREATE UNIQUE INDEX stud_idx ON 학생(학과 ASC);

> **예2** [회원] 테이블의 회원명 속성값과 주소 속성값을 이용하여, 중복을 허용하지 않도록 'member_idx'라는 이름의 인덱스를 생성하시오.
>
> CREATE UNIQUE INDEX member_idx ON 회원(회원명, 주소);

② 인덱스 제거

- 인덱스는 보통 DROP INDEX문에 의해 제거된다.
- DROP INDEX문뿐만 아니라 ALTER TABLE 명령 뒤에 DROP INDEX 명령이 추가되는 형태로도 사용된다.
- 일반적으로 인덱스가 테이블에 종속되어 존재하기 때문에 인덱스를 제거하기 위해서는 테이블의 변경 후, 인덱스를 제거하게 된다.
- 인덱스 생성 후 DB에서 많은 조작 작업을 수행하다 보면 성능이 저하되므로 사용하지 않는 인덱스는 삭제하는 것이 바람직하다.
- 다음과 같은 구문에 따라 인덱스가 제거된다.
- 구문

DROP INDEX 인덱스_이름;

– 인덱스_이름 : 제거할 인덱스 이름을 의미한다.

> **예** 'stud_idx'라는 이름의 인덱스를 제거하시오.
>
> DROP INDEX stud_idx;

③ 인덱스 수정

- 인덱스는 ALTER INDEX문에 의해 재생성된다. 즉, 기존 인덱스를 삭제하고 다시 생성하게 된다.
- 최초에 생성된 인덱스를 수정하는 경우는 매우 드물다. 따라서 일부 DBMS에서는 수정하는 SQL문을 지원하지 않는다.
- 다음과 같은 구문에 따라 인덱스가 수정된다.
- 구문

```
ALTER [UNIQUE] INDEX 인덱스_이름
 ON 테이블_이름(속성_이름 [ASC|DESC]);
```

예 [학생] 테이블의 학과 속성값을 내림차순 정렬하여, 중복을 허용하지 않도록 'stud_idx'라는 이름의 인덱스를 수정하시오.

```
ALTER UNIQUE INDEX stud_idx ON 학생(학과 DESC);
```

05 인덱스 스캔(Index Scan) 방식

- 인덱스는 다양한 기준으로 구분할 수 있다. 속성값의 유일성에 따라 Unique와 Nonunique로 구분하고, 인덱스를 구성하는 속성의 수에 따라 단일 인덱스와 결합 인덱스 그리고 인덱스의 물리적 구성 방식에 따라 B*Tree, 비트맵(Bitmap) 그리고 클러스터(Cluster)로 구분한다.
- 가장 일반적으로 사용되는 것은 밸런스드 트리 인덱스(Balanced Tree Index)이며, B*Tree 인덱스라고도 한다.

01 아래 〈제품〉 테이블에서 제품 검색을 효율적으로 하기 위해 '제품코드'를 이용해 오름차순하여 기본 인덱스를 생성하는 SQL문을 작성하시오.

제품

제품코드	제품명	단가
P−001	프린터	100,000
M−002	모니터	120,000
H−003	하드디스크	70,000
D−004	DVD	40,000
I−005	무선공유기	35,000
K−001	키보드	5,000
M−001	마우스	6,000
C−006	화상카메라	15,000

• 답 :

02 다음의 설명과 부합하는 인덱스의 종류를 쓰시오.

> 가. 테이블의 하나의 속성을 기준으로 정렬시킨 후, 테이블을 재구성하여 인덱스를 만드는 방법이다.
> 나. 테이블의 물리적 순서와 인덱스 순서가 동일하고, 하나의 테이블에는 하나의 인덱스만 만들 수 있다.
> 다. 실제 데이터의 순서와 인덱스의 순서가 일치하기 때문에 일정한 범위를 가지고 찾는 경우 속도 향상에 도움이 된다.

• 답 :

03 데이터베이스에서 군집화에 대하여 간략히 설명하시오.

• 답 :

ANSWER **01** CREATE UNIQUE INDEX code_idx ON 제품(제품코드 ASC);
02 클러스터드 인덱스
03 군집화(Clustering)는 데이터들을 유사한 특성을 지닌 몇 개의 소그룹으로 분할하는 작업을 뜻하며,
다른 데이터마이닝 작업을 위한 선행 작업으로서의 역할을 수행하는 경우가 많다.

02 뷰(VIEW)와 시스템 카탈로그

핵심포인트

DDL • CREATE VIEW

출제
빈도 (상)(중)(하)

합격생의 비법

VIEW의 개념 및 생성과 삭제 방법들을 알아두세요.

01 뷰(VIEW)

- 뷰는 하나 이상의 테이블로부터 유도되어 만들어진 가상 테이블로 처리 과정 중의 중간 내용이나 기본 테이블 중 일부 내용을 검색해 보여 주거나 별도로 관리하고자 하는 경우 사용하는 임시 테이블이다.
- 뷰는 실제 물리적으로 기억공간을 차지하지 않으며, 논리적 독립성을 제공하고, 데이터 접근제어로 보안성을 향상한다.

학생

학번	성명	학년	수강과목	점수	연락처
2090111	김철수	1	정보통신	85	234-4567
2081010	이철준	2	컴퓨터	80	432-1234
2090223	박태인	1	데이터베이스	88	245-2151
2072020	김길동	3	운영체제	92	
2081533	이영진	3	산업공학	90	242-4461
2061017	최길동	4	컴퓨터	75	625-7588

예 [학생] 테이블에서 3학년 이상 학생의 학번과 성명을 검색하시오.

```
SELECT 학번, 성명
FROM 학생
WHERE 학년>=3;
```

〈결과〉

학번	성명
2081010	이철준
2081533	이영진
2061017	최길동

〈풀이〉

검색된 결과를 보여주는 이 테이블은 전체 테이블(기본 테이블) 중에서 사용자가 검색한 일부를 보여 주기 위한 테이블이다. 이 테이블은 기억공간을 차지하지 않으며 화면상에 보여지는 임시 테이블이다. 이러한 테이블을 '뷰(VIEW)'라고 한다.

① 뷰의 생성

• 뷰를 생성하기 위해서는 CREATE 명령문을 이용한다.

• 구문

```
CREATE VIEW 뷰_이름[(뷰_속성이름)]
AS SELECT 기본테이블의 속성_이름
FROM 기본테이블_이름
[WHERE 조건]
[WITH CHECK OPTION];
```

- CREATE VIEW 뷰_이름[(뷰_속성이름)] : 뷰도 테이블이므로 뷰의 이름과 뷰를 구성할 속성의 이름을 기재한다.
- AS SELECT 기본테이블의 속성_이름 FROM 기본테이블_이름 : 기본 테이블은 뷰를 만들기 위해 사용되는 대상 테이블로 기본 테이블의 이름과 기본 테이블의 속성 이름을 기재한다.
  • 기본 테이블의 속성 이름과 뷰에서 사용될 속성 이름은 다르게 부여할 수 있으며, 뷰의 속성 이름을 생략하는 경우 기본 테이블의 속성 이름과 동일한 속성 이름을 갖는다.
- WITH CHECK OPTION : 뷰에 대한 갱신, 삽입, 수정 등의 연산 시 WHERE절의 조건에 맞지 않으면 실행이 되지 않도록 할 때 사용하는 옵션이다.

예 [학생] 테이블에서 3학년 학생의 학번과 성명, 연락처 속성을 이용하여 학번, 이름, 전화번호 속성으로 구성된 '3학년연락처' 뷰를 생성하시오.

```
CREATE VIEW 3학년연락처(학번, 이름, 전화번호)
AS SELECT 학번, 성명, 연락처
FROM 학생
WHERE 학년=3;
```

〈결과〉

3학년연락처

학번	이름	전화번호
2081010	이철준	432-1234
2081533	이영진	242-4461

〈풀이〉

[학생] 테이블이 기본 테이블이 되며 [학생] 테이블의 '학번', '성명', '연락처' 속성을 이용하여 '학번', '이름', '전화번호' 속성을 가진 '3학년연락처' 뷰가 생성된다. 참고로 뷰에서 사용될 속성 이름을 생략하면 [학생] 테이블의 속성인 '학번', '성명', '연락처'가 뷰에 동일하게 적용된다.

② 뷰의 삭제

• 뷰를 삭제할 때는 DROP 명령어를 이용해 삭제한다.
• 구문

```
DROP VIEW 뷰_이름 [RESTRICT | CASCADE];
```

- DROP VIEW 뷰_이름 : 삭제할 뷰의 이름을 기재한다.
- RESTRICT | CASCADE : 삭제 시 옵션으로 둘 중 하나를 선택한다.
  • RESTRICT : 삭제할 요소가 사용(참조) 중이면 삭제가 이루어지지 않는다.
  • CASCADE : 삭제할 요소가 사용(참조) 중이더라도 삭제가 이루어지며, 연관된 모든 요소들도 일괄적으로 삭제된다.

예 위에서 생성한 '3학년연락처' 뷰를 제거하고, 연관된 뷰들도 연쇄적으로 제거하시오.

```
DROP VIEW 3학년연락처 CASCADE;
```

이론 하나 더 알기

뷰의 특징

• 뷰가 정의된 기본 테이블이 제거되면, 뷰도 자동적으로 제거된다.
• 뷰에 대한 검색(SELECT)은 일반 테이블과 거의 동일하다.
• 뷰에 대한 삽입, 삭제, 갱신은 제약이 따른다. 뷰의 속성 중 기본 테이블의 기본키가 포함되어 있지 않으면 삽입, 삭제, 갱신이 되지 않는다.
• 보안 측면에서 뷰를 활용할 수 있다.
• 뷰는 ALTER문을 이용하여 변경할 수 없다.
• 한 번 정의된 뷰는 변경할 수 없으며, 삭제한 후 다시 생성해야 한다.

02 시스템 카탈로그(System Catalog)

• 시스템 카탈로그는 데이터베이스에 저장되어 있는 테이블, 인덱스, 뷰, 제약조건, 사용자 등 개체들에 대한 정보와 정보들 간의 관계를 저장한 것으로 그 자체가 하나의 작은 데이터베이스이다.
• 시스템 카탈로그는 데이터 사전(Data Dictionary)이라고도 한다.
• 시스템 카탈로그에 저장된 데이터를 메타 데이터(Meta Data)★라고 한다.
• 시스템 카탈로그는 일반 테이블과 같이 시스템 테이블로 구성된다.
• 일반 사용자도 시스템 카탈로그의 내용을 검색할 수 있지만, 시스템 카탈로그의 내용을 삽입, 삭제, 갱신 등은 불가능하다.
• 시스템 카탈로그 갱신은 사용자가 SQL문을 실행하면 시스템에 의해 자동적으로 이루어진다.

합격생의 비법

일상 생활에서도 '카탈로그'라는 용어를 많이 사용합니다. 예를 들어 전자제품 카탈로그는 전자 제품에 대한 종류, 기능, 크기, 가격 등 여러 가지 정보를 담고 있습니다. 이와 같이 시스템 카탈로그는 데이터베이스에 저장된 각 개체들에 대한 정보를 담고 있습니다.

★ 메타 데이터(Meta Data)
저장된 데이터에 관한 데이터를 말한다.

01 다음 괄호에 들어갈 알맞은 내용을 채우시오.

(①)	관계 데이터베이스의 처리 과정 중 중간 내용이나 기본 테이블의 일부 내용을 검색 또는 별도로 관리하고자 하는 등에 사용하기 위해 하나 이상의 테이블로부터 유도되어 만들어진 가상 테이블을 말하며, 실제로 기억공간을 차지하지는 않으며, 논리적 독립성을 제공하고, 데이터 접근제어로 보안성을 향상시킬 수 있다.
(②)	'사원번호', '사원명', '부서', '연락처' 속성으로 구성된 [사원] 테이블에서 부서가 '총무부'인 사원들에 대한 사번, 이름, 연락처 속성을 가진 '총무부사원명단'(①)(을)를 만들기 위한 명령문은 다음과 같다. CREATE VIEW 총무부사원명단(사번, 이름, 연락처) (②) 사원번호, 사원명, 연락처 FROM 사원 WHERE 부서='총무부';
(③)	데이터베이스에 사용되는 테이블, 인덱스, 뷰, 제약조건, 사용자 등에 대한 정보와 정보들 간의 관계를 저장한 것으로 그 자체가 하나의 작은 데이터베이스이며, 데이터 사전(Data Dictionary)이라고도 한다.

- ① :
- ② :
- ③ :

02 뷰(VIEW)는 데이터베이스 시스템에 논리적인 독립성을 제공하고 보안성을 향상하는 장점을 가진 것으로, 하나 이상의 테이블로부터 유도되어 만들어진 가상 테이블을 말한다. 뷰(VIEW)는 CREATE 명령문에 의해 생성되며 DROP 명령문에 의해 삭제된다. 다음은 D 회사의 사원들에 대한 정보를 저장하기 위한 릴레이션 스키마이다.

사원

사원번호	사원명	부서	직위	연락처

[사원] 테이블에서 직위가 대리인 사원들에 대한 사번, 이름, 연락처를 가진 '대리사원명단' 뷰(VIEW)를 만들기 위한 SQL 명령문을 작성하시오(단, 생성 이후 조건에 맞지 않는 경우는 수행되지 않도록 한다).

- 답 :

03 다중 테이블 검색

핵심포인트

DML • 부속(하위) 질의 • 조인 • 집합 연산자

01 부속(하위) 질의

- 부속 질의는 구조적으로 상위 질의어에 포함되는 하위 질의어로 일반적으로 '서브 쿼리(Subquery)'라고 한다.
- 서브 쿼리는 하나의 SELECT 문장의 절 안에 포함된 또 하나의 SELECT문을 말한다.
- 서브 쿼리를 포함하고 있는 쿼리문을 메인 쿼리(Main query), 포함된 또 하나의 쿼리를 서브 쿼리(Sub query)라 한다.
- 서브 쿼리의 결과값은 메인 쿼리로 반환되어 사용된다.
- 서브 쿼리는 메인 쿼리가 실행되기 이전에 한 번만 실행된다.
- 서브 쿼리가 반환하는 행의 수에 따라 단일 행 서브 쿼리와 다중 행 서브 쿼리가 있다.

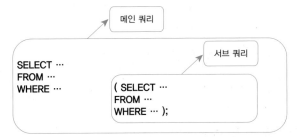

① 서브 쿼리 활용 시 유의사항

- 서브 쿼리는 비교 연산자의 오른쪽에 기술해야 하고 반드시 소괄호 ( ) 안에서 사용한다.
- 서브 쿼리가 반환하는 행의 수 또는 컬럼 수는 메인 쿼리가 기대하는 행의 수 또는 컬럼 수와 일치하여야 한다.
- 서브 쿼리는 ORDER BY절을 사용하지 않는다.
- 메인 쿼리의 FROM절에 있는 컬럼명은 서브 쿼리 내에서 사용될 수 있으나, 서브 쿼리의 FROM절에 있는 컬럼명은 메인 쿼리에서 사용할 수 없다.

성적

학번	성명	학년	학과	점수
201231	강희영	1	컴퓨터	80
201701	홍길동	1	수학	90
191211	김영진	2	컴퓨터	100
182011	이철수	3	통계학	70
171711	김선희	4	수학	80

합격생의 비법

관계형 데이터베이스 관리 시스템(RDBMS) 내의 여러 테이블을 통합해야 원하는 정보를 얻을 수 있는 다중 테이블 검색 기법에는 부속 질의, 조인, 집합 연산이 있습니다. 실무에서는 매우 자주 사용하는 기법이지만 각 DBMS마다 지원되는 문법 구조가 다르기 때문에 개념 중심으로 공부해 두세요.

② 단일 행(Single Row) 서브 쿼리

- 단일 행(Single Row) 서브 쿼리는 서브 쿼리 수행 결과가 오직 하나의 행(로우, row)만 반환된다.
- 단일 행 서브 쿼리문에서는 오직 하나의 행(로우, row)으로 반환되는 서브 쿼리의 결과는 메인 쿼리에 반환되는데 메인 쿼리의 WHERE절에서는 단일 행 비교 연산자★인 =, 〈〉, 〉, 〉=, 〈, 〈=를 사용해야 한다.

★ 단일 행 서브 쿼리의 WHERE 절에 사용되는 비교 연산자

=	같다
〈〉	같지 않다
〉	크다(초과)
〉=	크거나 같다(이상)
〈	작다(미만)
〈=	작거나 같다(이하)

예1 [성적] 테이블에서 '김영진'과 동일한 학과인 학생을 검색하시오.

```
SELECT *
FROM 성적
WHERE 학과 = ( SELECT 학과
              FROM 성적
              WHERE 성명 = '김영진' );
```

〈결과〉

학번	성명	학년	학과	점수
201231	강희영	1	컴퓨터	80
191211	김영진	2	컴퓨터	100

예2 [성적] 테이블에서 '강희영'의 점수보다 더 높은 점수를 받은 학생을 검색하시오.

```
SELECT *
FROM 성적
WHERE 점수 〉 ( SELECT 점수
              FROM 성적
              WHERE 성명 = '강희영' );
```

〈결과〉

학번	성명	학년	학과	점수
201701	홍길동	1	수학	90
191211	김영진	2	컴퓨터	100

③ 다중 행(Multiple Row) 서브 쿼리

- 다중 행(Multiple Row) 서브 쿼리는 서브 쿼리에서 반환되는 결과가 여러 행이 반환된다.
- 다중 행 서브 쿼리는 반드시 다중 행 연산자(Multiple Row Operator)와 함께 사용해야 한다.
- 다중 행 연산자(Multiple Row Operator)는 다음과 같다.

IN	메인 쿼리의 비교 조건 ('=' 연산자로 비교할 경우)이 서브 쿼리의 결과 중에서 하나라도 일치하면 참이다.
ANY, SOME	메인 쿼리의 비교 조건이 서브 쿼리의 검색 결과와 하나 이상이 일치하면 참이다.
ALL	메인 쿼리의 비교 조건이 서브 쿼리의 검색 결과와 모든 값이 일치하면 참이다.
EXISTS	메인 쿼리의 비교 조건이 서브 쿼리의 결과 중에서 만족하는 값이 하나라도 존재하면 참이다.

예 [성적] 테이블에서 점수가 80점 이상인 학생의 학과와 같은 학과의 학생을 검색하시오.

```
SELECT *
FROM 성적
WHERE 학과 IN ( SELECT 학과
                FROM 성적
                WHERE 점수 >= 80 );
```

〈결과〉

학번	성명	학년	학과	점수
201231	강희영	1	컴퓨터	80
201701	홍길동	1	수학	90
191211	김영진	2	컴퓨터	100
171711	김선희	4	수학	80

02 조인(JOIN) 2021년 2회

- 조인(JOIN)*이란 둘 이상의 테이블로부터 특정 공통된 값을 갖는 행을 연결하거나 조합하여 검색하는 것으로 관계형 DBMS에서 매우 중요한 연산이다.
- SQL의 SELECT문의 FROM 절에 두 개 이상의 테이블을 대상으로 조인 조건에 부합하는 조인 연산(⋈)을 수행한다.
- SQL 표준에서는 다양한 조인의 문법이 존재하지만, 각 DBMS마다 조인 문법에 차이가 있으므로 실무에서는 사용하는 DBMS에 적합한 조인 쿼리를 수행해야 한다.
- 조인의 필요성 : 여러 테이블에 흩어져 있는 정보 중에서 사용자가 필요한 정보를 가져와서 하나의 가상 테이블로 결과를 보여준다.

① 조인의 종류

- 조인에는 논리적 조인과 물리적 조인*이 있다. 논리적 조인의 종류는 다음과 같이 구분한다.

내부 조인(Inner Join)	• 동등 조인(Equi Join) : 동일 컬럼을 기준으로 조합하여 나타냄 • 비동등 조인(Non-Equi Join) : 동일 컬럼이 없이 다른 조건을 사용하여 나타냄
외부 조인(Outer Join)	• Left Outer Join, Right Outer Join, Full Outer Join • 조인 조건에 만족하지 않는 행도 나타냄
셀프 조인(Self Join)	한 테이블 내에서 조인하여 나타냄
교차 조인(Cross Join)	• 카티션 곱(Cartesian Product) • 조인 조건이 생략 또는 누락되어 모든 조합 행을 나타냄

합격생의 비법

조인은 관계형 데이터베이스 시스템에서 자주 사용되는 대표적인 문법이지만 시험에서는 특정 DBMS에 국한하여 문제가 출제되지 않습니다. 관계형 데이터 연산에서의 조인 연산(⋈)의 개념을 꼼꼼히 정리해 두세요.

★ 정규화와 조인
정규화는 데이터의 중복을 최소화하기 위해 릴레이션을 분해하는 기법이고, 조인은 다중 테이블에 대한 검색의 효율성을 위해 릴레이션을 결합하는 기법이다.
• 정규화 : 릴레이션 분해
• 조인 : 릴레이션 결합

★ 물리적 조인
데이터베이스 내부에서 발생하는 테이블 결합 방식으로 중첩 반복 조인, 정렬 합병 조인, 해시 조인이 있다.

학생

학번	성명	학년	학과번호
201231	강희영	1	D14
201701	홍길동	1	D13
191211	김영진	2	D14
182011	이철수	3	D15
171711	김선희	4	D13

학과

학과번호	학과명	학과사무실
D11	경영학	101호
D12	사회복지	201호
D13	수학	301호
D14	컴퓨터	401호
D15	통계학	501호

② 컬럼명의 모호성 해결 방법

- 조인 수행 시 두 테이블에 동일한 컬럼이름을 사용하면 어느 테이블 소속인지 불분명한 상태라는 오류 메시지가 출력되고 조인을 수행하지 않는다.
- 컬럼명의 모호성을 해결하기 위해 컬럼이름을 구분할 때, SELECT절이나 WHERE절에 '테이블명.컬럼명'으로 표현한다.
- 또한 테이블에 별칭을 부여하면 테이블이름을 단순화할 수 있으며 FROM절에 "테이블명 별명" 형태로 테이블명과 별명* 사이에 한 칸 이상의 공백을 띄운다.

★ 별명(Alias)
데이터, 컬럼, 테이블 등에 별칭을 주어 명확한 식별 및 간결성을 위해 사용된다.
• Oracle 테이블 별명 예

`SELECT S.학번 FROM 학생 S;`

• MySQL 테이블 별명 예

`SELECT S.학번 FROM 학생 AS S;`

> **예** [학생] 테이블에서 성명과 학과번호를 검색하시오.
>
> ```
> SELECT 성명, 학과번호
> FROM 학생;
> ```
>
> ```
> SELECT 학생.성명, 학생.학과번호
> FROM 학생;
> ```
>
> ```
> SELECT S.성명, S.학과번호
> FROM 학생 S;
> ```
>
> **〈결과〉**
>
> | 성명 | 학과번호 |
> |------|----------|
> | 강희영 | D14 |
> | 홍길동 | D13 |
> | 김영진 | D14 |
> | 이철수 | D15 |
> | 김선희 | D13 |

③ 교차 조인(Cross Join) 2021년 3회

- 교차 조인(Cross Join)은 카티션 곱(Cartesian Product)이라고도 하며, WHERE절에 JOIN 조건이 존재하지 않을 경우로 JOIN에 참조되는 두 테이블의 각 행의 행수를 모두 곱한 결과의 행수로 테이블이 반환된다.
- 반환되는 결과 테이블은 두 테이블의 디그리*의 합과 카디널리티*의 곱의 크기이다.
- 교차 조인은 단순 결합된 형태이기 때문에 조인 결과가 무의미한 결과이므로 조인을 할 때는 조건을 명확히 지정한 다른 조인 방법을 활용하는 것이 바람직하다.

★ 디그리(Degree)
컬럼(속성)의 개수

★ 카디널리티(Cardinality)
로우(튜플)의 개수

예 [학생] 테이블과 [학과] 테이블을 교차 조인★하는 SQL문을 작성하시오.

```
SELECT *
FROM 학생, 학과;
```

★ 교차 조인
• Oracle
```
SELECT *
FROM 학생, 학과;
```
• ANSI SQL표준
```
SELECT *
FROM 학생 CROSS JOIN 학과;
```

〈결과〉

학번	성명	학년	학생.학과번호	학과.학과번호	학과명	학과사무실
201231	강희영	1	D14	D11	경영학	101호
201231	강희영	1	D14	D12	사회복지	201호
201231	강희영	1	D14	D13	수학	301호
201231	강희영	1	D14	D14	컴퓨터	401호
201231	강희영	1	D14	D15	통계학	501호
201701	홍길동	1	D13	D11	경영학	101호
201701	홍길동	1	D13	D12	사회복지	201호
201701	홍길동	1	D13	D13	수학	301호
201701	홍길동	1	D13	D14	컴퓨터	401호
201701	홍길동	1	D13	D15	통계학	501호
191211	김영진	2	D14	D11	경영학	101호
191211	김영진	2	D14	D12	사회복지	201호
191211	김영진	2	D14	D13	수학	301호
191211	김영진	2	D14	D14	컴퓨터	401호
191211	김영진	2	D14	D15	통계학	501호
182011	이철수	3	D15	D11	경영학	101호
182011	이철수	3	D15	D12	사회복지	201호
182011	이철수	3	D15	D13	수학	301호
182011	이철수	3	D15	D14	컴퓨터	401호
182011	이철수	3	D15	D15	통계학	501호
171711	김선희	4	D13	D11	경영학	101호
171711	김선희	4	D13	D12	사회복지	201호
171711	김선희	4	D13	D13	수학	301호
171711	김선희	4	D13	D14	컴퓨터	401호
171711	김선희	4	D13	D15	통계학	501호

〈풀이〉
• 학번 테이블의 로우의 개수×학과 테이블의 로우의 개수 = 5×5 = 25 (로우)
• 학번 테이블의 컬럼의 개수+학과 테이블의 컬럼의 개수 = 4+3 = 7 (컬럼)

④ 동등 조인(Equi Join)

• 동등 조인(Equi Join)은 가장 많이 사용하는 조인 방법으로, 조인 대상이 되는 두 테이블에서 공통적으로 존재하는 컬럼의 값이 일치되는 공통 행을 연결하여 결과를 생성하는 조인 방법이다. 등가 조인이라고도 한다.
• WHERE절에 1개 이상의 조인 조건을 반드시 작성한다.
• 동등 조인은 WHERE절에 조인 조건으로 '=' 비교 연산자를 사용한다.

예 [학생] 테이블과 [학과] 테이블을 동등 조인하는 SQL문을 작성하시오.

```
SELECT *
FROM 학생 S, 학과 D
WHERE S.학과번호 = D.학과번호;
```

〈결과〉

학번	성명	학년	학과번호	학과번호	학과명	학과사무실
201231	강희영	1	D14	D14	컴퓨터	401호
201701	홍길동	1	D13	D13	수학	301호
191211	김영진	2	D14	D14	컴퓨터	401호
182011	이철수	3	D15	D15	통계학	501호
171711	김선희	4	D13	D13	수학	301호

⑤ 자연 조인(Natural Join)

- 자연 조인(Natural Join)은 ANSI SQL 표준으로 대부분의 DBMS에서 사용되는 조인 문법이다.
- 자연 조인은 테이블 간의 모든 컬럼을 대상으로 공통 컬럼을 자동으로 조사하여 같은 컬럼명을 가진 값이 일치할 경우 조인 조건을 수행한다.
- 동등 조인은 FROM절의 테이블 수에 따라 WHERE절에 조인 조건식을 작성하지만, 자연 조인은 FROM절에 NATURAL INNER JOIN을 명시하여 간결하게 조인을 진행한다. INNER는 생략 가능하다.

예 [학생] 테이블과 [학과] 테이블을 자연 조인하는 SQL문을 작성하시오.

```
SELECT *
FROM 학생 NATURAL INNER JOIN 학과;
```

또는

```
SELECT *
FROM 학생 NATURAL JOIN 학과;
```

〈결과〉

학번	성명	학년	학과번호	학과명	학과사무실
201231	강희영	1	D14	컴퓨터	401호
201701	홍길동	1	D13	수학	301호
191211	김영진	2	D14	컴퓨터	401호
182011	이철수	3	D15	통계학	501호
171711	김선희	4	D13	수학	301호

⑥ JOIN~ON 2021년 2회

- 두 테이블을 JOIN 연산한 뒤 자료를 검색하는 형태의 질의문을 말한다.
- [테이블1] JOIN [테이블2] ON [조인조건] 형태로 구성된다.

학생정보

학번	이름	학과	학년	연락처
190111	김감찬	컴퓨터	1	234-4567
181010	이철수	기계	3	432-1234
190223	김정애	컴퓨터	1	245-2151
172020	이길동	수학	2	246-1177
181533	이영진	법학	3	242-4461
161017	이순신	체육	4	625-7588

학과인원

학과	학생수
컴퓨터	35
기계	25
수학	30
법학	20
체육	32
전기	33

예 [학생정보] 테이블과 [학과인원] 테이블에서 학과명이 같은 튜플을 JOIN하여 이름, 학과, 학생수를 검색하시오.

```
SELECT 이름, 학과, 학생수
FROM 학생정보 JOIN 학과인원 ON (학생정보.학과=학과인원.학과);
```

〈풀이〉

[학생정보] 테이블과 [학과인원] 테이블을 일반적으로 자연조인을 수행한 뒤 이름, 학과, 학생수를 검색한다.

〈조인결과〉

학번	이름	학과	학년	연락처	학생수
190111	김감찬	컴퓨터	1	234-4567	35
181010	이철수	기계	3	432-1234	25
190223	김정애	컴퓨터	1	245-2151	35
172020	이길동	수학	2	246-1177	30
181533	이영진	법학	3	242-4461	20
161017	이순신	체육	4	625-7588	32

〈검색결과〉

이름	학과	학생수
김감찬	컴퓨터	35
이철수	기계	25
김정애	컴퓨터	35
이길동	수학	30
이영진	법학	20
이순신	체육	32

03 집합(SET) 연산자

- DML의 SELECT문의 질의 결과 행으로 얻은 두 테이블을 집합(SET) 연산자로 집합 단위의 연산을 할 수 있다.
- 집합 연산자에는 UNION, UNION ALL, INTERSECT, MINUS가 있다.
- 집합 연산의 질의 결과는 하나의 테이블로 반환된다.

① 집합 연산자의 종류

UNION	두 질의 결과 행을 합치고 중복을 제거함	
UNION ALL	두 질의 결과 행을 합치고 중복을 포함함	
INTERSECT	두 질의 결과 행의 공통되는 행	
MINUS	첫 번째 질의 결과에서 두 번째 질의 결과에 있는 행을 제거한 값	

② 집합 연산자 활용 시 유의사항

- 각 집합 SELECT문의 질의 결과는 컬럼 수가 반드시 같아야 집합 연산을 수행할 수 있다.
- 각 집합 SELECT문의 질의 결과는 컬럼의 자료형이 반드시 같아야 집합 연산을 수행할 수 있다.
- MINUS 연산자는 각 집합의 SELECT문의 질의 결과의 순서에 따라 결과가 상이하다.
- 각 집합의 SELECT문은 ORDER BY절을 포함하지 못하지만, 전체 결과 행에 대한 ORDER BY절은 포함할 수 있다.
- 전체 결과 행에 관한 ORDER BY절은 컬럼명보다 순서번호를 사용한다.

데이터베이스

학번	성명	학년	학과
201231	강희영	1	컴퓨터
201701	홍길동	1	수학
191211	김영진	2	컴퓨터
182011	이철수	3	통계학
171711	김선희	4	수학

인공지능

학번	성명	학년	학과
201231	강희영	1	컴퓨터
181533	박서준	3	전자
191211	김영진	2	컴퓨터
202011	이철수	1	통계학
171730	신민준	4	수학

③ UNION 연산자

- UNION 연산자는 각 SELECT문의 질의 결과에 대한 각 집합의 합을 반환하는 합집합 연산자이다.
- UNION 연산자의 경우는 각 집합의 합의 결과에 대해 중복 행을 제거하고 반환된다.

> **예** [데이터베이스] 테이블과 [인공지능] 테이블을 활용하여 데이터베이스 과목과 인공지능 과목을 수강하는 학생을 검색하시오.

```
SELECT * FROM 데이터베이스
UNION
SELECT * FROM 인공지능;
```

〈결과〉

학번	성명	학년	학과
201231	강희영	1	컴퓨터
201701	홍길동	1	수학
191211	김영진	2	컴퓨터
182011	이철수	3	통계학
171711	김선희	4	수학
181533	박서준	3	전자
202011	이철수	1	통계학
171730	신민준	4	수학

④ UNION ALL 연산자

- UNION ALL 연산자는 각 SELECT문의 질의 결과에 대한 각 집합의 합을 반환하는 합집합 연산자이다. 이때 UNION ALL은 중복된 결과 행을 포함하여 최종 반환된다.

> **예** [데이터베이스] 테이블과 [인공지능] 테이블을 활용하여 데이터베이스 과목과 인공지능 과목을 수강하는 학생을 검색하시오(단, 중복된 결과 행을 모두 포함한다).

```
SELECT * FROM 데이터베이스
UNION ALL
SELECT * FORM 인공지능;
```

〈결과〉

학번	성명	학년	학과
201231	강희영	1	컴퓨터
201701	홍길동	1	수학
191211	김영진	2	컴퓨터
182011	이철수	3	통계학
171711	김선희	4	수학
201231	강희영	1	컴퓨터
181533	박서준	3	전자
191211	김영진	2	컴퓨터
202011	이철수	1	통계학
171730	신민준	4	수학

⑤ INTERSECT 연산자

- INTERSECT 연산자는 각 SELECT문의 질의 결과에 대한 각 집합의 공통된 행을 반환하는 교집합 연산자이다.
- MySQL에서는 교집합 연산자가 없다.

예 [데이터베이스] 테이블과 [인공지능] 테이블을 활용하여 데이터베이스 과목과 인공지능 과목을 동시에 수강하는 학생을 검색하시오. (Oracle의 경우)

```
SELECT * FROM 데이터베이스
INTERSECT
SELECT * FORM 인공지능;
```

〈결과〉

학번	성명	학년	학과
201231	강희영	1	컴퓨터
191211	김영진	2	컴퓨터

⑥ MINUS 연산자

- MINUS 연산자는 기준이 되는 SELECT문의 질의 결과에 대한 집합의 행에서 공통 행을 제외한 행을 반환하는 차집합 연산자이다.
- Oracle에서는 MINUS, SQL Server에서는 EXCEPT 연산자를 각각 사용한다.
- MySQL에서는 차집합 연산자가 없다.

예 [데이터베이스] 테이블과 [인공지능] 테이블을 활용하여 인공지능 과목은 수강하지 않고 데이터베이스 과목만 수강하는 학생을 검색하시오. (Oracle의 경우)

```
SELECT * FROM 데이터베이스
MINUS
SELECT * FORM 인공지능;
```

〈결과〉

학번	성명	학년	학과
201701	홍길동	1	수학
182011	이철수	3	통계학
171711	김선희	4	수학

01 아래 보기의 두 개의 테이블을 조인하여 이름(NAME), 부서코드(DEPT_ID), 부서명(DEPT_NAME)을 직원 테이블
(S_EMP)의 나이(AGE) 순으로 출력하는 SQL문의 빈칸을 완성하시오.

S_EMP   S_DEPT

NAME	AGE	LEVEL	DEPT_ID		DEPT_ID	DEPT_NAME	NUMBER
홍길동	25	4	20		10	기획팀	4
강감찬	40	7	30		20	영업팀	6
이순신	42	7	40		30	경영지원팀	5
계백	38	6	40		40	개발팀	22
이성계	45	8	50		50	서비스팀	12

• SQL문

```
SELECT S_EMP.NAME, S_EMP.DEPT_ID, S_DEPT.DEPT_NAME
FROM S_EMP, S_DEPT
WHERE S_EMP.DEPT_ID _____ S_DEPT.DEPT_ID
ORDER BY S_EMP.AGE;
```

• 답 :

02 다음의 뷰(View) 대한 설명과 부합하는 항목을 모두 쓰시오.

ⓐ 뷰는 저장 장치 내에 물리적으로 존재한다.
ⓑ 뷰가 정의된 기본 테이블이 삭제되더라도 뷰는 자동으로 삭제되지 않는다.
ⓒ DBA는 보안 측면에서 뷰를 활용할 수 있다.
ⓓ 뷰로 구성된 내용에 대한 삽입, 삭제, 갱신 연산에는 제약이 따른다.

• 답 :

03 다음의 설명과 부합하는 빈칸 ①~②에 들어갈 인덱스 용어를 쓰시오.

인덱스를 설정할 때는 (①) 인덱스와 (②) 인덱스를 고려할 수 있다. (①) 인덱스는 인덱스가 가리키는 데이터가 이미 정렬되어 있어 최종 인덱싱 단계 없이 바로 데이터를 찾을 수 있으므로 조회 시 (②) 인덱스보다 빠른 성능을 보인다. 하지만 삽입, 수정이 발생할 때마다 변경된 내용을 인덱스에 반한 후 다시 정렬하는 과정을 거쳐야 하므로 (②) 인덱스보다 불리하며, 한 테이블에 한 개만 만들 수 있다. (②) 인덱스는 조회 시 (①) 인덱스보다 성능은 떨어지지만 한 테이블에 여러 개의 인덱스를 설정할 수 있다. 자주 정렬하는 컬럼에 대해서 (①) 인덱스를 만들어 주면 결과를 정렬해야 하는 오버헤드가 제거되어 성능 향상에 도움이 된다.

• ① :
• ② :

04 다음 주어진 [학생] 테이블과 [성적] 테이블을 대상으로 〈SQL문〉의 〈결과〉를 얻을 수 있도록 빈칸에 알맞은 명령어를 쓰시오.

[학생] 테이블

학번	이름	학년	학과	주소
1000	김철수	1	전산	서울
2000	고영준	1	전기	경기
3000	유진호	2	전자	경기
4000	김영진	2	전산	경기
5000	강희영	3	전자	서울

[성적] 테이블

학번	과목번호	과목이름	학점	점수
1000	A100	자료구조	A	91
2000	A200	DB	A+	99
3000	A100	자료구조	B+	88
3000	A200	DB	B	85
4000	A200	DB	A	94
4000	A300	운영체제	B+	89
5000	A300	운영체제	B	88

〈SQL문〉

```
SELECT 과목이름
FROM 성적
WHERE _____ ( SELECT 학번 FROM 학생
          WHERE 학생.학번 = 성적.학번 AND 학생.학과 IN ('전산', '전기') AND
          학생.주소 = '경기');
```

〈결과〉

과목이름
DB
DB
운영체제

• 답 :

## CHAPTER 03

응용 SQL 작성하기

학습방향

1. 그룹 함수와 윈도우 함수를 사용하여 순위와 소계, 중계, 총합계를 산출하는 DML(Data Manipulation Language) 명령문을 작성할 수 있다.

핵심포인트

다중 행 함수 • GROUP BY 절 • COUNT(*)

01 다중 행 함수

- SQL에서는 데이터 조작을 위한 다양한 함수를 '단일 행 함수'와 '다중 행 함수'로 구분하여 제공한다.
- 단일 행 함수의 경우 행의 수만큼 처리 결과값을 반환하며 SELECT절, WHERE절, GROUP BY절에서 사용된다.
- 다중 행 함수는 전체 또는 그룹별로 데이터 튜플(행) 간의 상호 연관 및 계산 분석을 한 단일 결과값을 반환한다. GROUP BY절에는 그룹의 기준이 되는 컬럼명을 기술하며, 집계 함수는 SELECT절과 HAVING절에 사용되며, 분석을 위한 윈도우 함수는 GROUP BY절을 사용하지 않고 SELECT절에서 사용된다.

02 집계 함수

- 집계 함수(Aggregate Function)는 다중 행 함수로 여러 튜플(행)을 처리한 후 한 행의 결과값을 반환한다. 이때 널(NULL) 값은 제외하고 처리 후 결과를 반환한다.
- 집계 함수 중 일부인 그룹 함수(Group Function)는 다음과 같다.

SUM(컬럼명)	컬럼의 합계 반환	MIN(컬럼명)	컬럼의 최솟값 반환
AVG(컬럼명)	컬럼의 평균 반환	STDDEV(컬럼명)	컬럼의 표준편차 반환
COUNT(컬럼명)★	컬럼의 행의 개수 반환	VARIANCE(컬럼명)	컬럼의 분산 반환
MAX(컬럼명)	컬럼의 최댓값 반환		

★ COUNT(*)
전체 행의 개수를 반환

★ COUNT(컬럼명)
컬럼의 널 값을 제외한 행의 개수를 반환

학생

NO	NAME	KOR	ENG	MATH
203355	강희영	100	100	100
211135	김영진	100	NULL	100
222233	홍길동	NULL	0	100

예1 [학생] 테이블을 대상으로 하는 〈SQL문〉의 결과를 쓰시오.

```
SELECT COUNT(*) AS 전체학생수, COUNT(KOR) 국어응시생수
FROM 학생;
```

〈결과〉

전체학생수	국어응시생수
3	2

예 2 [학생] 테이블을 대상으로 하는 〈SQL문〉의 결과를 쓰시오.

(1) SELECT COUNT(KOR) FROM 학생;
(2) SELECT COUNT(ENG) FROM 학생;
(3) SELECT AVG(KOR) FROM 학생;
(4) SELECT AVG(ENG) FROM 학생;

〈결과〉
(1) 2
(2) 2
(3) 100
(4) 50

예 3 [학생] 테이블을 대상으로 하는 〈SQL문〉의 결과를 쓰시오.

SELECT SUM(MATH) FROM 학생 WHERE NAME 〈〉 '홍길동';

〈결과〉

SUM(MATH)
200

이론을 확인하는 **문제**

다음 〈지시사항〉을 표현한 〈SQL문〉의 빈칸에 알맞은 용어를 쓰시오.

〈지시사항〉

[사원] 테이블에서 각 부서별 평균 급여를 검색하시오. (단, [사원] 테이블은 '사원번호', '사원명', '부서명', '급여' 컬럼으로 생성되어 있다.)

〈SQL문〉

SELECT ＿＿＿＿＿＿＿
FROM 사원
GROUP BY 부서명;

• 답 :

ANSWER 부서명, AVG(급여)

출제
빈도 상 중 하

핵심포인트
ROLLUP • CUBE • GROUPING SETS

합격생의 비법

[ ]은 생략 가능한 부분입니다.

01 SELECT문 문법

- ROLLUP 함수와 CUBE 함수는 SELECT문의 GROUP BY절에 사용되며, 이를 통해 그룹별 집계와 총계를 쉽게 구할 수 있다.
- SELECT문의 문법

```
SELECT [ALL | DISTINCT] [테이블명.]컬럼명 [AS 별칭] [, [테이블명.]컬럼명 [AS 별칭]… ]
                        [, 그룹함수(컬럼명) [AS 별칭]]
                        [, 윈도우함수명  OVER (PARTITION BY 컬럼명, 컬럼명2, …
                                            ORDER BY 컬럼명3, 컬럼명4, …) [AS 별칭]]
FROM 테이블명[, 테이블명…]
[WHERE 조건식]
[GROUP BY [ROLLUP | CUBE](컬럼명, 컬럼명, …)]
[HAVING 조건식]
[ORDER BY 컬럼명 [ASC | DESC]];
```

- SELECT문의 필수절은 FROM이며, 쿼리에 따라 추가되는 절로 확장되어 작성된다.
- SELECT문의 모든 절이 작성되었을 때, 실행 순서는 FROM → WHERE → GROUP BY → HAVING → ORDER BY → SELECT이다.
- GROUP BY절을 사용한 그룹 처리 함수
  - GROUP BY절을 사용한 그룹 처리 함수에는 ROLLUP 함수, CUBE 함수, GROUPING SETS 함수가 있다.
  - ROLLUP 함수와 CUBE 함수는 주어진 컬럼의 순서에 따라 다른 집계 결과가 반환되지만, GROUPING SETS 함수는 컬럼의 순서에 상관없이 같은 결과를 반환한다.

ROLLUP	주어진 컬럼을 기준으로 그룹별 집계를 구하는 함수
CUBE	주어진 컬럼을 기준으로 모든 컬럼 조합의 그룹별 집계를 구하는 함수
GROUPING SETS	주어진 컬럼들에 대한 다양한 집계 집합을 구하는 함수

02 ROLLUP 함수

- ROLLUP 함수는 주어진 컬럼별 소그룹 간의 집계와 총계를 계산 후 원래 테이블에 추가하여 생성된 결과 테이블을 반환한다.
- 주어진 컬럼의 수에 따라 결과 테이블의 레벨이 결정되며, ROLLUP 함수의 경우 주어진 컬럼의 수보다 하나 더 큰 레벨로 결과 테이블이 반환된다. 즉, 컬럼의 수가 N이라고 하면, (N+1) 레벨로 반환된다.
- 쿼리 작성 시, 일반적으로 ROLLUP 함수의 컬럼들은 모두 SELECT절에 추가되어야 유의미한 결과를 분석할 수 있다.

[STUDENT] 테이블

SID	SNAME	DEPT	GRADE	TEST
20210101	김철수	컴퓨터과	3	80
20210203	홍철수	수학과	3	90
20210307	정철수	전기과	3	70
20210109	이철수	컴퓨터과	3	82
20220102	박철수	컴퓨터과	2	60
20220204	강철수	수학과	2	100
20220206	신철수	수학과	2	40
20220308	김영진	전기과	2	95
20230310	이영진	전기과	1	65
20230311	강영진	전기과	1	88
20230411	정영진	전기과	1	92
20230412	신영진	전기과	1	100

예 1 [STUDENT] 테이블을 대상으로 하는 지시사항을 반영한 〈SQL문〉을 쓰시오.

〈지시사항〉

- 학생(STUDENT) 테이블의 학과별/학년별, 학과별, 전체 점수의 평균을 계산하여 출력하여라.
- 단, 평균값은 정수 자리까지만 표현한다. (ROUND 함수 사용)

〈SQL문〉

```
SELECT DEPT 학과, GRADE 학년, ROUND(AVG(TEST)) 평균
FROM STUDENT
GROUP BY ROLLUP(DEPT, GRADE);
```

합격생의 비법

SELECT절의 별칭
컬럼에 자주 사용하는 별칭 예약어인 AS는 생략 가능합니다. 별칭에 빈칸이 있을 경우는 반드시 큰따옴표("")로 감싸주어야 합니다.

〈결과〉

학과	학년	평균
수학과	2	70
수학과	3	90
수학과	NULL	77
전기과	1	86
전기과	2	95
전기과	3	70
전기과	NULL	85
컴퓨터과	2	60
컴퓨터과	3	81
컴퓨터과	NULL	74
NULL	NULL	80

〈풀이〉

• ROLLUP 함수에 주어진 컬럼의 개수는 2개이므로 결과 테이블의 레벨값은 (2+1)=3이다.
• ROLLUP 함수의 경우 결과 테이블은 하위 레벨(3레벨)이 가장 먼저 출력된다. 즉, 그룹 사이에 소계 튜플(행)이 추가되고 마지막 튜플(행)에 전체를 대상으로 한 총계의 결과 튜플(행)이 추가된다.

예 2 [STUDENT] 테이블을 대상으로 하는 지시사항을 반영한 〈SQL문〉을 쓰시오.

〈지시사항〉

학생(STUDENT) 테이블의 학과별/학년별, 학과별, 전체 인원수를 계산하여 출력하여라.

〈SQL문〉

```
SELECT DEPT, GRADE, COUNT(*) AS 인원수
FROM STUDENT
GROUP BY ROLLUP(DEPT, GRADE);
```

〈결과〉

DEPT	GRADE	인원수
수학과	2	2
수학과	3	1
수학과	NULL	3
전기과	1	4
전기과	2	1
전기과	3	1
전기과	NULL	6
컴퓨터과	2	1
컴퓨터과	3	2
컴퓨터과	NULL	3
NULL	NULL	12

03 CUBE 함수

- CUBE 함수는 주어진 컬럼들 간의 결합 가능한 다차원적인 모든 조합의 그룹의 집계와 컬럼별 집계 및 총계를 계산 후 원래 테이블에 추가하여 생성된 결과 테이블을 반환한다.
- 주어진 컬럼의 수에 따라 결과 테이블의 레벨이 결정되며, CUBE 함수의 경우 주어진 컬럼의 수가 N개라고 하면, 2의 N승(2^N) 레벨로 결과 테이블이 반환된다.
- CUBE 함수는 UNION 연산을 반복 수행하지 않고도 컬럼의 조합에 대한 집계가 가능하고 쿼리의 가독성과 수행 속도가 빠른 장점을 가진 함수이다.
- 쿼리 작성 시, 일반적으로 ROLLUP 함수와 CUBE 함수의 컬럼들은 모두 SELECT 절에 추가되어야 유의미한 결과를 분석할 수 있다.

합격생의 비법

ROLLUP 함수와 CUBE 함수의 결과 레벨
(컬럼의 개수 : N)
- ROLLUP 함수 : N+1
- CUBE 함수 : 2^N

예 [STUDENT] 테이블을 대상으로 하는 지시사항을 반영한 〈SQL문〉을 쓰시오.

〈지시사항〉

- 학생(STUDENT) 테이블의 학과별/학년별, 학과별, 학년별, 전체 점수의 평균을 계산하여 출력하여라.
- 단, 평균값은 정수 자리까지만 표현한다. (ROUND 함수 사용)

〈SQL문〉

```
SELECT DEPT 학과, GRADE 학년, ROUND(AVG(TEST)) 평균
FROM STUDENT
GROUP BY CUBE(DEPT, GRADE);
```

〈결과〉

학과	학년	평균
NULL	NULL	80
NULL	1	86
NULL	2	74
NULL	3	81
수학과	NULL	77
수학과	2	70
수학과	3	90
전기과	NULL	85
전기과	1	86
전기과	2	95
전기과	3	70
컴퓨터과	NULL	74
컴퓨터과	2	60
컴퓨터과	3	81

〈풀이〉

- CUBE 함수에 주어진 컬럼의 개수는 2개이므로 결과 테이블의 레벨값은 (2^2)=4이다.
- CUBE 함수의 경우 ROLLUP 함수와는 반대로 결과 테이블은 상위 레벨(1레벨)이 가장 먼저 추가되어 출력된다. 즉, 튜플(행)에 전체를 대상으로 한 총계의 결과 튜플(행)이 가장 먼저 추가되고 그룹 사이에 모든 조합의 소계 튜플(행)이 각 하위 레벨 사이에 추가된다.

04 GROUPING SETS 함수

- GROUPING SETS 함수는 주어진 컬럼별 집계를 계산한 후 집계의 결과 튜플(행)만 출력한다.
- GROUPING SETS 함수는 인수로 주어지는 컬럼의 순서와 상관없이 결과가 같다.

> **예** [STUDENT] 테이블을 대상으로 하는 지시사항을 반영한 〈SQL문〉을 쓰시오.
>
> **〈지시사항〉**
>
> 학생(STUDENT) 테이블의 학과별 인원수와 학년별 인원수를 계산하여 출력하여라.
>
> **〈SQL문〉**
>
> ```
> SELECT DEPT, GRADE, COUNT(*) 인원수
> FROM STUDENT
> GROUP BY GROUPING SETS(DEPT, GRADE);
> ```
>
> **〈결과〉**
>
> | DEPT | GRADE | 인원수 |
> | --- | --- | --- |
> | 컴퓨터과 | NULL | 3 |
> | 전기과 | NULL | 6 |
> | 수학과 | NULL | 3 |
> | NULL | 1 | 4 |
> | NULL | 2 | 4 |
> | NULL | 3 | 4 |

이론을 확인하는 **문제**

다음은 SELECT 명령문의 모든 추가 절이 작성되었을 때, 실행의 순서를 나열한 것이다. 빈칸에 알맞은 용어를 순서대로 쓰시오.

FROM → (①) → GROUP BY → HAVING → ORDER BY → (②)

- ① :
- ② :

01 윈도우 함수

- 윈도우 함수(Window Function)는 분석 함수(Analytic Function)라고도 하며, 집계 함수와는 다르게 윈도우(WINDOW)라는 분석 함수용 그룹을 정의하여 계산을 수행한다.
- 윈도우 함수는 행(튜플)과 행 간의 관계를 간단히 정의하기 위해 만들어졌으며 GROUP BY절을 사용하지 않고 윈도우라는 그룹을 정의하여 쿼리를 쉽게 작성할 수 있다.
- WINDOW 함수에는 SELECT절에서만 사용 가능하며, OVER( )절은 필수 사항이며, OVER( )절에 분석할 데이터를 기술하지 않으면 전체 행을 대상으로 분석한다.
- 윈도우 함수는 서브 쿼리에서는 사용할 수 있지만 중첩은 불가능하다.
- 윈도우 함수

집계 분석	SUM(), AVG(), MAX(), MIN(), COUNT()
순위 분석	RANK(), DENSE_RANK(), ROW_NUMBER()
순서 분석	FIRST_VALUE(), LAST_VALUE, LAG, LEAD()
그룹 비율	CUME_DIST(), PERCENT_RANK(), NTILE(), RATIO_TO_REPORT()
통계 분석	STD_DEV(), VARIANCE()

- 윈도우 함수의 문법

```
SELECT 윈도우함수명(컬럼명, 컬럼명…)
         OVER ( [PARTITION BY 컬럼명] [ORDER BY 절] [WINDOWING 절] )
FROM 테이블명[, 테이블명…];
```

합격생의 비법

데이터 분석을 위한 다양한 분석 함수들이 있지만, 정보 처리기사 실기시험을 대비하는 수험생 입장에서는 대부분의 DBMS에서 지원하는 순위 관련 분석 함수인 RANK(), DENSE_RANK(), ROW_NUMBER() 함수만 학습하는 것이 효율적입니다.

예 [STUDENT] 테이블을 대상으로 하는 지시사항을 반영한 〈SQL문〉을 쓰시오.

〈지시사항〉

- 윈도우 함수를 이용하여, 학생(STUDENT) 테이블의 학과별, 학년별 인원수를 계산하여 출력하여라.
- 단, GROUP BY절의 사용을 금지하며, 최종 결과를 학과와 학년별로 오름차순하여 출력하여라.

〈SQL문〉

```
SELECT UNIQUE DEPT, GRADE,
    COUNT(*) OVER(PARTITION BY DEPT, GRADE) 인원수
FROM STUDENT
ORDER BY DEPT, GRADE;
```

〈결과〉

DEPT	GRADE	인원수
수학과	2	2
수학과	3	1
전기과	1	4
전기과	2	1
전기과	3	1
컴퓨터과	2	1
컴퓨터과	3	2

02 순위 계산용 윈도우 함수

순위 계산용 윈도우 함수
• RANK() : 석차
• DENSE_RANK() : 순위
• ROW_NUMBER() : 순서

• RANK는 전체 또는 윈도우별 행의 순위를 구할 수 있다.
• 동일한 값은 동일한 순위를 부여하며 다음 순위는 공동 순위에 따라 증가된 순위값을 반환한다.

[EMP] 테이블

EID	ENAME	DEPT	SALARY
2021101	김철수	교육부	200
2021202	홍철수	교육부	250
2021303	정철수	교육부	300
2022101	이철수	영업부	400
2022102	박철수	영업부	300
2022203	강철수	영업부	300
2022204	신철수	영업부	350
2022301	김영진	관리부	250
2023312	이영진	관리부	330
2023313	강영진	관리부	280
2023414	정영진	관리부	350
2023415	신영진	관리부	280
2024111	김민수	마케팅부	400
2024112	박민수	마케팅부	400
2024113	강민수	마케팅부	290

예 1 [EMP] 테이블을 대상으로 하는 다음 지시사항을 반영한 〈SQL문〉을 쓰시오.

〈지시사항〉

- 윈도우 함수를 RANK()를 이용하여, 사원(EMP) 테이블의 전체 사원에 대한 급여(SALARY)의 순위를 출력하여라.
- 단, 전체 순위는 급여를 기준으로 내림차순으로 RANK 함수를 사용하여라.

〈SQL문〉

```
SELECT DEPT, ENAME, SALARY,
      RANK() OVER(ORDER BY SALARY DESC) 전체순위
FROM EMP;
```

〈결과〉

DEPT	ENAME	SALARY	전체순위
마케팅부	박민수	400	1
마케팅부	김민수	400	1
영업부	이철수	400	1
영업부	신철수	350	4
관리부	정영진	350	4
관리부	이영진	330	6
영업부	박철수	300	7
교육부	정철수	300	7
영업부	강철수	300	7
마케팅부	강민수	290	10
관리부	강영진	280	11
관리부	신영진	280	11
관리부	김영진	250	13
교육부	홍철수	250	13
교육부	김철수	200	15

예 2 [EMP] 테이블을 대상으로 하는 다음 지시사항을 반영한 〈SQL문〉을 쓰시오.

〈지시사항〉

- 윈도우 함수를 RANK()를 이용하여, 사원(EMP) 테이블의 부서(DEPT)별 사원에 대한 급여(SALARY)의 순위를 출력하여라.
- 단, 순위는 급여를 기준으로 내림차순으로 RANK 함수를 사용하여라.

〈SQL문〉

```
SELECT DEPT, ENAME, SALARY,
      RANK() OVER(PARTITION BY DEPT ORDER BY SALARY DESC) 부서별순위
FROM EMP;
```

〈결과〉

DEPT	ENAME	SALARY	부서별순위
관리부	정영진	350	1
관리부	이영진	330	2
관리부	신영진	280	3
관리부	강영진	280	3
관리부	김영진	250	5
교육부	정철수	300	1
교육부	홍철수	250	2
교육부	김철수	200	3
마케팅부	김민수	400	1
마케팅부	박민수	400	1
마케팅부	강민수	290	3
영업부	이철수	400	1
영업부	신철수	350	2
영업부	강철수	300	3
영업부	박철수	300	3

- DENSE_RANK 함수는 그룹 내 비율 함수로 동일한 값의 순위와 상관없이 1 증가한 순위인 다음 순위값을 반환한다.

예 [EMP] 테이블을 대상으로 하는 다음 지시사항을 반영한 〈SQL문〉을 쓰시오.

〈지시사항〉

- 윈도우 함수를 DENSE_RANK()를 이용하여, 사원(EMP) 테이블의 부서(DEPT)별 사원에 대한 급여(SALARY)의 순위를 출력하여라.
- 단, 순위는 급여를 기준으로 내림차순으로 DENSE_RANK 함수를 사용하여라.

〈SQL문〉

```
SELECT DEPT, ENAME, SALARY,
    DENSE_RANK() OVER(PARTITION BY DEPT ORDER BY SALARY DESC) 부서별순위
FROM EMP;
```

〈결과〉

DEPT	ENAME	SALARY	부서별순위
관리부	정영진	350	1
관리부	이영진	330	2
관리부	신영진	280	3
관리부	강영진	280	3
관리부	김영진	250	4
교육부	정철수	300	1
교육부	홍철수	250	2
교육부	김철수	200	3
마케팅부	김민수	400	1
마케팅부	박민수	400	1

마케팅부	강민수	290	2
영업부	이철수	400	1
영업부	신철수	350	2
영업부	강철수	300	3
영업부	박철수	300	3

- ROW_NUMBER 함수는 행 순서 함수로 정렬된 결과에 대하여 각 행에 1부터 유일한 순위값을 반환한다.

> **예** [EMP] 테이블을 대상으로 하는 다음 지시사항을 반영한 〈SQL문〉을 쓰시오.
>
> **〈지시사항〉**
>
> - 윈도우 함수를 ROW_NUMBER()를 이용하여, 사원(EMP) 테이블의 급여(SALARY)에 따른 순서를 출력하여라.
> - 단, 순위는 급여를 기준으로 내림차순으로 ROW_NUMBER 함수를 사용하여라.
>
> **〈SQL문〉**
>
> ```
> SELECT DEPT, ENAME, SALARY,
>     ROW_NUMBER() OVER(ORDER BY SALARY DESC) 전체순서
> FROM EMP;
> ```
>
> **〈결과〉**
>
> | DEPT | ENAME | SALARY | 전체순서 |
> |---|---|---|---|
> | 마케팅부 | 박민수 | 400 | 1 |
> | 마케팅부 | 김민수 | 400 | 2 |
> | 영업부 | 이철수 | 400 | 3 |
> | 영업부 | 신철수 | 350 | 4 |
> | 관리부 | 정영진 | 350 | 5 |
> | 관리부 | 이영진 | 330 | 6 |
> | 영업부 | 박철수 | 300 | 7 |
> | 교육부 | 정철수 | 300 | 8 |
> | 영업부 | 강철수 | 300 | 9 |
> | 마케팅부 | 강민수 | 290 | 10 |
> | 관리부 | 강영진 | 280 | 11 |
> | 관리부 | 신영진 | 280 | 12 |
> | 관리부 | 김영진 | 250 | 13 |
> | 교육부 | 홍철수 | 250 | 14 |
> | 교육부 | 김철수 | 200 | 15 |

01 아래 보기의 [학생] 테이블을 대상으로 작성한 SQL문의 실행 결과를 쓰시오.

[학생]

학번	이름	학년
181101	이영진	1
171201	홍순신	2
171302	김감찬	2
161107	강희영	3
161403	이철수	3
151511	이영희	4

〈SQL문〉

SELECT COUNT(*) FROM 학생 WHERE 학년 = 4;

• 답 :

02 다음 데이터베이스 언어와 관련된 설명 중 빈칸 (　　)에 가장 부합하는 용어를 영문 약어 또는 풀네임(Full name)으로 쓰시오.

- (　　)(은)는 데이터베이스의 무결성 유지, 보안과 권한 검사, 회복 절차 이행, 병행 수행 제어 등을 제어하기 위한 언어인 DCL의 일부로 분류한다. (　　)(은)는 트랜잭션을 조작 대상으로 한다. 트랜잭션은 동시에 다수의 작업을 독립적으로 안전하게 처리하기 위한 상호작용 단위이다.
- (　　)의 명령어 종류는 아래와 같다.
  a. COMMIT : 트랜잭션의 결과를 물리적으로 디스크에 저장하며 확정하는 명령
  b. ROLLBACK : 트랜잭션이 비정상일 경우 원상태로 복구하도록 취소하는 명령
  c. CHECKPOINT : 트랜잭션의 복귀 지점을 설정하는 명령

• 답 :

03 다음 〈보기〉에서 TCL 명령어에 해당하는 것을 골라 쓰시오.

〈보기〉

COMMIT, ROLLBACK, GRANT, CHECKPOINT, REVOKE

• 답 :

04 아래 보기의 [학생] 테이블을 대상으로 하는 〈SQL문〉의 결과를 쓰시오.

[학생]

NO	NAME	KOR	ENG	MATH
193355	강희영	100	100	100
201135	김영진	100	NULL	100
202233	홍길동	NULL	0	100

〈SQL문〉

(1) SELECT COUNT(KOR) FROM 학생;
(2) SELECT COUNT(ENG) FROM 학생;
(3) SELECT SUM(KOR) FROM 학생;
(4) SELECT AVG(KOR) FROM 학생;
(5) SELECT AVG(ENG) FROM 학생;

• ① :
• ② :
• ③ :
• ④ :
• ⑤ :

05 아래 보기의 부서별 연봉 테이블 〈DEPT_SALARY〉에서 부서명-직위에 해당되는 연봉 정보, 부서별 연봉 합계, 전체 연봉 합계를 나타내도록 SQL문의 밑줄에 해당하는 용어를 쓰시오.

〈DEPT_SALARY〉

부서명(DEPT)	직위(JOB)	연봉(SALARY)
관리부	부장	6000
관리부	차장	5000
관리부	과장	3000
영업부	부장	8000
영업부	차장	6000
마케팅부	대리	4000

〈SQL문〉

```
SELECT DEPT, JOB, SUM(SALARY)
FROM DEPT_SALARY
_____(DEPT, JOB);
```

• 답 :

06 아래 보기의 〈STUDENT〉 테이블에서 점수(SCORE) 컬럼을 기준으로 순위를 구하여 〈결과〉와 같이 검색하는 SQL문을 작성하시오(단, 순위는 점수에 대한 내림차순이고, 순위 결과의 속성명은 'R'로 하고 RANK() 함수를 이용하시오).

〈STUDENT〉

S_NO	NAME	SCORE
201101	이영진	50
201102	홍순신	50
201103	김감찬	40
201104	강희영	70
201105	이철수	100
201106	이영희	80

〈결과〉

NAME	SCORE	R
이철수	100	1
이영희	80	2
강희영	70	3
이영진	50	4
홍순신	50	4
김감찬	40	6

• 답안 작성란

07 아래 보기의 〈성적〉 테이블에서 과목이름별 점수의 평균이 90점 이상인 과목이름의 과목이름, 최소값, 최대값을 〈결과〉와 같이 검색하는 SQL문을 작성하시오(단, SQL문 마지막 세미콜론(;)은 생략 가능하다).

〈성적〉

학번	이름	과목이름	점수
202201	이영진	데이터베이스	80
202202	홍순신	운영체제	60
202203	김감찬	데이터베이스	90
202204	강희영	데이터베이스	100
202205	이철수	운영체제	80
202206	이영희	네트워크	100
202207	김민수	네트워크	60

〈결과〉

과목이름	최소점수	최대점수
데이터베이스	80	100

• 답안 작성란

## CHAPTER 04

절차형 SQL 작성하기

학습방향

1. 반복적으로 사용하는 특정 기능을 수행하기 위해 여러 개의 SQL 명령문을 포함하는 프로시저를 작성하고 프로시저 호출문을 작성할 수 있다.

2. 일련의 연산처리 결과가 단일값으로 반환되는 사용자 정의 함수를 작성하고 사용자 정의 함수를 호출하는 쿼리를 작성할 수 있다.

3. 하나의 이벤트가 발생하면 데이터베이스의 테이블을 대상으로 데이터 삽입, 삭제, 수정을 할 수 있는 트리거를 작성할 수 있다.

01 절차형 SQL

핵심포인트

SQL • 프로시저 • 사용자 정의 함수 • 트리거

★ SQL
비절차적 데이터베이스 언어로 원하는 데이터가 무엇인가에 중점

★ PL/SQL
절차적 데이터베이스 언어로 어떻게 처리할 것인가에 중점

★ SQL의 단점
- 변수가 없음
- 한 번에 하나의 명령문만 실행 가능(트래픽 증가)
- 제어문 사용 불가능
- 예외처리 불가능

01 절차형 SQL *

- SQL문의 연속적인 실행이나 조건에 따른 반복, 분기 등의 제어를 하며 저장 모듈을 생성하고 이를 활용할 수 있다.
- 종류에는 프로시저, 사용자 정의 함수, 트리거가 있다.
- 필수적 구성요소로는 DECLARE(대상이 되는 프로시저, 사용자 정의 함수 등을 정의), BEGIN(프로시저, 사용자 정의 함수가 실행되는 시작점), END(프로시저, 사용자 정의 함수의 실행 종료점)가 있다.
- 블록의 DECLARE에 선언되는 절차형 SQL과 CREATE[OR REPLACE]와 DROP에 의해 DB에 저장(내장) 및 제거되는 절차형 SQL이 있다.

02 PL/SQL(Procedural Language extension to SQL) *

- SQL을 확장한 절차적 언어(Procedural Language)이다.
- 관계형 데이터베이스에서 사용되는 오라클(Oracle)의 표준 데이터 액세스 언어로, 프로시저 생성자를 SQL과 완벽하게 통합한다.
- 사용자 프로세스가 PL/SQL 블록을 보내면, 서버 프로세서는 PL/SQL Engine에서 해당 블록을 받고 SQL과 Procedural을 나눠서 SQL은 SQL Statement Executer로 보낸다.
- PL/SQL 프로그램의 종류는 크게 프로시저(Procedure), 함수(Function), 트리거(Trigger)이다.
- 블록 단위의 실행을 제공한다(BEGIN ~ END; /).
- 오라클(Oracle)에서 지원하는 프로그래밍 언어의 특성을 수용하여 SQL에서는 사용할 수 없는 절차적 프로그래밍 기능을 가지고 SQL의 단점*을 보완하였다.
- 변수와 상수 선언이 가능하며, 조건문과 반복문과 같은 제어문 구현과 예외처리가 가능하다.

03 PL/SQL의 기본 블록* 구조와 변수

★ 블록(BLOCK)
블록은 PL/SQL의 프로그램 단위이다.

• PL/SQL은 선언부, 실행부, 예외처리부, 실행문 종료의 영역으로 기본 구조를 갖는다.

DECLARE	선언부로 선택절이다. 블록에서 다용하는 모든 변수와 상수를 선언한다.
BEGIN	실행부로 필수절이다. 블록에서 실행할 명령문들을 절차적으로 작성한다. 실행 시 오류가 발생하면 정상 종료를 하며 오류가 발생하면 예외처리부로 이동한다.
EXCEPTION	예외처리부로 선택절이다. 예외처리 명령문을 기술하며 정상적으로 종료된다.
END;	실행문 종료 예약어로 필수이며, 블록의 마지막 라인에 /를 입력하여 실행한다.

• 블록 내에서 사용하는 지역변수를 사용하기 위해서는 DECLARE(선언부)에서 변수를 선언해야만 한다*.
  - 방법 1 : DECLARE 변수명 데이터타입;
    예 DECLARE AGE NUMBER(3);
  - 방법 2 : DECLARE 변수명 데이터타입 := 값;
    예 DECLARE AGE NUMBER(3) := 20;
  - 방법 3 : DECLARE 변수명 데이터타입 DEFAULT 기본값;
    예 DECLARE AGE NUMBER(3) DEFAULT := 1;

★ PL/SQL의 데이터 타입
SQL의 기본 데이터 타입과 BOOLEAN, BINARY_INTEGER, NATURAL, POSITIVE, %TYPE, %ROWTYPE

04 PL/SQL의 선택문

• PL/SQL의 선택문에는 조건 판단을 처리하는 IF문과 CASE문이 있다.
• IF문의 문법*

★ ELSE절의 수행
IF의 조건식의 결과가 NULL인 경우는 ELSE절을 수행한다.

```
IF 조건식1
    THEN 명령문1; …
[  ELSIF 조건식2
        THEN 명령문2; …   ]
[  ELSIF 조건식3
        THEN 명령문3; … ]
…
[  ELSE 명령문; …        ]
END IF;
```

예 PL/SQL의 IF문을 이용하여 점수(SCORE)에 따른 등급(GRADE)을 판단하여 출력하시오.

```
SQL> SET SERVEROUTPUT ON;★
SQL>
DECLARE
  SCORE NUMBER := 77;
  GRADE CHAR(1);
BEGIN
  IF SCORE >= 90 THEN
    GRADE := 'A';
    ELSIF SCORE >= 80 THEN
      GRADE := 'B';
      ELSIF SCORE >= 70 THEN
        GRADE := 'C';
        ELSIF SCORE >= 60 THEN
          GRADE := 'D';
    ELSE GRADE := 'F';
  END IF;
  DBMS_OUTPUT.PUT_LINE('점수 : ' || :SCORE || ', 등급 : ' || :GRADE);
END;
/
```

〈결과〉
점수 : 77, 등급 : C

• CASE문의 문법

```
CASE 변수명
[   WHEN 레이블1 THEN 명령문1;  ]
[   WHEN 레이블2 THEN 명령문2;  ]
[   WHEN 레이블3 THEN 명령문3;  ]
…
[   ELSE 명령문;                    ]
END CASE;
```

예 PL/SQL의 CASE문을 이용하여 지역코드에 지역명을 대입하여 출력하시오.

```
SQL> SET SERVEROUTPUT ON;
SQL>
DECLARE
  LOC_CODE CHAR(1) := 'B';
  LOC_NAME VARCHAR2(20);
BEGIN
 CASE LOC_CODE
 WHEN 'A' THEN
```

```
        LOC_NAME := '서울';
    WHEN 'B' THEN
        LOC_NAME := '대전';
    WHEN 'C' THEN
        LOC_NAME := '대구';
    WHEN 'D' THEN
        LOC_NAME := '부산';
    ELSE
        LOC_NAME := '제주';
    END CASE;
    DBMS_OUTPUT.PUT_LINE ('지역코드 : '|| LOC_CODE) ;
    DBMS_OUTPUT.PUT_LINE ('지 역 명 : '|| LOC_NAME);
END;
/
```

〈결과〉

지역코드 : B
지 역 명 : 대전

05 PL/SQL의 반복문

• PL/SQL의 반복문에는 LOOP문, WHILE문, FOR문이 있다.
• LOOP문의 문법

```
LOOP
    명령문1;
    명령문2;
    ...
    EXIT [WHEN  조건식]
END LOOP;
```

– EXIT문은 무한 LOOP를 무조건 탈출한다.
– EXIT WHEN 조건식이 사용될 경우 조건식의 결과가 참이면 LOOP를 탈출한다.

예 PL/SQL의 LOOP문을 이용하여 1부터 10까지의 짝수의 합을 출력하시오.

```
SQL〉SET SERVEROUTPUT ON;
SQL〉
DECLARE
    NUM NUMBER := 1;              -- 시작 값 1로 설정★
    EVEN_TOTAL NUMBER := 0;   -- 누적 결과값은 0으로 초깃값 설정
BEGIN
    LOOP
```

★ PL/SQL의 주석문(설명문, 비
실행문)
• -- 문자열 : 단일 줄 주석
• /* 문자열 */ : 여러 줄 주석

★ MOD(A, B) 함수
정수 A에서 정수 B를 나누는 연산
을 수행한 후 나머지 값을 구하는
함수이다. 오라클에서는 % 연산자
가 존재하지 않는다.

```
        IF MOD(NUM, 2) = 0 THEN★
          EVEN_TOTAL := EVEN_TOTAL + NUM;
        END IF;
        NUM := NUM + 1;
        EXIT WHEN NUM > 10;
    END LOOP;
    DBMS_OUTPUT.PUT_LINE('1~10까지의 짝수의 합 : ' || EVEN_TOTAL);
END;
/
```

〈결과〉
1~10까지의 짝수의 합 : 30

• WHILE문의 문법

```
WHILE 조건식 LOOP
    명령문1;
    명령문2;
    …
END LOOP;
```

– 조건식의 결과가 참(True)일 경우에만 LOOP ~ END LOOP; 사이의 명령문들
을 반복 실행한다.

예 PL/SQL의 WHILE문을 이용하여 1부터 10까지의 짝수의 합을 출력하시오.

```
SQL> SET SERVEROUTPUT ON;
SQL>
DECLARE
    NUM NUMBER := 1;
    EVEN_TOTAL NUMBER := 0;
BEGIN
    WHILE NUM <= 10 LOOP
        IF MOD(NUM, 2) = 0 THEN
          EVEN_TOTAL := EVEN_TOTAL + NUM;
        END IF;
        NUM := NUM + 1;
    END LOOP;
    DBMS_OUTPUT.PUT_LINE('1~10까지의 짝수의 합 : ' || EVEN_TOTAL);
END;
/
```

〈결과〉
1~10까지의 짝수의 합 : 30

• FOR문의 문법

```
FOR 첨자변수 IN [REVERSE] 시작값..끝값 LOOP
   명령문1;
   명령문2;
   …
END LOOP;
```

– 첨자변수가 시작값부터 1씩 증가하여 끝값이 될 때까지 LOOP ~ END LOOP; 사이의 명령문들을 반복 실행한다.

예 PL/SQL의 FOR문을 이용하여 1부터 5까지의 홀수와 짝수를 판단하여 출력하시오.

```
SQL〉 SET SERVEROUTPUT ON;
SQL〉
BEGIN
   FOR NUM IN 1..5 LOOP
   IF MOD(NUM, 2) = 0 THEN
      DBMS_OUTPUT.PUT_LINE(NUM || ': 짝수');
   ELSE
      DBMS_OUTPUT.PUT_LINE(NUM || ': 홀수');
   END IF;
   END LOOP;
END;
/
```

〈결과〉
1: 홀수
2: 짝수
3: 홀수
4: 짝수
5: 홀수

이론을 확인하는 **문제**

절차형 SQL의 필수 구성요소 3가지를 쓰시오.
• 답 :

ANSWER DECLARE, BEGIN, END

02 저장 프로시저

핵심포인트
저장 프로시저 • IN • OUT • INOUT

01 저장 프로시저(Stored Procedure)

- 저장 프로시저는 데이터베이스에 저장된 사용자가 만든 PL/SQL 명령문들을 말한다.
- 프로시저는 오라클의 PL/SQL★로 자주 사용하는 복잡한 SQL DML 명령문들을 서브 프로그램으로 만들고 필요할 때마다 호출하여 사용한다. 호출된 함수는 서브 프로그램을 수행한 후, 결과 값을 반환하지만 프로시저는 결과 값을 반환하지 않는다.
- CREATE PROCEDURE로 생성된 저장 프로시저는 DECLARE로 선언된 프로시저와는 다르게 여러 번 반복해서 호출해서 사용할 수 있다는 장점이 있다.
- 저장 프로시저를 사용하면 성능도 향상되고, 호환성 문제도 해결된다.
- 다음과 같은 구문에 따라 저장 프로시저를 생성하다. 저장 프로시저를 생성하는 명령어 처리가 정상적으로 완료되었다는 의미는 성공적으로 컴파일이 완료되었다는 의미이다.
- 저장 프로시저 생성 구문

```
CREATE [OR REPLACE] PROCEDURE 프로시저_이름
(
  매개변수_이름1 [모드] 자료형,
  매개변수_이름2 [모드] 자료형, ……
)
IS
  지역변수 선언문;
BEGIN
  명령문1;
  명령문2;
  ……
END;
/
```

– OR REPLACE 옵션은 기존에 같은 이름으로 저장 프로시저를 생성할 경우 기존 프로시저는 제거하고 지금 새롭게 기술한 내용으로 재생성하도록 하는 옵션이다.

★ PL/SQL
- PL/SQL : Oracle의 저장 프로시저
- Transact-SQL : MS-SQL 서버의 저장 프로시저

	프로시저	함수	트리거
호출로 실행	O	O	X
RETURN 문	X	O	X
블록 내 DCL	가능	가능	불가능

- 매개변수(Argument)는 프로시저가 전달받은 값을 저장하는 변수이다. 프로시저는 매개변수의 값에 따라 서로 다른 결과물을 구하게 된다. 프로시저에 전달할 값이 없는 경우 매개변수는 선언하지 않아도 된다.
- 모드(MODE)는 IN과 OUT, INOUT 중 하나를 기술한다. IN은 데이터를 전달받을 때 사용하고, OUT은 수행된 결과를 받아갈 때 사용하며, INOUT은 두 가지 목적에 모두 사용한다.
- IN 모드로 데이터를 전달받는 경우, 생략이 가능하다.
- IS로 PL/SQL의 블록을 시작하며, 지역변수는 IS와 BEGIN 사이에 선언한다.

학생

학번	이름	학년	학과	주소
1000	김철수	1	전산	서울
2000	고영준	1	전기	경기
3000	유진호	2	전자	경기
4000	김영진	2	전산	경기
5000	강희영	3	전자	서울

예1 [학생] 테이블에 전달한 학생명과 일치하는 학생이 존재하면, 해당 학생 행을 삭제하는 'DEL_SNAME' 저장 프로시저를 생성하시오. ([학생] 테이블의 학생명의 컬럼명은 'SNAME'이다.)

```
SQL〉
CREATE OR REPLACE PROCEDURE DEL_SNAME
( VSNAME 학생.SNAME%TYPE )★
IS
BEGIN
  DELETE FROM 학생 WHERE SNAME = VSNAME;
END;
/
```

★ %TYPE
이미 존재하는 다른 변수나 대상 테이블의 컬럼 속성과 동일한 자료형으로 지정한다. 데이터베이스의 테이블의 컬럼 자료형을 정확히 알지 못할 경우 유용하게 사용 가능하다.

예2 [학생] 테이블에 전달한 학번과 일치하는 학생의 정보를 검색하여 학생명과 전공을 얻어오는 'SEL_SNO' 저장 프로시저를 생성하시오. ([학생] 테이블의 컬럼명은 다음과 같다. 학번은 'SNO', 학생명은 'SNAME', 전공은 'SUBJECT'이다.)

```
SQL〉
CREATE OR REPLACE PROCEDURE SEL_SNO
( VSNO IN 학생.SNO%TYPE,
  VSNAME OUT 학생.SNAME%TYPE,
  VSUB OUT 학생.SUBJECT%TYPE
)
IS
BEGIN
  SELECT SNAME, SUBJECT INTO VSNAME, VSUB
  FROM 학생 WHERE SNO = VSNO;
END;
/
```

★ Oracle
• 저장 프로시저 조회 명령문
  SQL〉 DESC USER_SOURCE;
• 저장 프로시저 발생 오류 확인
  명령문
  SQL〉 SHOW ERROR;

02 저장 프로시저 실행★

• 생성된 저장 프로시저는 EXECUTE 명령어로 실행시킨다.
• 프로시저 호출 명령문에 사용된 프로시저명 다음의 소괄호 속의 값은 프로시저의 매개변수로 전달된다.

> **예1** DEL_SNAME 프로시저를 실행하여, [학생] 테이블에서 학생명이 '홍길동'인 학생이 존재하면 삭제하여라.
>
> ```
> SQL〉 EXECUTE DEL_SNAME('홍길동');
> ```
>
> 〈결과〉
> [학생] 테이블에는 '홍길동' 학생이 존재하지 않으므로 테이블 내에 삭제되는 행은 없다.

> **예2** SEL_SNO 프로시저를 실행하여, [학생] 테이블에서 '5000'번 학번 학생의 학생명과 전공을 검색하여 각각 출력하여라.
>
> ```
> SQL〉 VARIABLE VAR_SNAME VARCHAR2(20);
> SQL〉 VARIABLE VAR_SUBJECT VARCHAR2(20);
> SQL〉 EXECUTE SEL_SNO('5000', :VAR_SNAME,:VAR_SUBJECT);★
> SQL〉 PRINT VAR_SNAME;★
> SQL〉 PRINT VAR_SUBJECT;
> ```
>
> 〈결과〉
>
> | PRINT VAR_SNAME; | PRINT VAR_SUBJECT; |
> |---|---|
> | VAR_SNAME | VAR_SNAME |
> | 강희영 | 전자 |

★ :OUT매개변수명
OUT 매개변수에는 값을 받아오기 위해 프로시저 호출 시 매개변수 앞에 ':'(콜론)을 붙여 사용한다.

★ PRINT문
문자열로 반환하여 출력하는 명령문이다. SELECT문은 쿼리 결과값을 보여주는 검색문으로 PRINT문의 결과와는 차이가 있다.

03 저장 프로시저 제거

• 생성된 저장 프로시저는 DROP 명령어로 데이터베이스 내에서 제거된다.
• 구문

```
DROP PROCEDURE 프로시저_이름;
```

> **예** DEL_SNAME 프로시저를 제거하여라.
>
> ```
> SQL〉 DROP PROCEDURE DEL_SNAME;
> ```

03 사용자 정의 함수

핵심포인트

사용자 정의 함수 • RETURN문

01 사용자 정의 함수 생성 구문

- 사용자 정의 함수는 결과를 되돌려 받기 위해서 함수가 되돌려 받게 되는 반환 자료형과 되돌려 받을 값을 기술해야 한다.
- 사용자 정의 함수 호출 후 호출 결과가 반환되므로 프로시저 호출과는 차이가 있다.
- RETURN 명령문에 의해 사용자 정의 함수 처리 결과를 단일값을 가지고 호출한 지점으로 반환된다.
- 사용자 정의 함수 생성 구문

```
CREATE [OR REPLACE] FUNCTION 사용자_정의함수_이름
(
  매개변수_이름1 [모드] 자료형,
  매개변수_이름2 [모드] 자료형, ……
)
RETURN 반환형
IS [AS]
  지역변수 선언문;
BEGIN
  명령문1;
  명령문2;
  ……
  RETURN [반환값];
END;
/
```

- OR REPLACE 옵션은 기존에 같은 이름으로 사용자 정의 함수를 생성할 경우 기존 사용자 정의 함수는 제거하고 지금 새롭게 기술한 내용으로 재생성하도록 하는 옵션이다.
- 모드는 IN 매개변수만 사용 가능하며 RETURN 반환형을 반드시 선언해야만 한다.
- BEGIN과 END 사이의 PL/SQL 블록 내에 RETURN 명령문은 생략 불가능하다.

[사원] 테이블

ENO	ENAME	DEPT	SALARY
1100	김사원	교육부	500
2200	강사원	관리부	300
3300	박사원	관리부	350
4400	신사원	마케팅부	700
5500	정사원	교육부	400

예 [사원] 테이블의 급여(SALARY)의 200%를 보너스로 지급하기 위한 'BONUS' 함수를 정의하시오. (단, 사원 번호를 전달하면 보너스 금액을 계산하여 반환하도록 하며, 급여(SALARY) 컬럼의 자료형은 NUMBER형이다.)

```
SQL〉
CREATE OR REPLACE FUNCTION BONUS
( VENO IN 사원.ENO%TYPE ) RETURN NUMBER
IS
  VSAL NUMBER(7, 2);
BEGIN
  SELECT SALARY INTO VSAL
  FROM 사원
  WHERE ENO = VENO;
  RETURN (VSAL * 2);
END;
/
```

02 호출 및 출력

- 생성된 사용자 정의 함수는 함수명을 통해 호출하여 정의된 기능을 수행한 후 반환값을 가지고 반환된다.
- DML 명령문에서 주로 호출쿼리를 작성하여 사용자 정의 함수를 호출하고 반환값을 쿼리에 반영한다.
  - SELECT 사용자정의_함수명 FROM 테이블명;
  - INSERT INTO(속성명) 테이블명 VALUES (사용자정의_함수명);
  - DELETE FROM 테이블명 WHERE 속성명 = 사용자정의_함수명 ;
  - UPDATE 테이블명 SET 속성명 = 사용자정의_함수명;

예1 사번이 1100인 사원의 보너스 금액을 계산하는 BONUS 함수를 호출하여라. PRINT문을 통해 보너스 금액을 출력하여라.

```
SQL〉 VARIABLE VAR_RST NUMBER;
SQL〉 EXECUTE :VAR_RST := BONUS(1100);
SQL〉 PRINT VAR_RST;
```

〈결과〉

```
PRINT VAR_RST;

    VAR_RST
_____
    1000
```

예2 사번이 1100인 사원의 보너스 금액을 계산하는 BONUS 함수를 호출쿼리를 작성하여라.

SQL〉 SELECT BONUS(1100) FROM DUAL ;★

〈결과〉

BONUS(1100)
1000

★ DUAL 테이블
오라클 자체에서 제공되는 테이블로 간단한 계산 결과값을 확인할 때 사용하는 오직 한 행, 한 컬럼을 담고 있는 dummy 테이블이다.

03 사용자 정의 함수 제거

생성된 사용자 정의 함수는 DROP 명령어로 데이터베이스 내에서 제거된다.

예 BONUS 사용자 정의 함수를 제거하여라.

SQL〉 DROP FUNCTION BONUS ;

이론을 확인하는 문제

다음 절차형 SQL의 사용자 정의 함수에 대한 맞는 설명 보기의 기호를 쓰시오.

> ㉠ 사용자 정의 함수는 호출 후 호출 결과가 RETURN 명령문에 의해 반환된다.
> ㉡ RETURN 명령문은 처리 결과를 여러 개의 값을 가지고 호출한 지점으로 반환된다.
> ㉢ DML 명령문에서 주로 호출쿼리를 작성하여 호출하고 반환 값을 쿼리에 반영한다.
> ㉣ 매개변수의 모드는 IN과 OUT이 가능하다.

· 답 :

출제
빈도

01 트리거

- 트리거(Trigger)는 데이터베이스에 특정한 사건(이벤트, EVENT)★이 발생될 때마다 자동으로 수행되는 저장 프로시저이다.
- 트리거는 DML 명령문에 의해 수행되는 '데이터 조작어 기반 트리거'와 DDL 명령문에 의해 수행되는 '데이터 정의어 기반 트리거'가 있다.
- PL/SQL의 트리거는 DML 명령문 중 INSERT, UPDATE, DELETE가 데이터베이스의 테이블을 대상으로 실행될 때 자동으로 수행되는 프로시저이다.
- 트리거는 테이블과는 별도로 데이터베이스에 저장된다.
- 트리거는 BEGIN ~ END 블록에서 COMMIT과 ROLLBACK 등의 DCL 명령문을 사용할 수 없다.
- 이벤트가 발생해야 생성된 트리거가 실행된다.
- 트리거는 제어의 대상에 따라 '행 트리거'와 '문장 트리거'가 있다.

★ 트리거의 발생 시점 : 12가지 트리거
{BEFORE|AFTER}
{INSERT|UPDATE|DELETE}
[FOR EACH ROW] 유무에 따라
2×3×2=12가지 유형이 가능하다.

행 트리거 (Row–Level Trigger)	컬럼의 각 행의 값에 변환가 생길 때마다 트리거 수행, FOR EACH ROW 옵션
문장 트리거 (Statement–Level Trigger)	이벤트에 의해 단 한 번만 트리거 수행

- 트리거 생성 구문

```
CREATE [OR REPLACE] TRIGGER 트리거_이름
{BEFORE | AFTER}
트리거_이벤트[OR 트리거_이벤트] ON 테이블명
[FOR EACH ROW]
[WHEN (조건식)]
[DECLARE
  지역변수명 자료형;]
BEGIN
  명령문1;
  명령문2;
  ......
END;
/
```

- BEFORE : 트리거_이벤트(트랜잭션)가 실행되기 전 트리거가 수행된다.
- AFTER : 트리거_이벤트(트랜잭션)가 실행된 후 트리거가 수행된다.
- 트리거_이벤트 : 하나의 테이블을 대상으로 하는 INSERT, UPDATE, DELETE 중 하나 이상의 이벤트를 적어준다. 여러 개의 이벤트를 적어 줄 경우 'OR'로 연결한다.
- FOR EACH ROW : 해당 옵션이 존재하면 행 트리거로 수행된다.

[사원] 테이블

ENO	ENAME	DEPT	SALARY
1100	김사원	교육부	500
2200	강사원	관리부	300
3300	박사원	관리부	350
4400	신사원	마케팅부	700
5500	정사원	교육부	400

예 [사원] 테이블의 급여(SALARY)를 10% 인상하는 UPDATE문을 실행시키면, 갱신된 급여가 적용되기 전 변경 전 급여와 후 급여의 값을 출력하는 'RAISE' 트리거를 작성하여라. 각 행이 갱신될 때마다 트리거가 적용되도록 한다.

```
SQL〉
CREATE OR REPLACE TRIGGER RAISE
BEFORE
UPDATE ON 사원
FOR EACH ROW
BEGIN
  DBMS_OUTPUT.PUT_LINE('인상 전 급여 : ' || :OLD.SALARY);★
  DBMS_OUTPUT.PUT_LINE('인상 후 급여 : ' || :NEW.SALARY);
END;
/
```

★ DBMS_OUTPUT.PUT_LINE()
프로시저
DBMS_OUTPUT 패키지에 있는 PUT_LINE 프로시저는 화면에 특정 컬럼값이나 변수값을 행 단위로 문자열로 변환하여 출력한다.

02 자동 트리거 수행

• 작성된 트리거_이벤트에 해당하는 INSERT, UPDATE, DELETE 명령문이 수행되면 트리거가 자동 수행된다.

예 [사원] 테이블에서 부서(DEPT)가 '교육부'인 사원의 급여(SALARY)를 10% 인상하여 갱신하는 UPDATE 문을 실행하여라. (UPDATE문에는 RAISE 트리거가 생성되어 있다.)

```
SQL〉 SET SERVEROUTPUT ON;★
SQL〉 UPDATE 사원 SET SALARY=SALARY*1.1 WHERE DEPT='교육부';
```

★ SET SERVEROUTPUT ON;
DBMS_OUTPUT 패키지에 의해 표준 출력을 화면에 볼 수 있도록 설정한다. 기본은 OFF로 되어 있어 출력을 확인하기 위해서는 ON으로 설정을 변경해야만 한다.

〈결과〉
인상 전 급여 : 500
인상 후 급여 : 550
인상 전 급여 : 400
인상 후 급여 : 440

2개 행 이(가) 업데이트되었습니다.

03 트리거 제거

생성된 트리거는 DROP 명령어로 데이터베이스 내에서 영구히 제거된다.

예 RISE 트리거를 제거하여라.

SQL〉 DROP TRIGGER RISE;

이론을 확인하는 **문제**

다음 빈칸의 공통으로 설명하는 용어를 쓰시오.

- (   )(은)는 트랜잭션을 취소하는 이외의 조치를 명세할 필요가 있는 경우 메시지를 보내 어떤 값을 자동적으로 갱신하도록 프로시저를 기동시키는 방법이다.
- (   )(은)는 사건(event), 조건(condition), 그리고 동작 (action) 부분으로 구성된다.

- 답 :

ANSWER 트리거(trigger)

01 SQL 문의 연속적인 실행이나 조건에 따른 반복, 분기 등의 제어를 하며, 저장 모듈을 생성하고 이를 활용할 수 있는 절차형 SQL의 필수 구성요소와 관련된 설명 중 빈칸 ①~③에 가장 부합하는 구성요소를 각각 쓰시오.

구성 요소	설명
(①)	대상이 되는 프로시저, 사용자 정의 함수 등을 정의
(②)	프로시저, 사용자 정의 함수가 실행되는 시작점
(③)	프로시저, 사용자 정의 함수의 실행 종료점

• ① :

• ② :

• ③ :

02 다음에서 공통적으로 설명하는 용어를 쓰시오.

> • 특정 테이블에 삽입, 수정, 삭제 등의 데이터 변경 이벤트가 발생하면 DBMS에서 자동적으로 실행되도록 구현된 프로그램이다.
> • 데이터베이스에 저장되며, 데이터 무결성 유지 및 로그 메시지 출력 등의 별도 처리를 위해 사용한다.
> • 반환값이 없으며 DML을 주된 목적으로 한다는 점에서 프로시저와 유사하다.
> • COMMIT, ROLLBACK 등의 트랜잭션(TCL) 사용 시 컴파일 에러가 발행한다.

• 답 :

03 응용 프로그램 컴파일 시에 SQL 문장이 확정되지 않는 경우나 PL/SQL 블록상에서 DDL문을 실행해야 할 경우 ALTER SYSTEM/SESSION 명령어를 실행해야 하는 경우 조건에 따라 SQL 구문 자체를 변경할 수 있는 것이 무엇인지 쓰시오.

• 답 :

04 MyBatis는 SQL 친화적인 국내 실무 개발 환경에 맞아 많이 사용되는 SQL Mapping 기반 오픈 소스 Access Framework이다. 다음 〈보기〉에서 MyBatis의 장점에 해당하는 것을 모두 골라 쓰시오.

〈보기〉

> ㉠ 간단한 JDBC 코드를 조합하여 사용한다.
> ㉡ SQL을 거의 그대로 사용 가능하다.
> ㉢ Spring 기반 프레임워크와 통합 기능을 제공한다.
> ㉣ 우수한 성능을 보여준다.

• 답 :

05 아래의 〈트리거 작성〉 예제는 직원 정보 변경 시 변경된 데이터를 이력 테이블에 적재하는 간단한 행 트리거 생성 문의 일부분이다. 〈지시사항〉에 해당하는 트리거 작성문이 되도록 밑줄에 알맞은 용어를 쓰시오.

〈지시사항〉

> • 트리거명 : PUT_EMP_HIST
> • 직원 정보 테이블명 : EMPLOYEE
> • 직원 정보 테이블의 수정 및 삭제의 변경 작업 후, 매번 해당 트리거를 실행하도록 한다.

〈트리거 작성〉

```
CREATE OR REPLACE TRIGGER PUT_EMP_HIST
_____ UPDATE OR DELETE
ON EMPLOYEE
FOR EACH ROW

BEGIN
... (중략) ...
END;
```

• 답 :

06 다음 〈보기〉에서 트리거의 이벤트 유형에 해당하는 것을 골라 쓰시오.

〈보기〉

INSERT, SELECT, UPDATE, DELETE, COMMIT

• 답 :

07 아래 보기의 〈성적〉 테이블에 입력 받은 학번(NO)에 해당하는 학생의 국어(KOR) 점수를 0점으로 갱신하는 〈DQ_KOR〉 프로시저를 생성 후 실행하도록 밑줄에 알맞은 용어를 쓰시오.

〈성적〉

NO	NAME	KOR	ENG	MATH
193355	강희영	100	100	100
201135	김영진	100	70	100
202233	홍길동	50	0	100

〈프로시저 선언문〉

```
CREATE OR REPLACE PROCEDURE DQ_KOR
(V_NO _____ CHAR(6))
IS
BEGIN
  UPDATE 성적
  SET KOR = 0
  WHERE NO = V_NO
  COMMIT;
END;

SQL〉 EXECUTE DQ_KOR('202233');
```

• 답 :

소프트웨어 개발 보안 구축

모듈 소개

SW 개발 보안 구축을 위해 정의된 보안 요구사항에 따라 SW의 보안 요구사항을 명세하고 이에
따라 SW에 대한 보안을 설계, 구현, 테스트할 수 있다.

소프트웨어 개발
보안 설계하기

학습방향

1. 정의된 보안 요구사항에 따라 응용 프로그램에 대한 보안 요구사항을 명세할 수 있다.

2. 명세된 보안 요구사항을 만족하는 응용 프로그램을 설계할 수 있다.

CHAPTER 01

01 소프트웨어 개발 보안 설계

출제
빈도 (상)(중)(하)

핵심포인트

소프트웨어 개발 보안 • 소프트웨어 개발 보안 적용 사례 • 법률 검토

01 소프트웨어 개발 보안

- SW 개발에 생명 주기 단계별로 보안 취약점 등을 분석하여 외부의 해킹 등을 SW 개발 단계에서 미리 제거하여 보안 요소를 만족하는 소프트웨어를 개발 운영하기 위한 목적으로 수행되는 개발 방법이다.
- 소프트웨어 개발 보안 요구공학 프로세스

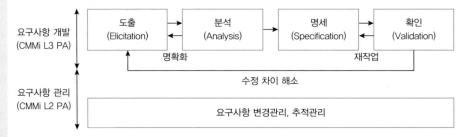

- 요구사항 도출 : 제안서나 계약서, 과업지시서, 회의록, 사업 수행 계획서가 주로 참조하여 조직 이해관계자의 상호의견을 조율하고, 협의를 통해 수집된 요구사항을 정제하고 내용별로 분류한다.
- 요구사항 분석 : 비용 효율적인 면을 고려하고 보안 요구사항의 제약 조건을 판별하여 기술/비용적으로 당장 구현이 힘들더라도 비슷한 대안을 제시할 수 있다면 의견 제시로 보안 요구사항 분석서에 기술한다.
- 요구사항 명세 : 보안 요구사항을 알아보기 쉽도록 명세화하는 과정이다. 보안 요구사항의 분석서를 통하여 요구사항 정의서가 도출되는데, 개발 시스템의 목표 기술과 기능과 비기능적 요구사항을 명세한다.
- 요구사항 확인과 검증 : 이해관계자들에게 요구사항이 맞는지 확인하고 검증하는 과정으로 이해관계자들의 지식과 조직의 성숙도, 소프트웨어 개발 보안 요구사항 문서, 조직의 표준을 참고하여 보안 요구사항 문제 보고서를 작성하게 된다. 작성된 보고서를 경영진 또는 중간관리자에게 승인을 받아 내용을 확정하는 것을 검증이라고 하며, 이 단계에서는 보고서의 문서화의 정도, 내용의 명확성, 간결성, 구현 가능성, 문제가 없는지, 테스트 가능 여부, 추적 가능성 등의 요소를 만족하는 코느 체계인지 검토한 후 검증한다.

02 소프트웨어 개발 보안의 요구사항 관리

- 서버 보안 요구사항은 비즈니스 환경 변화 또는 시간의 흐름에 따라 변경될 수 있으므로 지속적으로 갱신해야 한다.
- 다음과 같은 보안 요구사항 추적 매트릭스를 통하여 요구사항을 관리하도록 한다.

프로젝트 이름									
담당자									
프로젝트 설명									
ID	하부 ID	요구사항 설명	비즈니스 요구, 기획, 목적, 목표	프로젝트 목표	WBS 인도물	보안 설계	보안 개발	시험 사례
1.0	1.0							
	1.1							
2.0	2.0							
	2.1							

▲ 보안 요구사항 추적 매트릭스

03 소프트웨어 개발 보안 방법론의 개념

- 기존의 소프트웨어 개발 방법론이 적용된 프로젝트에서 안전한 소프트웨어 개발에 요구되는 보안 활동들을 적용하는 개발 방법이다.
- SDLC(Software Development Life Cycle, 소프트웨어 개발 생명 주기)에 걸쳐 추가되는 보안 활동은 다음과 같다.

요구사항 분석	• 요구사항 중 보안 항목 식별 • 요구사항 명세서
설계	• 위협원 도출을 위한 위협 모델링 • 보안 설계 검토 및 보안 설계서 작성 • 보안 통제 수립
구현	• 표준 코딩 정의서 및 소프트웨어 개발 보안 가이드를 준수하여 개발 • 소스코드 보안 약점 진단 및 개선
테스트	모의 침투 테스트 또는 동적 분석을 통한 보안 취약점 진단 및 개선
유지보수	지속적인 개선 및 보안 패치

04 SDLC 보안 적용 사례

① MS-SDL(Microsoft-Secure Development Lifecycle)

마이크로소프트사에서 보안 수준이 높은 안전한 소프트웨어를 개발하기 위해 수행한 프로세스 개선 작업으로, 자체 수립한 SDL 방법론을 적용하였다.

교육	• 소프트웨어 개발 보안 교육 • 안전 설계, 위협 모델링, 시큐어 코딩, 보안 테스팅, 프라이버시 관련 보안 교육
계획/분석	• 소프트웨어의 질과 버그 경계 정의 • 보안과 프라이버시 위험 분석
설계	• 공격 영역 분석 • 위협 모델링
구현	• 도구 명세 • 금지된 함수 사용 제한 • 정적 분석
시험/검증	• 동적/퍼징 테스팅 • 공격 영역/위험 모델 검증
배포/운영	• 사고 대응 계획 • 최종 보안 검토 • 기록 보관
대응	사고 대응 수행

② Seven Touch points

• 소프트웨어 보안의 모범 사례를 SDLC에 통합한 개발 보안 방법론이다.
• 공통 위험 요소를 파악하고 이해하며, 보안을 설계하고 모든 소프트웨어 산출물에 대해 철저하고 객관적인 위험 분석 및 테스트를 거쳐 안전한 소프트웨어를 만들어내는 방법을 정의하고 있다.
• SDLC의 각 단계에 7개의 보안 강화 활동을 집중적으로 관리하도록 개발자에게 요구한다.

보안 강화 활동	SDLC 단계	요구사항 및 Use Cases	구조 설계	테스트 계획	코드	테스트 및 테스트 결과	현장과의 피드백
악용 사례		●					
보안 요구사항		●					
위험 분석		●	●			●	
위험 기반 보안 테스트				●			
코드 검토					●		
침투 테스트						●	●
보안 운영							●

③ CLASP(Comprehensive Lightweight Application Security Process)
- SDLC 초기 단계에 보안 강화를 목적으로 하는 정형화된 개발 보안 프로세스이다.
- 활동 중심의 프로세스와 역할 기반의 프로세스로 구성된 집합체이다.
- 안전한 소프트웨어를 개발하기 위해 개념 관점, 역할 기반 관점, 활동 평가 관점, 활동 구현 관점, 취약성 관점 등 5가지 관점에 따라 개발 보안 프로세스를 수행한다.

개념 관점	• CLASP 구조와 CLASP 프로세스 컴포넌트 간의 종속성을 제공한다. • CLASP 프로세스 컴포넌트들의 상호작용 방법과 취약성 관점을 통해서 역할 기반 관점에 적용하는 방법을 기술한다.
역할 기반 관점	24개의 보안 관련 CLASP 활동들에 요구되는 각 역할을 창출하여 활동 평가 관점, 활동 구현 관점, 취약성 관점에서 사용한다.
활동 평가 관점	활동 평가 관점, 활동 구현 관점, 취약성 관점에서의 적합성과 관련하여 보안 관련 CLASP 활동들에 대한 타당성을 평가한다.
활동 구현 관점	활동 평가 관점에서 선택한 24개의 보안 관련 CLASP 활동들을 수행한다.
취약성 관점	문제 타입에 대한 솔루션을 활동 평가 관점, 활동 구현 관점으로 통합한다.

05 정보 보안의 3대 요소

① 기밀성(Confidentiality)
- 인가된 사용자만 정보 자산에 접근할 수 있다.
- 일반적인 보안의 의미와 가장 가깝다.
- 방화벽, 암호, 패스워드 등이 대표적인 예이다.
- 신분 위장(Masquerading) 등과 같은 공격 때문에 위협받을 수 있다.

② 무결성(Integrity, 완전성)
- 시스템 내의 정보는 오직 인가된 사용자가 인가된 방법으로만 수정할 수 있다.
- 변경, 가장, 재전송 등과 같은 공격 때문에 위협받을 수 있다.

③ 가용성(Availability) 2020년 4회
- 사용자가 필요할 때 데이터에 접근할 수 있는 능력을 말한다.
- 인가된 사용자가 조직의 정보 자산에 적시에 접근하여 업무를 수행할 수 있도록 유지하는 것을 목표로 한다.
- 가용성을 유지하기 위해 데이터 백업, 위협 요소 제거 등의 기술을 사용할 수 있다.
- 서비스 거부(Denial of Service) 등과 같은 공격 때문에 위협받을 수 있다.

06 소프트웨어 개발 보안의 위협, 자산, 취약점 개념도

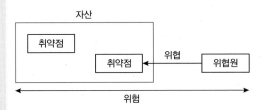

- **자산** : 서버의 하드웨어나 소프트웨어와 같이 기업 내부의 데이터 또는 시스템 소유자가 가치를 부여하는 대상을 의미한다.
- **위협원(Threat agents)** : 해커와 내외부에 비인가 임직원, 단체, 자연재해 등 조직 자산을 파괴하여 손해를 유발할 수 있는 대상을 의미한다.
- **위협(Threat)** : 위협원의 실제적 공격 행동을 의미한다.
- **취약점(Vulnerability)** : 평문 전송, 입력값 미검증, 비밀번호 공유 등 위협을 유발할 수 있는 시스템 내부의 상황을 의미한다.
- **위험(Risk)** : 위협원이 공격 대상 시스템의 취약점을 분석하여 위협 행동을 통하여 시스템 내부에 나쁜 영향의 결과를 가져올 확률과 영향도를 의미한다.

07 법률적 검토

- 내/외부 환경을 분석하여 보안 항목을 분류하고 분석하여 규제와 컴플라이언스 이슈 제거를 위한 항목을 식별해야 한다.
- 정보보호 관련 법규를 확인하여 관련 보안 위협요소를 검토하고 법규 및 규정에 맞는 보안을 적용하도록 한다.
- 소프트웨어 개발 보안 관련 기관
  - 행정안전부 : 보안 정책 총괄
  - 한국인터넷진흥원(KISA)★ : 개발 보안 정책 및 가이드 개발
  - 발주기관 : 개발 보안의 계획을 수립
  - 사업자 : 개발 보안 관련 기술 수준 및 적용 계획 명시
  - 감리법인 : 감리 계획을 수립하고 협의

★ 한국인터넷진흥원(KISA)
- 소프트웨어 개발 보안에 관련된 기관이다.
- 소프트웨어 개발 보안 정책 가이드를 개발하고 소프트웨어 개발 보안에 관한 기술을 지원, 교육, 자격제도 운영 등을 수행하는 기관이다.

08 개발 보안 활동 관련 법령

★ 정보통신망 이용 촉진 및 정보보호 등에 관한 법률에서 검토할 사항
- 개인정보의 보호조치 시행령 제15조를 분석한다.
- 개인정보의 보호조치 법률 제28조를 분석한다.

개인정보 보호법	개인정보 처리 과정상의 정보 주체와 개인정보 처리자의 권리, 의무 등을 검토하여 소프트웨어 개발 요구사항에 반영한다.
정보통신망 이용 촉진 및 정보보호 등에 관한 법률★	정보통신망을 통한 개인정보 자료의 수집, 처리, 보관, 이용에 관한 규정을 검토하여 소프트웨어 개발 요구사항에 충분히 반영한다.
신용정보의 이용 및 보호에 관한 법률	개인 신용정보의 취급 단계별 보호조치 및 의무사항에 관한 규정을 검토하여 소프트웨어 개발 요구사항에 충분히 반영한다.

위치정보의 보호 및 이용 등에 관한 법률	개인 위치정보 수집, 이용, 제공 파기 및 정보 주체의 권리 등의 규정을 검토하여 소프트웨어 개발 요구사항에 충분히 반영한다.
표준 개인정보 보호 지침	조직의 표준 개인정보 지침은 개인정보 취급자와 개인정보 처리자가 준수해야 하는 개인정보의 처리에 관한 기준을 준수하고, 개인정보 침해의 유형 및 예방조치 등에 관한 세부사항 규정을 검토하여 소프트웨어 개발 요구사항에 충분히 반영한다.
개인정보의 안전성 확보 조치 기준	개인정보가 분실, 도난, 유출, 변조, 훼손되지 않도록 안전성을 확보하기 위해 취해야 하는 세부적인 기준 규정과 개인정보 위험도 분석 기준과 개인정보 처리 시스템의 보호 수준을 진단하여 암호화에 상응하는 조치 필요 여부를 판단할 수 있는 기준을 규정을 검토하여 소프트웨어 개발 요구사항에 충분히 반영한다.
개인정보 영향평가에 관한 고시	공신력 있는 평가기관의 지정 및 영향평가의 절차 등에 관한 세부 기준 규정을 검토하여 개인정보의 영향평가 수행을 위하여 소프트웨어 개발 요구사항에 충분히 반영한다.

09 소프트웨어 개발 요구사항 관련 특정 정보통신기술 관련 규정/법률

- RFID 프라이버시 보호 가이드라인
- 위치정보의 보호 및 이용 등에 관한 법률
- 위치정보의 관리적, 기술적 보호조치 권고 해설서
- 바이오 정보 보호 가이드라인
- 뉴미디어 서비스 개인정보보호 가이드라인

10 취약점 점검 계획서, 명세서 검토

취약점 점검 계획서	취약점 점검 활동의 범위, 접근 방법, 자원, 일정 등에 대해 정의되어 있다.
취약점 점검 설계 명세서	취약점 점검 접근 방법을 상세화하고, 설계 시 포함된 특성과 해당 특성에 대한 취약점 점검 활동, 취약점 점검 케이스 및 취약점 점검 절차 등을 확인할 수 있다.
취약점 점검 케이스 명세서	실제 입력값과 예상 출력 결과를 문서화한 것이며, 취약점 점검 절차상의 제약사항을 확인할 수 있다.
취약점 점검 절차 명세서	관련 취약점 점검 설계 시, 정의된 취약점 점검 케이스를 수행하고 계획별로 따라야 하는 내용과 외부 환경의 상세 내용을 식별하고 시스템을 운영하기 위한 모든 단계를 확인할 수 있다.
취약점 점검 목록 분석	과거 취약점 점검 활동에서 사용하였던 체크리스트나 점검 목록을 분석하여 식별할 수 있는 장점이 있다.
가정 분석	취약점 점검은 결과에 대한 가정을 바탕으로 계획을 세우기 때문에 가정이 부정확하거나 불일치, 불완전할 경우 취약점 점검 실패가 발생할 수 있다.
도식화 기법	조직 업무 프로세스, 인과 관계도, 시스템 또는 프로세스 흐름도, 영향 관계도를 통해 취약점 점검 환경 분석을 수행한다.

01 소프트웨어 개발 보안 요구공학 프로세스를 순서대로 쓰시오.

• 답 :   →   →   →

02 위협원의 실제적 공격 행동을 의미하는 것은 무엇인지 쓰시오.

• 답 :

03 정보보안의 3대 요소 중 다음에 해당하는 요소를 쓰시오.

> • 사용자가 필요할 때 데이터에 접근할 수 있는 능력을 말한다.
> • 인가된 사용자가 조직의 정보 자산에 적시에 접근하여 업무를 수행할 수 있도록 유지하는 것을 목표로
>   한다.

• 답 :

04 다음이 설명하는 보안 프로세스는 무엇인지 영문 약어로 쓰시오.

> • SDLC 초기 단계에 보안 강화를 목적으로 하는 정형화된 개발 보안 프로세스이다.
> • 활동 중심의 프로세스와 역할 기반의 프로세스로 구성된 집합체이다.
> • 안전한 소프트웨어를 개발하기 위해 개념 관점, 역할 기반 관점, 활동 평가 관점, 활동 구현 관점, 취약
>   성 관점이다.

• 답 :

05 소프트웨어 보안의 모범 사례를 SDLC에 통합한 개발 보안 방법론이며, 공통 위험 요소를 파악하고 이해하며 보안을 설계하고 모든 소프트웨어 산출물에 대해 철저하고 객관적인 위험 분석 및 테스트를 거쳐 안전한 소프트웨어를 만들어내는 방법을 정의하고 있는 것은 무엇인지 쓰시오.

• 답 :

ANSWER **01** 도출 → 분석 → 명세 → 확인
02 위협 또는 Threat
03 가용성(Availability)
04 CLASP
05 Seven Touch points

01 소프트웨어 개발 보안 관련 프로세스인 Secure SDLC에 대하여 간략히 서술하시오.

• 답 :

02 소프트웨어 개발 보안에 관련된 기관 중 소프트웨어 개발 보안 정책 가이드를 개발하고 소프트웨어 개발 보안에 관한 기술 지원, 교육, 자격제도 운영 등을 수행하는 기관명을 쓰시오.

• 답 :

03 개인정보의 수집 · 유출 · 오용 · 남용으로부터 사생활의 비밀 등을 보호함으로써 국민의 권리와 이익을 증진하고, 나아가 개인의 존엄과 가치를 구현하기 위하여 개인정보 처리에 관한 사항을 규정함을 목적으로 하는 법령을 쓰시오.

• 답 :

04 소프트웨어 개발 단계 중에 개발 보안 활동 관련 법령을 검토해야 한다. 정보통신망 이용촉진 및 정보보호 등에 관한 법률 중 다음 빈칸에 알맞은 검토가 필요한 법률 조항을 쓰시오.

• 개인정보의 보호조치 시행령 (　①　)(을)를 분석한다.
• 개인정보의 보호조치 법률 (　②　)(을)를 분석한다.

• ① :
• ② :

05 다음은 소프트웨어 개발 보안의 위협, 자산, 취약점 개념도이다. 다음 요소 중 취약점에 관하여 약술하시오.

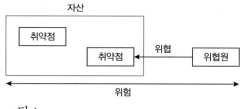

- 답 :

06 소프트웨어 개발 보안(SDLC)의 보안 적용 사례 3가지를 쓰시오.

- 답 :

07 다음은 소프트웨어 보안의 모범 사례를 SDLC에 통합한 개발 보안 방법론인 Seven Touch points 표이다. 빈칸에 알맞은 답을 쓰시오.

보안 강화 활동 SDLC 단계	요구사항 및 Use Cases	구조 설계	(②)	코드	테스트 및 테스트 결과	현장과의 피드백
악용 사례	●					
보안 요구사항	●					
(①)	●	●			●	
위험 기반 보안 테스트			●			
코드 검토				●		
침투 테스트					●	●
보안 운영						●

- ① :
- ② :

소프트웨어 개발 보안 구현하기

학습방향

1. 수립된 구현 계획에 따라 보안성이 강화된 응용 프로그램을 구현할 수 있다.
2. 암호화 알고리즘을 구분하고 활용할 수 있다.

01 암호화 알고리즘

핵심포인트

시큐어 코딩 가이드 • 암호화 알고리즘

01 시큐어 코딩 가이드의 개념

- 보안에 안전할 수 있는 프로그램 코드를 적용하여 프로그램을 코딩하는 것을 의미한다.
- 대표적인 웹 애플리케이션의 보안 취약점 발표 사례인 OWASP(Open Web Application Security Project) TOP 10을 참고하여 KISA(한국인터넷진흥원)에서 발표한 보안 약점 가이드이다.
- 애플리케이션의 보안 취약점과 대응 방안이 구체적으로 서술된 문서이다.
- 입력 데이터 검증 및 표현, 보안 기능, 시간 및 상태, 에러 처리, 코드 오류, 캡슐화, API 오용 등의 유형(시큐어 코딩 가이드 7항목)으로 분류한다.

> **합격생의 비법**
>
> 시큐어 코딩 가이드 유형의 상세 내용은 인터페이스 설계의 인터페이스 기능 구현하기에서 이미 공부했습니다.

★ **평문(Plaintext)**
해독 가능한 형태의 메시지

★ **암호문(Ciphertext)**
해독 불가능한 형태의 메시지

★ **암호화(Encryption)**
평문을 암호문으로 변환하는 과정

★ **복호화(Decryption)**
암호문을 평문으로 변환하는 과정

02 암호화 알고리즘

- 평문(plaintext)★을 암호문(ciphertext)★으로 바꾸고, 암호문을 다시 평문으로 바꿀 때 사용되는 알고리즘을 의미한다.
- 평문을 암호문으로 바꾸는 과정을 암호화(encryption)★라고 하고, 암호문을 다시 평문으로 바꾸는 과정을 복호화(decryption)★라고 한다.
- 암호화 및 복호화 과정에 암호키(cryptographic key)가 필요하다.

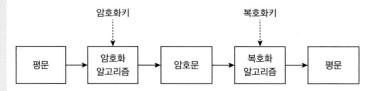

• 암호 방식의 분류

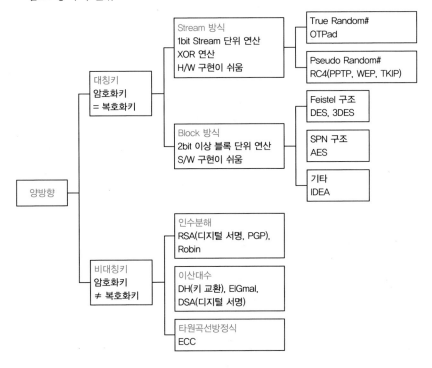

03 비밀키(Private Key, 대칭키) 암호화 기법

- 같은 키로 암호화하고 복호화하는 기법[*]이다.
- 대칭키 암호화 기법 또는 개인키 암호화 기법이라고도 한다.
- 암호화/복호화 속도가 빠르고 알고리즘이 단순하다.
- 키 분배가 공개키 암호화 기법보다 어렵다.
- 스트림 방식과 블록 방식으로 분류된다.

★ 암호화키와 복호화키가 같아서 복호화키를 비밀스럽게 관리해야 한다.
(암호화키 = 복호화키)

스트림 방식	• 평문의 길이와 동일한 스트림(Stream)을 생성하여 비트 단위로 암호화한다. • 암호화할 때 XOR 연산을 수행한다. • 종류 : RC4, A5/1, LSFR, SEAL, WEP, OFB
블록 방식	• 평문을 블록 단위로 암호화하는 대칭키 암호 시스템이다. • 종류

DES 2021년 3회	• Data Encryption Standard • 1970년대 초 IBM이 개발한 알고리즘이다. • 16라운드 Feistel 구조를 가진다. • 평문을 64bit로 블록화를 하고, 실제 키의 길이는 56bit를 이용한다. • 전사 공격(Brute-Force Attack)에 취약하다.
AES 2021년 2회	• Advanced Encryption Standard • DES를 대신하여 새로운 표준이 되었다. • 블록 크기는 128bit이고, 키 길이는 128/192/256bit이다. • SPN(Substitution-Permutation Network) 구조이다.
ARIA	• 국내 기술로 개발된 암호 알고리즘이다. • 경량 환경 및 하드웨어 구현에서의 효율성 향상을 위해 개발되었다. • 우리나라 국가 표준으로 지정되었다. • 블록 크기와 키 길이가 AES와 같다.
SEED	• 국내 기술로 개발된 128bit 블록 암호 알고리즘이다. • Feistel 구조이다. • 2005년 국제 표준으로 제정되었다.
IDEA	• DES를 대체하기 위해서 스위스에서 개발한 알고리즘이다. • 상이한 대수 그룹으로부터의 세 가지 연산을 혼합하는 방식이다.

04 공개키(Public Key, 비대칭키) 암호화 기법

★ 암호화키와 복호화키가 서로 달라서 복호화키를 공개해도 된다.
(암호화키 ≠ 복호화키)

• 암호키와 해독키가 서로 다른 기법*이다.
• 비대칭키 암호화 기법 또는 공중키 암호화 기법이라고도 한다.
• 키 분배가 비밀키 암호화 기법보다 용이하다.
• 암호화/복호화 속도가 느리고 알고리즘이 복잡하다.
• RSA, ElGama, Rabin, ECC, DSS 기법 등이 있다.

RSA(Rivest Shamir Adleman)	• 소인수 분해의 어려움에 기초를 둔 알고리즘이다. • 1978년 MIT에 의해 제안되었다. • 전자문서에 대한 인증 및 부인 방지에 활용된다.
ElGama	• 이산대수 문제의 어려움에 기초를 둔 알고리즘이다. • 같은 메시지라도 암호화가 이루어질 때마다 암호문이 변경되고 암호문의 길이가 2배로 늘어나는 특징이 있다.

2-112 PART 09 : 소프트웨어 개발 보안 구축

05 해시(HASH)

- 임의의 길이의 메시지를 입력으로 하여 고정된 길이의 출력값으로 변환하는 기법이다.
- 주어진 원문에서 고정된 길이의 의사 난수를 생성하며, 생성된 값을 해시값(해시 함수)이라고 한다.
- 디지털 서명에 이용되어 데이터 무결성을 제공한다.
- 블록체인에서 체인 형태로 사용되어 데이터의 신뢰성을 보장한다.
- SHA, SHA1, SHA256/224, SHA512/384, MD5*, RMD160, HAS-160, RIPEMD 기법 등이 있다.

SHA	• Secure Hash Algorithm • 1993년에 미국 NIST에 의해 개발되었고 가장 많이 사용하고 있는 방식이다. • SHA1은 DSA에서 사용하도록 되어 있으며 많은 인터넷 응용에서 default 해시 알고리즘으로 사용된다. • SHA256, SHA384, SHA512는 AES의 키 길이인 128, 192, 256 비트에 대응하도록 출력 길이를 늘린 해시 알고리즘이다.
MD5	• Message-Digestalalgorithm 5 • 1992년 Ron Rivest에 의해 개발되었다. • MD5는 널리 사용된 해시 알고리즘이지만 충돌 회피성에서 문제점이 있다는 분석이 있으므로, 기존 응용과의 호환으로만 사용하고 더 이상 사용하지 않고 있다.
HAS-160	• 국내에서 개발된 대표적인 해시 함수이다. • SHA와 설계 사상이 유사하다. • 기존 MD 계열의 해시 함수와는 차이가 존재한다. • 최근에 제안되는 다양한 해시 함수 분석 기법에 대하여 아직은 안정성을 가지고 있다.

★ MD4와 MD5의 차이
- MD4는 16단계의 3라운드를 사용하지만, MD5는 16단계의 4라운드를 사용한다.
- MD4는 각 라운드에서 한 번씩 3개의 기약 함수를 사용하지만, MD5는 각 라운드에서 한 번씩 4개의 기약 논리 함수를 사용한다.
- MD4는 마지막 단계의 부가를 포함하지 않지만, MD5의 각 단계는 이전 단계의 결과에 부가된다.

01 소프트웨어 개발 보안 기법인 암호화 방식 중 다음의 설명에 해당하는 방식은 무엇인지 쓰시오.

> • 같은 키로 암호화하고 복호화하는 기법이다.
> • 대칭키 암호화 기법 또는 개인키 암호화 기법이라고도 한다.
> • 암호화/복호화 속도가 빠르고 알고리즘이 단순하다.
> • 스트림 방식과 블록 방식으로 분류된다.

• 답 :

02 다음 보기 중 비밀키(대칭키) 암호화 기법이 아닌 것을 모두 골라 쓰시오.

> • DES   • ElGama
> • AES   • ARIA
> • RSA   • ECC

• 답 :

03 공개키 암호화 알고리즘 중에서 이산대수 문제의 어려움에 기초를 둔 알고리즘으로 같은 메시지라도 암호화가 이루어질 때마다 암호문이 변경되고 암호문의 길이가 2배로 늘어나는 특징이 있는 것은 무엇인지 쓰시오.

• 답 :

04 다음이 설명하는 블록 방식 암호화 알고리즘은 무엇인지 쓰시오.

> • DES를 대신하여 새로운 표준이 되었다.
> • 블록 크기는 128bit이고, 키 길이는 128/192/256bit이다.
> • SPN(Substitution-Permutation Network) 구조이다.

• 답 :

ANSWER **01** 비밀키 암호화(대칭키 암호화, 개인키 암호화) 방식
02 ElGama, RSA, ECC
03 ElGama
04 AES

O2 서비스 공격 유형

출제
빈도 (상)(중)(하)

핵심포인트
공격 유형의 정의 • 공격 방법

01 서비스 공격 유형의 종류

① DoS(Denial of Service, 서비스 거부)
- 시스템의 자원을 부족하게 하여 원래 의도된 용도로 사용하지 못하게 하는 공격 방법이다.
- 정보 보안의 3대 요소★ 중 가용성(Availability)을 위협하는 행위이다.
- 공격자가 임의로 자신의 IP 주소를 속여서 다량으로 서버에 보낸다.
- 헤더가 조작된 일련의 IP 패킷 조각들을 전송한다.
- 라우터, 웹, 전자우편, DNS 서버 등 모든 네트워크 장비를 대상으로 이루어질 수 있다.

★ 정보 보안의 3대 요소
- 기밀성
- 무결성
- 가용성

스머프 (Smurf)	• 공격 대상의 IP 주소를 근원지로 대량의 ICMP 응답 패킷을 전송하여, 서비스 거부를 유발하는 공격 방법이다. • IP 또는 ICMP의 특성을 악용하여 특정 사이트에 집중적으로 데이터를 보내 네트워크 또는 시스템의 상태를 불능으로 만드는 공격 방법이다.
TCP SYN flooding	• TCP Connection은 반드시 3-Way handshaking 과정을 거친 후 Session을 형성하고 통신이 시작된다. 이러한 TCP 연결 설정 과정의 취약점을 악용한 서비스 거부 공격이다. • TCP 3-Way Handshaking 과정에서 Half-Open 연결 시도가 가능하다는 취약성을 이용한 공격 방법이다.
UDP 플러딩 (UDP flooding)	대량의 UDP 패킷을 만들어 보내 정상적인 서비스를 하지 못하도록 하는 공격 방법이다.
Ping 플러딩 (Ping flooding)	네트워크의 정상 작동 여부를 확인하기 위해 사용하는 Ping 테스트를 공격자가 공격 대상의 컴퓨터를 확인하려는 방법으로 사용하는 공격 방법이다.
Ping of Death	비정상적인 ICMP 패킷을 전송하여, 시스템의 성능을 저하하는 공격 방법이다.
티어드랍 (Teardrop)	패킷 재조합의 문제를 악용하여 오프셋이나 순서가 조작된 일련의 패킷 조각들을 보냄으로써 자원을 고갈시키는 공격 방법이다.
LAND Attack 2020년 1회	• Local Area Network Denial Attack • IP 스푸핑을 이용한 SYN 공격이다. • 공격자가 패킷의 출발지 주소(Address)나 포트(port)를 임의로 변경하여 출발지와 목적지 주소(또는 포트)를 동일하게 함으로써, 공격 대상 컴퓨터의 실행 속도가 느려지거나 동작이 마비되어 서비스 거부 상태에 빠지도록 하는 공격 방법이다. • 패킷의 출발지와 목적지의 IP 주소를 희생자 측으로 동일하게 변조한다는 것이 핵심이다.

② DDoS(Distributed Denial of Service, 분산 서비스 거부)

- 여러 대의 공격자를 분산 배치하여 동시에 서비스 거부 공격을 함으로써 공격 대상이 되는 시스템이 정상적인 서비스를 할 수 없도록 방해하는 공격 방법이다.
- DDoS 공격에 사용된 좀비 PC는 악성코드의 흔적을 지우기 위해 스스로 하드디스크를 손상시킬 수도 있으며, 이러한 좀비 PC끼리 형성된 네트워크를 봇넷(Botnet)이라고 한다.
- 공격용 도구에는 Trinoo, TFN(Tribe Flood Network), TFN2K, Stacheldraft 등이 있다.

③ 피싱(Phishing)

- 진짜 웹 사이트와 거의 동일하게 꾸며진 가짜 웹 사이트를 통해 개인정보를 탈취하는 수법이다.
- 금융기관 등의 웹 사이트에서 보내온 메일로 위장하여 개인의 인증번호나 신용카드 번호, 계좌정보 등을 빼내 이를 불법적으로 이용한다.

④ 파밍(Pharming)

- 도메인을 탈취하거나 악성코드를 통해 DNS의 이름을 속여 사용자가 진짜 웹 사이트로 오인하게 만들어 개인정보를 탈취하는 수법이다.
- 공격자는 사용자의 합법적 도메인을 탈취하거나 도메인 네임 시스템(DNS) 또는 프락시 서버의 주소를 변조하여, 사용자가 진짜 사이트로 오인하여 접속하도록 유도한 후 개인정보를 훔친다.

⑤ 스니핑(Sniffing) 2020년 4회

- 네트워크상에서 자신이 아닌 다른 상대방들의 패킷 교환을 엿듣는 것을 의미한다.
- 네트워크 트래픽을 도청하는 과정을 말하는 것으로, 네트워크상에서 전달되는 모든 패킷을 분석하여 사용자의 계정과 암호 등을 알아내는 것을 말한다.

⑥ 스미싱(Smishing)

- 수신한 메시지에 있는 인터넷 주소를 클릭하면 악성코드를 설치하여 개인 금융 정보를 빼내는 수법이다.
- 초대장 등의 내용을 담은 문자 메시지 내에 링크된 인터넷 주소를 클릭하면 악성코드가 설치되어 사용자의 정보를 빼가거나 소액결제를 진행한다.

⑦ 큐싱(Qshing)

- 사용자 인증 등이 필요한 것처럼 속여 QR코드(Quick Response Code)를 통해 악성 앱을 내려받도록 유도하는 수법이다.
- 스미싱(Smishing)에서 한 단계 더 진화된 금융 사기 기법이다.

⑧ 랜섬웨어(Ransomware)

- 인터넷 사용자의 컴퓨터에 침입해 내부 문서 파일 등을 암호화해 사용자가 열지 못하게 하는 공격이다.
- 암호 해독용 프로그램의 전달을 조건으로 사용자에게 돈을 요구하기도 한다.

⑨ 키 로거(Key Logger)

컴퓨터 사용자의 키보드 움직임을 탐지해 ID, 패스워드 등 개인의 중요한 정보를 몰래 빼가는 공격 방법이다.

⑩ SQL 삽입(SQL Injection) 2020년 2회

- 공격자가 악의적으로 만든 SQL 명령을 응용 프로그램이 수행하도록 하는 공격 방법이다.
- 공격자가 입력 폼 및 URL 입력란에 SQL문을 삽입하여 정보를 열람하거나 조작한다.

⑪ XSS(Cross Site Scripting)

- 게시판의 글에 원본과 함께 악성코드를 삽입하여 글을 읽으면 악성코드가 실행되도록 하여 클라이언트의 정보를 유출하는 공격 방법이다.
- 웹 페이지가 사용자로부터 입력받은 데이터를 필터링하지 않고 그대로 동적으로 생성된 웹 페이지에 포함하여 사용자에게 재전송할 때 발생한다.

⑫ 무작위 대입 공격(Brute−Force Attack)

패스워드(Password)에 사용될 수 있는 문자열의 범위를 정하고, 그 범위 내에서 생성 가능한 패스워드를 활용하는 공격 방법이다.

⑬ 스피어 피싱(Spear Phishing)

공격 대상이 방문할 가능성이 있는 합법적인 웹 사이트를 미리 감염시킨 뒤, 잠복하고 있다가 공격 대상이 방문하면 대상의 컴퓨터에 악성코드를 설치하는 공격 방법이다.

⑭ APT(Advanced Persistent Threat, 지능적 지속 위협)

- 다양한 보안 위협을 만들어 침해에 성공해 정보를 유출하거나 장기간의 접속 권한을 획득하기 위해 또는 장기간의 접근을 위해 지속해서 수행되는 공격 방법이다.
- 개인 단체, 정치 단체, 국가, 산업체 등의 조직을 타깃으로 한다.

⑮ 제로데이(Zero−day) 공격

조사된 정보를 바탕으로 정보 시스템, 웹 애플리케이션 등의 알려지지 않은 취약점 및 보안 시스템에서 탐지되지 않는 악성코드 등을 감염시키는 것이다.

⑯ 백도어(Back Door)

- 프로그램이나 손상된 시스템에 허가되지 않는 접근을 할 수 있도록 정상적인 보안 절차를 우회하는 악성 소프트웨어이다.
- 트랩 도어(Trap Door)라고도 한다.
- 백도어 공격 도구로는 NetBus, Back Orifice, RootKit 등이 있다.
- 백도어 탐지 방법에는 무결성 검사, 열린 포트 확인, 로그 분석, SetUID 파일 검사 등이 있다.
- tripwire : 크래커가 침입하여 백도어를 만들어 놓거나, 설정 파일을 변경했을 때 분석하는 도구이다.

⑰ Rainbow Table Attack

최근 패스워크 크래킹 기법으로 패스워드별로 해시값을 미리 생성해 놓은 테이블을 사용하여 Reduction 함수의 반복 수행을 통하여 일치하는 해시값으로 패스워드를 탈취하는 기법이다.

⑱ CSRF(Cross Site Request Forgery)

• 특정 사용자를 대상으로 하지 않고 불특정 다수를 대상으로 로그인된 사용자가 자신의 의지와 상관없이 공격자의 의도에 따라 행위를 하게 만드는 공격이다.

• XSS 공격과 유사하다.

• 유명 인터넷 쇼핑몰인 옥션에서 발생한 개인정보 유출 사건에 사용된 공격 기법이다.

⑲ TOCTOU(Time Of Check To Time Of Use = TOCTTOU)

• 병렬 시스템을 사용할 때 두 시점 사이의 타이밍을 노리는 공격 또는 그런 공격을 가능하게 하는 버그 유형이다.

• 하나의 자원에 대하여 동시에 검사 시점과 사용 시점이 달라 생기는 보안 약점으로 인하여 동기화 오류뿐 아니라 교착 상태 등과 같은 문제점이 발생할 수 있다.

이론을 확인하는 문제

01 이는 공격 대상의 IP 주소를 근원지로 대량의 ICMP 응답 패킷을 전송하여, 서비스 거부를 유발하는 공격 방법이다. IP 또는 ICMP의 특성을 악용하여 특정 사이트에 집중적으로 데이터를 보내 네트워크 또는 시스템의 상태를 불능으로 만드는 공격 방식은 무엇인지 쓰시오.

• 답 :

02 패킷 재조합의 문제를 악용하여 오프셋이나 순서가 조작된 일련의 패킷 조각들을 보냄으로써 자원을 고갈시키는 공격 방법은 무엇인지 쓰시오.

• 답 :

03 사용자 인증 등이 필요한 것처럼 속여 QR코드(Quick Response Code)를 통해 악성 앱을 내려받도록 유도하는 수법으로 스미싱(Smashing)에서 한 단계 더 진화된 금융 사기 기법은 무엇인지 쓰시오.

• 답 :

01 사용자 인증 기법

① 지식 기반 인증(Knowledge-based authentication)
- 사용자가 기억하고 있는 지식을 기초로 접근제어를 수행하는 사용자 인증 기법이다.
- 아이디, 패스워드, PIN(Personal Identification Number) 번호 등이 해당된다.
- 자신만이 알고 있는 지식임을 명확히 인증할 수 있다.
- 해당 지식을 잊어버릴 수 있다.
- 하나의 패스워드를 다양한 곳에 공유하면 패스워드 유출 시 피해가 커질 수 있다.

② 소유 기반 인증(Authentication by what the entity has)
- 사용자가 소유하고 있는 인증 토큰을 기반으로 하는 사용자 인증 기법이다.
- 지식 기반 인증 기법보다 보안성이 높다.
- 인증 토큰을 항상 소유하고 있어야 하므로 편리성이 낮다.
- 건물 출입 시 사용되는 스마트 카드, 인터넷 뱅킹 시 사용되는 OTP(One Time Password) 단말, 공인인증서 등이 해당된다.

③ 생체 기반 인증(Biometrics)
- 사람의 정적인 신체적 특성 또는 동적인 행위적 특성을 이용하는 사용자 인증 기법이다.
- 지문 인식, 홍채 인식, 정맥 인식, 음성 인식 등이 해당된다.
- 유일성, 영속성, 정량성, 보편성 등이 요구된다.
- 인증 정보를 망각하거나 분실할 우려가 거의 없다.
- 지식 기반이나 소유 기반의 인증 기법보다 일반적으로 인식 오류 발생 가능성이 크다.
- 인증 시스템 구축 비용이 비교적 많이 든다.

02 서버 접근 통제(Access Control)

- 비인가자가 컴퓨터 시스템에 액세스하지 못하도록 하는 것이다.
- 시스템의 자원 이용에 대한 불법적인 접근을 방지하는 과정이다.
- 크래커(Cracker)의 침입으로부터 보호한다.

① 접근 통제 요소

식별	인증 서비스에 스스로를 확인시키기 위하여 정보를 공급하는 주체의 활동이다.
인증	주체의 신원을 검증하기 위한 사용자 증명의 두 번째 부분이다.
인가	인증을 통해 식별된 주체의 실제 접근 가능 여부와 주체가 수행 가능한 일을 결정하는 과정이다.

② 강제적 접근 통제(MAC, Mandatory Access Control)

- 중앙에서 정보를 수집하고 분류하여 보안 레벨을 결정하고 정책적으로 접근제어를 수행하는 방식이다.
- 주체(사용자)의 객체(정보)에 대한 접근이 주체의 비밀 취급 인가 레이블과 각 객체에 부여된 민감도 레이블에 따라 접근 허용 여부를 결정한다.
- 미리 정의된 보안 규칙들에 따라 접근 허가 여부가 판단되므로 임의적 접근 통제 정책보다 객체에 대한 중앙 집중적인 접근 통제가 가능하다.
- 기밀성이 매우 중요한 조직에서 사용된다.
- 다단계 보안 모델이라고도 한다.
- 강제적 접근 통제 정책을 지원하는 대표적 접근 통제 모델로는 BLP(Bell-Lapadula), Biba 등이 있다.

③ 임의적 접근 통제(DAC, Discretionary Access Control) 2021년 1회

- 정보의 소유자가 보안 레벨을 결정하고 이에 대한 정보의 접근제어를 설정하는 방식이다.
- 주체 또는 소속 그룹의 아이디(ID)에 근거하여 객체에 대한 접근 제한을 설정한다.
- 객체별로 세분된 접근제어가 가능하다.
- 유연한 접근제어 서비스를 제공할 수 있다.
- 다양한 환경에서 폭넓게 사용되고 있다.

④ 역할 기반 접근 통제(RBAC, Role Based Access Control)

- 사람이 아닌 직책에 대해 권한을 부여함으로써 효율적인 권한 관리가 가능하다.
- 조직의 사용자가 수행해야 하는 직무와 직무 권한 등급을 기준으로 객체에 대한 접근을 제어한다.
- 접근 권한은 직무에 허용된 연산을 기준으로 허용하므로 조직의 기능 변화에 따른 관리적 업무의 효율성을 높일 수 있다.
- 사용자가 적절한 직무에 할당되고, 직무에 적합한 접근 권한이 할당된 경우에만 접근할 수 있다.

01 사용자 인증 기법 중 다음의 설명에 해당하는 인증 기법은 무엇인지 쓰시오.

- 사람의 정적인 신체적 특성 또는 동적인 행위적 특성을 이용하는 사용자 인증 기법이다.
- 지문 인식, 홍채 인식, 정맥 인식, 음성 인식 등이 해당된다.
- 유일성, 영속성, 정량성, 보편성 등이 요구된다.
- 인증 정보를 망각하거나 분실할 우려가 거의 없다.
- 인증 시스템 구축 비용이 비교적 많이 든다.

• 답 :

02 서버 접근 통제 3요소를 쓰시오.

• 답 :

03 중앙에서 정보를 수집하고 분류하여 보안 레벨을 결정하고 정책적으로 접근제어를 수행하는 방식인 강제적 접근통제 방식의 대표적 모델 2가지를 쓰시오.

• 답 :

04 다음에 설명하는 접근 통제 방식은 무엇인지 쓰시오.

- 정보의 소유자가 보안 레벨을 결정하고 이에 대한 정보의 접근제어를 설정하는 방식이다.
- 주체 또는 소속 그룹의 아이디(ID)에 근거하여 객체에 대한 접근 제한을 설정한다.
- 객체별로 세분된 접근제어가 가능하다.
- 유연한 접근제어 서비스를 제공할 수 있다.

• 답 :

ANSWER **01** 생체 기반 인증
02 식별, 인증, 인가
03 BLP(Bell-Lapadula), Biba
04 임의적 접근 통제

04 보안 아키텍처

핵심포인트

보안 아키텍처 • ISO 27001

01 보안 아키텍처(Security Architecture)

① 개념

• 보안 설계 감독을 위한 원칙과 보안 시스템의 모든 양상에 대한 세부사항을 의미한다.
• 보안 요구사항을 충족시키는 시스템 구성 방법에 대한 세부사항이다.
• 정보 자산의 기밀성, 무결성 및 가용성을 높이기 위한 보안 영역의 구성요소와 관계에 대한 세부사항이다.

② 보안 아키텍처의 원칙

• 변화하는 보안의 필요와 요구사항을 수용할 수 있어야 한다.
• 보호의 레벨이 변화할 때도 기본 보안 아키텍처를 수정하지 않고 지원할 수 있어야 한다.
• 보안의 서비스가 여러 가지 보호 레벨을 수용하고 미래의 확장되는 필요성을 수용할 수 있도록 충분한 확장성이 있어야 한다.
• 보안 아키텍처는 조직이 안전한 업무를 전자적으로 수행할 수 있도록 통합된 보안 서비스를 제공해야 한다.

③ 보안 프레임워크(Security Framework)

• 정보의 기밀성, 무결성 및 가용성을 높이기 위한 정보 보안 시스템의 기본이 되는 뼈대이다.
• 보안 프레임워크는 기술적 보안, 관리적 보안, 물리적 보안 프레임워크로 나누어진다.
• 보안 프레임워크의 예

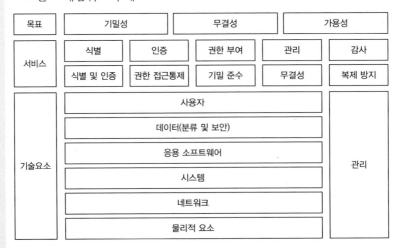

목표	기밀성		무결성		가용성
서비스	식별	인증	권한 부여	관리	감사
	식별 및 인증	권한 접근통제	기밀 준수	무결성	복제 방지
기술요소	사용자				관리
	데이터(분류 및 보안)				
	응용 소프트웨어				
	시스템				
	네트워크				
	물리적 요소				

02 ISO 27001

- ISMS(Information Security Management System, 정보보호 관리체계) 요구사항으로 정보보호 관리체계에 대해 국제 인증 시 요구사항을 정의하고 있다.
- 전체적으로는 14분야에 걸쳐 117개의 통제사항으로 구성되어 있다.
- ISO 27001 보안 통제 항목

통제 영역	통제 항목	세부 통제 항목
보안 정책	정보 보안 정책	• 정보 보안 정책 문서 • 정보 보안 정책 검토
보안 조직	내부 조직	• 정보 보안 경영자 실행 의지 • 정보 보안 조정 • 정보 보안 책임 배정 • 정보처리 설비 인가 프로세스 • 기밀성 협정 • 관련 기관 접촉 • 전문기관 접촉 • 정보 보안의 독립적 검토
	외부 조직	• 외부 조직과 관련된 위험 식별 • 고객 거래 시 보안 • 제삼자 보안 협정
자산 관리	자산에 대한 책임	• 자산의 목록 • 자산의 소유권 • 자산의 수용 가능한 사용
	정보 분류	• 분류 지침 • 정보 표시 및 취급
인적 자원 보안	고용 이전	• 역할과 책임 • 선발 • 고용 약정 및 조건
	고용 중	• 경영자 책임 • 정보 보안 인식, 교육 및 훈련 • 징계 프로세스
	고용 종료 및 변경	• 책임 종료 • 자산 반환 • 접근 권한의 제거
물리적, 환경적 보안	보안 지역	• 물리적 보안 경계 • 물리적 출입 통제 • 사무실, 방, 설비의 보안 • 외부와 환경적 위협 보호 • 보안 지역에서의 업무 • 공개적 접근, 인도 및 선적 지역
	장비 보안	• 장비 장소와 보호 • 지원 유틸리티 • 케이블링 보안 • 장비 유지보수 • 건물 외부의 장비 보안 • 장비의 안전한 처분 또는 재사용 • 자산의 반출

통제 영역	통제 항목	세부 통제 항목
통신 및 운영 관리	운영 절차와 책임	• 문서로 만들어진 운영 절차 • 변경 관리 • 직무 분리 • 개발, 시험, 운영 설비의 분리
	제3의 서비스 인도 관리	• 서비스 인도 • 제삼자 서비스 감시 및 검토 • 제삼자 서비스 변경 관리
	시스템 계획 및 수용	• 용량 관리 • 시스템 인수
	악성 및 이동 코드로부터의 보호	• 악성코드에 대한 통제 • 이동 코드에 대한 통제
	백업	• 정보 백업
	네트워크 보안 관리	• 네트워크 통제 • 네트워크 서비스의 보안
	매체 취급	• 삭제 가능한 매체의 관리 • 매체 폐기 • 정보 취급 절차 • 시스템 문서의 보안
	정보의 교환	• 정보 교환 정책과 절차 • 교환 협정 • 전송 중 물리적 매체 • 전자 메시지 전달 • 업무 정보 시스템
	전자상거래 서비스	• 전자상거래 • 온라인 거래 • 공개 가용 정보
	감시	• 감시 로깅 • 시스템 사용 감시 • 로그 정보의 보호 • 관리자와 운영자 로그 • 결점 로깅 • 시각 동기화
접근 통제	접근 통제 사업 요구사항	• 접근 통제 정책
	사용자 접근 관리	• 사용자 등록 • 권한 관리 • 사용자 패스워드 관리 • 사용자 접근 권한 검토
	사용자 책임	• 패스워드 사용 • 보호되지 않은 사용자 장비 • 책상 및 화면 정리 정책
	네트워크 접근 통제	• 네트워크 서비스 사용 정책 • 외부 접속에 대한 사용자 인증 • 네트워크에서의 장비 식별 • 원격 진단과 포트 설정 보호 • 네트워크에서의 분리 • 네트워크 접속 통제 • 네트워크 라우팅 통제

통제 영역	통제 항목	세부 통제 항목
	운영 시스템 접근 통제	• 안전한 로그온 절차 • 사용자 식별 및 인증 • 패스워드 관리 시스템 • 시스템 유틸리티의 사용 • 세션 시간 종료 • 접속 시간의 제한
	애플리케이션과 정보 접근 통제	• 정보 접근 제한 • 민감한 시스템 분리
	이동 컴퓨팅 및 원격근무	• 이동 컴퓨팅 및 통신 • 원격근무
정보 시스템 획득, 개발 및 유지	정보 시스템 보안 요구사항	• 보안 요구사항 분석 및 명세화
	애플리케이션의 정확한 처리	• 입력 데이터 유효성 확인 • 내부 처리의 통제 • 메시지 무결성 • 출력 데이터 유효성 확인
	암호 통제	• 암호 통제 사용에 대한 정책 • 키 관리
	시스템 파일의 보안	• 운영 소프트웨어의 통제 • 시스템 시험 데이터의 보호 • 프로그램 소스코드 접근 통제
	개발 및 지원 프로세스에서의 보안	• 변경 통제 절차 • 운영 시스템 변경 후 애플리케이션 기술적 검토 • 소프트웨어 패키지 변경에 대한 제한 • 정보 유출 • 외주 소프트웨어 개발
	기술적 취약성 관리	• 기술적 취약성의 통제
정보 보안 사고 관리	정보 보안 사건과 취약점 보고	• 정보 보안 사건 보고 • 보안 취약점 보고
	정보 보안 사고와 개선의 관리	• 책임과 절차 • 정보 보안 사고로부터의 학습 • 증거 수집
사업 연속성 관리	사업 연속성 관리의 정보 보안 관점	• 사업 연속성 프로세스에 정보 보안을 포함 • 사업 연속성과 위험 평가 • 정보 보안을 포함한 연속성 계획 개발 및 이행 • 사업 연속성 계획 수립 프레임워크 • 사업 연속성 계획 시험, 유지 및 재평가
준거성	법적 요구사항과의 준거성	• 적용 가능한 법률의 식별 • 지적 재산권 • 조직의 기록 보호 • 개인정보의 프라이버시 및 데이터 보호 • 정보처리 설비 오용의 차단 • 암호 통제의 규제
	보안 정책, 기준, 기술적 준수사항에 대한 준수	• 보안 정책 및 표준과의 준거성 • 기술적 준거성 점검
	정보 시스템 감사 고려사항	• 정보 시스템 감사 통제 • 정보 보안 감사 도구 보호

01 다음 빈칸에 알맞은 보안 프레임워크의 목표를 쓰시오. (단, ①~③의 순서는 임의로 작성해도 답으로 인정)

보안 프레임워크는 정보의 (①), (②), (③)(을)를 높이기 위한 정보 보안 시스템의 기본이 되는 뼈대이며 기술적 보안, 관리적 보안, 물리적 보안 프레임워크로 나누어진다.

• 답 :

02 소프트웨어 보안 프레임워크 중 다음이 설명하는 국제 표준은 무엇인지 쓰시오.

• ISMS(Information Security Management System, 정보보호 관리체계) 요구사항으로 정보보호 관리체계에 대해 국제 인증 시 요구사항을 정의하고 있다.
• 전체적으로는 14분야에 걸쳐 117개의 통제사항으로 구성되어 있다.

• 답 :

03 보안 프레임워크의 3단계 분류를 쓰시오.
• 답 :

04 ISO27001 통제 영역 중 사용자 접근 관리, 사용자 책임, 이동 컴퓨팅 및 원격근무 등에 해당하는 것은 무엇인지 쓰시오.
• 답 :

ANSWER **01** 기밀성, 무결성, 가용성
02 ISO 27001
03 기술적, 관리적, 물리적
04 접근 통제

출제
빈도

핵심포인트
보안 솔루션의 종류별 특징

01 방화벽(Firewall)

- 내부 보안 정책을 만족하는 트래픽만이 방화벽을 통과할 수 있다.
- 내부 네트워크와 외부 네트워크 사이에 위치한다.
- 접근 제어, 인증, 감사 추적, 암호화 등의 기능을 제공한다.
- 불법 사용자의 침입 차단을 위한 정책과 이를 지원하는 하드웨어 및 소프트웨어를 제공한다.
- 방화벽 하드웨어 및 소프트웨어 자체의 결함에 의해 보안상 취약점을 가질 수 있다.
- 내부 네트워크에서 외부 네트워크로 나가는 패킷은 그대로 통과시키므로 내부 사용자에 의한 보안 침해는 방어하지 못한다.
- 방화벽의 유형

패킷 필터링 (Packet Filtering)	• 패킷의 출발지 및 목적지 IP 주소, 서비스의 포트 번호 등을 이용한 접속제어를 수행한다. • 특정 IP, 프로토콜, 포트의 차단 및 허용을 할 수 있다. • 바이러스에 감염된 파일 전송 시 분석이 불가능하다. • OSI 참조 모델의 3, 4계층에서 처리되어 처리 속도가 빠르다.
상태 검사 (Stateful Inspection)	패킷 필터링 기능을 사용하며 현재 연결 세션의 트래픽 상태와 미리 저장된 상태와의 비교를 통하여 접근을 제어한다.
응용 레벨 게이트웨이 (Application Level Gateway)	• OSI 참조 모델의 7계층의 트래픽을 감시하여 안전한 데이터만을 네트워크 중간에서 릴레이한다. • 응용 프로그램 수준의 트래픽을 기록하고 감시하기가 용이하며, 추가로 사용자 인증과 같은 부가 서비스를 지원할 수 있다. • 응용 계층에서 동작하기 때문에 다른 방식의 방화벽에 비해 처리 속도가 가장 느리다.
회선 레벨 게이트웨이 (Circuit Level Gateway)	• 종단-대-종단 TCP 연결을 허용하지 않고, 두 개의 TCP 연결을 설정한다. • 시스템 관리자가 내부 사용자를 신뢰할 경우 일반적으로 사용한다. • 내부 IP 주소를 숨길 수 있다.

02 웹 방화벽(Web Firewall)

- 클라이언트가 보낸 요청을 검사하여 악의적인 요청과 침입을 검사하고 차단하는 기능을 가진다.
- URL 및 서버 정보 위장 기능을 제공하여 사용자에게 실제 서버의 위치와 서버 정보를 숨기는 기능을 가진다.
- URL 단위의 탐지 기능을 가지며 파일 업로드 제어 기능과 파일 검사 기능을 가질 수 있다.

03 IDS(Intrusion Detection System, 침입 탐지 시스템)

- 침입 공격에 대하여 외부 침입을 탐지하는 것을 목표로 하는 보안 솔루션이다.
- 외부 침입에 대한 정보를 수집하고 분석하여 침입 활동을 탐지해 이에 대응하도록 보안 담당자에게 통보하는 기능을 수행하는 네트워크 보안 시스템이다.
- 탐지적이고 사후에 조치를 취하는 기술이다.

① IDS 분류

HIDS	• Host-based IDS, 호스트 기반 IDS • 컴퓨터 시스템의 내부를 감시하고 분석하여 침입을 탐지하는 시스템이다. • 컴퓨터 시스템의 동작이나 상태를 모두 감시하거나 부분적으로 감시한다. • CPU, 메모리, 디스크 등 호스트 자원을 일정 부분 점유한다.
NIDS	• Network-based IDS, 네트워크 기반 IDS • 네트워크상의 모든 패킷을 캡처링한 후 이를 분석하여 침입을 탐지하는 시스템이다. • 네트워크 위치에 따라 설치할 수 있으며, 적절한 배치를 통하여 넓은 네트워크 감시가 가능하다. • HIDS에 탐지하지 못한 침입을 탐지할 수 있다.

② 침입 탐지 기법

★ False Positive
실제 공격이 아닌데도 공격으로 탐지함

★ False Negative
실제 공격인데도 공격을 탐지하지 못함

오용 탐지 (Misuse Detection)	• 이미 발견되어 알려진 공격 패턴과 일치하는지를 검사하여 침입을 탐지한다. • 속도가 빠르고 구현이 간단하다. • False Positive★가 낮지만 False Negative★가 높다.
이상 탐지 (Anomaly Detection)	• 장기간 수집된 올바른 사용자 행동 패턴을 활용해 통계적으로 침입을 탐지한다. • 알려지지 않은 공격을 탐지하는 데 적합하다. • 오탐률(False Positive)이 높지만 미탐률(False Negative)이 낮아서 알려지지 않은 공격 패턴에 대응할 수 있다(예 제로데이 공격에 대응). • 호스트 기반과 네트워크 기반 침입 탐지 시스템에 모두 적용될 수 있다.

04 IPS(Intrusion Prevention System, 침입 방지 시스템)

- 침입 공격에 대하여 방지하는 것을 목표로 하는 보안 솔루션이다.
- 침입을 탐지했을 때 이에 대한 대처까지 수행한다.
- IDS와 방화벽의 장점을 결합한 네트워크 보안 시스템이다.
- 호스트의 IP 주소, 포트 번호, 사용자 인증에 기반을 두고 외부 침입을 차단한다.
- 허용되지 않는 사용자나 서비스에 대해 사용을 거부하여 내부 자원을 보호한다.
- 예방적이고 사전에 조치를 취하는 기술이다.

05 DMZ(DeMilitarized Zone, 비무장 지대)

- DMZ는 보안 조치가 취해진 네트워크 영역이다.
- 메모리, 네트워크 연결, 접근 포인트 등과 같은 자원에 대한 접근을 제한하기 위해 구축된다.
- 내부 방화벽과 외부 방화벽 사이에 위치할 수 있다.
- DMZ 내에는 웹 서버, DNS 서버, 메일 서버 등이 위치할 수 있다.

06 NAC(Network Access Control, 네트워크 접근 제어)

- 사용자 컴퓨터 및 네트워크 단말기가 네트워크에 접근하기 전에 보안 정책 준수 여부를 검사하여 네트워크 접근을 통제하는 보안 솔루션이다.
- 엔드포인트(Endpoint)가 처음 내부 네트워크에 접근을 시도할 때 내부 네트워크에 피해가 없도록 엔드포인트에 일련의 보안 정책을 적용한다.
- 내부 네트워크의 자원을 관리할 수 있다.
- 네트워크 내의 장애 및 사고 원인을 예방, 탐지, 제거할 수 있다.
- 네트워크 운영 및 관리를 안정적으로 할 수 있다.

07 DLP(Data Loss Prevention)

- 기업 데이터 유출을 방지하는 것을 목표로 하는 보안 솔루션이다.
- 사용자의 PC에서 기업 내 기밀 데이터가 외부로 반출되는 것을 항시 감시하고 기록하며, 정책에 따라 유출을 차단시킨다.

08 ESM(Enterprise Security Management, 통합 보안 관리)

- 방화벽, 침입 탐지 시스템, 가상 사설망 등의 보안 솔루션을 하나로 모은 통합 보안 관리 시스템이다.
- 서로 다른 보안 장비에서 발생한 각종 로그를 통합적으로 관리하여 통합 보안 관제 서비스를 제공한다.
- 전사적 차원의 보안 정책 통합 관리와 적용을 통해 정보 시스템 보안성을 향상시키고 안전성을 높인다.

09 VPN(Virtual Private Network, 가상 사설망)

- 안전하지 않은 공용 네트워크를 이용하여 사설 네트워크를 구성하는 기술이다.
- 전용선을 이용한 사설 네트워크에 비해 저렴한 비용으로 안전한 망을 구성할 수 있다.
- 공용 네트워크로 전달되는 트래픽은 암호화 및 메시지 인증 코드 등을 사용하여 기밀성과 무결성을 제공한다.
- 인터넷과 같은 공공 네트워크를 통해서 기업의 재택근무자나 이동 중인 직원이 안전하게 회사 시스템에 접근할 수 있도록 해준다.

이론을 확인하는 문제

01 IDS(침입 탐지 시스템)는 침입 공격에 대비하여 침입을 목표로 하는 보안 솔루션이다. IDS의 분류 중 다음이 설명하는 것은 무엇인지 쓰시오.

- 컴퓨터 시스템의 내부를 감시하고 분석하여 침입을 탐지하는 시스템이다.
- 컴퓨터 시스템의 동작이나 상태를 모두 감시하거나 부분적으로 감시한다.
- CPU, 메모리, 디스크 등 호스트 자원을 일정 부분 점유한다.

- 답 :

02 다음이 설명하는 침입 탐지 기법을 쓰시오.

- 장기간 수집된 올바른 사용자 행동 패턴을 활용해 통계적으로 침입을 탐지한다.
- 알려지지 않은 공격을 탐지하는 데 적합하다.
- False Negative가 높은 반면 False Positive가 낮다.
- 호스트 기반과 네트워크 기반 침입 탐지 시스템에 모두 적용될 수 있다.

- 답 :

ANSWER **01** HIDS(Host-based IDS, 호스트 기반 IDS)
02 이상 탐지(Anomaly Detection)

06 취약점 분석 및 평가

출제
빈도 (상) (중) (하)

핵심포인트

취약점 분석 및 평가 • 로그 분석

01 취약점 분석 및 평가

① 개념

- 악성코드 유포, 해킹 등의 사이버 위협에 대한 시스템의 취약점을 종합적으로 분석, 평가, 개선하는 일련의 과정이다.
- 시스템의 안정적인 운영을 위협하는 사이버 보안 점검 항목과 각 항목별 세부 점검 항목을 도출하여 취약점 분석을 실시한다.
- 발견된 취약점에 대해 위험 등급을 부여하고, 개선 방향을 수립하는 등 유기적인 취약점 평가를 수행한다.

② 수행 주체 및 주기

- 수행 주체
  - 관리 기관이 직접 수행할 경우 자체 전담반을 구성하여 운영한다.
  - 관리 기관이 외부 기관에게 위탁할 경우 한국인터넷진흥원, 정보공유 · 분석센터, 한국전자통신연구원, 지식정보보안 컨설팅전문업체 등 전문기관에 위탁 수행한다.
- 수행 주기
  - 매년 정기적으로 취약점 분석/평가를 실시한다.
  - 가용 자원과 대상 시설 식별, 자산 중요도 산정 및 해당 시스템 대한 정밀 분석을 실시한다.
  - 대상 시스템에 중대한 변화가 있거나, 관리 기관에서 필요하다고 판단할 경우 수시로 취약점 분석/평가를 실시할 수 있다.

③ 범위 및 항목

- 취약점 분석/평가의 범위
  - 취약점 분석/평가의 범위는 정보 시스템 자산, 제어 시스템 자산, 의료 시스템 자산 등이다.
  - 정보 시스템 자산에 직 · 간접적으로 관여하는 물리적 분야, 관리적 분야, 기술적 분야를 포함한다.
  - 타 시스템과 연계된 경우 연계 시스템이 미치는 영향을 포함한다.
- 취약점 분석/평가의 기본 항목
  - 기본 항목은 관리적 분야, 물리적 분야, 기술적 분야로 구분한다.
  - 기본 항목은 "상 · 중 · 하" 3단계로 중요도를 분리한다.
  - 기본 항목의 중요도 "상"인 점검 항목은 필수적으로 점검한다.
  - 기본 항목의 "중", "하" 항목은 기관의 사정에 따라 선택적으로 점검한다.

④ 수행 절차 및 방법

- 1단계 : 취약점 분석/평가 계획 수립
  - 취약점 분석/평가를 위한 세부 계획을 수립한다.
  - 예 수행 주체, 수행 절차, 소요 예산, 산출물 등
- 2단계 : 취약점 분석/평가 대상 선별
  - 자산(IT 자산, 제어 시스템 자산, 의료 장비 등)을 식별한다.
  - 네트워크 장비, 보안 장비, 시스템 장비 등 자산 유형별로 그룹화한다.
  - 취약점 분석/평가 대상 목록을 작성한다.
  - 식별된 대상 목록의 각 자산에 대하여 중요도를 산정한다.
- 3단계 : 취약점 분석
  - 취약점 분석/평가를 위한 관리적 분야, 물리적 분야, 기술적 분야별 세부 점검 항목표를 수립한다.
  - 취약점 분석 요령은 관리적 분야, 물리적 분야, 기술적 분야로 구분하여 확인한다.
- 4단계 : 취약점 수행
  - 취약점 분석 결과에 대한 세부 내용을 서술한다.
  - 발견된 취약점별로 위험 등급을 표시하고 개선 방향을 수립한다.
  - 위험 등급 "상"은 조기 개선, "중"과 "하"는 중기 또는 장기 개선으로 구분하여 개선 방향을 수립한다.

02 로그 분석

① 로그(Log) 분석의 개념

- 로그는 데이터에 대한 기록이 파일 또는 인쇄물 형태로 저장된 것이다.
- 로그는 시스템 내부에서 영향을 미치거나 네트워크를 통한 외부에서 시스템에 영향을 미칠 때 해당 데이터를 기록하여 문제를 해결하거나 예방하는 데 활용된다.

② 로그 관리

- 사용자가 시스템에 로그인하여 명령하는 과정에 대한 시스템의 동작에 대해 인증(Authentication), 인가(Authorization), 계정(Accounting)에 대한 로그를 기록한다.
- 로그는 중앙 시스템에 기록하거나 또는 분산 기록한다.

③ 로그 관리 구현

- 로그를 정기적으로 분석하고 그 결과를 보고한다.
- 정기적인 로그 분석을 통하여 시스템 침입 흔적과 취약점을 확인할 수 있다.
- 로그의 정기적 검토 및 보고를 위해 로그의 정기적 검토 및 보고 체계를 수립하고, 정책에 따른 시스템 로깅을 설정한다.

④ 로그 관리 구현 여부 테스트

- 로그의 정기적 검토 및 보고 체계를 수립했는지 테스트한다.
- 정기적인 로그 분석을 통하여 시스템 침입 흔적과 취약점을 확인할 수 있도록 로그의 정기적 검토 및 보고 체계를 수립했는지 테스트한다.

03 AAA(인증, 권한 부여, 계정 관리) 2021년 3회

① 개념
- 일관된 방식을 통해 3개의 독립적인 보안 기능의 세트를 구성하기 위한 프레임워크이다.
- 서버/클라이언트 구조를 가진다.

인증(Authentication)	망, 시스템 접근을 허용하기 전에 사용자의 신원 검증을 제공한다.
권한 부여(Authorization)	신원이 검증된 사용자에게 허용할 권한을 제공한다.
계정 관리(Accounting)	권한이 부여된 사용자의 행위를 기록하고 사용자 자원에 대한 정보를 취합하여 과금, 감사, 증설, 리포팅 등을 제공한다.

② AAA 기능 구현을 위한 인증 프로토콜 : RADIUS, DIAMETER Protocol, TACACS+ (Terminal Access Controller Access Control System+), Kerberos

구분	RADIUS	DIAMETER	TACACS+	Kerberos
AAA	Combine	Separated	Separated	Separated
암호화	패트워드만	패킷 레이로드 전제 암호화	패킷 페이로드 전체 암호화	DES 암호화 사용
Protocol	서버 to 클라이언트(단방향)	Peer to Peer (양방향)	서버 to 클라이언트(단방향)	AS(Authentication Server), TGS(Ticket Granting Servece), SS(Sevice Server)
Layer 3 Protocol	UDP	TCP/SCTP	TCP	–
보안 기능	대칭키 암호화 방식	End-To-End (TLS), IPSec/TLS	대칭키 암호화 방식	대칭키 암호화 방식 (LADAP)

이론을 확인하는 **문제**

01 데이터에 대한 기록이 파일 또는 인쇄물 형태로 저장된 것으로, 시스템 내부에서 영향을 미치거나 네트워크를 통한 외부에서 시스템에 영향을 미칠 때 해당 데이터를 기록하여 문제를 해결하거나 예방하는 데 활용하는 것은 무엇인지 쓰시오.
- 답 :

02 소프트웨어 개발 보안 구축 중 취약점 분석의 수행 주기는 얼마의 기간마다 정기적으로 수행하여야 하는지 쓰시오.
- 답 :

ANSWER **01** 로그 또는 Log
02 매년, 1년, 12개월

01 다음이 설명하는 소프트웨어 보안 관련 용어를 영문으로 쓰시오.

- 개발하는 소프트웨어가 복잡해짐으로 인해 보안상 취약점이 발생할 수 있는 부분을 보완하여 프로그래밍하는 것이다.
- 우리나라에서는 2012년 12월부터 '소프트웨어 개발 보안' 제도를 시행하여 이를 의무화하였다.
- 서버, 네트워크와 같은 물리적 보안부터 개발 프로그램 등 환경에 대한 보안 통제 기준을 수립한 것이다.

- 답 :

02 이 암호화 방식은 RFC 1321로 지정되어 있으며, 주로 프로그램이나 파일이 원본 그대로인지를 확인하는 무결성 검사 등에 사용된다. 1991년에 로널드 라이베스트가 예전에 쓰이던 MD4를 대체하기 위해 고안했으며, 임의의 길이의 메시지(variable-length message)를 입력받아 128비트짜리 고정 길이의 출력값을 낸다. 입력 메시지는 512 비트 블록들로 쪼개지고, 메시지를 우선 패딩하여 512로 나누어떨어질 수 있는 길이가 되게 하며, 128비트 암호화 해시 함수인 암호화 방식을 쓰시오.

- 답 :

03 다음 설명에 알맞은 보안 취약점을 쓰시오.

- 웹 사이트에 공격자에 의해 작성된 악의적 스크립트를 삽입하는 방식이다.
- 다른 사용자의 웹 브라우저 내에서 적절한 검증 없이 실행된다.
- 사용자의 세션을 탈취하거나, 웹 사이트를 변조하거나 혹은 악의적인 사이트로 사용자를 이동시킬 수 있다.

- 답 :

04 다음 설명에 알맞은 보안 취약점을 쓰시오.

> - 웹 응용 프로그램에 강제로 SQL 구문을 삽입하여 내부 데이터베이스 서버의 데이터를 유출 및 변조하고 관리자 인증을 우회할 수 있는 공격 기법이다.
> - 동적 쿼리에 사용되는 입력 데이터에 예약어와 특수문자를 입력하지 못하도록 설정하여 방지할 수 있다.

- 답 :

05 TOCTOU(Time Of Check Time Of Use) 경쟁 조건에 대하여 간략히 서술하시오.
- 답 :

06 이것은 특정 사용자를 대상으로 하지 않고 불특정 다수를 대상으로 로그인된 사용자가 자신의 의지와 상관없이 공격자의 의도에 따라 행위하게 만드는 공격으로 XSS 공격과 유사하며, 유명 인터넷 쇼핑몰인 옥션에서 발생한 개인정보 유출 사건에 사용된 공격 기법이다. 이 기법은 무엇인지 쓰시오.

- 답 :

07 다음은 회원 가입 시 보안에 관련된 요구사항이다. 잘못 도출된 항목을 골라 쓰시오.

> 가. 패스워드는 레인보우 테이블 공격 대비를 위하여 솔트를 제공하고 양방향 암호화 처리한다.
> 나. 아이디 패스워드를 SSL을 통하여 암호화한다.
> 다. 패스워드의 해시처리는 클라이언트가 아닌 서버에서 수행하도록 한다.

- 답 :

08 이 공격은 최근 패스워크 크래킹 기법으로 패스워드별로 해시값을 미리 생성해 놓은 테이블을 사용하여 Reduction 함수의 반복 수행을 통하여 일치하는 해시 값으로 패스워드를 탈취 하는 기법이다. 이 기법의 명칭을 쓰시오.
- 답 :

프로그래밍 언어 활용

모듈 소개

응용 소프트웨어 개발에 사용되는 프로그래밍 언어의 기초 문법을 적용하고, 언어의 특징과 라이브러리를 활용하여 기본 응용 소프트웨어를 구현할 수 있다.

기본문법 활용하기

학습방향

1. 응용 소프트웨어 개발에 필요한 프로그래밍 언어의 데이터 타입을 적용하여 변수를 사용할 수 있다.
2. 프로그래밍 언어의 연산자와 명령문을 사용하여 애플리케이션에 필요한 기능을 정의하고 사용할 수 있다.
3. 프로그래밍 언어의 사용자 정의 자료형을 정의하고 애플리케이션에서 사용할 수 있다.

CHAPTER 01

핵심포인트

C언어의 기본 구조 • Java언어의 기본 구조 • printf( ) 함수 • println( ) 메소드

합격생의 비법

정보처리기사 실기시험에서 매회 5문제~7문제 정도로 상당히 많은 문제가 출제가 되고 있는 C언어와 Java언어의 기본 문법과 기본 프로그래밍 코드들을 학습합니다. 처음부터 암기하듯 학습하기보다는 반복적으로 예제 코드를 살피면서 익숙해지는 것이 중요합니다.

01 C언어와 Java언어의 개요

① C언어

- 1972년 미국 벨 연구소의 데니스 리치에 의해 개발된 시스템 기술용 언어이다.
- 유닉스(UNIX) 운영체제 개발에 사용할 목적으로 만들어졌다.
- 특징
  - 논리적이며 구조적인 시스템 프로그래밍 언어이다.
  - 하드웨어 제어가 가능하며 프로그램 이식성이 높다.
  - 간략한 문법 표현으로 함축적인 프로그램 작성이 용이하다.
  - 효율성과 유연성을 갖춘 저급 언어 특성을 가진 고급 언어이다.

② Java언어

- 1996년 미국 썬 마이크로시스템즈가 발표한 객체 지향 프로그래밍 언어이다.
- Java는 프로그래밍 언어와 함께 실행 환경(플랫폼)을 포함하고 있다.
- 특징
  - 플랫폼 독립적이다.
  - 상속을 지원하는 객체 지향 프로그래밍 언어(Object-Oriented PL)이다.
  - 응용 프로그래밍과 웹 프로그래밍(애플릿)이 가능하다.
  - 예외 처리와 멀티 스래싱을 지원한다.

02 C언어의 기본 구조

- C언어의 소스코드는 파일명.c로 작성되어 있다.
- 절차적 프로그래밍의 대표적인 언어인 C언어는 함수 중심으로 이루어져 있다.
- 기본 구조는 도입 부분, main( ) 함수 부분, 사용자 정의(호출) 함수로 구분되어 있다. C언어의 번역은 소스코드의 상단부터 진행되지만, 번역과정을 거친 후 실제 실행은 main( ) 함수에서부터 실행된다. 즉, C언어의 main( ) 함수는 실행의 시작과 끝이라고 할 수 있다.

도입 부분	프로그램설명주석 전처리기(매크로) 사용자 정의 함수 선언문; 사용자 정의 자료형 선언(구조체)

main( ) 함수
 	
• 프로그램 실행의 시작과 끝
• 반드시 1개가 있어야만 함
	int main(int argc, char *argv[ ])
	{
	        변수선언문;
	        실행문;
	                치환문
	                제어문
	                함수호출
	                ……
	        return 0;
	}

호출 함수	사용자 정의 함수정의( )
	{
	
	}

- C언어의 main( ) 함수는 다음의 여러 가지 방법 중 하나로 선언할 수 있으며 ANSI/ IS · Standard C (표준 C)에서는 반환형이 int인 main( ) 함수로 사용할 것을 권장한다.

방법 1	방법 2	방법 3	방법 4

int main(int argc, char *argv[ ])
{
   ……
   return 0;
}
	int main( )
	{
	   ……
	   return 0;
	}
		int main(void)
		{
		   ……
		   return 0;
		}
			void main( )
			{
			   ……
			}

03 Java언어의 기본 구조

- Java언어의 소스코드는 클래스명.java로 작성되어 있다. 클래스명은 반드시 대문자로 시작하여야 한다.
- 객체 지향 프로그래밍 언어의 대표인 Java언어는 클래스 중심으로 되어 있으며 클래스 내의 메소드를 통해 기능을 구현한다.

전역 영역	package 선언문; import 선언문;

클래스
 	
• 클래스명 = 자바파일명
• main 메소드를 포함하는
  클래스 : public 클래스
	public class 클래스명{
	
	    public static void main(String args[ ]) {
	        실행문;
	    }
	
	}

04 C언어와 Java언어의 기본 소스코드 비교

① C언어

줄	C 프로그램 소스 helloEx001.c
1	#include 〈stdio.h〉
2	int main( )
3	{
4	printf("Hello, C! \n");
5	return 0;
6	}
결과	Hello, C!

② Java언어

줄	Java 프로그램 소스 HelloEx001.java
1	public class HelloEx001 {
2	public static void main(String[ ] args) {
3	System.out.println("Hello, Java!");
4	}
5	}
결과	Hello, Java!

05 C언어와 Java언어의 프로그램 구성요소

C언어	Java언어

(1) 예약어(reserved word) : 키워드
  – 자료형관련, 기억관련, 제어관련, 기타
  – int, char, static, if~else, for, while, include 등
(2) 명칭(identifier) : 식별자
  – 변수명, 배열명, 함수명, 매크로명
(3) 상수(constant)
  – 정수상수, 실수상수, 문자상수, 문자열상수
(4) 연산자(operator)
(5) 설명문(comment) : 주석
  – 비실행문
  – 한 줄 주석   // C언어 공부 방법
  – 여러 줄 주석   /* 다양한 코드를 살펴보며,
                     코드에 주석을 적어보기!
                      */
	(1) 예약어(reserved word) : 키워드
	  – 자료형관련, 기억관련, 제어관련, 기타
	  – int, char, static, if~else, for, while, import 등
	(2) 명칭(identifier) : 식별자
	  – 클래스명, 메소드명, 변수명, 배열명, 함수명
	  – (관례) 클래스 이름의 경우, 대문자로 시작
	            메소드나 필드, 변수의 이름은 소문자로 시작
	(3) 상수(constant)
	  – 논리상수, 정수상수, 실수상수, 문자상수, 문자열상수
	(4) 연산자(operator)
	(5) 설명문(comment) : 주석
	  – 비실행문
	  – 한 줄 주석 // Java언어 공부 방법
	  – 여러 줄 주석 /* 다양한 코드를 살펴보며,
	                     코드에 주석을 적어보기!
	                      */

06 C언어 기본문법 구조와 printf( ) 함수

• printf( ) 함수
  – 기능 : 콘솔 화면에 주어진 출력 양식으로 자료(상수)를 출력하는 함수이다.
          "문자열상수" 또는 인수의 값을 화면에 출력한다.
  – 형식 : #include ⟨stdio.h⟩★
          printf("출력형식", 출력대상1, 출력대상2, …);
• 출력형식 변환문자

%d	10진 정수로 변환하여 출력
%f	부동소수점을 실수로 변환하여 출력
%c	한 문자로 변환하여 출력
%s	문자열로 변환하여 출력

%o(8진 정수), %x(16진 정수), %u(부호 없는 10진 정수), %e(지수)

★ #include ⟨stdio.h⟩
표준입출력 헤더 파일인 stdio.h 내의 함수들을 소스 파일 내에서 사용 전 반드시 전처리기에 의해 include(포함)시켜줘야 한다.

① 예제

줄	C 프로그램 소스 helloEx002.c
1	#include ⟨stdio.h⟩
2	int main( )
3	{
4	printf("Hello, Everybody~\n");
5	printf("정보처리기사 : 60+40점\n");
6	printf("정보처리기사 : %d점\n", 60+40);
7	return 0;
8	}
결과	Hello, Everybody~ 정보처리기사 : 60+40점 정보처리기사 : 100점

• 줄1의 #include는 전처리 기능★으로 라이브러리 파일을 해당 소스코드에 전처리하여 포함시킨다. 줄4의 printf( ) 함수를 사용하기 위해서는 stdio.h 헤더파일을 컴파일(번역) 과정 이전에 해당 소스코드에 포함시켜야 허용할 수 있다. stdio.h는 표준입출력 함수★들을 포함하고 있는 라이브러리 헤더파일이다.
• 줄4는 큰따옴표(" ")로 둘러싸인 문자열 "Hello, Everybody~"를 그대로 콘솔 화면에 출력한다. 이때 "\n"은 newline의 의미로 콘솔 화면으로 출력하는 문자가 아니고 개행(줄 바꿈)하는 처리를 하여 커서를 이동한다.
• 줄6은 큰따옴표(" ")로 둘러싸인 문자열 내부에 % 기호로 시작하는 문자가 있다. %d는 출력변환 형식을 지정하는 문자로 printf( ) 함수 내의 두 번째 인수인 60+40의 결과 100의 상수 값을 10진 정수 형태로 변환하여 출력한다.

★ 전처리기(preprocessor)
시스템이 제공하는 소스코드(라이브러리)를 미리 포함한 후 컴파일을 진행하도록 사전 작업을 처리해 주는 시스템 프로그램

★ stdio.h 헤더파일 표준입출력 함수
printf( ), scanf( ), getchar( ), putchar( ), gets( ), puts( ), fgets( ), fputs( ) 등

07 Java의 System.out.print( )와 System.out.println( )

• System.out.println( )은 java.lang 패키지에서 제공하는 표준출력문(메소드)이다. 괄호 사이에 출력하고자 하는 변수나 문자열이 올 수 있다. 원하는 내용이 출력된 후 '줄 바꿈'이 자동으로 이루어진다. 반면, System.out.print( )는 출력 직후 자동 줄 바꿈을 하지 않고 같은 줄에 커서가 머물러있게 된다.

• System.out.println( )와 System.out.print( )에서 여러 항목을 이어서 출력하고자 할 경우는 별도의 출력형식 지정 없이 항목들의 접속(concatenation)을 의미하는 기호 '+'를 사용하면 된다.

① C언어의 printf( ) 함수

줄	C 프로그램 소스 helloEx003.c
1	#include 〈stdio.h〉
2	int main( )
3	{
4	printf("%d", 100);
5	printf("%d\n", 100);
6	printf("합격점수 : %d\n", 100);
7	return 0;
8	}
결과	100100 합격점수 : 100

② Java언어의 print( )와 println( ) 메소드

줄	Java 프로그램 소스 HelloEx002.java
1	public class HelloEx002 {
2	public static void main(String[ ] args) {
3	System.out.print(100);
4	System.out.println(100);
5	System.out.println("합격점수 : " + 100);
6	}
7	}
결과	100100 합격점수 : 100

• 줄3번의 결과는 print( ) 메소드에 의해 정수 상수 100을 콘솔에 출력한다.

• 줄4번은 줄3번의 결과 출력 후 커서가 머무른 위치에 정수 상수 100을 출력하고 println( ) 메소드의 기능인 출력하고 줄 변경을 수행하여 다음 줄로 커서를 이동시킨다.

• 줄5번은 이후 큰 따옴표 내의 문자열을 출력하고 문자열 연결 연산자(+)에 의해 100을 출력하고 역시 다음 줄로 커서를 이동시킨다.

③ Java언어의 println( ) 메소드의 예제

줄	Java 프로그램 소스 HelloEx003.java
1	public class HelloEx003 {
2	public static void main(String[ ] args) {
3	int x = 10;
4	int y = 20;
5	System.out.println("x+y = " + (x+y));
6	System.out.println("x−y = " + (x−y));
7	System.out.println("x*y = " + (x*y));
8	System.out.println("x/y = " + (x/y));
9	}
10	}
결과	x+y = 30 x−y = −10 x*y = 200 x/y = 0

이론을 확인하는 **문제**

다음은 C언어의 printf( ) 함수 내의 출력형식 변환문자와 관련된 설명에서 빈칸 ①~③에 알맞은 변환문자를 쓰시오.

%문자	변환 형식
(①)	10진 정수로 변환하여 출력
(②)	부동소수점을 실수로 변환하여 출력
(③)	한 문자로 변환하여 출력
%s	문자열로 변환하여 출력

%o(8진 정수), %x(16진 정수), %u(부호 없는 10진 정수), %e(지수)

- ① :
- ② :
- ③ :

02 데이터 타입

핵심포인트

기본 데이터 타입 • 구조적 데이터 타입

01 데이터 타입(Data Type, 자료형)의 정의

- 자료형이란 변수가 가질 수 있는 데이터(값)의 유형이다.
- 프로그램을 작성 시 자료형을 결정하여 변수를 선언한다.
- 프로그래밍 언어에 따라 데이터 타입에 차이가 있다.

02 데이터 타입의 분류

① 기본 데이터 타입

- 정해진 구조 외에 다른 구조를 가질 수 없는 자료형이다.
- 종류 : 논리형, 문자형, 정수형, 실수형

② 구조적 데이터 타입

- 기본 자료형으로부터 파생하여 만든 자료형이다.
- 종류 : 배열(같은 자료형의 자료 모임), 레코드(다른 자료형의 자료 모임), 포인터형, 문자열형

03 기본 데이터 타입

① 논리형(Boolean Type, 부울형, 불린형)

- 참값(true)과 거짓값(false)의 상수(값, 리터럴)를 표현할 때 사용하는 자료형이다.
- 두 상수 값만 존재한다.
- C언어의 기본 데이터 타입은 아니다.

② 문자형(Character Type)

- 단일 문자의 자료형이다.
- 작은따옴표로 표현된 상수들을 표현할 때 사용하는 자료형이다.
  예 'a', 'A', '1', ' ', '!' 등

③ 정수형(Integer Type, Fixed Point Type)

- 고정 소수점 타입이다.
- 부호는 있고, 소수점이 없는 정수 상수들을 표현할 때 사용하는 자료형이다.
  예 +1, −1, +123, −123 등

④ 실수형(Floating Point Type)
- 부동 소수점 타입이다.
- 부호와 소수점이 있는 실수 상수들을 표현할 때 사용하는 자료형이다.
  예 +3.14, -3.14, +1.0, -123.0 등

04 구조적 데이터 타입

여러 자료를 하나의 단위로 묶어 취급한다.

① 배열(Array)
- 동일한 유형의 값들을 모아 놓은 자료형이다.
- 순차 구조이고, 첨자(index)로 배열 원소를 구별한다.
- 1차원 구조와 2차원 이상의 다차원 구조로 구성할 수 있다.
  예 {1, 3, 5}, {1.1, 2.2, 3.3}, {'A', 'B', 'C'} 등

② 레코드(Record)
- 서로 다른 유형의 값들을 모아 놓은 자료형이다.
- 이름으로 원소를 구별한다.
  예 {2020, "Kang", 100}, {1, 4.2} 등

③ 포인터형(Pointer)
- 객체를 참조하기 위해 메모리의 주소를 값으로 하는 자료형이다.
- 하나의 자료에 동시에 많은 리스트의 연결이 가능하다.
- 커다란 배열의 원소를 효율적으로 저장하고자 할 때 이용한다.
- 고급 언어에서 주로 사용되는 기법이다.
- 지원 프로그래밍 언어 : C, C++

④ 문자열형(Character String Type)
- 문자열(단일 문자들)의 자료형이다.
- 큰따옴표로 표현된 상수들을 표현할 때 사용하는 자료형이다.
- 기본 데이터 타입이 아니다.
  예 "A", "100", "PASS", "Kang" 등

05 프로그래밍 언어의 기본 데이터 타입(Primitive Type) 및 크기

- 자료형의 예약어는 모두 소문자이다.
- 문자열형(String)은 기본 데이터 타입이 아니다.
- C++언어의 논리형의 예약어는 bool이다.
- Python의 long형은 무한크기이다.
- C#언어의 실수형에는 decimal(16byte)이 있다.

합격생의 비법

- 데이터 타입은 프로그래밍 언어마다 정해져 있는 예약어를 구별하여 암기해야 합니다. 특히 C언어와 Java언어에서의 long형과 char형의 크기가 차이가 있다는 것을 유념해 두세요.
- 데이터 타입은 변수의 선언문에서 좀 더 깊이 있게 학습하는 것이 효율적입니다.

C언어	
자료형	예약어(크기, byte)
정수형	int(4), short(2), long(4), unsinged
실수형	float(4), double(8), long double
문자형	char(1), unsinged char
형 없음	void

Java언어	
자료형	8가지 예약어(크기, byte)
정수형	byte(1) short(2) int(4) long(8) char(2) ← 문자형
실수형	float(4), double(8)
논리형	boolean(1)

이론을 확인하는 문제

01 다음 〈보기〉에서 C언어의 기본 자료형을 골라 쓰시오.

〈보기〉

boolean, int, char, float

· 답 :

02 다음 〈보기〉에서 자료형에 대한 설명으로 옳은 것을 골라 쓰시오.

〈보기〉

ⓞ 모든 프로그래밍 언어는 논리형 자료형을 갖는다.
ⓛ 문자형 자료형의 크기는 1byte이다.
ⓒ 배열형은 이질형 자료들을 하나의 단위로 묶어 저장할 때 사용한다.
ⓔ 자료형은 변수가 가질 수 있는 속성값의 길이 및 성질로 프로그래밍 언어에 따라 데이터 타입의 유형을 구분하는 기준은 차이가 있다.

· 답 :

O3 변수와 상수

핵심포인트

상수 • 변수 • 선언문 • 대입문 • 대입연산자(=) • scnaf( ) 함수

01 상수(constant)의 개념

- 항상 고정된 값을 갖는 자료(값)로, 변경 불가능하다.
- 유형 : 정수형, 실수형, 문자형, 문자열형, 논리형
- 수명 시간 동안 고정된 하나의 값과 이름을 가진 자료로서, 프로그램*이 동작하는 동안 값이 바뀌지 않는 공간이다.

★ **프로그램(program)**
- 프로그램은 주어진 문제를 해결하기 위한 처리 절차와 방법을 기술한 명령어들의 모임이다.
- **프로그램** : 자료 + 명령어

02 C 프로그램의 상수

정수형 상수	10진수, 8진수, 16진수 표현 가능
실수형 상수	소수 형식, 지수 형식
문자형 상수	• 키보드 문자 + escape 문자 • 작은따옴표(' ')로 묶은 1개의 영문자나 숫자문자나 특수문자 • 내부적으로는 ASCII코드값으로 저장
문자열형 상수	• 큰따옴표(" ")로 묶은 여러 개의 영문자 및 숫자문자나 특수문자 • 문자열 끝에 문자열의 끝을 의미하는 null 문자('₩0') 추가

03 변수(variable)

- 변수는 프로그램 실행 중 변경할 수 있는 값이 저장되는 기억공간이다(=메모리).
- 프로그램에서 하나의 값을 저장할 수 있는 기억 장소의 이름을 의미한다.
- 변수는 이름, 값, 속성, 참조 등의 요소*로 구성된다.
- 변수명은 프로그래머가 각 언어별로 변수명을 만드는 규칙에 따라 임의로 이름을 붙일 수 있다.
- 변수는 묵시적으로 변수형을 선언할 수도 있고, 선언문을 사용할 수도 있다.
- 변수의 유형은 컴파일 시간에 한 번 정해지면 일반적으로 그대로 유지한다.
- 변수의 수명은 할당된 변수가 값을 저장할 기억장소를 할당받은 때부터 그 기억장소가 더 이상 변수값을 의미하지 않을 때까지의 시간을 의미하며, 바인딩* 이후 변수를 사용할 수 있다.

★ **변수의 4요소**
- 주소(address)
- 이름(name)
- 자료형(datatype)
- 값(value)

★ **바인딩(binding)**
- 어떤 변수의 명칭과 그 메모리 주소, 데이터형 또는 실제 값을 연결하는 것이다.
- 변수들이 갖는 속성이 완전히 결정되는 시간을 바인딩 시간(Binding Time)이라고 한다.
- **바인딩의 종류** : 정적 바인딩(번역시간), 동적 바인딩(실행시간)

04 변수의 선언문

① 변수의 선언문
- 변수명과 자료형을 결정하여, 기억공간을 할당하는 것이다.
- 프로그램 실행 시 사용할 데이터의 속성 정보를 컴파일러(언어번역기)에게 알려주는 문장이다.
- 효율적인 주기억장치의 관리가 가능하다.
- 정적형 검사가 가능하다.

- 형식 : 자료형 변수명;
- 코딩 :
  ```
  {
      int  a;
      int  A;
      int  Age;
      float b;
      char c;
  ```

② C언어의 변수명 정의 규칙(Naming Rule)
- 변수명은 식별자이므로 영문 대소문자, 숫자를 혼합하여 명명한다.
- 대소문자 구별하며, 변수명으로 예약어를 사용하는 것을 금지한다.
- 밑줄(_)을 제외한 모든 특수문자의 사용을 금지한다.
- 숫자로 시작하는 것을 금지한다.
- 데이터의 의미나 역할을 표현할 수 있는 이름으로 명명하는 것이 프로그램의 가독성과 유지보수성 증가를 위해 바람직하다.

05 변수의 대입문 및 초기화

1) 변수의 대입문
- 변수(기억공간)에 자료(값)를 대입(할당, 배정, assign)하는 것이다.
- 변수의 내용(값)을 변경하는 문장이다.
- 프로그램에서 가장 일반적으로 사용되는 연산문이다.

```
• 형식 : L-value = R-value;
• 코딩 :
        {
            a = 20;
            Age = 20;
            A = 10 + 20;
            A = A + 1;
            A = Age;
```

2) 변수의 초기화 2020년 3회

• 변수의 선언문과 대입문을 구별하여 코딩할 수도 있지만 초기화를 통해 변수선언이 이루어짐과 동시에 특정 값을 부여할 수도 있다.

```
• 코딩 :
        {
            int      kor = 90;
            double   pi = 3.14;
            char     level = 'A';
```

합격생의 비법

프로그램 내의 변수는 고유한 역할이 있습니다. 따라서 변수의 역할에 적합한 초기값이 부여되어야 합니다.

• 누계용 변수의 초기값

```
int result=0;
```

• 누승용 변수의 초기값

```
int result=1;
```

① 예제 1

줄	C 프로그램 소스 variableEx001.c
1	#include 〈stdio.h〉
2	int main( )
3	{
4	int Age;
5	Age = 20;
6	printf("저의 나이는 20살입니다.\n");
7	printf("저의 나이는 %d살입니다.\n",20);
8	Age = Age + 1;
9	printf("저의 나이는 %d살입니다.\n", Age);
10	return 0;
11	}
결과	저의 나이는 20살입니다. 저의 나이는 20살입니다. 저의 나이는 21살입니다.

• 줄4에서는 Age라는 이름의 4byte 크기의 정수형 변수가 메모리에 선언되었다.
• 줄5에서는 줄4에서 선언된 변수 Age에 정수 상수 20이 대입(저장)되었다.
• 줄9에서는 대입 연산자(=) 우측 Age+1의 덧셈 연산을 통해 21의 결과를 먼저 계산하고 결과 상수값을 다시 변수 Age에 대입한다. 최종적으로 변수 Age에는 21이 저장된다.

② 예제 2

줄	C 프로그램 소스 variableEx002.c
1	#include 〈stdio.h〉
2	int main( )
3	{
4	int num1, num2;
5	int sum;
6	num1 = 20;
7	num2 = 30;
8	sum = num1 + num2;
9	printf("%d + %d = %d\n", num1, num2, sum);
10	return 0;
11	}
결과	20 + 30 = 50

- 줄4와 줄5에서 정수형 변수 3개가 선언되었다. 위 프로그램은 두 정수의 합을 출력하는 프로그램으로 이를 처리하기 위해 필요한 변수를 3개로 결정했기 때문이다. C언어 프로그램에서 변수의 선언은 함수의 몸체 블록에 진입하여 미리 선언을 해 두어야만 한다.
- 줄6과 줄7을 통해 정수 상수 20과 30을 변수 num1과 num2에 각각 대입하였다.
- 줄8에서는 대입 연산자(=)의 우측 산술 처리를 먼저 수행한 후 해당 결과값을 구해 변수 sum에 대입하였다.

06 변수와 c언어의 scanf( ) 함수

- 대입 연산자를 통해 변수에 값을 대입할 수도 있지만 콘솔(키보드)을 통해 사용자가 직접 원하는 값을 변수에 대입하고자 할 때 C언어에서는 scanf( ) 함수를 이용하여 처리한다.
- scanf( ) 함수
  - 기능 : 콘솔화면에서 키보드로부터 자료(상수)를 주어진 입력 형식으로 입력시키는 함수이다.
  - 형식 : #include 〈stdio.h〉
    scanf("입력 형식", &입력대상1, &입력대상2, …);

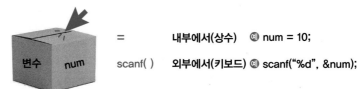

=   **내부에서(상수)** 예 num = 10;

scanf( )   **외부에서(키보드)** 예 scanf("%d", &num);

- 입력 형식 변환문자

%d	10진 정수로 변환하여 입력
%f	부동소수점을 실수로 변환하여 입력
%c	한 문자로 변환하여 입력
%s	문자열로 변환하여 입력
%ld(long 정수), %lf(double 실수), %o(8진 정수), %x(16진 정수)	

① 예제 1

줄	C 프로그램 소스 variableEx003.c
1	#include 〈stdio.h〉
2	int main( )
3	{
4	int Age;
5	Age = 20;
6	printf("나이 : %d\n", Age);
7	printf("나이를 입력하세요? : ");
8	scanf("%d", &Age);
9	printf("나이 : %d\n", Age);
10	return 0;
11	}
결과	나이 : 20 나이를 입력하세요? : 30 [Enter] 나이 : 30

- 줄5에서는 변수 Age에 대입연산자를 통해 정수 상수 20을 대입한 후 줄6에서 출력을 하였다.
- 줄8에서는 표준입력 함수인 scanf( ) 함수를 통해 키보드로 임의의 정수형 상수를 입력받아 변수 Age에 대입하였다. scanf( ) 함수의 두 번째 인자의 경우는 변수명 앞에 주소 연산자(&)를 표기하여 변수의 주소(위치)에 접근할 수 있도록 해야 한다.

② 예제 2 : 사각형의 가로와 세로의 길이를 입력받아 사각형의 넓이 구하기

줄	C 프로그램 소스 variableEx004.c
1	#include 〈stdio.h〉
2	int main( )
3	{
4	int width;
5	int height;
6	int area;
7	printf("사각형의 가로? ");
8	scanf("%d", &width);
9	printf("사각형의 세로? ");
10	scanf("%d", &height);
11	area = width * height;
12	printf("사각형의 넓이 : %d\n", area);
13	}
결과	사각형의 가로? 3 [Enter] 사각형의 세로? 5 [Enter] 사각형의 넓이 : 15

01 다음 〈보기〉에서 C언어의 변수의 이름으로 적합한 것을 골라 쓰시오.

〈보기〉

1score, kor_Score, eng Score, while

• 답 :

02 다음 변수(Variable)에 대한 설명에 해당하는 것을 맞으면 ○, 틀리면 ×로 표기하시오.

〈보기〉

• 프로그램 실행 과정에서 하나의 기억 장소를 차지한다. ---------------------------------(①)
• 변수의 유형은 컴파일 시간에 한 번 정해지면 일반적으로 그대로 유지한다. -----------------(②)
• 프로그램이 동작하는 동안 절대로 값이 바뀌지 않는 공간을 의미한다. ----------------------(③)
• 변수는 이름, 값, 속성, 참조의 요소로 구성된다. --(④)

• ① :
• ② :
• ③ :
• ④ :

04 연산자

핵심포인트

연산자 우선순위 • 산술 연산자 • 관계 연산자 • 논리 연산자 • 비트 연산자

01 연산자(Operator)와 우선순위

- 연산자는 자료에 대한 연산동작을 지정한 기호이다.
- 연산자 우선순위란 두 종류 이상의 연산자가 수식 내에 포함될 경우 연산의 순서를 의미한다.
- 연산자 결합 방향(결합성)이란 우선순위가 동일한 연산자들이 수식 내에 포함될 경우 어느 방향으로 결합하는가를 결정하는 것이다.

합격생의 비법

이번 Section에서는 프로그래밍 언어에서 많이 사용되는 연산자의 각 기능들을 학습합니다. 많은 프로그래밍 언어가 있지만 대부분의 언어는 C언어의 연산자를 모두 사용하고 있습니다. 따라서 C언어 연산자 중심으로 연산자 각각의 기능을 학습하고, Java언어와 Python언어의 차이나는 연산자를 꼭 명확하게 구분하세요.

① C언어 연산자 우선순위와 결합 방향

구분	우선순위	연산자	결합 방향
단항 연산자	1	( ) [ ] -> .	→
	2	! ~ ++ -- & * sizeof( ) cast	←
이항 연산자	3	* / %	→
	4	+ -	→
	5	<< >>	→
	6	> >= < <=	→
	7	== !=	→
	8	&	→
	9	^	→
	10	|	→
	11	&&	→
	12	||	→
삼항 연산자	13	? :	←
대입 연산자	14	= += *= &= …	←
나열 연산자	15	,	→

② Java 연산자 우선순위와 결합 방향

구분	우선순위	연산자	결합 방향
단항 연산자	1	( ) [ ]	→
	2	! ~ ++ -- cast new	←
이항 연산자	3	* / %	→
	4	+ -	→
	5	⟪ ⟫ ⟩⟩⟩	→
	6	⟩ ⟩= ⟨ ⟨= instanceof	→
	7	== !=	→
	8	&	→
	9	^	→
	10	|	→
	11	&&	→
	12	‖	→
삼항 연산자	13	? :	←
대입 연산자	14	= += *= &= …	←
나열 연산자	15	.	→

02 이항 연산자의 우선순위

- 연산자의 대부분은 피연산자(연산의 대상)를 2개 가지는 이항 연산자에 속한다.
- 이항 연산자의 우선순위는 '산술 연산자 → 관계연산자 → 논리연산자' 순으로 우선순위가 높다. 즉, 괄호가 있지 않으면 우선순위가 높은 연산자부터 연산 처리가 된다.

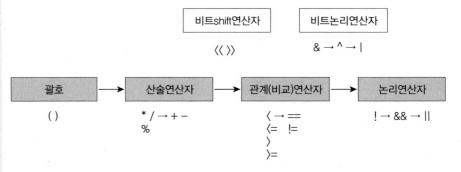

03 산술 연산자   2020년 3회

- 정수 산술 연산은 정수의 결과값을, 실수 산술 연산은 실수의 결과값을 갖는다.
- 부호를 나타내는 단항 연산자 +, −는 이항 산술 연산자보다 우선순위가 높다.
- 이항 연산자 +, −는 *, /, %보다 우선순위가 낮다.

- % 연산자는 정수 나눗셈 후 나머지 값을 구한다.

  예 printf("7을 3으로 나눈 나머지 : %d", 7%3) : → (결과) 7을 3으로 나눈 나머지 : 1

+	A + B	변수 A에 저장된 값과 변수 B에 저장된 값을 더한다.
−	A − B	변수 A에 저장된 값에서 변수 B에 저장된 값을 뺀다.
*	A * B	변수 A에 저장된 값과 변수 B에 저장된 값을 곱한다.
/	A / B	변수 A에 저장된 값을 변수 B에 저장된 값으로 나눈 몫을 구한다.
%	A % B	변수 A에 저장된 값을 변수 B에 저장된 값으로 나눈 나머지를 구한다.

- 예제

줄	C 프로그램 소스 operatorEx001.c
1	#include 〈stdio.h〉
2	int main( )
3	{
4	int x, y;
5	x = 5;
6	y = 2;
7	printf("덧 셈 : 5+2=%d \n", x+y);
8	printf("뺄 셈 : 5−2=%d \n", x−y);
9	printf("곱 셈 : 5*2=%d \n", x*y);
10	printf("나눗셈 : 5/2=%d \n", x/y);
11	printf("나머지 : 5%2=%d \n", x%y);
12	return 0;
13	}
결과	덧 셈 : 5+2=7 뺄 셈 : 5−2=3 곱 셈 : 5*2=10 나눗셈 : 5/2=2 나머지 : 5%2=1

04 관계 연산자

- 관계 연산은 두 피연산자(연산의 대상)의 관계를 비교하여 관계가 성립하면 참(true)을, 성립하지 않으면 거짓(false)을 연산의 결과값*으로 생성한다.

★ 관계 연산자의 결과값
- C언어는 참 또는 거짓
- Java언어는 true 또는 false

〉	A 〉B	A에 저장된 값이 B에 저장된 값보다 큰가?
〉=	A 〉= B	A에 저장된 값이 B에 저장된 값보다 크거나 같은가?
〈	A 〈 B	A에 저장된 값이 B에 저장된 값보다 작은가?
〈=	A 〈= B	A에 저장된 값이 B에 저장된 값보다 작거나 같은가?
==	A == B	A에 저장된 값이 B에 저장된 값과 같은가?
!=	A != B	A에 저장된 값이 B에 저장된 값과 다른가?

• 예제

줄	C 프로그램 소스 operatorEx002.c
1	#include 〈stdio.h〉
2	int main( )
3	{
4	int x, y;
5	x = 5;
6	y = 2;
7	printf("5〉2 : %d \n", x〉y);
8	printf("5〈2 : %d \n", x〈y);
9	printf("5==2 : %d \n", x==y);
10	printf("5!=2 : %d \n", x!=y);
11	return 0;
12	}

결과	5〉2 : 1 5〈2 : 0 5==2 : 0 5!=2 : 1

- 줄7의 x〉y는 각각의 변수 속의 값으로 관계 연산식을 5〉2로 연산하여 5가 2보다 크냐는 논리식에 '참'의 결과를 생성한다. 이러한 '참'의 결과를 printf( ) 명령문의 출력형식 문자 %d인 10진 정수로 변환시켜 출력하면 '참'의 값은 정수 1로 출력된다.
- C언어에서 논리식 판별 결과 '참'을 10진 정수로 변환하면 1로, '거짓'을 변환하면 0으로 출력된다.

05 논리 연산자

- 논리 연산자의 우선순위는 'NOT → AND → OR' 순으로 처리되며, NOT 연산자는 단항 연산자이다.
- AND 연산자로 &&, OR 연산자로 | |, NOT 연산자로 !를 사용한다.
- 주어진 값(거짓 또는 참)에 대하여 AND(논리곱) 연산은 모두 참일 경우에만 참, OR(논리합) 연산은 하나라도 참이면 결과는 참, NOT(부정) 연산은 참일 경우는 거짓, 거짓일 경우는 참을 결과값*으로 생성한다.

★ 논리 상수값
Java언어의 경우는 명확하게 논리 상수값이 true, false로 존재하나 C언어의 경우는 논리 상수값이 존재하지 않는다.

변수 A	변수 B	A && B	A ‖ B	!A
거짓	거짓	거짓	거짓	참
거짓	참	거짓	참	참
참	거짓	거짓	참	거짓
참	참	참	참	거짓

• 예제

줄	C 프로그램 소스 operatorEx003.c
1	#include 〈stdio.h〉
2	int main( )
3	{
4	int month, day, birthday;
5	month = 1;
6	day = 10;
7	birthday = month==8 && day==19;
8	printf("birthday : %d \n", birthday);
9	return 0;
10	}
결과	birthday : 0

– 줄7의 month==8 && day==19는 1==0 && 10==19의 값으로 대입되어 연산을 진행한다. 연산의 우선순위는 관계 연산자가 논리 연산자보다 높으므로 (1==0) && (10==19)와 같이 관계 연산을 먼저 연산하게 된다. 1==0은 1과 0이 같으냐는 조건식에 '거짓'의 결과가 생성되고 10==19의 조건식 역시 '거짓'의 결과가 생성되므로 거짓 && 거짓의 논리식의 판별을 하여 모두 거짓이므로 결과가 '거짓'이다. 거짓인 결과를 정수형 변수에 형 변환하여 대입이 이루어지므로 0이 대입된다.

06 대입 연산자와 증감 연산자

① 대입 연산자

• 대입 연산자는 변수에 어떤 값을 저장할 때 사용한다.
• 연산 대상과 대입 대상이 되는 변수가 같을 경우는 복합 연산자를 이용하여 축약하여 표현할 수 있다.
• 대입 연산자의 결합 방향은 우측에서 좌측으로 연산이 수행된다.

=	A = 10;	변수 A에 10을 대입(저장)한다.
	A = B = 10;	B = 10; A = B; 순으로 처리한다. 즉, 변수 B에 10을 대입한 후, 변수 A에 변수 B의 값을 대입한다. 오른쪽부터 왼쪽으로 대입(=)한다.
+=	A += 10;	A = A + 10;과 동일하다.
-=	A -= 10;	A = A - 10;과 동일하다.
*=	A *= 10;	A = A * 10;과 동일하다.
/=	A /= 10;	A = A / 10;과 동일하다.
%=	A %= 10;	A = A % 10;과 동일하다.

② 증가/감소 연산자

• 변수의 값을 1씩 증가시키거나 1씩 감소시킬 때 사용한다.
• ++는 1씩 증가를 의미한다. 예 a++; → a=a+1;
• --는 1씩 감소를 의미한다. 예 a--; → a=a-1;

++	++A;	• 전위 증가 연산자 • 변수 A에 저장된 값을 1만큼 증가시킨다. (A = A + 1;)
	A++;	• 후위 증가 연산자 • 변수 A에 저장된 값을 1만큼 증가시킨다. (A = A + 1;)
--	--A;	• 전위 감소 연산자 • 변수 A에 저장된 값을 1만큼 감소시킨다. (A = A - 1;)
	A--;	• 후위 감소 연산자 • 변수 A에 저장된 값을 1만큼 감소시킨다. (A = A - 1;)

③ 예제

줄	C 프로그램 소스 operatorEx004.c
1	#include 〈stdio.h〉
2	int main( )
3	{
4	int a = 10;
5	a = a + 1;
6	printf("%d\n", a);
7	a += 1;
8	printf("%d\n", a);
9	++a;
10	printf("%d\n", a);
11	a++;
12	printf("%d\n", a);
13	return 0;
14	}
결과	11 12 13 14

07 삼항 연산자(조건 연산자)

• C 언어와 Java에서 피연산자가 3개 필요한 연산자는 삼항 연산자가 유일하다.

? :	A ? B : C	A가 참이면 B를, 거짓이면 C를 결과값으로 설정한다.

• 예제

줄	C 프로그램 소스 operatorEx005.c
1	#include 〈stdio.h〉
2	int main( )
3	{
4	int x, y, big;
5	x = 5;
6	y = 2;
7★	big = (x〉y) ? x : y;
8	printf("큰 값 : %d\n", big);
9	return 0;
10	}
결과	큰 값 : 5

– 줄7에서 (x〉y) ? x : y의 삼항 연산을 먼저 처리한다. 첫 번째 항인 x〉y는 5〉2의 조건식으로 참을 결과로 생성하고 참의 결과로 인해 두 번째 항 x를 선택하게 된다. big = x;이 수행되어 변수 big에는 x의 값 5가 대입된다.

08 비트 연산자*와 기타 연산자

① 비트 시프트 연산자

• 〈〈는 비트를 왼쪽으로 이동(Shift)시킨다.
• 〉〉는 비트를 오른쪽으로 이동(Shift)시킨다.
  예 b= a 〈〈 2 → a의 값을 왼쪽으로 2비트 이동시킨 결과를 b에 저장한다.

② 비트 논리 연산자

• & : 논리곱(AND)
  예 a = 5; b = 3; c = a & b;
    → 0101 AND 0011의 결과인 1(=0001)이 c에 저장된다(4비트로 가정).
• ^ : 배타적 논리합(XOR)
  예 a = 5; b = 3; c = a ^ b;
    → 0101 XOR 0011의 결과인 6(=0110)이 c에 저장된다.
• | : 논리합(OR)
  예 a = 5; b = 3; c = a | b;
    → 0101 OR 0011의 결과인 7(=0111)이 c에 저장된다.
• ~ : 논리부정(NOT)
  예 a = −1; c = ~a;
    → 1111 반전(토글)의 결과인 0000이 c에 저장된다.

★ 조건 연산자와 if~else 구문
삼항 조건 연산자를 사용한 명령문은 if~else 구문으로 변환할 수 있다.

• 삼항 연산자

```
big = (x〉y)?x:y;
```

• if~else 구문

```
if(x〉y)
  big=x;
else
  big=y;
```

합격생의 비법

비트 연산의 결과와 관련된 문제가 출제될 가능성이 높습니다. 시험장에서는 실제로 정수형 32bit에 대한 진법 변환을 하지 마시고 4~8bit의 자릿수에 대해 10진수를 2진수로 변환하는 방법을 꼭! 능숙하게 익혀가세요.

★ 비트 연산자
비트 연산자는 시프트 연산과 논리 연산으로 구분된다. 비트 연산은 정수형 변수만을 연산의 대상으로 한다. 정수형 변수 내의 비트 값 0과 1을 대상으로 시프트와 논리 연산을 수행한다.

비트 A	비트 B	A & B	A ^ B	A | B	~A
0	0	0	0	0	1
0	1	0	1	1	1
1	0	0	1	1	0
1	1	1	0	1	0

③ 기타 연산자

- sizeof 연산자
  - C언어에서 변수, 변수형, 배열의 저장 장소의 크기를 Byte 단위로 구한다.
  - 예 printf("int 자료형의 크기 : %d", sizeof(int)); → (결과) int 자료형의 크기 : 4
- 콤마 연산자
  - 성격이 동일한 자료형을 나열할 때 사용된다.
  - 예 int a, b, c;
- Cast 연산자(형 변환 연산자)
  - 명시적 형 변환 시에 사용하며 어떤 수식을 다른 데이터형으로 변경할 때 사용한다.
  - 예 int num = (int)3.14 + 5;
    → (int)3.14는 실수형 상수 3.14를 정수형 상수 3으로 변환 후 3 + 5를 수행한 결과 8을 정수형 변수 num에 대입한다.
- 포인터 연산자
  - C언어의 단항연산자 중, &는 변수의 주소를 의미하고 *는 변수의 내용을 의미한다.
  - 예 int a = 3;
    int *ptr = &a;
    *ptr = *ptr + 5;
    → 정수형 변수 a를 포인터 변수 ptr이 포인팅(참조)하고 있고 *ptr은 포인터 변수에 포인터 연산자(*)를 통해 값을 참조하여 변수 a의 내용인 3을 5와 덧셈하여 8의 결과를 포인터 변수 ptr을 통해 다시 변수 a의 내용으로 대입한다.

01 다음 〈보기〉의 연산자를 우선순위가 높은 것에서 낮은 순으로 순서에 맞게 골라 쓰시오.

〈보기〉

!, +, &&, ||, 〈

• 답 :   →   →   →   →

02 다음 C 언어는 두 수의 비트별 XOR을 구하는 프로그램이다. 실행 결과를 쓰시오.

```c
#include <stdio.h>
void main( )
{
    int a=3, b=6;
    int c = a ^ b;
    printf("%d", c);
}
```

• 답 :

03 다음 C언어의 실행 결과를 쓰시오.

```c
#include <stdio.h>
void main()
{
  int a = 7 + 6;
    int b = (int)7.3 + (int)6.7;
    printf("%d %d", a, b);
}
```

• 답 :

05 데이터 입력 및 출력

출제
빈도 (상)(중)(하)

핵심포인트

printf( ) 함수 • 이스케이프 시퀀스

01 데이터 입·출력이란?

• 프로그램을 수행하는 과정에서 메모리로 데이터를 입력하고, 메모리에서 데이터를 출력하도록 하는 기법이다.
• 읽기(Read)와 쓰기(Write) 명령을 이용하여 데이터 전송 요청을 할 수 있다.

02 C언어 대표 표준 데이터 입·출력 함수

• C언어에서 표준 입출력 함수를 사용하기 위해서는 #include 전처리를 통해 stdio.h 라는 표준 입출력 헤더파일을 코드 상단에 반드시 입력해야만 한다.
• #include 〈stdio.h〉

입력 함수	scanf( )	표준 입력 함수
	getchar( )	문자 입력 함수
	gets( )	문자열 입력 함수
출력 함수	printf( )	표준 출력 함수
	putchar( )	문자 출력 함수
	puts( )	문자열 출력 함수

03 C언어 데이터 입·출력 변환문자

%d	입출력 대상을 10진 정수로 변환(decimal)
%o	입출력 대상을 8진 정수로 변환(octal)
%x	입출력 대상을 16진 정수로 변환(hexa–decimal)
%c	입출력 대상을 단일 문자로 변환(character)
%s	입출력 대상을 문자열로 변환(string)
%f	입출력 대상을 실수형로 변환(float)

04 C언어 확장문자(이스케이프 시퀀스, Escape Sequence)

\n	New Line	커서를 다음 줄 처음으로 이동
\r	Carriage Return	커서를 현재 줄 처음으로 이동
\t	Tab	커서를 일정 간격만큼 띄움
\b	Backspace	커서를 뒤로 한 칸 이동
\0	Null	널 문자 출력
\'	Single Quote	작은따옴표 출력
\"	Double Quote	큰따옴표 출력
\\	Backslash	역슬래시(₩) 출력
\a	Alert	벨소리 발생
\f	Form Feed	한 페이지 넘김

05 C언어 데이터 입·출력 예제

① 예제 1

줄	C 프로그램 소스 inoutEx001.c
1	`#include <stdio.h>`
2	`int main( )`
3	`{`
4	`    printf("Hello World");`
5	`    printf("Hello World\n");`
6	`    printf("10진정수출력 : %d\n", 12);`
7	`    printf("8진정수출력 : %o\n", 12);`
8	`    printf("16진정수출력 : %x\n", 12);`
9	`    printf("%d\n", 12);`
10	`    printf("%7d\n", 12);`
11	`    printf("%07d\n", 12);`
12	`    printf("%-7d\n", 12);`
13	`    return 0;`
14	`}`

결과

```
Hello WorldHello World
10진정수출력 : 12
8진정수출력 : 14
16진정수출력 : c
12
```

					1	2
0	0	0	0	0	1	2
1	2					

- 줄10의 출력결과는 %d의 출력형식 변환문자 사이에 숫자가 추가되어 있다. %7d는 전체 출력 자릿수 7자리를 확보하고 7자리에 12를 출력한 결과이다. 확보한 7자리의 우측을 기준으로 2자리를 확보해야 12를 출력할 수 있다. 12를 출력한 이후 5자리가 반대편 좌측에 공백으로 남아 있다.
- 줄11은 줄10의 결과와 같이 출력되고 좌측의 공백의 빈자리만큼 0으로 채워서 출력되었다.
- 줄12의 %d 사이의 자릿수 숫자에 − 부호를 추가하여 %−7d로 출력을 시킬 경우는 정수 출력을 위해 7자리를 확보하여 출력하되 기준을 좌측으로 하여 출력을 시킨 결과이다. 12를 출력하고 이후 5자리의 공백문자가 출력에 존재한다.

② 예제 2

줄	C 프로그램 소스 inoutEx002.c
1	#include 〈stdio.h〉
2	int main( )
3	{
4	printf("%f\n", 3.147123);
5	printf("%7.2f\n", 3.147123);
6	printf("%07.2f\n", 3.147123);
7	printf("%−7.2f\n", 3.147123);
8	return 0;
9	}

결과

3.147123

			3	.	1	5
0	0	0	3	.	1	5
3	.	1	5			

- 줄5의 출력형식 지정문자 %f 사이에 7.2는 전체 확보 자릿수가 7자리이고 그 중 2자리가 소수 이하 자릿수를 의미한다. %7.2f로 출력 자릿수를 지정한 후 3.147123의 실수 상수를 출력하려면 소수 이하 2자리까지만 결과로 출력된다. 소수 이하 3번째 자릿수의 값이 7로 반올림의 대상이 되어 3.15를 출력하게 된다. 전체 자리가 7자리이므로 3.15의 출력의 기준을 우측으로 맞추었을 때 좌측에 3칸의 공문자가 존재하게 된다.
- 줄6의 결과 역시 출력할 결과값은 3.15이고 %07.2f의 0을 추가하여 빈 공간에 공문자가 아닌 0을 채워 출력하게 된다.
- 줄7의 경우는 3.15의 출력의 기준을 좌측에 맞추어 3.15 출력 후 우측으로 3칸의 공문자가 출력된다.

③ 예제 3

줄	C 프로그램 소스 inoutEx003.c
1	#include ⟨stdio.h⟩
2	int main( )
3	{
4	printf("정수출력 : %d\n", 123);
5	printf("정수출력 : %d %d\n", 10, 20);
6	printf("실수출력 : %f\n", 3.14);
7	printf("문자출력 : %c\n", 'A');
8	printf("문자열출력 : %s\n", "PASS");
9	putchar('A');
10	putchar('\n');
11	puts("PASS");
12	return 0;
13	}
결과	정수출력 : 123 정수출력 : 10 20 실수출력 : 3.140000 문자출력 : A 문자열출력 : PASS A PASS

이론을 확인하는 **문제**

01 다음 〈보기〉에서 C언어의 함수 중 문자열 입력 함수를 골라 쓰시오.

〈보기〉

getchar( ), gets( ), puts( ), putchar( )

• 답 :

02 C 언어에서 사용되는 이스케이프 시퀀스 중 커서를 다음 줄 처음으로 이동하는 New Line을 의미하는 문자를 쓰시오.

• 답 :

06 제어문(1) - 선택문

핵심포인트

if문 • if~else문 • if~else if~else문 • switch~case문

제어문은 프로그래밍 언어
활용 학습의 핵심입니다. C
코드와 Java코드의 문법에
맞게 구현할 수 있도록 기본
문법을 반복해서 학습하세요.

01 구조적 프로그램에서의 순서 제어

• 프로그램의 이해가 쉽고 디버깅 작업이 쉽도록 한다.
• 한 개의 입구(입력)와 한 개의 출구(출력) 구조를 갖도록 한다.
• GOTO문은 사용하지 않는다.

① 구조적 프로그래밍의 기본 구조

• 순차(Sequence) 구조
• 선택(Selection) 구조
• 반복(Iteration) 구조

② 구조적 프로그램의 특징

• 프로그램의 가독성이 좋으며 개발 및 유지보수가 용이하다.
• 프로그래밍에 대한 규칙을 제공하여 투자되는 노력과 시간이 감소한다.
• 프로그램의 신뢰성이 향상된다.

02 제어문

• 주어진 조건의 결과값에 따라 프로그램의 수행 순서를 제어하거나 문장들의 수행 횟수를 조정하는 문장이다.
• 프로그램의 흐름을 지시하는 데 사용되는 문장이다.

① C언어의 제어문

순차 구조	int a; // 변수 선언문;
	a= 10 + 20; // 변수 대입문;

선택 구조	① if문 ② switch~case문
반복 구조	① while문 ② do~while문 ③ for문
제어 명령문;	① break; ② continue; ② goto레이블명;

② Java언어의 제어문

순차 구조	int a; // 변수 선언문;
	a= 10 + 20; // 변수 대입문;

선택 구조	① if문 ② switch~case문
반복 구조	① while문 ② do~while문 ③ for문 ④ for-each문
제어 명령문;	① break; ② continue;

03 단순 if문

① 형식

```
if(조건식) {
    문장;
}
```

- 조건식이 참일 경우만 블록 영역(중괄호, { })으로 진입하여 문장을 수행한다.
- 블록 영역 내의 수행 문장이 단일 문장일 경우는 블록 기호를 생략할 수 있다.

② 예제

줄	C 프로그램 소스 ifEx001.c
1	#include 〈stdio.h〉
2	int main( )
3	{
4	int month, day, age;
5	age = 20;
6	printf("날짜 입력 〉 월 (1~12) : ");
7	scanf("%d",&month);
8	printf("날짜 입력 〉 일 (1~31) : ");
9	scanf("%d",&day);
10	if(month==1 && day==1)
11	age = age + 1;
12	printf("나이 : %d\n", age);
13	return 0;
14	}
결과	날짜 입력 〉 월 (1~12) : 1 [Enter] 날짜 입력 〉 일 (1~31) : 1 [Enter] 나이 : 21

- 줄7과 줄9번에서 콘솔 입력을 통해 변수 month와 변수 day에 각각 1을 입력받아 대입하였다.
- 줄10의 if문의 조건식에서 두 변수의 값이 모두 1이 입력되었는지를 판별하여 결과가 참으로 생성되어 줄11의 age = age + 1; 문장을 실행하게 되었다. 줄11은 조건식의 참일 경우 수행되는 유일한 문장으로 블록을 생략하였으며 변수 age에 20이 입력되어 있어 21로 증가하여 대입되었다.

04 if~else문과 조건 연산자

① 형식

```
if(조건식) {
    문장1;
} else {
    문장2;
}
```

- 조건식이 참인 경우에는 문장1을 수행하고, 거짓인 경우 문장2를 수행한다.
- 블록 영역 내의 수행 문장이 단일 문장일 경우는 블록 기호를 생략할 수 있다.

② 예제 1

줄	C 프로그램 소스 ifEx002.c
1	#include 〈stdio.h〉
2	int main( )
3	{
4	int x, y, big;
5	x = 5; y = 2;
6	// big = (x〉y) ? x : y;
7	if (x 〉 y)
8	big = x;
9	else
10	big = y;
11	printf("큰값 : %d \n", big);
12	return 0;
13	}
결과	큰값 : 5

- 줄7에서 x〉y의 조건식 처리 시 5〉2의 결과는 참이므로 줄8을 수행하게 된다.
- 줄8은 변수 big에 변수 x 값인 5를 대입시킨다. 줄11에 출력으로 큰값 5가 결과로 출력된다.
- 위 if~else문은 줄6의 주석처럼 삼항 연산자(조건 연산자)로 간결하게 코딩할 수 있으며 동일한 결과를 얻을 수 있다.

③ 예제 2

줄	C 프로그램 소스 ifEx003.c
1	#include 〈stdio.h〉
2	int main( )
3	{
4	int number;
5	printf("정수입력 : ");
6	scanf("%d", &number);
7	if (number%2 == 1)
8	printf("홀수입니다.\n");
9	else
10	printf("짝수입니다.\n");
11	return 0;
12	}
결과	정수입력 : 3 Enter 홀수입니다.

- 줄7의 조건식 number%2 == 1은 홀수와 짝수를 판별하는 조건식이다. 변수 number의 값을 2로 나눈 후 나머지 값이 1인지를 묻는다. 즉, 변수 number를 2로 나눈 나머지 값이 홀수인지를 판별하는 조건식이다. 줄6을 통해 변수 number에는 3을 콘솔 입력하여 저장하여 두었으므로 3%2는 3을 2로 나눈 나머지 1을 연산한 후 1==1의 관계 연산을 수행하게 된다. 1과 1은 같으므로 참의 결과를 생성한다.
- 줄7의 결과로 줄8의 출력문이 실행된다.

05 다중 if문

① 형식

```
if(조건식1) {
   문장1;
} else if(조건식2) {
   문장2;
} else {
   문장3;
}
```

- 조건식1이 참인 경우에는 문장1을 수행하고, 조건식1이 거짓이지만 조건식2가 참인 경우는 문장2를 수행한다.
- 조건식1과 조건식2 모두 거짓인 경우 문장3을 수행한다.

② 예제

아래의 프로그램은 변수 number에 콘솔을 통해 정수를 입력받아 양수 또는 0 또는 음수인지를 판별하는 프로그램이다.

줄	C 프로그램 소스 ifEx004.c
1	#include 〈stdio.h〉
2	int main( )
3	{
4	int number;
5	printf("정수 입력 : ");
6	scanf("%d", &number);
7	if(number>0)
8	printf("Positive Number\n");
9	else if(number==0)
10	printf("ZERO\n");
11	else
12	printf("Negative Number\n");
13	return 0;
14	}

결과	정수 입력 : 10 [Enter] Positive Number
결과	정수 입력 : 0 [Enter] ZERO
결과	정수 입력 : -10 [Enter] Negative Number

06 switch~case문 2020년 1회

① 형식

```
switch(정수형 변수) {
    case 값1: 문장1;
    case 값2: 문장2;
    .........
    case 값n: 문장n;
    default: 문장x;
}
```

• 정수형 변수의 값이 어느 case문의 값과 일치하는지 찾아서 그 지점부터 switch 구문 마지막까지 모든 문장들을 수행한다.
• 만일 더 이상 밑에 있는 문장들을 수행하지 않고 switch 구문을 종료하고자 한다면 break; 문장을 적절한 곳에 명시한다.

② 예제 1

줄	C 프로그램 소스 switchEx001.c
1	#include 〈stdio.h〉
2	int main( )
3	{
4	int season;
5	printf("계절 구분 〉 봄(1), 여름(2), 가을(3), 겨울(4) : ");
6	scanf("%d", &season);
7	switch(season)
8	{
9	case 1: printf("봄 소풍 가세요~\n");
10	case 2: printf("바다로 갈까요?\n");
11	case 3: printf("단풍구경 갑시다.\n");
12	case 4: printf("스키장으로 떠나요!\n");
13	}
14	return 0;
15	}
결과	계절 구분 〉 봄(1), 여름(2), 가을(3), 겨울(4) : 2 Enter 바다로 갈까요? 단풍구경 갑시다. 스키장으로 떠나요!

- 줄6번에서 변수 season에 2를 콘솔로 입력받아 저장하였다.
- 줄7번에서 switch문은 변수 season의 정수값 2를 파악하여 case 2의 줄10으로 제어(실행 순서)를 이동시킨다.
- 줄10의 case 2: 레이블 위치의 printf( ) 문장을 수행 후 switch문 블록의 닫는 괄호(})까지인 줄13까지 연이어서 실행하게 된다. 따라서 결과는 줄10, 줄11, 줄12가 실행되어 콘솔에 출력된다.

③ 예제 2

줄	C 프로그램 소스 switchEx002.c
1	#include 〈stdio.h〉
2	int main( )
3	{
4	int season;
5	printf("계절 구분 〉 봄(1), 여름(2), 가을(3), 겨울(4) : ");
6	scanf("%d", &season);
7	switch(season)
8	{
9	case 1: printf("봄 소풍 가세요~\n");　　　break;
10	case 2: printf("바다로 갈까요?\n");　　　break;
11	case 3: printf("단풍구경 갑시다.\n");　　　break;
12	case 4: printf("스키장으로 떠나요!\n");　　break;
13	default: printf("계절코드를 잘못 선택하셨네요.\n");
14	}
15	return 0;
16	}
결과	계절 구분 〉 봄(1), 여름(2), 가을(3), 겨울(4) : 2 Enter 바다로 갈까요?

- 예제 2의 프로그램은 예제 1의 코드에 break; 제어문을 추가하였다. break문은 switch문 블록의 닫는 괄호(})의 밖으로 제어(실행순서)를 이동시킨다.
- 줄6번에서 변수 season에 2를 입력받아 저장한 상황이라면 줄7번에서의 처리에 의해서 줄10번의 case 2:의 레이블로 이동을 한다. 해당 printf( )문을 출력하고 break;문을 수행하게 되므로 줄14번 밖으로 이동하여 프로그램을 종료하게 된다.
- 줄13번의 default: 레이블은 줄7번에서 알맞은 레이블을 찾지 못할 경우에 이동되는 레이블이다. 위 프로그램의 경우는 변수 season에 1~4 이외의 정수 값이 입력되면 줄13으로 이동하게 된다.

이론을 확인하는 **문제**

01 다음 〈보기〉에서 선택 제어문을 골라 쓰시오.

〈보기〉

if, for, while, switch

- 답 :

02 if문을 제외한 switch~case문, for문, while문과 같은 반복구문 안에서 반복을 중단하고 싶을 때 사용하는 제어문을 쓰시오.
- 답 :

ANSWER **01** if, switch

02 break;

07 제어문(2) – 반복문

출제
빈도 (상)(중)(하)

핵심포인트

while문 • do~while문 • for문 • break문 • continue문

01 while문

- 조건식의 결과가 참에 해당하는 동안 명령문을 반복 수행한다.
- 조건식의 결과가 거짓에 해당하면 반복 블록을 수행하지 않는다.
- 조건식이 '항상 참'으로 결과를 생성하거나 1(참)로 명시되어 있으면 무조건 반복에 해당되어 '무한반복'이 이루어진다. 이러한 무한반복을 끝내려면 반복할 명령문들 중에 break;문을 사용한다. break;문은 반복 블록을 벗어날 때 사용하며, 중첩된 반복 블록에서는 자신에게 가장 가까운 반복 블록(중괄호, { })1개를 벗어나게 된다.

① 형식

```
while(조건식) {
    반복할 명령문들;
}
```

- 조건식이 참일 경우만 블록 영역(중괄호, { })으로 진입하여 반복할 명령문을 수행 후 while문의 헤더의 조건식 판별을 반복하게 된다.
- 블록 영역 내의 수행 문장이 단일 문장일 경우는 블록 기호를 생략할 수 있다.
- 처음부터 조건식이 '참'이 아닐 경우, 반복할 명령은 한 번도 수행되지 않는다.

② 예제 1

줄	C 프로그램 소스 whileEx001.c
1	#include 〈stdio.h〉
2	int main( )
3	{
4	int i;
5	i = 1;
6	while(i〈=5)
7	{
8	printf("정보처리 합격!\n");
9	i++; // i = i + 1;
10	}
11	return 0;
12	}

결과	정보처리 합격! 정보처리 합격! 정보처리 합격! 정보처리 합격! 정보처리 합격!

- 줄6의 반복 조건식의 결과는 변수 i의 변수 값에 따라 참과 거짓의 결과를 생성한다. 줄5에서 변수 i에 1의 값을 대입하여 처음 조건식의 결과는 참이 되므로 블록 영역에 진입하여 줄8의 결과를 출력하게 된다.
- 줄9의 i++;의 의미는 i=i+1;로, 변수 i의 값을 1씩 증가하는 처리를 하여 변수 i가 2로 증가하게 된다.
- 줄10의 블록의 끝(닫는 중괄호, })은 while 반복 구조의 시작인 줄6으로 이동을 시킨다.
- 변수 i에 의해 반복의 진행 여부가 결정이 되는 상황에서 변수 i를 반복 제어변수라고 하며, 위 프로그램의 경우는 변수 i가 1~5의 값일 경우 참을 생성하여 반복 처리 블록에 진입하게 되므로 결과는 "정보처리 합격!"이 5회 콘솔에 출력된다.
- 이때 최종 변수 i의 값은 6이 됨을 주의하여야 한다. 변수 i가 6인 상황에서만 조건식의 결과가 거짓으로 생성되어 반복을 종료할 수 있다.

③ 예제 2

줄	C 프로그램 소스 whileEx002.c

1
2
3
4
5
6
7
8
9
10
11
12
13
14
	``
	#include <stdio.h>
	int main( )
	{
	    int i;
	    int sum = 0;
	    i = 1;
	    while(i<=10)
	    {
	      sum += i; // sum = sum + i;
	      i++; // i = i + 1;
	    }
	    printf("1부터 10까지의 합 : %d\n", sum);
	    return 0;
	}
	``

결과	1부터 10까지의 합 : 55

④ 예제 3

줄	C 프로그램 소스 whileEx003.c

1
2
3
4
5
	``
	#include <stdio.h>
	int main( )
	{
	    int i;
	    i = 1;
	``

6	printf("=== 구구단 : 2단 출력 ===\n");
7	while(i<10)　　　　　// while(i<=9)
8	{
9	printf("%d * %d = %2d\n", 2, i, 2*i);
10	i++;
11	}
12	return 0;
13	}
결과	=== 구구단 : 2단 출력 === 2 * 1 =　2 2 * 2 =　4 2 * 3 =　6 …… 2 * 9 = 18

02 do~while문

① 형식

```
do {
  반복할 명령문들;
} while(조건식);
```

- 반복할 문장을 무조건 먼저 수행한 후, 조건식이 참인 경우에만 다시 반복한다.
- 맨 끝에 세미콜론(;)을 붙인다.

② 예제

줄	C 프로그램 소스 dowhileEx001.c
1	#include <stdio.h>
2	int main( )
3	{
4	int i;
5	int sum = 0;
6	i = 1;
7	do
8	{
9	sum += i;　　　　// sum = sum + i;
10	i++;　　　　　　// i = i + 1;
11	} while(i<=10);
12	printf("1부터 10까지의 합 : %d\n", sum);
13	return 0;
14	}
결과	1부터 10까지의 합 : 55

03 for문

① 형식

```
for(초기식; 조건식; 증감식)
{
    반복할 명령문들;
}
```

- ① 초기식을 최초 for문 진입 시 1회 수행한 후, ② 조건식을 점검하여 결과가 참인 경우에만 ③ 반복할 명령문들을 수행한다. 그 후에 ④ 증감식을 수행한 후 ⑤ 다시 조건식을 점검하여 역시 참인 경우에 반복 수행하고 거짓인 경우 반복을 종료한다.
- 만일 처음부터 조건식이 참이 아니면 반복할 문장은 한 번도 수행되지 않는다.
- for문의 경우 반복 횟수가 명확하게 정해진 반복 상황을 처리할 때 간결하게 코드가 표현되는 장점이 있다.

② 예제 1

줄	C 프로그램 소스 forEx001.c
1	#include <stdio.h>
2	int main( )
3	{
4	int i;
5	printf("=== 구구단 : 2단 출력 ===\n");
6	for(i=1; i<10; i++)
7	{
8	printf("%d * %d = %2d\n", 2, i, 2*i);
9	}
10	return 0;
11	}

결과	=== 구구단 : 2단 출력 === 2 * 1 = 2 2 * 2 = 4 2 * 3 = 6 …… 2 * 9 = 18

③ 예제 2

줄	C 프로그램 소스 forEx002.c
1	#include <stdio.h>
2	int main( )
3	{
4	int i;
5	int j;
6	for(i=2; i<10; i++)

줄	
7	`{`
8	`for(j=1; j<10; j++)`
9	`{`
10	`printf("%d * %d = %2d\n", i, j, i*i);`
11	`}`
12	`}`
13	`return 0;`
14	`}`

결과

```
2 * 1 =  2
......
2 * 9 = 18
3 * 1 =  3
......
9 * 9 = 81
```

04 break문

- for, while, do~while, switch 문과 같이 반복문이나 선택문 수행 중 블록 범위를 완전히 벗어나고자 할 경우에 사용한다. ★
- 예제

줄	C 프로그램 소스 breakEx001.c
1	`#include <stdio.h>`
2	`int main( )`
3	`{`
4	`int num, sum=0;`
5	`while(1)`
6	`{`
7	`printf("정수 입력(끝:0) : ");`
8	`scanf("%d", &num);`
9	`if(num == 0)`
10	`break;`
11	`sum += num;`
12	`}`
13	`printf("입력한 정수의 합계 : %d\n", sum);`
14	`return 0;`
15	`}`

결과

```
정수 입력(끝:0) : 1 Enter
정수 입력(끝:0) : 2 Enter
정수 입력(끝:0) : 3 Enter
정수 입력(끝:0) : 0 Enter
입력한 정수의 합계 : 6
```

★ 무한반복
- while문
- C언어

```
while(1)
{
    반복대상;
}
```

- Java언어

```
while(true)
{
    반복대상;
}
```

- for문

```
for( ; ; )
{
    반복대상;
}
```

05 continue문

- break;문과 상반되는 제어문이다.
- 반복문에서 continue;문을 만나면 continue;문 이후 문장을 실행하지 않고, 반복 조건식으로 제어를 이동한다. 반복 구문 안에서 반복을 중단하지 않고 이 시점부터 다음 반복으로 넘어가고 싶을 때 사용한다.
- 예제

줄	C 프로그램 소스 continueEx001.c
1	`#include <stdio.h>`
2	`int main( )`
3	`{`
4	`    int i;`
5	`    for(i=1; i<=10; i++)`
6	`    {`
7	`        if(i %2 == 0)        // i가 짝수인지를 판별`
8	`            continue;`
9	`        printf("%d\n", i);`
10	`    }`
11	`    return 0;`
12	`}`
결과	1 3 5 7 9

06 goto문

- 레이블이 있는 곳으로 무조건 분기한다.
- 장점 : 루틴의 빠른 실행이 가능하다.
- 단점 : 프로그램이 비구조적이 되고 이해하기 어려워진다.
- 구조적 프로그래밍에서는 goto문을 사용하지 않는다.
- C언어에는 존재하지만, Java언어에는 존재하지 않는 제어문이다.

01 다음 C프로그램의 출력값을 쓰시오.

```c
#include <stdio.h>
void main( )
{
    int a=3, b=10;
    if(b>5)
      printf("%x\n", a+b);
    else
      printf("%x\n", b-a);
}
```

• 답 :

02 다음 C프로그램에서 에러를 발생시킨 부분에 해당하는 기호를 쓰시오.

〈보기〉

```c
#include <stdio.h>
int main( )
{   int i = 1;
    int sum = 0;
    while(true) ------------------------------------- ㉠
    {
       sum += i;
       if(i==5) break; ----------------------------- ㉡
       i++; ---------------------------------------- ㉢
    }
    printf("1~5까지의 합 : %d\n", sum); ------------ ㉣
    return 0;
}
```

• 답 :

08 배열과 문자열

핵심포인트

1차원 배열 • 2차원 배열 • 문자 배열 • 문자열 배열 • Java의 each-for문 • Java의 String 클래스

01 배열(array) 변수

- C언어는 배열과 구조체와 같은 사용자 정의 자료형을 제공한다.
- 한 번의 선언으로 여러 개의 메모리 공간을 관리할 수 있다.
- 같은 자료형의 값을 메모리 공간에 순서적으로 하나의 이름(배열명)으로 모아 놓은 것이다.

\# **변수 선언문;**

> **기본자료형 변수**
  int   num;

> **배열 변수**
  int   num[3];

① 배열변수 선언문;

- 형식 : 자료형 변수명;
     자료형 배열명[배열요소의 개수];
- 코딩 :
    {
      int   a[10];
      double   b[2];
      char   ch[5];

② 배열의 초기화

- 배열 요소의 범위 : 배열명[0]~배열명[첨자−1]
- 배열의 첨자(index) : 0부터 시작한다.
- 배열 선언과 동시에 초기화 시, 요소의 개수 생략이 가능하다.
- 배열 초기화의 예

    {
      int   a[3] = { 1, 2, 3 };
      double   b[2] = { 1.1, 2.2 };

```
char      ch[4] = { 'P', 'A', 'S', 'S' };


int       a[ ] = { 1, 2, 3 };
double    b[ ] = { 1.1, 2.2 };
char      ch[ ] = { 'P', 'A', 'S', 'S' };
```

③ 예제 : 배열을 적용하지 않은 예

줄	C 프로그램 소스 arrayEx001.c
1	#include 〈stdio.h〉
2	int main( )
3	{
4	int SA, SD, DB, PL, IS; float avg;
5	scanf("%d", &SA);
6	scanf("%d", &SD);
7	scanf("%d", &DB);
8	scanf("%d", &PL);
9	scanf("%d", &IS);
10	avg = (SA+SD+DB+PL+IS) / 5;
11	printf("정보처리 필기 평균점수 : %.2f점\n", avg);
12	return 0;
13	}
결과	50 Enter 90 Enter 50 Enter 90 Enter 100 Enter 정보처리 필기 평균점수 : 82.00점

④ 예제 : 배열을 적용한 예

줄	C 프로그램 소스 arrayEx002.c
1	#include 〈stdio.h〉
2	int main( )
3	{
4	int score[5];
5	int total = 0;
6	float avg;
7	int i;
8	for(i=0; i〈5; i++)
9	{
10	scanf("%d", &score[i]);
11	total += score[i];
12	}
13	avg = total / 5;
14	printf("정보처리 필기 평균점수 : %.2f점\n", avg);
15	return 0;
16	}

| 결과 | 50 [Enter]
90 [Enter]
50 [Enter]
90 [Enter]
100 [Enter]
정보처리 필기 평균점수 : 82.00점 |

02 1차원 문자 배열과 문자열 배열

- C언어에서는 문자열 상수를 1차원의 문자 배열과 문자열 배열을 통해 메모리에 저장하여 참조한다.
- C언어의 문자열 배열은 문자 배열보다 1byte의 널문자('\0')를 포함하고 있다.
- C언어의 문자상수의 경우는 1byte의 char 자료형으로 문자형 변수에 저장된다. 이때 문자상수는 ASCII코드★로 표현된다.

① 예제 1

줄	C 프로그램 소스 arrayEx003.c
1	#include 〈stdio.h〉
2	int main( )
3	{
4	int i;
5	char ch[4] = { 'P', 'A', 'S', 'S' };
6	for(i=0; i<4; i++)
7	{
8	printf("%c",ch[i]);
9	}
10	printf("\n");
11	return 0;
12	}
결과	PASS

② 예제 2

줄	C 프로그램 소스 arrayEx004.c
1	#include 〈stdio.h〉
2	int main( )
3	{
4	int i;
5	char ch[4] = { 'P', 'A', 'S', 'S' };
6	char str[5] = "PASS";
7	printf("문자배열의 크기 : %d바이트\n", sizeof(ch));
8	printf("문자열배열의 크기 : %d바이트\n", sizeof(str));
9	return 0;
10	}
결과	문자배열의 크기 : 4바이트 문자열배열의 크기 : 5바이트

③ 예제 3 *

★ 1차원 문자 배열과 문자열 배열
• 1차원 문자 배열

0	1	2	3
'P'	'A'	'S'	'S'

• 1차원 문자열 배열

0	1	2	3	4
'P'	'A'	'S'	'S'	'\0'

줄	C 프로그램 소스 arrayEx005.c
1	#include 〈stdio.h〉
2	int main( )
3	{
4	int i;
5	char ch[4] = { 'P', 'A', 'S', 'S' };
6	char str[5] = "PASS";
7	for(i=0; i〈4; i++)
8	printf("%c",ch[i]);
9	printf("\n");
10	printf("%s\n", str); //printf("%s\n", &str[0]);
11	return 0;
12	}
결과	PASS PASS

• 줄10에서 배열명을 %S 출력형식으로 출력을 하면 문자열 배열의 시작부터 '\0' 널문자 이전 문자까지 연속해서 모두 출력된다.

03 2차원 배열

• 2차원 배열의 선언 형식 : 자료형 배열명[행 개수][열 개수];
• 2차원 배열변수의 원소에 초깃값을 배정하려면 행우선(row-major) 원칙을 따라 배정한다. 이것은 행 인덱스를 고정시킨 상태에서 열 인덱스를 먼저 증가시키면서 초깃값을 배정하는 방법으로, C 언어와 Java 언어 모두 동일하다.
• 2차원 배열의 인덱스의 시작 값은 행 인덱스와 열 인덱스 모두 0이다.

① 예제 1

줄	C 프로그램 소스 arrayEx006.c
1	#include 〈stdio.h〉
2	int main( )
3	{
4	int i, j, sub_total;
5	int s[3][2] = { {10,20}, {30,40}, {50,60} };
6	for(i=0; i〈3; i++) {
7	sub_total = 0;
8	for(j=0; j〈2; j++) {
9	sub_total += s[i][j];
10	}
11	printf("%d번 학생 총점 : %d\n", i+1, sub_total);
12	}
13	return 0;
14	}
결과	1번 학생 총점 : 30 2번 학생 총점 : 70 3번 학생 총점 : 110

04 Java언어의 자료형

① 기본형(Primitive Type)

• 정해진 자료형의 값 자체이다.
• 기본형 변수의 선언문

```
int a = 10;
double b = 3.14;
```

② 참조형(Reference Type)

• C언어의 포인터와 같으며 실제 값이 저장된 메모리 주소에 해당한다.
• 참조형 변수의 선언문

```
int anArr[ ];
String rStr;
```

05 Java언어의 배열

① C언어 배열과 Java언어 배열

• C언어에서의 배열은 int, char형과 같은 기본형 상수들을 배열변수의 인덱스를 통해 참조한다.
• Java언어에서의 배열은 참조형 변수를 통해 배열객체를 참조한다.

② Java 배열의 선언 규칙

• 배열은 선언한 뒤 초기화나 배열객체 생성 후, 사용 가능하다.
• 배열의 크기를 지정할 수 없다.
• 다차원 배열을 255차원까지 가능하다.
• 형식

```
{
    int   a[ ] = { 1, 2, 3 };
    int[ ]  a = { 1, 2, 3 };
    int[ ]  a = new int[3];
```

③ Java 배열의 크기 2021년 1회

'배열이름.length'를 통해 배열의 크기인 요소의 개수를 알 수 있다.

④ 예제 1

줄	Java 프로그램 소스 ArrayEx001.java
1	public class ArrayEx001 {
2	public static void main(String[ ] args) {
3	// 1차원 배열의 초기화
4	int[ ] intArr = { 1,2,3 };
5	
6	for(int i = 0; i<intArr.length; i++) {
7	System.out.print(intArr[i] +" ");
8	}
9	System.out.println( );
10	}
11	}
결과	1 2 3

⑤ 예제 2 : 1차원 배열과 each-for문을 이용한 순회

줄	Java 프로그램 소스 ArrayEx002.java
1	public class ArrayEx002 {
2	public static void main(String[ ] args) {
3	// 1차원 배열의 생성
4	int[ ] intArr = new int[3];
5	
6	for(int i = 0; i < intArr.length; i++)
7	intArr[i] = i+1;
8	for(int i : intArr) {
9	System.out.print(i + " ");
10	}
11	System.out.println( );
12	}
13	}
결과	1 2 3

⑥ 예제 3   2020년 1회

- each-for문(향상된 for문) : 객체 내의(여러 개의) 대상을 차례로 접근할 경우 유용하다.
- 형식 : for(타입변수 선언 : 배열객체명) { 실행문; }

줄	Java 프로그램 소스 ArrayEx003.java
1	public class ArrayEx003 {
2	public static void main(String[ ] args) {
3	int[ ] score = { 100, 90, 80, 70, 60 };
4	for(int i : score) {
5	System.out.print(i + " ");
6	}
7	System.out.println( );
8	}
9	}
결과	100 90 80 70 60

06 Java언어의 문자열

- Java언어에서는 문자열상수를 String 클래스를 통해 참조한다.
- 형식

```
{
    // 1. 문자열형의 생성 (대입형)
    String    strArr1 = "Java";

    // 2. String 클래스의 생성자를 이용하여 초기화
    String         strArr2 = new String("Java");
}
```

① String 클래스

- java.lang 패키지의 주요 클래스 중의 하나인 String 클래스이다.
- String 클래스는 주로 문자열을 출력하거나 결합하는 데 사용한다.
- Java언어는 String 클래스를 통해 편리하게 문자열을 사용 가능하다.
   - **예** String   str = new String("정보처리 한방 합격!");
- String 클래스를 이용하면 "문자열" 간 결합이 용이하다.
   - **예** System.out.println(name + "님 합격을 축하합니다!");

② String 클래스의 주요 메소드

char charAt(int index)	인덱스 위치의 문자 하나 리턴
boolean equals(Oabject obj)	다른 문자열 객체와 비교
String replace(char oldChar, char newChar)	특정 문자를 새로운 문자로 치환
static String valueOf(para)	숫자값을 문자형으로 처리
int length( )	문자열의 길이(널문자 제외)

③ 예제

줄	Java 프로그램 소스 ArrayEx004.java
1	public class ArrayEx004 {
2	public static void main(String[ ] args) {
3	String str = "SSAP";
4	int length = str.length( );
5	
6	for(int i = length−1; i)= 0; i−−)
7	System.out.printf("%c", str.charAt(i));
8	
9	System.out.println( );
10	}
11	}
결과	PASS

07 Java언어의 문자열과 + 연산자

① '+' 연산자

- 문자열형 변수나 리터럴에 대하여 연결(문자열 연결)한다.
- + 연산자를 사용할 경우, 기본형이나 참조형 데이터를 문자열로 자동 형변환시켜 준다.

② 예제 1

줄	Java 프로그램 소스 ArrayEx005.java
1	public class ArrayEx005 {
2	public static void main(String[ ] args) {
3	String strS1 = "Gisa";
4	String strS2 = "One Pass!";
5	String strS3 = strS1 + strS2;
6	System.out.println(strS3);
7	System.out.println(100 + "점 합격~!");
8	}
9	}
결과	GisaOne Pass! 100점 합격~!

- 줄5에서 strS1과 strS2의 문자열을 문자열 연결하여 "GisaOne Pass"로 새로운 문자열을 생성 후 strS3에 대입한다.
- 줄7에서 정수 100을 문자열 "100"으로 변환 후 문자열 연결 연산 후 출력한다.

③ 예제 2

- System.out : 콘솔 출력 객체
- System.in : 키보드 입력 객체

줄	Java 프로그램 소스 ArrayEx006.java
1	import java.util.Scanner;
2	public class ArrayEx006 {
3	public static void main(String[ ] args) {
4	Scanner input = new Scanner(System.in);
5	System.out.print("=== 덧셈(1) 뺄셈(2) 선택 : ");
6	String sel = input.next( );
7	if(sel.equals("1"))
8	System.out.println("10 + 20 = "+ (10+20));
9	if(sel.equals("2"))
10	System.out.println("10 − 20 = "+ (10−20));
11	}
12	}
결과	=== 덧셈(1) 뺄셈(2) 선택 : 1 [Enter] 10 + 20 = 30

01 다음 Java 코드에서 each-for문을 이용하여 배열 pass의 모든 요소를 출력하고자 한다. 빈칸에 알맞은 코드를 쓰시오.

```
boolean[ ] pass = { true,true,false,false,true };
for( boolean abc : pass )
    System.out.println( _____ );
```

• 답 :

02 다음은 배열의 값의 순위를 Java 코드로 구현한 프로그램이다. 빈칸에 알맞은 코드를 쓰시오.

```
public class Test {
    public static void main(String[ ] args) {
        int[ ] score = { 95, 100, 75, 60, 80 };
        int[ ] rank = { 1, 1, 1, 1, 1 };

        for(int i = 0; i < score.length; i++) {
            for(int j = 0; j < score.length; j++) {
                if ( score[i] < _____ )
                    rank[i]++;
            }
        }
        for (int i = 0; i < score.length; i++) {
            System.out.println(score[i] + "\t"+ rank[i]);
        }
    }
}
```

• 답 :

09 C언어 포인터

핵심포인트

주소 연산자 • 포인터 연산자

출제 빈도 상 중 하

01 C언어 포인터의 개요

① 개념

- 포인터(Pointer)는 객체에 대한 참조(Reference)하는 다른 객체를 가리키는 자료형이다.
- 고급 언어에서 사용되는 기법이다.
- C언어에서는 포인터 연산자를 통해 명시적으로 참조상황을 표현할 수 있다.
- Java언어에는 포인터 연산자가 존재하지 않는다.

② 특징

- 객체를 참조하기 위해 주소를 값으로 하는 자료형이다.
- 커다란 배열에 원소를 효율적으로 저장할 때 이용된다.
- 하나의 자료에 동시에 많은 리스트의 연결이 가능하다.
- C/C++에서 포인터 변수를 선언할 때는 포인터 연산자(*)를 이용하여 선언한다.
- null 값을 갖는 포인터 변수는 아무런 객체도 가리키고 있지 않다는 의미이다.
- 지원 언어의 종류로는 PL/I, ALGOL, PASCAL, C, C++ 등이 있다.

③ 포인터 사용 시 문제점

- 한 객체를 여러 포인터 변수가 가리키는 경우 어느 하나의 변수가 가리키고 있는 객체의 값을 바꾸면 나머지 포인터 변수의 의사와 상관없이 변경되어 혼란을 초래한다.
- 한 객체에 대해 포인터가 하나도 없는 경우 객체에 대해 주소(참조) 값이 없어지기 때문에 객체로의 접근이 불가능해진다(Dangling Pointer).

02 포인터 변수의 선언과 대입

- 포인터 변수는 변수값으로 메모리의 주소값을 갖는다.
- 포인터 변수의 선언문

  예 int* p; 또는 int *p;

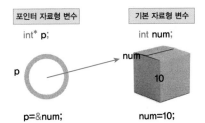

포인터 자료형 변수	기본 자료형 변수
int* p;	int num;

p

num

10

p=#

num=10;

03 포인터 변수와 관련 연산자 2021년 3회/2회

- &(주소 연산자) : 모든 변수에 대한 주소값을 구하는 연산자
- *(포인터 연산자, 간접 연산자) : 포인터 변수의 자료(내용)를 구하는 연산자
- 예제 1

줄	C 프로그램 소스 pointerEx001.c
1	#include 〈stdio.h〉
2	int main( )
3	{
4	int num;
5	int* p1;
6	num = 100;
7	p1 = #
8	printf("일반변수 접근 : %d\n", num);
9	printf("포인터 변수 접근 : %d\n", *p1);
10	return 0;
11	}
결과	일반변수 접근 : 100 포인터 변수 접근 : 100

- 예제 2

줄	C 프로그램 소스 pointerEx002.c
1	#include 〈stdio.h〉
2	int main( )
3	{
4	int i;
5	int A[ ] = {10,20,30,40,50};
6	int* p;
7	p = A; // p = &A[0];
8	for(i=0; i〈5; i++)
9	{
10	printf("%5d", *(p+i)); //printf("%5d", A[i]);
11	}
12	return 0;
13	}
결과	10 20 30 40 50

• 예제 3   _{2020년 4회}

줄	C 프로그램 소스 pointerEx003.c
1	#include 〈stdio.h〉
2	int main( )
3	{
4	int NUM = 98;
5	int* ptr;
6	ptr = &NUM;
7	NUM = NUM + 1;
8	printf("%d\n", NUM);
9	*ptr = *ptr + 1;
10	printf("%d\n", *ptr);
11	return 0;
12	}
결과	99 100

이론을 확인하는 **문제**

01 다음 〈보기〉의 C언어의 포인터 형(Pointer type)에 대한 설명으로 맞는 것을 골라 쓰시오.

〈보기〉

> ㉠ 포인터 변수는 기억장소의 번지를 기억하는 동적변수이다.
> ㉡ 포인터는 가리키는 자료형이 일치할 때 대입하는 규칙이 있다.
> ㉢ 보통 변수의 번지를 참조하려면 번지 연산자 #을 변수 앞에 쓴다.
> ㉣ 실행문에서 간접 연산자 ＊를 사용하여 포인터 변수가 지시하고 있는 내용을 참조한다.

• 답 :

02 표준 C언어에서 포인터 변수를 사용할 때 기억장소의 관리 문제로 데이터 접근 경로가 없어진 후에도 데이터 객체가 메모리에 지속적으로 남아 있는 경우가 발생하며 이를 쓰레기(garbage)라고 한다. 이 쓰레기를 없애기 위해 사용되는 함수명을 쓰시오.

• 답 :

10 C언어 사용자 정의 함수

출제
빈도 (상)(중)(하)

핵심포인트
부 프로그램 • 매개 변수 전달 방법 • 재귀 함수

01 부 프로그램

① 개념

• 부 프로그램(subprogram)은 주 프로그램이나 다른 부 프로그램에서 사용되는 독립된 형태의 단위 프로그램이다.

• C언어에서는 사용자 정의 함수를 통해 필요한 기능을 독립적인 단위로 구현하여 사용할 수 있도록 정의한 후 호출하여 사용한다.

② 특징

• 부 프로그램을 선언할 때 부 프로그램의 이름, 부 프로그램의 존재를 나타내는 키워드, 부 프로그램의 인자, 반환값, 부 프로그램에서 수행하는 기능이 필요하다.

• 부 프로그램을 사용하면 프로그램의 크기가 줄어들고, 프로그램 수정이나 관리가 편리하다.

• 두 모듈이 같이 실행되면서 서로 호출하는 형태를 코루틴(Coroutine)이라고 한다.

③ 프로그램 간의 자료 전달 방법

• 전역 변수를 사용하여 부 프로그램 간 공유 변수를 사용한다.

• 전역 변수 사용 시 프로그램을 이해하기 상대적으로 어렵고 모든 프로그램 모듈에서 공유하므로 부작용으로 발생된 오류를 발견하거나 수정하기 어려워지기 때문에 매개 변수를 사용하는 방법을 주로 사용한다.

• 매개 변수 전달 방법★ : 주 프로그램(Caller)의 매개 변수를 부 프로그램(Callee)으로 전달하는 방법이다.

    – 값 호출(Call by Value) : 실제값이 전달된다. 부 프로그램의 가인수에 값이 복사된다.

    – 참조 호출(Call by Address 또는 Call by Reference) : 매개 변수의 주소가 전달된다.

★ C언어의 매개 변수 전달 방법
값 호출(Call by Value)과 참조 호출(Call by Address) 방법만 가능하다.

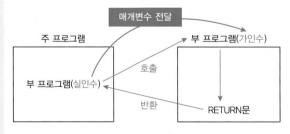

2-192 PART 10 : 프로그래밍 언어 활용

④ 예제 2021년 2회

줄	C 프로그램 소스 functionEx001.c
1	#include 〈stdio.h〉
2	int power(int base, int exp) {
3	int i, result = 1;
4	for (i = 0; i 〈 exp; i++)
5	result = result * base;
6	return(result);
7	}
8	void main( ) {
9	printf("%d\n", power(2, 10));
10	}
결과	1024

• 줄9의 power(2, 10)에 의해 줄2의 부 프로그램(사용자 정의 함수)으로 호출이 발생하며 이때 2를 power 함수의 지역 변수 base에 10을 지역 변수 exp에 각각 전달하여 대입이 된다.

02 프로그래밍 언어의 유해 요소

① 별명(Alias)
• 자료 객체는 생존 기간 중 여러 별명을 가질 수 있다.
• 일반적으로 별명은 프로그램의 이해를 매우 어렵게 한다.
• 자료 객체가 여러 가지 별명을 갖는 경우 프로그램의 무결점 검증이 어려워진다.
• 같은 참조 환경에서 다른 이름으로 같은 자료 객체를 참조할 수 있는 언어의 경우, 프로그래머에게 심각한 어려움을 줄 수 있다.

② 부작용(Side Effect)
• 연산의 결과로 예상할 수 없을 정도로 다른 변수의 값이 변하는 경우를 의미한다.
• 프로그램을 구성하는 함수에서 전역 변수를 사용하여 함수의 결과를 반환하는 경우, 함수에 전달되는 입력 파라미터의 값이 같아도 전역 변수의 상태에 따라 함수에서 반환되는 값이 달라질 수 있는 현상이다.

03 C언어의 사용자 정의 함수 2020년 3회

사용자 정의 함수는 '함수 선언문 → 함수 정의 → 함수 호출' 순으로 구현 및 사용해야 한다.

① 사용자 정의 함수 선언문;

반환형　　함수명(가인수1, 가인수2…);

② 사용자 정의 함수 정의

반환형　　함수명(가인수1, 가인수2…)
{
　　명령문;
　　return 반환값;
}

③ 사용자 정의 함수 호출

함수명( );
함수명(실인수1, 실인수2…);
변수 = 함수명( );
변수 = 함수명(실인수1, 실인수2…);
함수명(함수명( ));

④ 예제

줄	C 프로그램 소스 functionEx002.c
1	#include 〈stdio.h〉
2	int add(int, int);
3	int add(int x, int y)
4	{
5	int sum;
6	sum = x + y;
7	return sum;
8	}
9	int main( )
10	{
11	printf("10 + 20 = %d\n", add(10, 20));
12	return 0;
13	}
결과	10 + 20 = 30

04 부 프로그램 되부름(재귀 호출)

① 재귀 함수(Recursive Function)

- 부 프로그램은 자기 자신을 호출할 수 있다.
- 부 프로그램의 첫 번째 활성화 레코드가 존재하는 동안 두 번째 활성 레코드가 생성될 수 있다.
- 재귀 호출은 내부적으로 스택 메모리를 통해 수행되며 이를 수행하는 과정에서 문맥 교환(Context Switch)이 일어나기 때문에 반복 호출에 비해 재귀 호출이 더 수행시간이 느려진다.

② 활성 레코드(Activation Record)

- 단위 프로그램이 활성화될 때마다 스택 메모리에 새로 생성되며 실행에 필요한 정보들을 가지고 있다.
- 활성 레코드 안에 들어가는 정보
  - 지역 변수(Local Variable)
  - 매개 변수(Parameter)
  - 복귀 주소(Return Address)

③ 예제

줄	C 프로그램 소스 functionEx003.c
1	#include 〈stdio.h〉
2	void main( )
3	{
4	recursive(5);
5	}
6	int recursive(int n)
7	{
8	int i;
9	if (n〈1)
10	return 2;
11	else
12	{
13	i = (2 * recursive(n - 1)) + 1;
14	printf("%d\n", i);
15	return i;
16	}
17	}
결과	5 11 23 47 95

01 다음에서 빈칸에 들어갈 프로그래밍 언어의 유해 요소는 무엇인지 쓰시오.

> • 자료 객체는 생존 기간 중 여러 개의 ( )(을)를 가질 수 있다.
> • 일반적으로 ( )(은)는 프로그램의 이해를 매우 어렵게 한다.
> • 자료 객체가 여러 가지 ( )(을)를 갖는 경우 프로그램의 무결점 검증이 어려워진다.
> • 같은 참조 환경에서 다른 이름으로 같은 자료 객체를 참조할 수 있는 언어의 경우, 프로그래머에게 심각한 어려움을 줄 수 있다.

• 답 :

02 다음에서 공통으로 설명하는 프로그래밍 언어의 유해 요소를 쓰시오.

> • 연산의 결과로 예상할 수 없을 정도로 다른 변수의 값이 변하는 경우를 의미한다.
> • 프로그램을 구성하는 함수에서 전역 변수를 사용하여 함수의 결과를 반환하는 경우, 함수에 전달되는 입력 파라미터의 값이 같아도 전역 변수의 상태에 따라 함수에서 반환되는 값이 달라질 수 있는 현상이다.

• 답 :

11 Java 클래스와 메소드

핵심포인트
클래스 • 메소드 • 오버로딩

01 클래스와 객체

① 클래스의 개념

• 클래스(Class)는 객체(Object)를 생성하기 위한 설계 또는 틀로, 클래스의 구성요소로는 필드(멤버 변수)와 메소드(멤버 함수)가 있다.

• 필드는 객체의 상태값을 저장하는 목적의 멤버 변수이며 메소드는 객체의 행위를 구현하는 멤버 함수이다.

• Java언어에서는 필드, 메소드, 생성자로 클래스가 구성된다. 모든 클래스에는 생성자가 반드시 존재하고 하나 이상의 생성자를 가질 수 있다. 생성자를 생략하면 컴파일 시 자동으로 기본 생성자를 바이트 코드 파일에 추가한다.

• 클래스를 선언한 후 new 연산자를 사용하여 객체를 생성하고 객체에 대한 레퍼런스 변수를 선언하여 객체를 활용한다.

• Java의 클래스 선언 시 클래스명은 하나 이상의 문자로 이루어져야 한다. 대문자로 반드시 시작하며 영문 대소문자와 숫자, 특수문자로 클래스명을 작성한다. 클래스명은 예약어(키워드)를 사용할 수 없으며 '$'와 '_' 이외의 특수문자는 사용할 수 없다.

• Java 소스파일(.java)에는 여러 개의 class 작성이 가능하지만 public class는 한 개만 작성 가능하다. public class가 있을 경우에는 반드시 클래스명을 파일명으로 지정한다.

• main method는 실행의 시작을 위해 반드시 필요하며 실행을 시작하는 public class 내에 작성을 하고 main method가 있는 class명으로 파일명을 지정해야만 실행이 가능하다.

• 형식

```
접근지정자★  class  클래스명 {
    필드
    메소드
    생성자
}
```

★ 접근지정자(Access Modifier)
• Java언어에서는 클래스와 클래스 멤버에 접근 지정자를 두어 다른 클래스에서 접근하여 사용할 수 있는지 여부를 지정한다. 4가지 접근지정자는 공개범위에 따라 private 〈 디폴트(생략) 〈 protected 〈 public 순으로 공개범위가 넓다.
• class 앞에는 접근지정자 중 public 또는 디폴트(생략) 두 가지 중 한 가지만 사용 가능하다.

② 예제 1

줄	Java 프로그램 소스 ClassEx001.java
1	class Rectangle {
2	int width;
3	int height;
4	public int getArea( ) {
5	return width * height;
6	}
7	public int getRound( ) {
8	return 2 * (width + height);
9	}
10	}
11	public class ClassEx001 {
12	public static void main(String[ ] args) {
13	Rectangle aaa = new Rectangle( );
14	aaa.width = 10;
15	aaa.height = 20;
16	System.out.println("사각형의 넓이 : " + aaa.getArea( ));
17	System.out.println("사각형의 둘레 : " + aaa.getRound( ));
18	}
19	}
결과	사각형의 넓이 : 200 사각형의 둘레 : 60

③ 예제 2 2020년 2회

줄	Java 프로그램 소스 ClassEx002.java
1	class Number {
2	private int x;
3	void setX(int i) {
4	x = i;
5	}
6	int getX( ) {
7	return x;
8	}
9	}
10	public class ClassEx002 {
11	public static void main(String[ ] args) {
12	Number obj = new Number( );
13	obj.setX(100);
14	System.out.println(obj.getX( ));
15	}
16	}
결과	100

02 메소드 간의 호출

① 예제

줄	Java 프로그램 소스 ClassEx003.java
1	public class ClassEx003 {
2	static int fun1(int x) {
3	return fun2(x+2);
4	}
5	static int fun2(int x) {
6	return fun3(x*2);
7	}
8	static int fun3(int x) {
9	return x/2;
10	}
11	public static void main(String[ ] args) {
12	int result = fun1(10);
13	System.out.println(result);
14	}
15	}
결과	12

03 메소드 오버로딩(Overloading)

- 오버로딩(Overloading)은 한 클래스 내에서의 메소드를 중복해서 작성하는 것으로 서로 매개 변수의 타입이나 개수가 다른 여러 개의 메소드가 같은 이름으로 작성되는 것을 말한다.
- 오버로딩의 목적은 메소드명이 같은 여러 개의 메소드를 중복 선언하여 사용의 편리성을 향상시키는 데 있다.

① 예제

줄	Java 프로그램 소스 ClassEx004.java
1	public class ClassEx004 {
2	static int add(int x, int y) {
3	return x+y;
4	}
5	static double add(double x, double y) {
6	return x+y;
7	}
8	public static void main(String[ ] args) {
9	System.out.println("두 정수의 덧셈 : " + add(10, 20));
10	System.out.println("두 실수의 덧셈 : " + add(1.1, 2.2));
11	}
12	}
결과	두 정수의 덧셈 : 30 두 실수의 덧셈 : 3.3000000000000003

01 객체 지향 기법에서 객체가 메시지를 받아 실행해야 할 구체적인 연산을 정의한 것에 해당하는 용어를 쓰시오.

· 답 :

02 객체 지향 개념 중 하나 이상의 유사한 객체들을 묶어 공통된 특성을 표현한 데이터 추상화를 의미하는 것에 해당하는 용어를 쓰시오.

· 답 :

03 다음 〈보기〉에서 Java언어의 클래스명으로 부적절한 것을 골라 쓰시오.

〈보기〉

#Animal, Car, House, Person, 7Student, person

· 답 :

04 다음 Java언어의 빈칸 __〈?〉__ 에 알맞은 표현을 쓰시오.

```
class Circle {
   public int radius;
   Circle(int r) {
      this.radius = r;
   }
}
public class Exam {
    public static void main(String[] args) {
        Circle c1 = _〈?〉_ Circle(5);
        System.out.println("c1의 반지름은 " + c1.radius + "입니다.");
    }
}
```

· 답 :

12 Java 상속

핵심포인트

출제 빈도 (상)(중)(하)

상속 • 오버라이딩

01 상속(Inheritance)의 개념

- 클래스 상속이란 부모(Super) class*의 속성(전역변수, 필드, Field)과 메소드를 상속받는 것이다.
- 자식 class*는 부모 class의 생성자와 private 요소를 제외한 모든 멤버를 상속받는다.
- 부모 class의 메소드와 속성을 별도의 선언 없이 블록 안에 있는 것처럼 접근하여 사용한다.
- Java언어에서는 단일상속만 가능하다. 자식 class는 단 하나의 부모 class를 상속받을 수 있다.
- Java언어의 모든 class는 Object class를 상속받는다.
- extends 키워드를 사용한다.
- 형식

★ 부모 class
= 상위 class
= 슈퍼 class
= 기본 class

★ 자식 class
= 하위 class
= 서브 class
= 파생 class

```
class A {              // 부모 class
    필드
    메소드( )
}
class B extends A {    // 자식 class
}
```

- 예제

줄	Java 프로그램 소스 InheritanceEx001.java
1	class Person {
2	String name = "홍길동";
3	void sleep( ) {
4	System.out.println("SLEEP");
5	}
6	}
7	class Student extends Person {
8	void study( ) {
9	System.out.println("STUDY");
10	}
11	}

```
12    public class InheritanceEx001 {
13        public static void main(String[ ] args) {
14            Student std = new Student( );
15            System.out.println(std.name);
16            std.sleep( );
17            std.study( );
18        }
19    }
```

결과	홍길동 SLEEP STUDY

02 오버라이딩(Overriding) ^{2021년 2회}

- 메소드 오버라이딩은 클래스 상속 상황에서 부모 class의 멤버를 자식 class에서 상속받았지만 자식 class에서 해당 멤버의 내용을 수정하여 자식 class 객체에서 적용한다.
- 메소드 오버라이딩은 부모 class의 정의에는 영향을 주지 않는다. 부모 class로부터 상속받은 자식 class의 메소드 멤버를 재정의하는 다형성을 오버라이딩(Overriding)이라고 한다.

① 오버로딩(Overloading)과 오버라이딩(Overriding)

구분	설명	조건
오버로딩 (Overloading)	같은 클래스 내에서 같은 메소드명을 중복 정의	메소드명은 같고 메소드의 매개변수의 개수 또는 매개변수의 자료형 또는 반환형이 달라야 함
오버라이딩 (Overriding)	두 클래스 간의 상속 관계에서 부모 클래스로부터 상속받은 자식 클래스의 메소드를 재정의	두 클래스 간 메소드명, 매개변수 개수, 자료형 모두 같아야 함

② 예제

줄	Java 프로그램 소스 InheritanceEx002.java

```
1     class Person {
2         String name = "홍길동";
3         void sleep( ) {
4             System.out.println("SLEEP");
5         }
6     }
7     class Student extends Person {
8         void sleep( ) {
9             System.out.println("Good Night");
10        }
11    }
12    public class InheritanceEx002 {
```

```
13          public static void main(String[ ] args) {
14                  Student std = new Student( );
15                  System.out.println(std.name);
16                  std.sleep( );
17          }
18  }
```

결과	홍길동 Good Night

01 객체 지향 언어에서 클래스 A와 클래스 B는 상속 관계에 있다. A는 부모 클래스, B는 자식 클래스라고 할 때 클래스 A에서 정의된 메소드(method)와 원형이 동일한 메소드를 클래스 B에서 기능을 추가하거나 변경하여 다시 정의하는 것을 무엇이라고 하는지 쓰시오.

• 답 :

ANSWER 01 오버라이딩 또는 overriding

02 다음 Java 프로그램에서 사용된 기법을 〈보기〉에서 골라 쓰시오.

〈코드〉

```java
class AAA {
    int addition(int x, int y) {
        return x+y;
    }
    int subtraction(int x, int y) {
        return x-y;
    }
}
class BBB extends AAA {
    int subtraction(int x, int y) {
        return (x>y) ? x-y : y-x;
    }
}
public class Test {
    public static void main(String[ ] args) {
        BBB cal = new BBB( );
        int num1 = cal.addition(30, 50);
        int num2 = cal.subtraction(30, 50);
        System.out.println(num1 + " " + num2);
    }
}
```

〈보기〉

캡슐화, 상속, 오버라이딩, 오버로딩

• 답 :

03 객체 지향 개념에서 이미 정의되어 있는 상위 클래스(슈퍼 클래스 혹은 부모 클래스)의 메소드를 비롯한 모든 속성을 하위 클래스가 물려받는 것에 해당하는 용어를 쓰시오.

• 답 :

13 예외 처리

출제
빈도 (상)(중)**(하)**

핵심포인트

예외 • try~catch~finally

01 예외(Exception)의 개념

- 예외(Exception)*는 프로그램 실행 중 발생한 오류로 사용자의 잘못된 조작이나 개발자의 잘못된 구현으로 프로그램의 오동작이나 결과에 악영향을 미치는 오류이다. 예외는 에러*가 아니다.
- 예외가 발생하면 프로그램이 수행을 중단하게 되는 것은 에러와 동일하지만 예외는 예외 처리를 통해 정상적인 종료를 하도록 만들어 준다. 즉 예외란, 프로그램에서 제어할 수 있는 실행시간의 오류이다.
- 예외는 예외 처리(Exception Handling)를 통해 개발자가 프로그램을 정상적으로 동작하게 해결할 수 있다. 즉 에러의 경우는 잘못된 결과를 도출하여 예측이 불가능 경우를 말하지만 예외는 예측이 가능하기 때문에 코드상에서 예외 처리를 할 수 있다.
- 대부분의 객체 지향 언어에서는 예외 처리 기능을 제공하고 있으며, Java 프로그래밍 언어에는 예외 처리를 try~catch 구문을 통해 수행할 수 있다.
- 예외 처리 문법을 지원하는 언어 : C++, C#, Java, Python

★ 예외가 주로 발생하는 원인
- 사용자의 잘못된 데이터 입력
- 잘못된 연산
- 프로그래머에 의한 잘못된 로직 작성
- 하드웨어와 네트워크 오작동
- 시스템 과부하

★ 에러(Error)
- 에러는 흔히 컴파일 오류(compile time error)를 말한다.
- 에러는 문법에 맞지 않게 작성된 코드 또는 컴퓨터 하드웨어의 오동작이나 고장으로 인해 발생한다.
- **Compile error** : 컴파일(번역) 도중 발생하는 오류로, 문법적 오류(Syntax error)가 대부분
- **Runtime error** : 실행 도중 발생하는 오류
- **Logic error** : 논리적인 문제로 인해 의도치 않은 결과가 발생하는 오류

02 Java에서의 에러(오류)와 예외

① Java에서의 에러 발생의 경우

줄	Java 프로그램 소스 ExceptionEx001.java
1	public class ExceptionEx001 {
2	public static void main(String[ ] args) {
3	<u>integer</u> num = 100;
4	System.out.println(num);
5	}
6	}

- 위 프로그램을 실행하면 'integer cannot be resolved to a type'이라는 에러 메시지가 콘솔창(결과창)에 표시되며 최종 결과를 확인할 수 없다. 컴파일 오류, 문법적인 오류(Syntax error)가 발생했기 때문이다. 코드 입력 시 키워드의 맞춤법이 틀리거나 문장 부호가 입력되지 않았을 경우 등의 상황에서 발생하는 컴파일 오류는 프로그래밍 코딩 시 발생하는 가장 흔한 오류이다.
- 줄3의 'integer'는 Java언어에 존재하는 데이터 타입이 아니므로 'int'로 수정을 함으로써 컴파일 오류를 해결할 수 있다.

② Java에서의 예외 발생의 경우

줄	Java 프로그램 소스 ExceptionEx002.java
1	public class ExceptionEx002 {
2	public static void main(String[ ] args) {
3	int[ ] obj = new int[3];
4	obj[10] = 1234;
5	}
6	}

- 위 프로그램을 실행하면 'java.lang.ArrayIndexOutOfBoundsException'이라는 예외 메시지가 콘솔창(결과창)에 표시되며 에러 발생의 경우와 마찬가지로 실행이 중단된다.
- 줄4번에서 예외가 발생하였다. 배열 첨자의 범위를 벗어나는 영역을 참조했기 때문이다. obj객체 내의 요소는 3개이므로 접근 가능한 첨자는 0에서 2까지의 범위인데 줄4번에서는 10번째 첨자 영역을 참조하려 했기 때문이다. 예외상황이 발생했을 경우 예외 처리 방법은 다양하다. 예외를 적극적으로 해결하거나 예외상황을 무시하거나 예외상황에 대한 메시지 출력을 하는 등 예외 객체를 통해 프로그램 전체의 실행을 정상적으로 진행할 수 있다.

03 Java에서의 예외 처리 구문

- Java 프로그래밍 언어에서는 try~catch 구문을 통해 예외 처리를 해줄 수 있다.

① 예외 처리의 기본 형식

```
try {
        // 예외가 발생할 가능성이 있는 명령문;
} catch (Exception e) {
        // 예외 처리
}
```

② 예외 처리의 기본 확장 형식

```
try {
        // 예외가 발생할 가능성이 있는 명령문;
} catch (Exception e1) {
        // 예외 처리1
} catch (Exception e2) {
        // 예외 처리2
}
```

③ 예외 처리의 전체 형식

```
try {
        // 예외가 발생할 가능성이 있는 명령문;
} catch (Exception e) {
        // 예외 처리
} finally {
        // 예외의 유무와 상관없이 실행하는 명령문;
        // 생략할 수 있다.
}
```

- try 블록에는 예외가 발생할 가능성이 있는 위험한 명령문들이 들어가고, catch 블록에는 예외 발생 시 수행할 예외 처리 로직이 들어간다.
- try 블록 내의 명령어를 실행 중에 예외가 발생하면 예외를 발생시킨 명령어의 다음의 코드들은 실행되지 않으며 발생 예외에 해당하는 catch 블록으로 실행이 된다.
- catch 블록은 여러 개를 둘 수 있다.
- finally 블록은 마지막에 실행하고 싶은 명령문을 입력한다. 예외 발생 유무와 상관없이 실행이 된다.

④ throw문을 사용한 예외 처리 형식(강제로 예외를 발생시켜 제어를 이동할 경우 사용)

```
try {
    if(예외 조건식)
        throw e;    // 예외 객체를 던짐
} catch (Exception e) {
        // 예외 처리
} finally {
        // 예외의 유무와 상관없이 실행하는 명령문;
        // 생략할 수 있다.
}
```

04 Java에서의 예외 처리

① try~catch 구문 사용 전

if~else문의 선택 제어구조를 통해 예외 발생에 대해 프로그래머가 정확히 인지하여 문법적으로 구현해야만 한다.

줄	Java 프로그램 소스 ExceptionEx003.java
1	public class ExceptionEx003 {
2	public static void main(String[ ] args) {
3	int a = 10;
4	int b = 0;
5	int c = 0;
6	if(b == 0)
7	System.out.println ("0으로 나눗셈 불가능!");
8	else {
9	c = a / b;
10	System.out.printf("%d / %d : %d\n", a, b, c);
11	}
12	}
13	}
결과	0으로 나눗셈 불가능!

② try~catch 구문 사용

Java에서는 프로그래머가 처리할 수 있는 예외(Checked Exception)의 경우는 try~catch 구문을 이용하여 예외 객체 생성을 통해 예외를 처리하는 것이 바람직하다.

줄	Java 프로그램 소스 ExceptionEx004.java
1	public class ExceptionEx004 {
2	public static void main(String[ ] args) {
3	int a = 10;
4	int b = 0;
5	try {
6	int c = a / b;
7	System.out.printf("%d / %d : %d\n", a, b, c);
8	} catch(Exception e) {
9	System.out.println(e.getMessage( ));
10	System.out.println ("0으로 나눗셈 불가능!");
11	}
12	}
13	}
결과	/ by zero 0으로 나눗셈 불가능!

05 Java의 주요 예외 클래스

• Java 프로그램에서는 실행 중 try 블록 내에서 예외가 발생하면 자바 플랫폼(JVM)에서 catch( ) 블록으로 객체를 만들어 예외에 대한 정보를 전달한다.

예외 클래스	예외 발생 이유
ArithmeticException	정수를 0으로 나눌 경우 발생
ArrayIndexOutOfBoundsExcetion	배열의 범위를 벗어난 index 접근 시 발생
ClassCastExcetion	변환할 수 없는 타입으로 객체를 반환 시 발생
NullPointException	존재하지 않는 레퍼런스를 참조할 때 발생

IllegalArgumentException	잘못된 인자를 전달할 때 발생
IOException	입출력 동작 실패 또는 인터럽트 시 발생
OutOfMemoryException	메모리가 부족한 경우 발생
NumberFormatException	문자열이 나타내는 숫자와 일치하지 않는 타입의 숫자로 변환 시 발생

06 Java의 예외 처리 사례

줄	Java 프로그램 소스 ExceptionEx005.java
1	public class ExceptionEx005 {
2	public static void main(String[ ] args) {
3	int a, b, result;
4	a = 5;
5	b = 0;
6	try {
7	result = a / b;
8	System.out.println("A");
9	} catch(ArithmeticException e) {
10	System.out.println("B");
11	} finally {
12	System.out.println("C");
13	}
14	System.out.println("D");
15	}
16	}
결과	B C D

- 줄6의 try 블록의 시작으로 줄 9번 이전의 코드에서 예외 발생 가능성이 있는 명령어 들이 포함되어 있다.
- 줄7의 실행 시 a / b의 나눗셈 산술 연산이 5 / 0 값으로 수행되어 나눗셈의 제수가 0이므로 산술 연산 진행에서 예외가 발생한다. Java에서는 'java.lang.Arithmet-icException'을 발생시킨다.
- 줄9에서는 산술 연산과 관련된 예외를 처리하는 catch 블록을 인식하여 줄10의 명 령문을 실행하게 된다. 결과의 첫 줄에 "B"가 출력된다.
- 예외가 발생한 지점이 줄7이므로 줄8은 수행되지 않는다.
- 예외에 해당하는 catch 블록을 실행한 후 줄11의 finally 블록을 실행하게 된다. 다음 줄 결과로 "C"가 출력된다.
- 위 프로그램의 줄14번은 try~catch~finally 구문의 예외 처리와 관련 없이 실행되어야 하는 명령문이므로 마지막 줄의 결과로 "D"가 출력된다.

01 다음 〈보기〉에서 예외 처리 구문을 지원하는 언어를 골라 쓰시오.

〈보기〉

C, C++, Java, Python

• 답 :

02 프로그램 내의 산술 계산식 수행 과정 중 변수의 값을 0으로 나누는 경우에 발생하는 Java언어의 예외 객체형에 해당하는 클래스 명칭을 쓰시오.

• 답 :

03 다음은 Java언어에서 지원하고 있는 예외 처리 문법 구조를 표현한 예이다. 밑줄 친 빈칸 ① ~③에 알맞은 예약어를 쓰시오.

____①____ {
// 예외가 발생할 가능성이 있는 명령문;
} ____②____ (Exception e) {
// 예외 처리
} ____③____ {
// 예외의 유무와 상관 없이 실행하는 명령문;
}

• ① :
• ② :
• ③ :

ANSWER **01** C++, Java, Python
02 ArithmeticException
03 ① try ② catch ③ finally

14 PYTHON에 대한 이해

출제
빈도 (상)(중)(하)

핵심포인트
문자열·리스트·튜플·셋·딕셔너리

01 파이썬(PYTHON)

- 1989년 네덜란드 출신의 귀도 반 로섬(Guido van Rossum)에 의해 개발된 스크립트형 고급 프로그래밍 언어이다.
- 플랫폼 독립적이며 객체 지향적이며 실행시간에 자료형을 검사하는 동적 타이핑 대화형 언어이다.
- 파이썬은 모두 객체 단위이며 함수, 메소드, 객체, 패키지로 구성되어 있다.
- 특징
  - 문법이 간결하여 쉽게 작성할 수 있고 인터프리터에 의해 실행 결과를 빠르게 확인할 수 있다.
  - 확장 가능한 다양한 라이브러리가 존재하여 생산성이 높아 개발 속도가 빠르다.
  - 응용 프로그램과 웹, 서버 사이드 영역까지 다양한 분야에서 활용되고 있는 전 세계에서 가장 인기 있는 프로그래밍 언어 중 하나이다.

02 Python 기본 문법 구조

① Python언어 기본 구조
- 대화형 셀에 Python 명령어를 입력

| 대화형 셀 | >>> print("Hello, Python!") |

- 파이썬 인터프리터 실행 후, 파이썬 인터렉티브 셀(대화형 셀)에서 파이썬 명령어 단위로 입력하면 바로 실행 결과가 출력된다.
- 파이썬 명령 프롬프트(>>>)는 파이썬 명령어를 실행하는 기본 실행 환경이다.
- Python의 프롬프트★

★ **프롬프트(Prompt)**
명령어를 입력하여 수행할 수 있게 해주는 셀

- 모듈 형태로 Python 명령어를 저장

Module →	# 주석문 함수호출 명령어 …
	〉python test.py

- 텍스트 에디터에서 파이썬 명령어들을 확장자가 py인 하나의 소스파일로 생성 후 실행한다.
- 파이썬 명령어는 세미콜론(;)을 붙이지 않는다.
- 파이썬의 코드 블록 구분은 중괄호 { }가 아니라 들여쓰기(indent)이다.
- 파이썬 스크립트(Script) IDE : Python IDLE, Jupyter Notebook, PyCharm 등

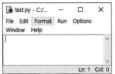

▲ Python IDLE

▲ Jupyter Notebook

▲ PyCharm

이론 하나 더 알기

파이썬의 블록

- 같은 블록 영역의 명령어들은 동일한 간격으로 들여쓰기되어야 한다. 일반적으로 Tab 으로 들여쓰기 간격을 구분하거나 Space Bar 4칸으로 구분한다.
- 예

```
n1 = 10
n2 = 20
if n1 〉 n2:
    big, small = n1, n2
else:
    big, small = n2, n1
print(big, small)
```

---

② 다른 언어와의 차이 : 콘솔 화면 "문자열" 출력 예제
- 파이썬은 C언어, C++, Java 언어와는 다르게 명령어를 한 라인씩 바로 번역 후 실행하는 인터프리터형 언어이다.

| C언어 | ```c
#include <stdio.h>
void main( )
{
    printf("Hello, C!");
}
``` |
| C++언어 | ```cpp
#include <iostream>
int main( )
{
    std::cout<<"Hello, C++!";
    return 0;
}
``` |

```cpp
#include <iostream>
using namespace std;
int main( )
{
    cout<<"Hello, C++!";
    return 0;
}
```

| Java언어 | ```java
public class Test {
    public static void main(String[ ] args) {
        System.out.print("Hello, Java!");
    }
}
``` |
| Python | ```python
>>> print("Hello, Python!")
``` |

③ Python언어의 키워드★

• 파이썬의 기본 키워드는 35개로 간결한 언어이다.

• 파이썬의 키워드는 파이썬 명령 프롬프트에 help( ) 명령을 실행하여 확인할 수 있다.

• 35개 키워드(예약어)는 반드시 대소문자를 구별한다.

★ 키워드(Keyword)
프로그램 언어마다 정해져 있는 예약어로, 변수명이나 함수명 등의 식별자로 사용 불가능하다.

False	class	from	or	None	continue	global
pass	True	def	if	raise	and	del
import	return	as	elif	in	try	assert
else	is	while	async	except	lambda	with
await	finally	nonlocal	yield	break	for	not

④ Python언어의 기본 문법

• 주석(comments, 비실행문)

– 파이썬에서 한 줄 주석은 해시(#) 기호로 시작한다.

– 여러 줄로 되어 있는 영역 주석은 작은따옴표와 큰따옴표로 설명문을 감싸서 주석 영역으로 구분한다.

```python
# 한 줄 주석 : 해시(#) 기호
'''
여러 줄
주석 영역
'''
"""
작은따옴표 3개 또는 큰따옴표 3개
"""
```

- 세미콜론(;) 없음
  - 파이썬은 문장 마무리에 세미콜론(;)을 사용하지 않는다.
  - 단, 여러 문장을 한 줄에 쓸 때에는 세미콜론을 사용하기도 한다.

```
# 문장 마무리에 세미콜론을 사용하지 않음
print("Hello")

# 여러 문장을 한 줄에 이어 쓸 때에는 세미콜론을 사용하기도 함
print("Hello"); print("Python")
```

- 들여쓰기(indentation)
  - 블록 구성, 즉 : 다음 줄은 반드시 들여쓰기한다.
  - 같은 블록 내에서는 들여쓰기 칸의 개수가 같아야 한다.
  - 공백과 탭을 섞어서 사용하면 안 된다.

```
sum = 0
for i in range(10):
    print(i)
    sum += i
print(sum)
```

⑤ 표준 입·출력 함수
- 파이썬의 콘솔을 통한 표준 입력과 출력 함수는 각각 input( ) 함수와 output( ) 함수이다.
- 예제 : 표준 출력 함수 print( )

줄	Python 프로그램 소스 practice001.py	
1	# 단일 값 출력	
2	print(100)	# 정수 출력
3	print(3.14)	# 실수 출력
4	print("A")	# 문자열 출력
5	print("정보처리")	# 문자열 출력
6	print(True)	# 논리 참값 출력
7	print(False)	# 논리 거짓값 출력
8	print(10, 2)	# 두 정수 출력
9	print("정보처리", "합격")	# 두 문자열 출력
10	# 값 여러 개 묶음 출력	
11	print([1, 3, 5])	# 리스트 객체 출력
12	# 연산 결과 출력	
13	print(10 + 2)	# 정수 덧셈 연산 결과 출력
14	print("정보처리" + "합격")	# 문자열 연결 처리 결과 출력

결과	100 3.14 A 정보처리 True False 10 2 정보처리 합격 [1, 3, 5] 12 정보처리합격

• 예제 : 표준 입력 함수 input( )

줄	Python 프로그램 소스 practice002.py
1	# 사용자의 입력값을 전달받아 바로 출력
2	value = input( )
3	print(value)
4	
5	# 안내 메시지 출력 후 입력
6	value = input("값을 입력하세요 : ")
7	print(value)
결과	a `Enter` a 값을 입력하세요 : 10 `Enter` 10

03 Python 기본 자료형

① Python의 변수(variable)

• 변수는 데이터를 저장할 수 있도록 할당받은 메모리 공간이다.
• Python의 변수는 숫자값, 문자열값 또는 클래스의 객체를 나타낸다.
• Python의 변수는 변수와 값을 선언하게 되면 값에 의해 메모리 영역이 결정된다. 이와 같이 실행시간에 변수의 자료형이 결정되는 자료형 바인딩을 동적 타이핑(Dynamic Typing)이라 한다.
  cf) C언어, Java언어 : 정적 타이핑(Static Typing)★

② 변수명

• 변수명은 영문자(대소문자), 숫자, 언더스코어(_)를 조합하여 작성한다.
• 변수명은 숫자로 시작할 수 없다. 반드시 영문자나 언더스코어(_)로 시작해야 한다.
• 변수명은 대소문자를 구분한다.
• 변수명에는 예약어(reserved words)를 사용할 수 없다.

★ 정적 타이핑(Static Typing)
• 변수명과 변수의 자료형이 바인딩(binding, 연결)되는 시점이 번역시간이다.
• 정적 타이핑의 경우 자료형을 결정하는 변수의 선언문이 작성되어야만 한다.

③ Python의 변수명과 리터럴 상수

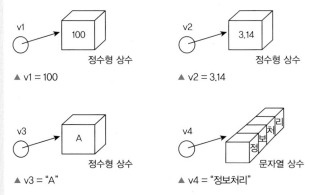

▲ v1 = 100

▲ v2 = 3.14

▲ v3 = "A"

▲ v4 = "정보처리"

④ Python의 자료형(Data Types)과 자료구조(Data Structure)

- 파이썬의 기본 자료형(Data Types)에는 정수형(Integer), 부울형(Boolean), 실수형(Floating Point), 복소수형(Complex)의 숫자형과 아무것도 없는 것을 나타내는 자료형인 None* 자료형이 있다.
- 파이썬의 자료구조(Data Structure)는 정수형, 실수형, 문자열 등의 데이터가 여러 개 있을 때 이를 효과적으로 관리하기 위해 사용된다. 파이썬의 자료구조는 시퀀스(Sequences), 셋(Set), 매핑(Mapping)으로 구분하며 프로그래밍에서 자주 사용된다.

★ None
- '값 없음'을 나타내는 Scalar 타입의 자료형 값으로 보통 다른 언어에서는 널(null)로 표현한다.
- 함수에서 반환값을 지정하지 않으면 None이 반환된다.

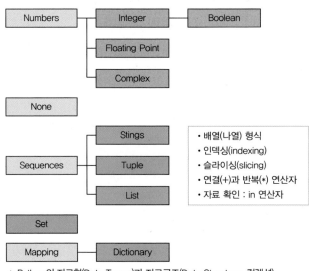

▲ Python의 자료형(Data Types)과 자료구조(Data Structure, 컬렉션)

• 예제 1 : type( ) 함수를 이용한 값의 자료형 반환(1)

줄	Python 프로그램 소스 practice003.py
1	v1 = 100
2	v2 = 3.14
3	v3 = "A"
4	v4 = "정보처리"
5	v5 = True
6	v6 = False
7	v7 = 3.14e−10
8	
9	print(v1, v2, v3, v4, v5, v6, v7)
10	print(v1 + v2)
11	print(v3 + v4)
12	print(v1 + v5)
13	print(v1 + v6)
14	
15	# type( ) : 값의 자료형 반환
16	print(type(v1))
17	print(type(v2))
18	print(type(v3))
19	print(type(v4))
20	print(type(v5))
21	print(type(v6))
결과	100 3.14 A 정보처리 True False 3.14e−10 103.14 A정보처리 101 100 〈class 'int'〉 〈class 'float'〉 〈class 'str'〉 〈class 'str'〉 〈class 'bool'〉 〈class 'bool'〉

• 예제 2 : type( ) 함수를 이용한 값의 자료형 반환(2)

줄	Python 프로그램 소스 practice004.py
1	# 자료구조
2	a = "정보처리 100점 합격"
3	b = [1, 2, 3]
4	c = (1, 2, 3)
5	d = {1:"A", 2:"B", 3:"C"}
6	
7	print(a)
8	print(b)
9	print(c)
10	print(d)
11	
12	print(type(a))
13	print(type(b))
14	print(type(c))
15	print(type(d))

결과	정보처리 100점 합격 [1, 2, 3] (1, 2, 3) {1: 'A', 2: 'B', 3: 'C'} ⟨class 'str'⟩ ⟨class 'list'⟩ ⟨class 'tuple'⟩ ⟨class 'dict'⟩

• 예제 3 : str( ) 함수를 이용한 문자열형으로 형 변환

줄	Python 프로그램 소스 practice005.py
1	name = "김학생"
2	kor = 100
3	eng = 50
4	math = 90
5	tot = kor + eng + math
6	avg = tot / 3
7	# 문자열 연결 연산자 +
8	# 자료형 변환(casting) : 문자열형으로 형 변환 str( )
9	print("이름 : " + name)
10	print("총점 : " + str(tot) + "점")
11	print("평균 : " + str(avg) + "점")

결과	이름 : 김학생 총점 : 240점 평균 : 80.0점

• 예제 4 : 자료형 변환 함수 int( ), float( ), str( )

줄	Python 프로그램 소스 practice006.py
1	# 자료형 변환 함수
2	print(int(3.14))
3	print(int(3.78))
4	print(int(−3.14))
5	print(int(−3.78))
6	print(int("123"))
7	print(float(3))
8	print(float("3.14"))
9	print(3+1.2)
10	print(float(10+2))
11	
12	print("1" + "2")
13	print(int("1") + int("2"))
14	
15	no = 100
16	print("com" + str(no))

결과	3 3 −3 −3 123 3.0 3.14 4.2 12.0 12 3 com100

• 예제 5 : input( ) 함수와 형 변환

줄	Python 프로그램 소스 practice007.py
1	# input( ) 함수와 형 변환
2	
3	print("−−− 두 정수의 덧셈 −−−")
4	n1 = input("첫 번째 정수 입력 : ")
5	n2 = input("두 번째 정수 입력 : ")
6	result = int(n1) + int(n2)
7	print("결과 : " + str(result))
결과	−−− 두 정수의 덧셈 −−− 첫 번째 정수 입력 : 10 [Enter] 두 번째 정수 입력 : 2 [Enter] 결과 : 12

⑤ 자료형(Data Type) 관련 주요 내장 함수

type(x)	x의 자료형 확인
int(x, [base])	x를 base 진법의 정수로 변환
hex(x)	x를 16진수로 변환
oct(x)	x를 8진수로 변환
bin(x)	x를 2진수로 변환
float(x)	x를 실수형으로 변환
complex(x)	x를 복소수형으로 변환
bool(x)	x를 논리형으로 변환
str(x)	x를 문자열형으로 변환

04 Python 연산자

① Python의 연산자

• 연산자(operator)는 연산 대상에 대한 연산 동작을 지정하는 기호이다.
• Python의 연산 우선순위는 '산술연산 → 관계(비교)연산 → 논리연산' 순이다.
• C언어나 Java의 증가(++) 연산자, 감소(−−) 연산자, 삼항 연산자(? :)는 없다.
• 논리 연산자는 not, and, or이다.

• 관계와 논리 연산의 결과는 논리 상수(=부울 상수)인 'True'와 'False'뿐*이다.
• 기타 연산자 is, is not, in, not in은 시퀀스형 자료구조에서 사용된다.

② Python의 산술 연산자

줄	Python 프로그램 소스 practice008.py
1	# 산술 연산자
2	n1 = 10
3	n2 = 3
4	
5	print(n1 + n2)　　　# 덧셈
6	print(n1 − n2)　　　# 뺄셈
7	print(n1 * n2)　　　# 곱셈
8	print(n1 / n2)　　　# 나눗셈
9	print(n1 % n2)　　　# 나눗셈의 나머지
10	print(n1 // n2)　　　# 나눗셈의 몫
11	print(n1 ** n2)　　　# 거듭제곱
결과	13 7 30 3.3333333333333335 1 3 1000

③ Python의 관계 연산자 2021년 3회

줄	Python 프로그램 소스 practice009.py
1	# 관계(비교) 연산자 : 결과 논리(부울) 상수
2	# C언어, Java와 동일 기호
3	print(2 < 7)
4	print(2 > 7)
5	print(2 <= 7)
6	print(2 >= 7)
7	print(2 == 7)
8	print(2 != 7)
9	
10	# 나이는 20살 이상인지 판별
11	age = 25
12	print(age >= 20)
13	Age = 17
14	Print(age >= 20)
15	
16	# number의 값이 2의 배수 판별
17	number = 13
18	print((number%2) == 2)

결과	True False True False False True True False False

④ Python의 논리 연산자

줄	Python 프로그램 소스 practice010.py
1	# 논리 연산자 : 반드시 소문자 not, and, or
2	print(not True)
3	print(not False)
4	
5	print(True and True)
6	print(True and False)
7	print(True or False)
8	
9	"""
10	test1 시험의 결과가 "합격"이고
11	test2 시험의 결과가 "합격"인지 판별
12	"""
13	test1 = "합격"
14	test2 = "불합격"
15	print((test1=="합격") and (test2=="합격"))

결과	False True True False True False

⑤ Python의 비트 연산자 <small>2021년 2회</small>

줄	Python 프로그램 소스 practice011.py
1	# 비트 연산자 : 비트 연산 후, 10진수로 출력
2	print(~10) # bitwise not
3	print(10 & 6) # bitwise and
4	print(10 | 6) # bitwise or
5	print(10 ^ 6) # bitwise xor
6	
7	print(10 << 1) # bitwise left shift
8	print(10 >> 1) # bitwise right shift

결과	−11 2 14 12 20 5

⑥ Python의 대입 연산자와 복합 연산자

• 예제 1

줄	Python 프로그램 소스 practice012.py
1	# 대입 연산자와 복합 연산자
2	
3	a = 10
4	a += 1
5	a -= 2
6	a *= 3
7	a //= 4
8	print(a)
결과	6

• 예제 2 : 두 변수 교환(SWAP) 방법(1)

줄	Python 프로그램 소스 practice013.py
1	# 대입 연산자 : 두 변수의 교환(swap)
2	# 방법 1
3	v1 = 100
4	v2 = 200
5	print(v1, v2)
6	temp = v1
7	v1 = v2
8	v2 = temp
9	print(v1, v2)
결과	100 200 200 100

• 예제 3 : 두 변수 교환(SWAP) 방법(2)

줄	Python 프로그램 소스 practice014.py
1	# 대입 연산자 : 두 변수의 교환(swap)
2	# 방법 2
3	v1, v2 = 100, 200
4	
5	print(v1, v2)
6	v1, v2 = v2, v1
7	print(v1, v2)
결과	100 200 200 100

⑦ Python의 기타 연산자 : is, is not, in, not in

줄	Python 프로그램 소스 practice015.py
1	# 기타 연산자 : is, is not, in, not in
2	# 시퀀스에서 값을 찾을 때 사용하며 결과는 논리값
3	print("Python" is "Python")
4	print("PYTHON" is not "Python")
5	print("P" in "Python")
6	print("P" not in "Python")
7	
8	nations = ["한국", "미국", "중국"]
9	print("한국" in nations)
10	print("일본" in nations)
결과	True True True False True False

⑧ Python의 연산자 우선순위

우선순위	연산자	
1	**	
2	~ +부호 −부호	
3	* / % //	
4	+덧셈 −뺄셈	산술 연산자
5	⟨⟨ ⟩⟩	
6	&	
7	^ |	
8	⟨ ⟨= ⟩ ⟩=	관계 연산자
9	== !=	
10	= += −= *= /= %= //= **= &= ^= |= ⟩⟩= ⟨⟨=	
11	is is not	
12	in not in	
13	not and or	논리 연산자

★ 시퀀스 자료형의 공통 연산
• 배열(나열) 형식
• 인덱싱(indexing)
• 슬라이싱(slicing)
• 연결(+)과 반복(*) 연산자
• 자료 확인 : in 연산자

05 시퀀스* & 셋 & 딕셔너리

① Python의 문자열(Strings) 2021년 1회

- 문자열(Strings)은 문자들의 모임이다.
- Python의 문자열은 작은따옴표(' ') 또는 큰따옴표(" ")로 문자열 상수를 감싼다. 단, 작은따옴표와 큰따옴표의 혼용은 불가능하다.
- 'Python' 과 "Python"은 동일한 문자열 상수값이다.
- Python의 모든 문자열은 유니코드(Unicode)이다.
- Python의 문자열 표현은 4가지 방법이 가능하다.
  - 방법 1 : 작은따옴표로 감싸는 방법

```
>>> print('축! "합격"')
축! "합격"
```

  - 방법 2 : 큰따옴표로 감싸는 방법

```
>>> print("I'm happy")
I'm happy
```

  - 방법 3 : 작은따옴표 3개씩 감싸는 방법

```
>>> print('''pass
DNA''')
pass
DNA
```

  - 방법 4 : 큰따옴표 3개씩 감싸는 방법

```
>>> print("""
정보처리
합격""")

정보처리
합격
```

- String(문자열)의 인덱싱(Indexing) : 문자변수[인덱스]
  - Python의 문자열의 인덱스*는 0부터 나열형으로 관리되며, 역순은 −음수 인덱스로 표현한다.
  - 인덱싱(Indexing)은 문자변수[인덱스]로 해당 인덱스 위치의 요소 하나를 추출 후 결과를 반환한다.

• 예제 1

줄	Python 프로그램 소스 practice016.py
1	# String(문자열)의 인덱싱(indexing)
2	# 인덱스 0부터 나열형으로 관리 / 역순 –음수 인덱스
3	s = "HRD Korea"
4	
5	s_count = len(s)
6	print("문자열 : " + s)
7	print("문자열의 길이 : " + str(s_count))
8	
9	print(s[0])
10	print(s[1])
11	print(s[2])
12	
13	print(s[8])
14	print(s[len(s)−1])
15	print(s[−1])
결과	문자열 : HRD Korea 문자열의 길이 : 9 H R D a a a

• String(문자열)의 슬라이싱(Slicing) : [인덱스 시작 : 인덱스 끝 : 스텝]
  – 슬라이싱(Slicing)은 문자열의 지정한 인덱스의 시작 위치에서 끝 위치까지 연속
    된 부분 문자열을 추출한 결과를 반환하며, 스텝값을 지정하면 시작 위치에서 일
    정한 간격에 위치한 문자들을 추출하여 반환한다.

• 예제 2

줄	Python 프로그램 소스 practice017.py
1	# String(문자열)의 슬라이싱(slicing)
2	# [인덱스 시작 : 인덱스 끝 : 스텝]
3	s1 = "HRD"
4	s2 = "Korea"
5	s3 = s1 + s2
6	s4 = s2 * 3
7	
8	print(s3)
9	print(s4)
10	# 인덱스 시작 <= index < 인덱스 끝
11	print(s3[0])
12	print(s3[0:3])
13	print(s3[:3])
14	print(s3[0:8])
15	print(s3[0:])
16	print(s3[:])
17	print(s3[::2])

결과	HRDKorea KoreaKoreaKorea H HRD HRD HRDKorea HRDKorea HRDKorea HDoe

• 예제 3 : String(문자열)의 함수

줄	Python 프로그램 소스 practice018.py
1	# String의 함수
2	str = "Hello World"
3	
4	print(str)
5	
6	print(str.upper( ))
7	print(str.lower( ))
8	print(str.capitalize( ))
9	print(str.title( ))
10	print(str.count("l"))
11	print(str.find("l"))
12	print(str.split(" "))
13	print(str.replace("l", "*"))
14	
15	print(str)
결과	Hello World HELLO WORLD hello world Hello world Hello World 3 2 ['Hello', 'World'] He**o Wor*d Hello World

• 예제 4 : String(문자열)의 함수

줄	Python 프로그램 소스 practice019.py
1	jumin = "901225-1122345"
2	
3	print("생년 : " + jumin[0:2] + "년")
4	print("생월 : " + jumin[2:4] + "월")
5	print("생일 : " + jumin[4:6] + "일")
6	
7	# 주민번호 뒷자리 감추기
8	print(jumin[0:8].ljust(14, "*"))
9	

10	# 올해 나이
11	age = 2020-1900-int(jumin[:2])+1
12	print("나이 : " + str(age) + "살")

| 결과 | 생년 : 90년
생월 : 12월
생일 : 25일
901225-1******
나이 : 31살 |

② Python의 튜플(Tuple)

- 튜플(tuple)은 순서가 있는 불변의 객체들의 모임이다.
- 한 번 생성되면 값을 변경할 수 없다.
- 튜플(tuple)이 하나의 원소만 존재하는 경우는 튜플(tuple)이 아니다.
- 소괄호 ( )가 생략되어도 튜플이 가능하다.
- 튜플의 형태 : 기본 튜플, 혼합 튜플, 중첩 튜플
- 예제 1

줄	Python 프로그램 소스 practice020.py
1	# Tuple : 순서O, 불변
2	t = ( )
3	print(t)
4	print(type(t))
5	t = (1, 3, 5, 3.14, 'HRD')
6	print(t)
7	print(t[0])
8	print(t[0:2])
9	print(t[::-1])
10	print(len(t))
11	# + 연산으로 추가
12	t = t + (100, 'PASS')
13	print(t)
14	# * 연산으로 반복
15	print(t * 2)
16	# in 연산으로 존재 확인 가능
17	print(3.14 in t)
18	
19	t = 1, 3
20	print(t)
21	#t[0] = 11 # 에러
결과	( ) 〈class 'tuple'〉 (1, 3, 5, 3.14, 'HRD') 1 (1, 3) ('HRD', 3.14, 5, 3, 1) 5 (1, 3, 5, 3.14, 'HRD', 100, 'PASS') (1, 3, 5, 3.14, 'HRD', 100, 'PASS', 1, 3, 5, 3.14, 'HRD', 100, 'PASS') True (1, 3)

• 예제 2 : 중첩 튜플(nested tuple)

줄	Python 프로그램 소스 practice021.py
1	# 중첩 튜플 : nested tuple
2	t = ("Python", (1, 3, 5))
3	print(t)
4	print(t[0])
5	print(t[1])
6	
7	print(t[1][0])
8	print(t[1][1])
9	print(t[1][2])
10	
11	print(t[0][0])
결과	('Python', (1, 3, 5)) Python (1, 3, 5) 1 3 5 P

★ Python의 자료구조
• 리스트 [ ]
• 튜플 ( )
• 셋 { }
• 딕셔너리 {Key:Value}

③ Python의 리스트(List)★ 2020년 4회

• 리스트(List)는 순서가 있는 가변의 객체들의 모임이다.
• 리스트의 형태 : 기본 리스트, 혼합 리스트, 매트릭스 리스트
• 예제 1 : Python의 리스트 인덱싱

줄	Python 프로그램 소스 practice022.py
1	# 리스트의 인덱싱
2	a = []
3	print(type(a))
4	a = [10, 20, 30, 40, 50]
5	print(a)
6	print(len(a))
7	print(a[0:5])
8	print(a[:])
9	print(a[:−1])
10	print(a[::−1])
11	print(a[::2])
12	
13	# 리스트의 연산
14	a = [10, 20, 30]
15	b = [40, 50]
16	print(a + b)
17	print(a * 2)
18	print(10 in a)
19	print(70 in a)

결과	
	⟨class 'list'⟩
	[10, 20, 30, 40, 50]
	5
	[10, 20, 30, 40, 50]
	[10, 20, 30, 40, 50]
	[10, 20, 30, 40]
	[50, 40, 30, 20, 10]
	[10, 30, 50]
	[10, 20, 30, 40, 50]
	[10, 20, 30, 10, 20, 30]
	True
	False

• 예제 2 : Python의 리스트 함수(추가, 병합, 삽입, 삭제)

줄	Python 프로그램 소스 practice023.py
1	# 리스트의 함수
2	x = [10, 20, 30]
3	print(x)
4	x.append(40) # (뒤로) 요소 추가
5	print(x)
6	x.append(50)
7	print(x)
8	x.append([1, 2]) # (뒤로) 리스트 추가
9	print(x)
10	x.extend([1, 2]) # (뒤로) 요소 리스트 병합
11	print(x)
12	x.insert(1, 70) # 원하는 인덱스에 요소 삽입
13	print(x)
14	x.remove(10) # 원하는 값 삭제(여러 개면 첫 번째 것만)
15	print(x)
16	x.reverse( ) # 역순으로 리턴(반환)
17	print(x)

결과	
	[10, 20, 30]
	[10, 20, 30, 40]
	[10, 20, 30, 40, 50]
	[10, 20, 30, 40, 50, [1, 2]]
	[10, 20, 30, 40, 50, [1, 2], 1, 2]
	[10, 70, 20, 30, 40, 50, [1, 2], 1, 2]
	[70, 20, 30, 40, 50, [1, 2], 1, 2]
	[2, 1, [1, 2], 50, 40, 30, 20, 70]

• 예제 3 : Python의 리스트 수정

줄	Python 프로그램 소스 practice024.py
1	# 리스트의 수정
2	season = [ ]
3	season = list( )
4	season = ['봄', '여름', '가을']
5	season.append('겨울')

6	season.append('여름')
7	print(season)
8	season.remove('여름')
9	print(season)
10	del season[3]
11	print(season)
12	season.insert(1, "여름")
13	print(season)
14	season[0] = 'spring'
15	print(season)

결과	['봄', '여름', '가을', '겨울', '여름'] ['봄', '가을', '겨울', '여름'] ['봄', '가을', '겨울'] ['봄', '여름', '가을', '겨울'] ['spring', '여름', '가을', '겨울']

• 예제 4 : Python의 리스트 함수

줄	Python 프로그램 소스 practice025.py
1	# 리스트 함수
2	a = [50, 20, 70, 20, 30, 10]
3	print(a)
4	print(len(a))
5	print(max(a))
6	print(min(a))
7	print(a.count(20))
8	a.sort( )
9	print(a)
10	a.sort(reverse=True)
11	print(a)
12	a.clear( )
13	print(a)

결과	[50, 20, 70, 20, 30, 10] 6 70 10 2 [10, 20, 20, 30, 50, 70] [70, 50, 30, 20, 20, 10] [ ]

④ Python의 셋(Set) ^{2020년 2회}

• 셋(Set)은 임의의 순서를 가진 중복되지 않은 요소들의 가변 모임이다.

• 공집합은 { }*가 아닌 set( ) 함수로 만든다.

• 집합 연산인 합집합, 교집합, 차집합, 대칭 차집합 연산이 가능하다.

★ { }
{ }는 딕셔너리이다. 셋과 비슷하지만 key가 없이 value만 존재한다.

• 예제 1 : 셋의 생성과 집합 연산

줄	Python 프로그램 소스 practice026.py
1	a = { }
2	print(type(a))
3	a = set( )
4	print(type(a))
5	a.add(1)
6	a.add(2)
7	a.add(3)
8	a.add(2)
9	print(a)
10	b = {3, 4, 5}
11	print(b)
12	print(a | b)
13	print(a & b)
14	print(a − b)
15	print(a ^ b)
16	print(a.union(b))
17	print(a.intersection(b))
18	print(a.difference(b))
19	print(a.symmetric_difference(b))
결과	⟨class 'dict'⟩ ⟨class 'set'⟩ {1, 2, 3} {3, 4, 5} {1, 2, 3, 4, 5} {3} {1, 2} {1, 2, 4, 5} {1, 2, 3, 4, 5} {3} {1, 2} {1, 2, 4, 5}

• 예제 2 : 셋 함수

줄	Python 프로그램 소스 practice027.py
1	travel = {'서울', '대전', '부산', '제주'}
2	print(travel)
3	print(travel)
4	print("제주" in travel)
5	print("춘천" in travel)
6	travel.add('제주')
7	travel.add('군산') # 요소 추가
8	print(travel)
9	travel.update(['강화', '전주']) # 리스트 추가
10	print(travel)
11	travel.remove('대전')
12	print(travel)
13	travel.clear( )
14	print(travel)

결과	{'대전', '제주', '부산', '서울'} {'대전', '제주', '부산', '서울'} True False {'대전', '제주', '부산', '군산', '서울'} {'대전', '전주', '제주', '부산', '강화', '군산', '서울'} {'전주', '제주', '부산', '강화', '군산', '서울'} set( )

⑤ Python의 딕셔너리(Dictionary)

• 딕셔너리(Dictionary)는 순서가 없는 불변의 키(key)와 가변의 값(value)의 쌍으로 이루어진 객체들의 모임이다(아이템 → 키:값).

• 키는 고유하며 대소문자를 구별한다.

• 키를 호출하면 값을 리턴하는 구조를 가진다.

• Python Dictionary의 주요 함수

keys( )	key들을 모아놓은 리스트 반환
values( )	values들을 모아놓은 리스트 반환
items( )	쌍의 튜플을 모아놓은 리스트 반환
clear( )	모든 내용 삭제
get(key)	지정된 key의 value를 반환
has_key(key)	해당 key의 존재 여부 판단

• 예제 : 딕셔너리 함수

줄	Python 프로그램 소스 practice028.py
1	# 딕셔너리
2	country = {'대한민국':'서울', '중국':'베이징', '미국':'워싱턴'}
3	print(country)
4	print(country.keys( ))
5	print(country.values( ))
6	print(country.items( ))
7	print(country.get('대한민국'))
8	country['대한민국'] = 'Seoul'
9	print(country.get('대한민국'))
10	country.clear( )
11	print(country)
12	del country
결과	{'대한민국': '서울', '중국': '베이징', '미국': '워싱턴'} dict_keys(['대한민국', '중국', '미국']) dict_values(['서울', '베이징', '워싱턴']) dict_items([('대한민국', '서울'), ('중국', '베이징'), ('미국', '워싱턴')]) 서울 Seoul { }

⑥ Python의 자료구조(Data Structure)

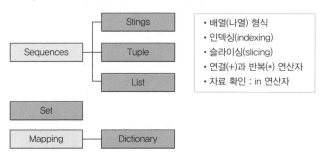

자료구조	중복	순서	변경 여부
리스트 [ ]	허용 O	있음	가변
튜플 ( )	허용 O	있음	불변
딕셔너리 {Key:Value}	KEY 중복 허용 X	없음	가변(키 불변)
집합 { }	허용 X	없음	가변

06 Python 표준 입·출력

① Python의 표준 입·출력

- 파이썬에서의 표준 입·출력은 콘솔(장치)을 이용하는 경우와 파일에 저장된 자료를 입·출력하는 경우에 이루어진다.
- 콘솔 입출력 = 파이썬 셀 이용
  - 표준 입력 : input( ) 함수를 통해 키보드의 입력값을 변수에 저장한다.
  - 표준 출력 : print( ) 함수를 통해 기억장치의 변수의 값을 콘솔에 출력한다.

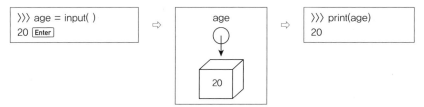

② Python의 표준 출력 : print( ) 함수

- 형식

print(value1, ···, sep=' ', end='\n', file=sys.stdout, fluse=False)

  - value1, value2, ··· : 출력 대상이 되는 항목들(문자열 상수)
  - sep : 출력 대상들 사이의 구분자(기본은 하나의 공백)
  - end : 기본은 개행(줄 바꿈, '\n')
  - file : 출력 대상(기본은 콘솔 sys.stdout)
  - fluse : 출력 버퍼를 비우는 기능

- 방법
  - 포맷팅(formatting) : 출력 서식 이용, %
  - format( ) 함수 이용 1, { }
  - format( ) 함수 이용 2, { }
  - python3.6 이상 : f{"변수명"}
- 예제 1

줄	Python 프로그램 소스 practice029.py
1	# print( ) 함수
2	print("C", "C++", "Java", "Python")
3	print("C" + "C++" + "Java" + "Python")
4	
5	# 방법 1 : % 포맷팅
6	print("저는 %d살입니다." % 20)
7	print("이름은 %s입니다." % "홍길동")
8	print("저의 이번 학기 학점은 %c입니다." % "A")
9	print("저는 %s와 %s을 잘합니다." % ("Java", "Python"))
10	# 방법 2 : format( ) 함수 1
11	print("저는 { }살입니다.".format(20))
12	print("저는 { }와 { }을 잘합니다.".format("Java", "Python"))
13	print("저는 {0}와 {1}을 잘합니다.".format("Java", "Python"))
14	print("저는 {1}와 {0}을 잘합니다.".format("Java", "Python"))
15	# 방법 3 : format( ) 함수 2
16	print("저는 {age}살이고, {language}을 잘합니다.".format(age=20, language="Python"))
17	print("저는 {age}살이고, {language}을 잘합니다.".format(language="Python", age=20))
18	# 방법 4 (Python3.6 이상) : {변수명}
19	age = 20
20	language = "Python"
21	print(f"저는 {age}살이고, {language}을 잘합니다.")

결과	C C++ Java Python CC++JavaPython 저는 20살입니다. 이름은 홍길동입니다. 저의 이번 학기 학점은 A입니다. 저는 Java와 Python을 잘합니다. 저는 20살입니다. 저는 Java와 Python을 잘합니다. 저는 Java와 Python을 잘합니다. 저는 Python와 Java을 잘합니다. 저는 20살이고, Python을 잘합니다. 저는 20살이고, Python을 잘합니다. 저는 20살이고, Python을 잘합니다.

• 예제 2 : 출력형식 지정문자

줄	Python 프로그램 소스 practice030.py
1	# 출력형식 지정문자
2	
3	# \n : 개행(줄 바꿈)
4	print("Java\nPython")
5	
6	# \t : 탭
7	print("Java\tPython")
8	
9	# \\ : 출력 문자열 내 \ 문자 출력
10	print("Java\\Python")
11	
12	# \"\" : 출력 문자열 내 큰따옴표(작은따옴표) 출력
13	print("\'Python\'")
14	print("\"Python\"")
결과	Java Python Java Python Java\Python 'Python' "Python"

③ Python의 표준 입력 : input( ) 함수

• 예제

줄	Python 프로그램 소스 practice030.py
1	# 표준 입력 : input( )
2	input( )
3	int(input( ))
4	
5	# 콘솔 입력 시 문자열로 입력됨 → 형 변환 필요
6	n1 = int(input("input n1 : "))
7	n2 = int(input("input n2 : "))
8	n3 = n1 + n2
9	print("{0} + {1} = {2}".format(n1, n2, n3))
결과	input n1 : 10 [Enter] input n2 : 20 [Enter] 10 + 20 = 30

07 Python 제어문

① Python의 조건 제어문(선택 제어)

• 파이썬의 조건 제어문에는 if문, if~else문, if~elif~else문이 있다. 조건식의 판단 결과는 논리 상수값인 True와 False 중 하나이다.

합격생의 비법

Python의 제어문의 학습은 C언어나 Java언어로 선택 제어와 반복 제어를 학습했던 개념을 가지고 Python의 문법만 확인하세요. 파이썬에서는 조건식에 소괄호를 감싸지 않으며, 조건식 끝에 콜론을 반드시 입력합니다. 블록의 경우는 중괄호 대신 들여쓰기를 통해 구분하니 이에 주의해야 처리결과를 정확히 파악할 수 있습니다.

- if문

> if 조건식:
>   실행문

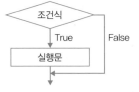

- if~else문

> if 조건식:
>   True의 실행문
> else:
>   False의 실행문

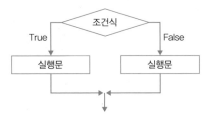

- if~elif~else문

> if 조건식1:
>   실행문1
> elif 조건식2:
>   실행문2
> else :
>   실행문3

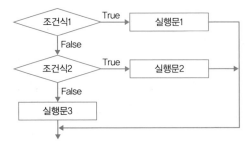

• 예제 : if문, if~else문

줄	Python 프로그램 소스 practice031.py
1	# 조건문(선택 제어)
2	# if문
3	id = input("관리자 아이디 입력 : ")
4	if id == 'SYS':
5	print("관리자 로그인 성공!")
6	
7	# if ~ else문 : 짝홀수 판별
8	num = 13
9	if num%2 == 0:
10	print("짝수")
11	else:
12	print("홀수")
결과	관리자 아이디 입력 : SYS [Enter] 관리자 로그인 성공! 홀수

• 예제 : if~elif~else문

줄	Python 프로그램 소스 practice032.py
1	# 다중 if~else : if ~ elif ~ else
2	age = int(input("나이를 입력하시오 : "))
3	if 0 <= age <= 17:
4	result = "미성년"
5	elif 18 <= age <= 65:
6	result = "청년"
7	elif 66 <= age <= 79:
8	result = "중년"
9	elif 80 <= age <= 99:
10	result = "노년"
11	elif age >= 100:
12	result = "장수노인"
13	else:
14	result = "나이 입력 오류"
15	print("당신의 나이는 {0}이며, {1}입니다.".format(age, result))
결과	나이를 입력하시오 : 20 [Enter] 당신의 나이는 20이며, 청년입니다.

② Python의 반복 제어문

• 파이썬의 반복 제어문에는 while문과 for문이 있다.

– while문

```
while 조건식:
    반복대상
    반복대상
else:
    False 명령문
```

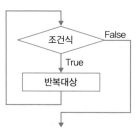

– for문

```
for 변수 in 순서형 객체:
    반복대상
    반복대상
else:
    False 명령문
```

• 예제 : while문

줄	Python 프로그램 소스 practice033.py
1	# while문
2	# 정수 5개를 입력받아 합계 출력
3	total = 0
4	i = 1
5	while i <= 5:
6	num = int(input("{0}번째 정수 입력 : ".format(i)))
7	total += num
8	i += 1
9	print("합계 : %d" % total)
결과	1번째 정수 입력 : 1 [Enter] 2번째 정수 입력 : 3 [Enter] 3번째 정수 입력 : 2 [Enter] 4번째 정수 입력 : 4 [Enter] 5번째 정수 입력 : 10 [Enter] 합계 : 20

• 예제 : for문

줄	Python 프로그램 소스 practice034.py
1	# for문
2	# 60점 이상 합격생 구하기
3	
4	scores = [60, 50, 55, 65, 75, 100, 80]
5	pass_cnt = 0
6	for score in scores:
7	if score >= 60:
8	pass_cnt += 1
9	print("합격생은 전체 {0}명 중 {1}명입니다.".format(len(scores), pass_cnt))
결과	합격생은 전체 7명 중 5명입니다.

③ range( ) 함수 : 정수 시퀀스(순서형 객체) 생성

• 예제

줄	Python 프로그램 소스 practice035.py
1	# range( ) 함수
2	print(range(3))
3	print(list(range(3)))
4	
5	# range(start, stop, step)
6	a = list(range(5))
7	b = list(range(0,5))
8	c = list(range(0,5,1))
9	print(a)
10	print(b)
11	print(c)
결과	range(0, 3) [0, 1, 2] [0, 1, 2, 3, 4] [0, 1, 2, 3, 4] [0, 1, 2, 3, 4]

• 예제 : for문과 range( ) 함수

줄	Python 프로그램 소스 practice036.py
1	# 원하는 구구단 출력하기
2	num = int(input("출력을 원하는 단 ? "))
3	for i in range(1, 10, 1):
4	print("{0} * {1} = {2}".format(num, i, num*i))

결과	출력을 원하는 단 ? 7 `Enter` 7 * 1 = 7 7 * 2 = 14 7 * 3 = 21 7 * 4 = 28 7 * 5 = 35 7 * 6 = 42 7 * 7 = 49 7 * 8 = 56 7 * 9 = 63

• 예제 : 중첩 for문을 이용한 구구단(2단~9단)

줄	Python 프로그램 소스 practice037.py

1
2
3
4
5
	`# 구구단(2단~9단)`
	`for i in range(2,10):`
	`    print("--- {0}단 ---".format(i))`
	`    for j in range(1,10):`
	`        print("%d * %d = %d" % (i, j, i*j))`

결과	--- 2단 --- 2 * 1 = 2 2 * 2 = 4 2 * 3 = 6 2 * 4 = 8 2 * 5 = 10 2 * 6 = 12 2 * 7 = 14 2 * 8 = 16 2 * 9 = 18 --- 3단 --- 3 * 1 = 3 ... 9 * 8 = 72 9 * 9 = 81

④ 무한 Loop와 break

• 예제

줄	Python 프로그램 소스 practice038.py

1
2
3
4
5
6
7
8
9
10
11
	`# 무한 LOOP와 break`
	`# 정수를 계속해서 입력받아 짝수 리스트에 추가하여라.`
	`# 입력 정수가 -1이면 무한 반복을 탈출한다.`
	`even_list = list( )`
	`while True:`
	`    num = int(input("정수 입력(-1은 종료) : "))`
	`    if num == -1:`
	`        break`
	`    if num%2 == 0:`
	`        even_list.append(num)`
	`print(even_list)`

결과	정수 입력(−1은 종료) : 1 [Enter] 정수 입력(−1은 종료) : 3 [Enter] 정수 입력(−1은 종료) : 5 [Enter] 정수 입력(−1은 종료) : 2 [Enter] 정수 입력(−1은 종료) : 4 [Enter] 정수 입력(−1은 종료) : −1 [Enter] [2, 4]

⑤ continue

• 예제

줄	Python 프로그램 소스 practice039.py
| 1<br>2<br>3<br>4<br>5 | ```python
# continue문 : 1~10까지의 정수 중 홀수만 출력
for n in range(1, 11):
    if n%2 == 0:
        continue
    print(n)
``` |
| 결과 | 1
3
5
7
9 |

⑥ random( ) 함수 : 난수(무작위 수) 생성

• 예제

줄	Python 프로그램 소스 practice040.py
| 1<br>2<br>3<br>4<br>5<br>6<br>7<br>8<br>9<br>10<br>11<br>12<br>13<br>14<br>15 | ```python
# 난수 생성
from * random import

# 0.0~1.0 미만의 임의의 값 생성
print(random( ))
# 0.0~10.0 미만의 임의의 값 생성
print(random( ) * 10)
# 1~10 이하만의 임의의 값 생성
print(int(random( ) * 10) + 1)
# 1~45 이하의 임의의 값을 생성
print(int(random( ) * 45) + 1)
# 1~46 미만의 임의의 값 생성
print(randrange(1, 45+1))
# 1~45 이하의 임의의 값 생성
print(randint(1, 45))
``` |
| 결과 | 0.32187209020964413
6.57121325934826
10
18
22
13 |

08 Python 함수

① Python의 함수(Function)

- 함수란 여러 개의 실행문을 하나의 블록 단위로 묶은 모듈이다.
- 특정 작업을 수행하는 독립적인 프로그램 단위로 모듈화를 기본으로 한다.
- Python에서의 모듈은 별도의 파일(.py)로 존재하는 함수와 데이터를 의미한다.

② Python의 함수의 종류

기본 함수 (내장 함수, Built-in 함수)	Python 설치 시 기본으로 제공하는 함수 예 print( ), input( ), type( ), str( ), range( ) 등
외장 함수 (라이브러리 함수)	import문을 사용하여 외부의 라이브러리에서 제공하는 함수 예 Random, Time, Sys, Os 등
사용자 정의 함수	사용자가 프로그램 내의 필요한 기능을 직접 만든 함수

③ Python의 사용자 정의 함수

- 형식

```
def 함수명(매개변수1, 매개변수2, …):
    실행문
    실행문
    return 반환값
```

- 사용자 정의 함수는 함수 정의 후, 함수명을 통한 호출문을 통해 실행된다.
- 함수 본문에 return문이 생략된 함수는 None을 반환한다.
- 사용자 정의 함수의 4가지 유형

유형	매개변수(전달받은 값)	return문(반환하는 값)
유형1	X	X
유형2	X	O
유형3	O	X
유형4	O	O

- 예제

줄	Python 프로그램 소스 practice041.py
1	# 사용자 정의 함수 : 유형1
2	def hello( ):
3	print("안녕하세요!")
4	
5	# 사용자 정의 함수 : 유형2
6	def init_number( ):
7	return 1
8	

9	# 사용자 정의 함수 : 유형3
10	def set_name(name):
11	print("이름은 %s입니다." % name)
12	
13	# 사용자 정의 함수 : 유형4
14	def add(num1, num2):
15	return num1 + num2
16	
17	hello( )
18	print("초기화 : ", init_number( ))
19	set_name("강희영")
20	print("%d + %d = %d" % (3, 5, add(3, 5)))

| 결과 | 안녕하세요!
초기화 : 1
이름은 강희영입니다.
3 + 5 = 8 |

④ 매개변수(인수, 인자, parameter, argument)

• 예제 1

줄	Python 프로그램 소스 practice042.py
1	# 매개변수 전달 : 직육면체의 부피
2	# 디폴트 매개변수(매개변수 기본값 설정)
3	
4	def volume(length=1, width=1, height=1):
5	return length*width*height
6	
7	print(volume(3, 4, 5))
8	print(volume(1, 1, 1))
9	print(volume(1, 1))
10	print(volume(1))
11	print(volume( ))

| 결과 | 60
1
1
1
1 |

• 예제 2

줄	Python 프로그램 소스 practice043.py
1	# 가변인수
2	# 전달된 정수들 중 최대값 구하기
3	def max_number(*num):
4	return max(num)
5	
6	print(max_number(10))
7	print(max_number(10, 33))
8	print(max_number(10, 33, 55))

| 결과 | 10
33
55 |

• 예제 3

줄	Python 프로그램 소스 practice044.py
1	# 가변인수
2	# 학생별 수강과목 출력
3	def complete(name, *courses):
4	print("{0}학생은 {1}를 이수하였습니다.".format(name, courses))
5	
6	complete("홍길동", "Java")
7	complete("김길동", "Java", "C")
8	complete("강길동", "Java", "C", "Python")
결과	홍길동학생은 ('Java')를 이수하였습니다. 김길동학생은 ('Java', 'C')를 이수하였습니다. 강길동학생은 ('Java', 'C', 'Python')를 이수하였습니다.

⑤ 여러 개의 return 값 반환

• 예제

줄	Python 프로그램 소스 practice045.py
1	# 여러 개의 결과값 반환
2	def calc(x, y):
3	add = x + y
4	sub = x − y
5	return add, sub
6	
7	i, j = calc(10, 3)
8	
9	print("덧셈 결과 : ", i)
10	print("뺄셈 결과 : ", j)
결과	덧셈 결과 : 13 뺄셈 결과 : 7

01 다음은 1부터 10까지의 짝수의 합계를 출력하는 C 프로그램이다. 빈칸 __〈?〉__ 에 들어갈 표현을 쓰시오.

```c
#include <stdio.h>
void main( )
{
    int A =0;
    int SUM = 0;
    do {
        A = A + 1;
        if(A%2   〈?〉   ) {
            SUM += A;
        }
    } while(A<=10);
    printf("%d\n", SUM);
}
```

• 답 :

02 다음은 배열 A의 최솟값과 최댓값을 구하는 C프로그램이다. 빈칸 ①~②에 들어갈 가장 적절한 표현을 쓰시오.

```
#include 〈stdio.h〉
void main( )
{
     int A[5] = { 70, 60, 55, 90, 85 };
     int min = 99;
     int max = 0;
     int i;
     for(i = 0; i < 5; i++) {
          if(min   ①  ) min = A[i];
          if(max   ②  ) max = A[i];
     }
     printf("최솟값 : %d\n", min);
     printf("최댓값 : %d\n", max);
}
```

• ① :
• ② :

03 다음은 배열 A의 요소 중에 2의 배수이면서 3의 배수에 해당하는 요소의 개수를 구하는 C프로그램이다. 빈칸 〈?〉 에 들어갈 표현을 쓰시오.

```
#include 〈stdio.h〉
void main( )
{
     int A[10] = {7, 6, 5, 12, 3, 2, 15, 77, 18, 10};
     int cnt = 0;
     int i;
     for(i = 0; i < 10; i++) {
          if(A[i]%2 == 0   〈?〉   A[i]%3 == 0)
               cnt++;
     }
     printf("%d\n", cnt);
}
```

• 답 :

04 다음 Java 프로그램은 일요일부터 토요일까지 요일명을 차례대로 나열하도록 구현되어 있다. 다음 빈 칸 __〈?〉__ 에 들어갈 표현을 쓰시오.

```java
public class Test {
    public static void main(String[ ] args) {
        String week[ ] = { "일", "월", "화", "수", "목", "금", "토" };
        __〈?〉__ week)
            System.out.print(w +"요일");
        }
}
```

• 답 :

05 다음 Java 언어로 구현된 프로그램을 분석하여 그 실행 결과를 쓰시오.

```java
public class Test {
    public static void main(String[ ] args) {
        int[ ] n = {1, 2, 3, 4, 5};
        int sum=0;

        for(int k : n){
            sum += k;
            if (k != n.length)
                System.out.print(k + "+");
            else
                System.out.print(k + "=");
        }
        System.out.println(sum);
    }
}
```

• 답 :

06 다음 Java 프로그램은 1부터 5까지의 합을 구하도록 구현되어 있다. 다음 빈칸 〈?〉 에 들어갈 표현을 쓰시오.

```java
public class Test {
        public static int sum(int x[ ]) {
                int n, s=0;
                for(n=0 ;  〈?〉  ; n++)
                        s += x[n];
                return s;
        }
        public static void main(String[ ] args) {
                int a[ ] = {1, 2, 3, 4, 5};
                System.out.println(sum(a));
        }
}
```

• 답 :

07 다음 Java 프로그램은 1부터 5까지의 합을 구하도록 구현되어 있다. 다음 빈칸 〈?〉 에 들어갈 공통적인 표현을 쓰시오.

```java
public class Test {
        public static void main(String[ ] args) {
                int[ ] n = {1, 2, 3, 4, 5};
                int sum=0;
                for(int i=0 ; i 〈  〈?〉  ; i++){
                        sum += n[i];
                        if ( i !=  〈?〉  − 1)
                                System.out.print(n[i] + "+");
                        else
                                System.out.print(n[i] + "=");
                }
                System.out.println(sum);
        }
}
```

• 답 :

08 다음 Java 프로그램은 3개 학년의 국어 점수와 영어 점수를 2차원 배열 score에 저장하여 처리하도록 구현되어 있다. 프로그램을 분석하여 그 실행 결과를 쓰시오.

```java
public class Test {
    public static void main(String[] args) {
        double score[][] = { {80, 90}, {70, 80}, {60, 100} };
        double sum = 0;
        for (int year=0 ; year < score.length ; year++) {
            for (int s=0; s < score[year].length ; s++) {
                sum += score[year][s];
            }
        }
        int row = score.length;
        int col = score[0].length;
        System.out.println(sum/(row*col));
    }
}
```

• 답 :

09 다음 Java 프로그램은 문자열 String이 보관하는 내용 중에서 문자 'a'가 포함되어 있는 개수를 출력하도록 구현되어 있다. 다음 ①~②에 들어갈 표현을 각각 쓰시오.

```java
public class Test {
    public static void main(String[] args) {
        String text = "Love is a variety of different feelings, states, and"
            + "attitudes that ranges from interpersonal affection to pleasure.";
        int cnt = 0;
        for(int i=0 ; i <   ①   ; i++)
            if (   ②   == 'a') cnt++;
        System.out.println("a문자 : "+ cnt);
    }
}
```

• ① :
• ② :

10 다음 Java언어로 구현된 프로그램을 분석하여 그 실행 결과를 쓰시오.

```java
public class Test {

    public static int decrement(int n) {
        n = n - 1;
        return n;
    }
    public static void main(String[ ] args) {
        int num = 10;
        num = decrement(num);
        System.out.println(num);
    }

}
```

• 답 :

다음 Java언어로 구현된 프로그램을 분석하여 그 실행 결과를 쓰시오.

```java
public class Test {

    public static int fun1(int n) {
        return fun2(n+1);
    }
    public static int fun2(int n) {
        return fun3(n+2);
    }
    public static int fun3(int n) {
        return n+3;
    }
    public static void main(String[ ] args) {
        int num = 10;
        num = fun1(num);
        System.out.println(num);
    }

}
```

• 답 :

12 다음 C언어로 구현된 프로그램을 분석하여 그 실행 결과를 쓰시오.

```c
#include <stdio.h>
void main()
{
    int a = 7;
    int b = 4;
    int x = a & b;
    int y = a | b;
    int z = a ^ b;
    printf("x : %d\n", x);
    printf("y : %d\n", y);
    printf("z : %d\n", z);
}
```

• 답 :

13 다음 C++언어와 관련된 설명에서 빈칸 ①~②에 적합한 용어를 쓰시오.

C++언어에서 객체는 객체의 현재 상태를 나타내는 값이다. 따라서 객체가 처음 만들어졌을 때 객체의 초기 상태를 적절히 지정해 두는 것이 바람직하다. 이러한 목적으로 사용할 수 있는 것이 (①)(이)다. (①)(은)는 객체가 생성될 때 수행할 작업을 정의하는 특수한 멤버 함수로, 객체를 생성하면 자동으로 호출된다. 대부분 (①)(이)가 하는 주요 작업은 멤버 함수에 적절한 초깃값을 할당하는 것이다. 이와는 반대로 C++언어에는 객체가 소멸될 때 자동으로 실행되는 멤버 함수로 (②)(이)가 있다. (②)(은)는 객체의 소멸에 따라 필요한 제반 처리를 하기 위한 용도로 사용되는 멤버 함수이다.

• ① :
• ② :

14 다음 Java코드에서 에러가 발생하는 부분의 기호를 쓰시오.

```java
class Super {
    int x = 10;
    int y = 20;
    public void add( ) {
        System.out.printf("%d + %d = %d\n", x, y, x+y);
    }
}

class Sub extends Super {
    int z = 30;
    public void add( ) {
        System.out.printf("%d + %d + %d = %d\n", x, y, z, x+y+z);
    }
}

public class Exam {
    public static void main(String[ ] args) {
        Super a = new Super( );        // ㉠
        Sub b = new Sub( );            // ㉡
        Super c = new Sub( );          // ㉢
        Sub d = new Super( );          // ㉣
    }
}
```

• 답 :

15 다음 객체 지향 프로그래밍과 관련된 개념의 설명에 해당하는 빈칸 ①~②에 알맞은 용어를 쓰시오.

프로그래밍 언어에서 추상화된 그룹과 추상화되지 않은 하위 그룹 간에는 부모-자식의 계층적 관계가 존재하는데, (①)(은)는 상위 레벨 그룹의 모든 특성을 하위 레벨 그룹이 이어받는 것을 의미하며, (②)(이)란 하위 레벨 그룹이 상위 레벨 그룹의 추상적인 부분을 구현시키는 것을 의미한다.

• ① :
• ② :

16 다음은 1부터 10까지의 정수를 출력하는 Python언어로 구현된 프로그램이다. 밑줄 ①~②에 들어갈 적합한 표현을 쓰시오.

〈출력결과〉

```
1 2 3 4 5 6 7 8 9 10
```

```
for x in range( ①  ,  ②  ):
    print(x, end = ' ')
```

- ① :
- ② :

17 다음은 원하는 구구단을 출력하는 Python언어로 구현된 프로그램이다. 밑줄 ①~②에 들어갈 적합한 표현을 쓰시오.

〈출력결과〉

```
출력할 단은 몇 단인가요? 7 [Enter]
7 * 1 = 7
7 * 2 = 14
7 * 3 = 21
7 * 4 = 28
7 * 5 = 35
7 * 6 = 42
7 * 7 = 49
7 * 8 = 56
7 * 9 = 63
```

```
base = int(  ①  ('출력할 단은 몇 단인가요? '))
for i in  ②  (1, 10):
    print(base, ' * ', i, ' = ', base*i)
```

- ① :
- ② :

18 다음의 〈출력결과〉와 같이 출력하도록 Python언어로 구현된 프로그램의 밑줄에 들어갈 적합한 표현을 쓰시오.

〈출력결과〉

```
5
8.64
(4+6j)
abcdef
```

```
_____
     return a + b

print(add(2,3))
print(add(3.14, 5.5))
print(add(1+2j, 3+4j))
print(add("abc", "def"))
```

• 답 :

19 다음은 Python언어로 작성된 프로그램이다. 이를 실행한 결과를 쓰시오.

```
a = 12
b = 0o14
c = 0xC
d = 0b1100
print(a, b, c, d)
```

• 답 :

20 다음 Python언어로 구현된 문자열 연산의 실행 결과 중 빈칸 ①~③에 들어갈 결과를 쓰시오.

```python
strings = 'Life is too short'
print(strings)
print(len(strings)) # string length
print(strings[0]) # indexing
print(strings[3]) # indexing
print(strings[16]) # indexing
print(strings[-1]) # indexing

print(strings[0:3]) # slicing
print(strings[1:3]) # slicing
print(strings[:]) # slicing
print(strings[:-1]) # slicing

str1 = 'Life is too short'
str2 = ', You need Python.'
str3 = str1 + str2 # concatenation
print(str3)
str4 = str3 * 2 # repetition
print(str4)
print(',' in str3) # member check
print('!' in str3) # member check
```

〈출력결과〉

```
Life is too short
17
L
    ①
t
t
Lif
    ②
Life is too short
Life is too shor
Life is too short, You need Python.
Life is too short, You need Python.Life is too short, You need Python.
    ③
False
```

- ① :
- ② :
- ③ :

21 다음의 〈출력결과〉와 같이 출력하도록 Python언어로 구현된 프로그램의 밑줄에 들어갈 적합한 표현을 쓰시오.

〈출력결과〉

```
5 4 2
```

```
_____ random
min = 1
max = 6
i = 0
while i 〈 3:
    num = random.randint(min, max)
    print(num, end = ' ')
    i = i + 1
```

- 답 :

22 다음에 제시된 Python프로그램이 〈출력결과〉와 같이 결과를 출력해주고 있다. Python프로그램의 밑줄 __〈?〉__ 에 들어갈 Python 표현을 대소문자를 구별하여 쓰시오.

〈출력결과〉

```
결과 : a
결과 : b
결과 : c
```

```
for a __〈?〉__ ['A', 'B', 'C']:
    b = a.lower()
    print("결과 : ", b)
```

• 답 :

23 다음은 Python언어로 작성된 프로그램이다. 이를 실행한 결과를 쓰시오.

```
total = 0

for i in range(1, 11):
    total += i

print (total)
```

• 답 :

24 다음은 Python언어로 작성된 프로그램이다. 이를 실행한 결과를 쓰시오.

```
alphabet = ['A', 'B', 'C']
for a in alphabet[::-1]:
    print(a)
```

• 답 :

25 다음에 제시된 Python프로그램이 〈출력결과〉와 같이 결과를 출력해주고 있다. Python프로그램의 밑줄 _〈?〉_ 에 들어갈 Python 표현을 대소문자를 구별하여 쓰시오.

〈출력결과〉

```
{'email': 'abc@hrdk.org', 'age': '20', 'name': '홍길동'}
홍길동
20
길이 : 3
```

```
members = { 'name':'홍길동', 'age':'20', 'email':'abc@hrdk.org' }
print(members)
print(members['name'])
print(members['age'])
print('길이 : %d' % ___〈?〉___(members))
```

• 답 :

26 다음은 Python언어로 작성된 프로그램이다. 이를 실행한 결과를 쓰시오.

```
a = list(range(1,10,2))
a.append(a[2])
a.append(a[4])
a.remove(a[1])
a.remove(a[3])
for i in a:
    print(i, end = ' ')
```

• 답 :

27 다음은 Python언어로 작성된 프로그램이다. 이를 실행한 결과를 쓰시오.

```python
url = 'http://hrdkorea.or.kr'
url_split = url.split('.')
print(url_split[-1])
```

• 답 :

28 다음은 Python언어로 작성된 프로그램이다. 이를 실행한 결과를 쓰시오.

```python
email = 'pAss@hrdkorea.or.kr'
email = email.lower()
id = email.split('@')[0]
print(id)
```

• 답 :

29 다음은 Python언어로 작성된 프로그램이다. 이를 실행한 결과를 쓰시오.

```python
emails = []
emails.append('pAss@hrdkorea.or.kr')
emails.append('Dumok@abcd.com')
emails.append('a135@xyz.net')

id = list()
for email in emails:
    email = email.lower()
    id.append(email.split('@')[0])

print(id)
```

• 답 :

30 다음은 Python언어로 작성된 프로그램이다. 이를 실행한 결과를 쓰시오.

```python
nums = [11, 12, 13, 14, 15, 16, 17, 18, 19, 20]
print(nums[::2])
print(nums[1::2])
```

• 답 :

31 다음은 Python언어로 작성된 프로그램이다. 이를 실행한 결과를 쓰시오.

```python
def print_reverse(string):
        print(string[::-1].upper())

print_reverse('python')
```

• 답 :

32 다음에 제시된 Python프로그램이 〈처리결과〉와 같이 결과를 출력해주고 있다. Python프로그램의 밑줄 〈?〉 에 들어갈 Python 표현을 대소문자를 구별하여 쓰시오.

〈출력결과〉

```
[2, 4, 6]
```

```python
def func(items):
    result = [ ]
    for item in items:
        if   〈?〉   == 0:
            result.append(item)
    return result

print(func([9, 2, 5, 4, 1, 6]))
```

• 답 :

33 다음은 Python언어로 작성된 프로그램이다. 이를 실행한 결과를 쓰시오.

```python
def test1(num) :
    return num + 3

def test2(num) :
    num = num + 1
    return test1(num)

result = test2(10)
print(result)
```

• 답 :

34 다음은 Python언어로 작성된 프로그램이다. 이를 실행한 결과를 쓰시오.

```python
fruits = {"banana": [500, 20],
        "apple": [1000, 10],
        "kiwi": [250, 5]}

price_amount = fruits.values( )
payment = 0
for p in price_amount:
    payment += p[0] * p[1]

print('지불금액 : %d원' % payment)
```

• 답 :

35 다음은 Python언어로 작성된 프로그램으로, 이를 실행하면 에러가 발생한다. 에러가 발생하는 위치의 기호를 쓰시오.

```python
student = {'김철수', '강철수', '박철수'}
student.add('강철수')  # ㉠
student.update(['정철수', '이철수']) # ㉡
student.remove('강철수') # ㉢
student.append('최철수') # ㉣
print(student)
```

• 답 :

응용 SW 기초 기술 활용

모듈 소개

응용 소프트웨어 개발을 위하여 운영체제, 데이터베이스, 네트워크 기초 기술을 적용하고 응용 개발에 필요한 환경을 구축할 수 있다.

운영체제 기초
활용하기

학습방향

1. 운영체제의 특징을 파악할 수 있다.
2. 운영체제의 기본 명령어를 활용하여 실무 작업을 처리할 수 있다.
3. 운영체제의 핵심기능을 파악하여 실무 작업을 수행할 수 있다.

CHAPTER **01**

01 운영체제의 개요

출제
빈도 상 중 **하**

★ 시스템 소프트웨어
시스템 전체를 작동시키는 프로그램으로 대표적으로 OS가 있으며 그 외에는 언어 번역 프로그램, 매크로 프로세서, 라이브러리, 로더 등이 있다.

★ Android(안드로이드)
2007년 휴대전화를 비롯한 휴대용 장치를 위해 구글(Google)이 공개한 리눅스 커널 기반의 개방형 모바일 운영체제이다. 자바와 코틀린 언어로 앱을 작성할 수 있으며 폐쇄적으로 운영 중인 iOS 체제와 달리 운영체제를 공개하고 있어 휴대폰 제조업체와 이동통신사 등을 채택할 수 있다.

01 운영체제의 개념 2020년 1회

- 운영체제(OS, Operating System)는 컴퓨터 사용자와 컴퓨터 하드웨어 간의 인터페이스로서 동작하는 시스템 소프트웨어의 일종이다.
- 컴퓨터를 편리하게 사용하고 컴퓨터 하드웨어를 효율적으로 사용할 수 있게 한다.
- 운영체제는 스스로 어떤 유용한 기능도 수행하지 않고 다른 응용 프로그램이 유용한 작업을 할 수 있도록 환경을 마련해 준다.
- 사용자와 컴퓨터 간의 인터페이스로 동작하는 시스템 소프트웨어★이다.
- 운영체제의 종류로는 MS-DOS, Windows XP/Vista/7/8/10, LINUX, UNIX, MacOS, OS/2, iOS, Android★ 등이 있다.

▲ 운영체제

02 운영체제의 목적(= 운영체제의 성능 평가 항목)

처리 능력(Throughput) 향상	• 주어진 시간 내에 처리되는 작업의 양을 의미한다. • 작업량이 많을수록 운영체제의 성능이 좋은 것이다.
응답 시간(Turnaround Time) 감소	• 컴퓨터에 명령을 지시한 뒤 그 결과가 출력되는 시간을 의미한다. • 응답시간이 짧을수록 운영체제의 성능이 좋은 것이다.
신뢰성(Reliability) 향상	주어진 작업에 대해서 얼마나 오류 없이 처리하는지에 대한 것이다.
사용 가능도(Availability) 향상	시스템 운영 시간 중 얼마나 많은 시간을 사용 가능한지에 대한 것이다.

03 운영체제의 기능

- 사용자와 컴퓨터 시스템 간의 인터페이스를 제공한다.
- 프로세서, 기억장치, 입출력장치, 파일 및 정보 등의 자원을 관리한다.
- 입출력에 대한 보조 기능을 제공한다.
- 시스템의 오류를 검사하고 복구하여 시스템을 보호한다.
- 메모리 상태 관리, 사용자 간의 자원 공유 등의 기능을 한다.

04 운영체제의 운영 방식

① 일괄 처리 시스템(Batch Processing System)
- 시대적으로 가장 먼저 생겨난 형태로 한정된 시간 제약조건에서 자료를 분석하여 처리하는 시스템이다.
- 유사한 성격의 작업을 한꺼번에 모아서 처리하는 방식으로 오프라인 시스템에서 사용하며 적절한 작업 제어 언어(JCL)를 제공한다.
- **예** 수도요금 계산 업무, 월급 계산 업무, 연말 결산 업무 등

② 다중 프로그래밍 시스템(Multi-Programming System)
- 하나의 컴퓨터 시스템에서 여러 프로그램들이 같이 컴퓨터 시스템에 입력되어 주기억장치에 적재되고, 이들이 처리장치를 번갈아 사용하며 실행하도록 하는 시스템이다.
- 처리량을 극대화시킨다.

③ 시분할 시스템(Time Sharing System)
- 하나의 컴퓨터를 여러 개의 단말기가 공동으로 사용하도록 하는 시스템이다.
- 사용자 관점에서 프로세서를 일정한 시간 주기로 번갈아 점유하는 것을 말한다.
- 프로세서가 여러 사용자 프로그램을 처리함에도 불구하고 사용자는 자신의 것만을 처리하는 것으로 느낀다.
- 실시간(Real Time) 응답이 요구되며 CPU가 Multi-Programming하는 것을 가능하게 한다.
- 단말기 사용자를 위한 대화형 처리를 위하여 개발되었다.

④ 다중 처리 시스템(Multi-Processing System)
- 여러 개의 CPU와 한 개의 주기억장치로 여러 프로그램을 동시에 처리하는 시스템이다.

⑤ 실시간 처리 시스템(Real Time Processing System)
- 처리해야 할 작업이 발생한 시점에서 즉각적으로 처리하여 그 결과를 얻어내는 시스템으로 정해진 시간에 반드시 수행되어야 하는 작업들을 처리하기에 가장 적합하다.
- **예** 항공기 예약 업무, 은행 창구 업무, 조회 및 질의 업무 등

⑥ 다중 모드 시스템(Multi-Mode System)
- 일괄 처리 시스템, 시분할 시스템, 다중 처리 시스템, 실시간 처리 시스템을 한 시스템에서 모두 제공하는 시스템이다.

⑦ 분산 처리 시스템(Distributed Processing System)
- 여러 대의 컴퓨터들에 의해 작업들을 나누어 처리하여 그 내용이나 결과를 통신망을 이용하여 상호 교환되도록 연결되어 있는 시스템이다.

합격생의 비법

운영체제의 발달 과정
일괄 처리 시스템 → 다중 프로그래밍, 시분할 다중 처리, 실시간 시스템 → 다중 모드 시스템 → 분산 처리 시스템

01 다음 〈보기〉의 운영체제 운영 방식을 발달 순서에 맞게 골라 쓰시오.

〈보기〉

> 일괄 처리, 다중 모드, 분산 처리, 시분할

• 답 :   →   →   →

02 다음 〈보기〉에서 운영체제의 성능 평가 기준을 골라 쓰시오.

〈보기〉

> Throughput, Reliability, Integrity, Turnaround Time

• 답 :

03 다음에서 공통으로 설명하는 운영체제 운영 방식을 쓰시오.

> • 하나의 컴퓨터를 여러 개의 단말기가 공동으로 사용하도록 하는 시스템이다.
> • 사용자 관점에서 프로세서를 일정한 시간 주기로 번갈아 점유하는 것을 말한다.
> • 프로세서가 여러 사용자 프로그램을 처리함에도 불구하고 사용자는 자신의 것만을 처리하는 것으로 느낀다.
> • 실시간(Real Time) 응답이 요구되며 CPU가 Multi-Programming하는 것을 가능하게 한다.
> • 단말기 사용자를 위한 대화형 처리를 위하여 개발되었다.

• 답 :

ANSWER **01** 일괄 처리 → 시분할 → 다중 모드 → 분산 처리
02 Throughput, Reliability, Turnaround Time
03 시분할 시스템 또는 Time Sharing System

02 주 메모리 관리

핵심포인트

메모리 계층도 • 반입/배치/교체 전략 • 내부/외부 단편화 • 통합/압축

출제
빈도 상 중 하

01 기억장치의 분류

- 기억장치(Memory)는 중앙처리장치(CPU)가 작업을 수행하기 위해서 프로그램이나 데이터 등을 일시적으로 또는 영구히 저장하는 장치를 통틀어 지칭한다.
- 하드디스크와 같은 보조기억장치는 대용량의 데이터를 저장하고 있다가 주기억장치로 데이터를 전송하며, CPU의 레지스터는 주기억장치 또는 캐시 기억장치로부터 데이터를 읽어 들인다.

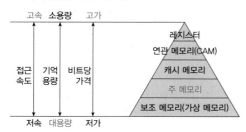

▲ 메모리 계층도

02 기억장치의 특징

① 주 메모리(Main Memory, 주기억장치)
- CPU가 직접 접근하여 처리할 수 있는 기억장치로 현재 수행 중인 프로그램 및 데이터를 저장한다.
- 반도체 메모리로 ROM과 RAM으로 구성되어 있다.

② 캐시 메모리(Cache Memory)
주기억장치와 CPU의 속도 차이를 줄여 처리의 효율을 높이기 위한 목적으로 사용된다.

③ 연관 메모리(Associative Memory)
저장된 내용을 이용해 접근하는 기억장치로, CAM(Content Addressable Memory)이라고도 한다.

④ 보조 메모리(secondary memory)
- 주기억장치의 부족한 용량 문제를 해결하기 위해 외부에 설치된 대용량 기억장치이다.
- 주기억장치에 비해 접근 속도가 느리다.
- 전원이 차단되어도 내용이 그대로 유지된다.

합격생의 비법

주 메모리 관리를 위해서는 메모리의 분류와 메모리 계층도상 해당 메모리의 위치에 접근하는 속도, 기억 용량, 가격 등의 상대적인 특징을 잘 알고 있는 것이 중요합니다. 더불어 실기시험에서도 메모리와 관련된 문제는 용어 문제로 출제가 될 가능성이 높습니다. 메모리의 특징에 대해 정확하게 기억해 두세요.

⑤ 가상 메모리(Virtual Memory)

- 주기억장치의 부족한 용량을 해결하기 위해 보조기억장치를 주기억장치처럼 사용하는 기법이다.
- 가상 메모리의 구현 기법으로는 페이징(Paging) 기법과 세그먼테이션(Segmentation) 기법이 있다.

03 기억장치의 관리 전략

① 반입(Fetch) 전략 : When
- 프로그램/데이터를 주기억장치로 가져오는 시기를 결정하는 전략이다.
- 종류 : 요구 반입, 예상 반입

② 배치(Placement) 전략 : Where
- 프로그램/데이터의 주기억장치 내의 위치를 정하는 전략이다.
- 종류 : 최초 적합(First Fit), 최적 적합(Best Fit), 최악 적합(Worst Fit)

③ 교체(Replacement) 전략 : Who/What
- 주기억장치 내의 빈 공간 확보를 위해 제거할 프로그램/데이터를 선택하는 전략이다.
- 주기억장치의 모든 페이지 프레임이 사용 중일 때 어떤 페이지 프레임을 교체할 것인가를 결정하는 전략으로 가상기억장치의 페이징 시스템에서 함께 사용되는 전략이다.
- 종류 : FIFO, OPT, LRU, LFU, NUR, SCR 등

04 배치(Placement) 전략

최초 적합(First Fit)	적재 가능한 공간 중에서 첫 번째 공간에 배치하는 방식이다.
최적 적합(Best Fit)	단편화 공간이 가장 작게 발생하는 공간에 배치하는 방식이다.
최악 적합(Worst Fit)	단편화 공간이 가장 크게 발생하는 공간에 배치하는 방식이다.

25K 요구	25K 요구	25K 요구
OS	OS	OS
33K	33K	33K
사용 중	사용 중	사용 중
25K	25K	25K
사용 중	사용 중	사용 중
15K	15K	15K
사용 중	사용 중	사용 중
40K	40K	40K
최초 적합	최적 적합	최악 적합

05 단편화

① 단편화(Fragmentation)

- 주기억장치상에서 빈번하게 기억 장소가 할당되고 반납됨에 따라 기억장소들이 조각들로 나누어지는 현상이다.
- 종류 : 내부 단편화(Internal Fragmentation), 외부 단편화(External Fragmentation)★
  - 내부 단편화 : 분할된 영역이 할당 작업보다 큰 상황에서 할당된 후 남게 되는 빈 조각 공간이 발생하는 현상을 말한다.
  - 외부 단편화 : 분할된 영역이 할당 작업보다 작은 상황에서 할당이 불가능하게 되어 남게 되는 공간이 발생하는 현상을 말한다.

★ 내부 단편화와 외부 단편화
- **내부 단편화** :
  분할 영역 >= 할당 작업
- **외부 단편화** :
  분할 영역 < 할당 작업

예 60K의 사용자 공간이 아래와 같이 분할되어 있다고 가정할 때 24K, 14K, 12K, 6K의 작업을 최적 적합 전략으로 각각 기억 공간에 들어온 순서대로 할당할 경우 생기는 총 내부 단편화와 외부 단편화의 크기를 구하시오.

OS
25K
15K
10K
10K

〈결과〉
- 내부 단편화 : 6K
- 외부 단편화 : 10K

〈풀이〉
- 내부 단편화

할당	단편화
24K	1K
14K	1K
6K	4K
합계	6K

- 외부 단편화

할당	단편화
10K	10K
합계	10K

- 내부 단편화는 분할된 공간에 작업이 할당된 후, 발생되는 분할 공간이므로 할당 성공한 작업 3개에 대한 $(25-24) + (15-14) + (10-6) = 6K$이다.
- 외부 단편화의 경우는 할당되지 못하고 남는 공간이므로 10K이다.

② 단편화 해결 방법
- 분할된 주기억장치의 공간을 재사용할 수 있도록 하나로 모아 사용 가능한 공간으로 만드는 기법이다.
- 종류
  - 통합(Coalescing) : 인접한 낭비 공간들을 모아서 하나의 큰 기억 공간을 만드는 작업이다.
  - 압축(Compaction) : 서로 떨어져 있는 공백을 모아서 하나의 큰 기억 공간을 만드는 작업이다. 가비지 컬렉션(쓰레기 수집, Garbage Collection)이라고도 한다.

예 사용자 공간이 아래와 같이 단편화되어 있다고 가정할 때 통합 방법과 압축 방법을 통해 만든 사용 가능한 공간의 크기를 구하시오.

OS
사용 중
15K
사용 중
15K
45K

〈결과〉
- 통합 : 60K
- 압축 : 75K

〈풀이〉

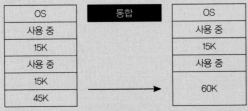

- 통합의 경우, 인접한 단편화 공간을 병합하여 사용 가능한 공간을 만들게 되므로 15K + 45K = 60K이다.

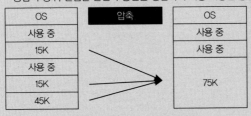

- 압축의 경우, 단편화되어 있는 공간 전체를 합하여 하나의 공간을 만들게 되므로 15K + 15K + 45K = 75K이다.

01 다음 주기억장치 관리 전략에 대한 명칭과 그 설명을 바르게 연결하시오.

가. 반입 전략 •

나. 배치 전략 •

다. 교체 전략 •

• A. 주기억장치 내의 빈 공간 확보를 위해 제거할 프로그램/데이터를 선택하는 전략

• B. 프로그램/데이터의 주기억장치 내의 위치를 정하는 전략

• C. 프로그램/데이터를 주기억장치로 가져오는 시기를 결정하는 전략

02 다음 〈보기〉에서 주기억장치 배치 전략에 해당되는 것을 골라 쓰시오.

〈보기〉

Best-fit, Last-fit, Worst-fit, First-fit

• 답 :

03 다음 빈칸에서 설명하는 공통된 용어를 쓰시오.

(   )(은)는 주기억장치상에서 빈번하게 기억 장소가 할당되고 반납됨에 따라 기억장소들이 조각들로 나누어지는 현상이다. 종류에는 내부 (   )(와)과 외부 (   )(이)가 있으며, (   )의 해결하기 위해서는 분할된 주기억장치의 공간을 재사용할 수 있도록 하나로 모아 사용 가능한 공간으로 만드는 통합과 압축의 방법을 사용한다.

• 답 :

핵심포인트

페이징 • 세그먼테이션 • 페이지 교체 알고리즘 • 구역성 • 스래싱

출제
빈도 상 중 하

01 가상 메모리

- 가상기억장치(Virtual Memory)는 보조기억장치의 일부를 주기억장치처럼 사용하는 것으로, 주기억장치보다 용량이 큰 프로그램을 처리하기 위해 용량이 작은 주기억장치를 마치 큰 용량을 가진 것처럼 사용하는 기법이다.
- 가상기억장치에 저장된 프로그램을 실행하기 위해서 가상기억장치의 주소를 주기억장치의 주소로 변환하는 주소 변환(매핑, Mapping) 작업이 필요하다.
- 가상기억장치를 구현함으로써 주기억장치의 이용률과 다중 프로그래밍 정도를 높일 수 있다.
- 종류에는 페이징 기법과 세그먼테이션 기법이 있다.

① 페이징(Paging) 기법

- 가상기억장치에 보관된 프로그램과 주기억장치의 영역을 동일한 크기로 나눈 후, 나눠진 프로그램(페이지, Page)을 동일하게 나눠진 주기억장치의 영역(Page Frame)에 적재시켜 실행하는 기법★이다.
- 가상기억장치에서 주기억장치로 주소를 조정하는 매핑(Mapping)을 위해 페이지의 위치 정보를 가진 페이지 맵 테이블(Page Map Table)이 필요하다.
- 외부 단편화는 발생하지 않으나 내부 단편화가 발생할 수 있다.
- 페이지의 크기가 클수록 페이지 맵 테이블의 크기가 작아지고, 단편화가 증가하고, 디스크 접근 횟수가 감소하며, 전체 입출력 시간이 감소한다.
- 페이지의 크기가 작을수록 페이지 맵 테이블의 크기가 커지고, 단편화가 감소하고, 디스크 접근 횟수가 증가하며, 전체 입출력 시간이 증가한다.

② 세그먼테이션(Segmentation) 기법

- 가상기억장치에 보관된 프로그램을 다양한 크기의 논리적인 단위(세그먼트, Segment)로 나눈 후 주기억장치에 적재시켜 실행시키는 기법이다.
- 매핑을 위해 세그먼트의 위치 정보를 가진 세그먼트 맵 테이블(Segment Map Table)이 필요하다.
- 외부 단편화가 발생할 수 있다.

★ 페이징 기법에서의 분할 단위
- **주기억장치** : 프레임(Frame)
- **가상기억장치** : 페이지(Page)

02 매핑 테이블

- 매핑(mapping, 사상) 작업은 논리적 주소와 물리적 주소를 연결하는 과정이다.
- 하드웨어 장치인 MMU(Memory Management Unit, 메모리 관리장치)에 의해 실행되며, 이때 논리적 주소와 물리적 주소의 매핑 정보를 매핑 테이블에 저장하여 관리하게 된다.

★ 페이징 기법의 매핑 방법
- **직접 매핑**(direct mapping) : 주소에 의한 매핑
- **연관 사상 매핑**(associative mapping) : 내용에 의한 매핑
- **직접/연관 사상**(set associative mapping) : 직접 매핑+연관 사상 매핑

03 페이지 교체 알고리즘

- 프로세스 실행 시 참조할 페이지가 주기억장치에 없는 페이지 부재(Page Fault) 발생 시 가상기억장치의 페이지를 주기억장치에 적재해야 하는데, 이때 주기억장치의 모든 페이지 프레임이 사용 중이면 어떤 페이지 프레임을 교체할지 결정하는 기법이다.
- 교체 알고리즘의 종류

OPT (OPTimal page replacement)	• 이후에 가장 오랫동안 사용되지 않을 페이지를 먼저 교체하는 기법 • 실현 가능성이 희박함
FIFO (First In First Out)	• 가장 먼저 적재된 페이지를 먼저 교체하는 기법 • 벨레이디의 모순(Belady's Anomaly) 현상이 발생함
LRU (Least Recently Used)	가장 오랫동안 사용되지 않았던 페이지를 먼저 교체하는 기법
LFU (Least Frequently Used)	참조된 횟수가 가장 적은 페이지를 먼저 교체하는 기법
NUR (Not Used Recently)	• 최근에 사용하지 않은 페이지를 먼저 교체하는 기법 • 매 페이지마다 두 개의 하드웨어 비트(참조 비트, 변형 비트)가 필요함
SCR (Second Chance Replacement)	각 페이지에 프레임을 FIFO 순으로 유지하면서 LRU 근사 알고리즘처럼 참조 비트를 갖게 하는 기법

04 가상기억장치 관련 기타 주요 용어

① 구역성(Locality, 지역성)
- 프로세스가 실행되는 동안 일부 페이지만 집중적으로 참조되는 경향을 의미한다.
- 캐시 메모리 시스템의 이론적 근거가 되며 스래싱을 방지하기 위한 워킹 셋 이론의 기반이 된다.
  - 시간 구역성(Temporal Locality) : 최근에 참조된 기억장소가 가까운 장래에도 계속 참조될 가능성이 높음을 의미한다(루프, 서브루틴, 스택, 집계에 사용되는 변수 등).
  - 공간 구역성(Spatial Locality) : 하나의 기억장소가 가까운 장래에도 계속 참조될 가능성이 높음을 의미한다(배열 순례, 프로그램의 순차적 수행 등).

② 워킹 셋(Working Set)

- 프로세스가 일정 시간 동안 자주 참조하는 페이지들의 집합이다.
- 프로세스를 효과적으로 실행하기 위하여 주기억장치에 유지되어야 하는 페이지들의 집합이다.

③ 스래싱(Thrashing)

- 페이지 부재가 계속 발생되어 프로세스가 수행되는 시간보다 페이지 교체에 소비되는 시간이 더 많은 드는 현상이다.
- 스래싱 현상 방지 기법
  - CPU 이용률을 증가시킨다.
  - 페이지 부재율 조절 후 대처한다.
  - 워킹 셋(Working Set) 방법을 사용한다.

④ 페이지 부재(Page Fault)

- 참조할 페이지가 주기억장치에 없는 현상이다.
- 페이지 부재율(Page Fault Rate)에 따라 주기억장치에 있는 페이지 프레임의 수를 늘리거나 줄여 페이지 부재율을 적정 수준으로 유지하는 것이 바람직하다.

01 프로세스가 일정 시간 동안 자주 참조하는 페이지들의 집합이 무엇인지 알맞은 용어를 쓰시오.

• 답 :

02 매 페이지마다 두 개의 하드웨어 비트(참조 비트, 변형 비트)를 두고 최근에 사용하지 않은 페이지를 먼저 교체하는 페이지 교체 알고리즘이 무엇인지 영문 약어로 쓰시오.

• 답 :

03 다음 구역성에 대한 명칭과 그 설명을 바르게 연결하시오.

가. 시간 구역성 •

나. 공간 구역성 •

• A. 최근에 참조된 기억장소가 가까운 장래에도 계속 참조될 가능성이 높음을 의미한다.

• B. 하나의 기억장소가 가까운 장래에도 계속 참조될 가능성이 높음을 의미한다.

04 다음 〈보기〉에서 시간 구역성의 종류를 골라 쓰시오.

〈보기〉

반복, 배열 순회, 스택, 집계, 부 프로그램

• 답 :

04 프로세스 스케줄링

출제
빈도 (상)(중)(하)

핵심포인트

프로세스 • PCB • 스레드 • 비선점/선점 스케줄링 • 문맥 교환 • 교착 상태

01 프로세스(Process)의 개념

• 프로세스는 운영체제가 관리하는 실행의 단위로 실행 중인 프로그램이라 한다.
• 프로세서가 할당되는 실체이다.
• 프로시저가 활동 중인 것이다.
• 비동기적 행위를 일으키는 주체이다.
• PCB를 가진 프로그램이다.

02 프로세스 제어 블록(PCB, Process Control Block)

• 운영체제가 프로세스에 대한 중요한 정보를 저장해 놓을 수 있는 저장 장소이다.
• 각 프로세스는 고유의 PCB를 가진다. 즉, 프로세스가 생성될 때 고유의 PCB가 생성되고, 종료되면 PCB는 제거된다.
• PCB에 저장되어 있는 정보
  – 프로세스의 현재 상태
  – 프로세스의 우선순위
  – CPU 레지스터 정보
  – 할당된 자원에 대한 정보
  – 프로세스 고유 식별자(PID)
  – 입/출력 상태 정보
  – 각종 자원의 포인터

★ 프로세스 상태 전이 과정
• Dispatch : 준비 상태 → 실행 상태
• Block : 실행 상태 → 대기 상태
• Wake up : 대기 상태 → 준비 상태

03 프로세스 상태 전이★ 2020년 4회

CPU 스케줄러 = 디스패처 = 단기 스케줄러

① 준비(Ready) 상태 : 프로세스가 준비 큐에서 실행을 준비하고 있는 상태로 CPU를 할당받기 위해 기다리고 있는 상태를 말한다.

② 실행(Running) 상태 : 준비 큐에 있는 프로세스가 CPU를 할당받아 실행되는 상태로 CPU 스케줄러에 의해 수행된다.

③ 대기(Block) 상태

- 프로세스가 입/출력 처리가 필요하면 현재 수행 중인 프로세스가 입/출력을 위해 대기 상태로 전이된다.
- 대기 중인 상태의 프로세스는 입/출력 처리가 완료되면 대기 상태에서 준비 상태로 전이된다.

04 스레드(Thread)의 개념

- 제어의 흐름을 의미하며 프로세스에서 실행의 개념만을 분리한 것으로 프로세스의 일부 특성을 갖고 있기 때문에 '경량(Light Weight) 프로세스'라고도 한다.
- 프로세스의 구성을 제어의 흐름 부분과 실행 환경 부분으로 나눌 때, 프로세스의 실행 부분을 담당함으로써 실행의 기본 단위가 되는 것이다.
- 하나의 프로세스 내에서 병행성을 증가시키기 위한 메커니즘이다.
- 스레드는 소속된 프로세스의 자원들과 메모리를 공유한다.
- 다중 스레드는 프로세스의 생성이나 문맥 교환 등의 오버헤드를 줄여 운영체제의 성능을 개선한다.

05 프로세스 스케줄링

① 프로세스 스케줄링(Scheduling)의 개념

- 프로세스의 생성 및 실행에 필요한 시스템의 자원을 해당 프로세스에 할당하는 작업을 말한다.
- 스케줄링의 기법은 비선점 기법과 선점 기법으로 구분할 수 있다.

② 프로세스 스케줄링의 목적

- 모든 작업들에 대한 공정성을 유지하기 위한 방법이다.
- 단위 시간당 처리량을 최대화한다.
- 응답 시간, 반환 시간, 대기 시간 및 오버헤드를 최소화한다.

③ 비선점(Non-preemptive) 스케줄링

- 일단 CPU를 할당받으면 다른 프로세스가 CPU를 강제적으로 빼앗을 수 없는 방식이다.
- 모든 프로세스에 대한 공정한 처리가 가능하다.
- 일괄 처리 시스템에 적합하다.

합격생의 비법

- 프로세스 스케줄링의 방법은 비선점 기법과 선점 기법으로 구분이 됩니다.
- 프로세스 스케줄링 기법은 필기시험에서는 매우 자주 출제되는 부분입니다. 하지만 실기시험에서는 각각의 스케줄링 기법을 상세히 학습하는 방법보다는 선점과 비선점 알고리즘의 종류를 명확히 구분하고 기능을 이해하는 정도로 학습하는 것이 효율적입니다.

④ 선점(Preemptive) 스케줄링

- 한 프로세스가 CPU를 할당받아 실행 중이라도 우선순위가 높은 다른 프로세스가 CPU를 강제적으로 빼앗을 수 있는 방식이다.
- 긴급하고 높은 우선순위의 프로세스들이 빠르게 처리될 수 있다.
- 대화식 시분할 시스템에 적합하다.

06 비선점(Non-Preemptive) 스케줄링 종류

FCFS (First Come First Service)	준비상태 큐에 도착한 순서대로 CPU를 할당하는 기법
SJF (Shortest Job First)	• 준비상태 큐에서 대기하는 프로세스들 중에서 실행 시간이 가장 짧은 프로세스에게 먼저 CPU를 할당하는 기법 • 평균 대기 시간을 최소화함
HRN(Highest Response-ratio Next) 2020년 1회	• 어떤 작업이 서비스 받을 시간과 그 작업이 서비스를 기다린 시간으로 결정되는 우선순위에 따라 CPU를 할당하는 기법 • 우선순위 계산식 = (대기 시간+서비스 시간)/서비스 시간
기한부(Deadline)	작업이 주어진 특별한 시간이나 만료시간 안에 완료되도록 하는 기법
우선순위(Priority)	• 준비상태 큐에서 대기하는 프로세스에게 부여된 우선순위가 가장 높은 프로세스에게 먼저 CPU를 할당하는 기법 • 에이징(Aging) 기법(프로세스가 자원을 기다리고 있는 시간에 비례하여 우선순위를 부여함으로써 무기한 문제를 방지하는 기법)

07 선점(Preemptive) 스케줄링 종류

SRT(Shortest Remaining Time)	• 실행 중인 프로세스의 남은 시간과 준비상태 큐에 새로 도착한 프로세스의 실행 시간을 비교하여 실행 시간이 더 짧은 프로세스에게 CPU를 할당하는 기법 • 시분할 시스템에 유용함
RR(Round Robin)	• 주어진 시간 할당량(Time slice) 안에 작업을 마치지 않으면 준비완료 리스트(ready list)의 가장 뒤로 배치되는 기법 • 시간 할당량이 너무 커지면 FCFS와 비슷하게 되고, 시간 할당량이 너무 작아지면 오버헤드가 커지게 됨
다단계 큐(MQ, Multi-level Queue)	프로세스들을 우선순위에 따라 시스템 프로세스, 대화형 프로세스, 일괄처리 프로세스 등으로 상위, 중위, 하위 단계의 단계별 준비 큐를 배치하는 기법
다단계 피드백 큐(MFQ, Multi-level Feedback Queue)	• 각 준비상태 큐마다 부여된 시간 할당량 안에 완료하지 못한 프로세스는 다음 단계의 준비상태 큐로 이동하는 기법 • 짧은 작업, 입/출력 위주의 작업 권에 우선권을 부여함 • 마지막 단계의 큐에서는 작업이 완료될 때까지 Round Robin 방식을 취함

문맥교환(Context Switching)

다중 프로그래밍 시스템에서 운영체제에 의하여 CPU가 할당되는 프로세스를 변경하기 위하여 현재 CPU를 사용하여 실행되고 있는 프로세스의 상태 정보를 저장하고, 앞으로 실행될 프로세스의 상태 정보를 설정한 다음에 중앙처리장치를 할당하여 실행이 되도록 하는 작업을 말한다.

08 병행 프로세스

- 병행 프로세스(Concurrent Process)는 두 개 이상의 프로세스들이 동시에 실행 상태에 있는 것을 의미한다.
- 여러 프로세스들이 독립적으로 실행되는 것을 독립적 병행 프로세스라고 하며, 서로 협력하며 동시에 실행되는 것을 병행 프로세스라고 한다.
- 병행 프로세스는 다중 처리 시스템이나 분산 처리 시스템에서 매우 중요한 개념으로 사용된다.
- 임계 구역(Critical Section)은 다중 프로그래밍 운영체제에서 여러 개의 프로세스가 공유하는 자원이나 데이터에 대하여 어느 한 시점에서 하나의 프로세스만 사용할 수 있도록 지정된 공유 자원을 의미한다.
- 동기화 기법(Synchronization)은 두 개 이상의 프로세스를 한 시점에 동시에 처리할 수 없으므로 각 프로세스에 대한 처리의 순서를 결정하는 것으로 상호 배제의 한 형태이다.

세마포어 (Semaphore)	• Dijkstra가 제안한 상호 배제 알고리즘 • 각 프로세스가 임계 구역에 대해 각각의 프로세스들이 접근하기 위하여 사용되는 P와 V 연산을 통해 프로세스 사이의 동기를 유지하고 상호 배제의 원리를 보장함
모니터 (Monitor)	• 특정 공유 자원이나 한 그룹의 공유 자원들을 할당하는 데 필요한 데이터 및 프로시저를 포함하는 병행성 구조 • 한 순간에 한 프로세스만이 모니터에 진입 가능 • 모니터 외부의 프로세스는 모니터 내부의 데이터 접근 불가

09 교착 상태(DeadLock)

① 교착 상태의 개념

- 교착 상태는 상호 배제에 의해 나타나는 문제점으로 두 개 이상의 프로세스들이 자원을 점유한 상태에서 서로 다른 프로세스가 점유하고 있는 자원을 요구하며 무한정 기다리는 현상을 말한다.
- 교착 상태는 상호 배제, 점유 및 대기, 비선점, 환형 대기의 4가지의 발생 조건이 모두 만족해야만 발생한다.
- 교착 상태를 해결하기 위해서는 예방, 회피, 발견, 회복의 방법이 있다.

② 교착 상태의 발생 조건

- 상호 배제(Mutual Exclusion) : 한 번에 한 개의 프로세스만이 공유 자원을 사용할 수 있어야 한다.
- 점유 및 대기(Hold and Wait) : 이미 자원을 가진 프로세스가 다른 자원의 할당을 요구한다.
- 비선점(Non-Preemption) : 프로세스에 할당된 자원은 사용이 끝날 때까지 강제로 빼앗을 수 없다.
- 환형 대기(Circular Wait) : 이미 자원을 가진 프로세스가 앞이나 뒤의 프로세스의 자원을 요구한다.

③ 교착 상태의 해결 방법

- 예방(Prevention) : 교착 상태 발생 조건 중 하나라도 발생하지 않게 하는 방법이다.
- 회피(Avoidance) : 교착 상태의 발생 가능성을 인정하고, 교착 상태 가능성을 피해가는 방법으로 은행원 알고리즘과 관계가 있다.
- 발견(Detection) : 교착 상태가 발생했는지 검사하여 교착 상태에 빠진 프로세스와 자원을 발견하는 방법이다.
- 회복(Recovery) : 교착 상태에 빠진 프로세스를 종료하거나 해당 프로세스가 점유하고 있는 자원을 선점하여 다른 프로세스에게 할당하는 기법이다.

01 다음에서 공통으로 설명하는 용어를 쓰시오.

> • 제어의 흐름을 의미하는 것으로 프로세스에서 실행의 개념만을 분리한 것으로 프로세스의 일부 특성을 갖고 있기 때문에 경량(light weight) 프로세스라고도 한다.
> • 프로세스의 구성을 제어의 흐름 부분과 실행 환경 부분으로 나눌 때, 프로세스의 실행 부분을 담당함으로써 실행의 기본 단위가 되는 것이다.
> • 하나의 프로세스 내에서 병행성을 증가시키기 위한 메커니즘이다.

• 답 :

02 다음 〈보기〉에서 프로세스 제어 블록(PCB, Process Control Block)에 저장되어 있는 정보를 골라 쓰시오.

〈보기〉

> 프로세스의 현재 상태, 프로세스의 우선순위, CPU 레지스터 정보, 할당된 자원에 대한 정보

• 답 :

03 교착 상태의 발생조건 4가지를 쓰시오.

• 답 :

ANSWER **01** 스레드 또는 Thread
02 프로세스의 현재 상태, 프로세스의 우선순위, CPU 레지스터 정보, 할당된 자원에 대한 정보
03 상호 배제, 점유 및 대기, 비선점, 환형 대기

출제
빈도 하

핵심포인트

환경변수 • Windows의 주요 환경변수 • UNIX/LINUX의 주요 환경변수

01 환경변수(Environment Variable)의 개념

• 환경변수는 정확히 운영체제의 프로세스 환경변수를 의미한다.
• 시스템 소프트웨어의 동작에 영향을 미치는 동적인 값들의 모임이다.
• 운영체제가 제공하는 시스템 설정값이다.
• 주요 특징은 다음과 같다.
 – 구성 : 변수명과 값
 – 내용 : 시스템의 기본 속성
 – 상위(부모)프로세스가 하위(자식) 프로세스에 상속한다.
 – 적용 범위에 따라 시스템 환경변수와 사용자 환경변수로 구분된다.

합격생의 비법

운영체제에 따라 모든 환경
변수 값을 표시하는 명령어
에 차이가 있습니다.

02 환경변수의 확인

• Windows 환경변수 표시 명령어 : set
• UNIX/LINUX 환경변수 표시 명령어 : set 또는 env 또는 printenv

03 Windows 환경변수의 확인

① [시작] 단추 클릭 → [검색] 창에 cmd 명령 입력

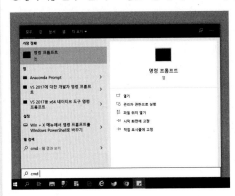

② [명령 프롬프트] 창에서, set 명령 입력

04 Windows 주요 환경변수

환경변수명 사용 시 변수명 앞뒤에 '%'를 추가한다.

%ALLUSERPROFILE%	모든 사용자의 프로필이 저장된 폴더
%APPDATA%	설치된 프로그램의 필요 데이터가 저장된 폴더
%ComSpec%	기본 명령 프롬프트로 사용할 프로그램 이름
%HOMEDRIVE%	로그인한 계정의 정보가 저장된 드라이브
%HOMEPATH%	로그인한 계정의 기본 폴더
%LOGONSERVER%	로그인한 계정이 접속한 서버 이름
%PATH%	실행 파일을 찾는 경로
%PATHEXT%	cmd에서 실행할 수 있는 파일의 확장자 목록
%PROGRAMFILES%	기본 프로그램의 설치 폴더
%SYSTEMDRIVE%	Windows가 부팅된 드라이브
%SYSTEMROOT%	부팅된 운영체제가 들어 있는 폴더
%TEMP% 또는 %TMP%	임시 파일이 저장되는 폴더
%USERDOMAIN%	로그인한 시스템의 도메인 이름
%USERNAME%	로그인한 계정 이름
%USERPROFILE%	로그인한 유저의 프로필이 저장된 폴더 이름

05 UNIX/LINUX 주요 환경변수

환경변수명 사용 시 변수명 앞에 '$'를 추가한다.

$DISPLAY	현재 X윈도 디스플레이 위치
$HOME	사용자의 홈 디렉터리
$LANG	프로그램 사용 시 기본적으로 지원되는 언어
$MAIL	메일을 보관하는 경로
$PATH	실행 파일을 찾는 경로
$PS1	쉘 프롬프트 정보
$PWD	현재 작업하는 디렉터리
$TERM	로그인터미널 타입
$USER	사용자의 이름

06 Windows에서 Java 실행 관련 PATH 환경변수 확인

★ CUI vs GUI
• CUI(Command User Inter-face, Character User Inter-face)는 키보드로 정해진 명령어를 입력하여 작업을 수행하는 사용자 인터페이스이다.
• GUI(Graphic User Interface)는 마우스로 아이콘이나 메뉴를 선택하여 원하는 작업을 수행하는 사용자 인터페이스이다.

① CUI*

• [시작] 단추 클릭 → [검색] 창에 cmd 명령 입력
• [명령 프롬프트] 창에서, set 명령 입력
• PATH 확인

Path=C: Python27 ;C: Python27 Scripts;
C: app dumok product 11.2.0 dbhome_1 bin;
C: Program Files MySQL MySQL Server 8.0 bin;
C: ProgramData chocolatey bin;
C: Users dumok djangogirls myvenv Scripts;
C: Program Files gettext-iconv bin; C: Program Files nodejs ;
C: Program Files (x86) Brackets command;
C: Program Files MySQL MySQL Shell 8.0 bin ;
C: Program Files Java jdk1.8.0_211 bin;
C: Program Files JetBrains IntelliJ IDEA 2019.2.3 bin;
C: Program Files JetBrains PyCharm Community Edition 2019.2.4 bin;
C: Users dumok AppData Local Programs Microsoft VS Code bin;
C: Users dumok AppData Roaming npm;C: Users dumok Anaconda3 Scripts

② GUI

• Windows의 제어판 시스템 및 보안 시스템 → (좌측) 고급 시스템 설정 클릭

• [시스템 속성] 창에서, [고급] 탭 → (하단) 환경변수 클릭

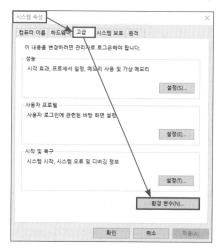

• [환경변수] 창에서 PATH 변수 값 확인

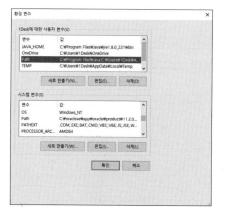

01 운영체제가 제공하는 시스템 설정 값으로 시스템 소프트웨어의 동작에 영향을 미치는 동적인 값들의 모임을 의미하는 용어를 쓰시오.

· 답 :

02 다음은 UNIX/LINUX의 주요 환경변수이다. 빈칸에 해당하는 환경변수명을 쓰시오.

$HOME	사용자의 홈 디렉터리
$LANG	프로그램 사용 시 기본적으로 지원되는 언어
(①)	실행 파일을 찾는 경로
(②)	현재 작업하는 디렉터리
$USER	사용자의 이름

· ① :
· ② :

03 Windows의 환경변수명 사용 시 환경변수명 앞과 뒤에 추가하는 기호가 무엇인지 쓰시오.

· 답 :

출제
빈도 (상) (중) (하)

핵심포인트

UNIX의 커널 • UNIX의 쉘 • UNIX의 주요 명령어

01 운영체제의 종류

① Windows의 특징

- 마이크로소프트사(Microsoft)에서 발표하고 있는 컴퓨터 운영체제이다.
- GUI(Graphic User Interface)이며, 선점형 멀티태스킹으로 수행된다.
- PnP(Plug and Play)★가 지원된다.
- OLE(Object Linking and Embedding) 지원으로 응용 프로그램 간의 자료를 공유한다.
- Single-User System : 개인용 윈도우의 경우에는 사용자 1인만 사용이 가능하다.

★ PnP
사용자가 사용하기 원하는 하드웨어를 시스템에 부착하면 자동으로 인식하여 동작하게 해주는 기능이다.

② MS-DOS(Microsoft Disk Operating System)

- CUI(Character User Interface)이며, Single-User, Single-Tasking의 특징을 갖는다.
- 트리 구조 파일 시스템이다.
- 시스템 부팅 시 반드시 필요한 파일 : MSDOS.SYS, IO.SYS, COMMAND.COM
- MS-DOS 명령어
  - 내부 명령어 : 명령어 처리 루틴이 메모리에 상주하는 명령어
    예 DIR, COPY, DEL, TYPE, CLS 등
  - 외부 명령어 : 디스크에 파일로 저장된 명령어
    예 FORMAT, DISKCOPY, DISKCOMP 등

③ 유닉스(UNIX) 시스템의 특징 2020년 4회

- AT&T사의 Bell연구소에서 1960년대 후반에 개발한 운영체제이다.
- 이식성이 높으며 대화식 운영체제이다.
- C언어라는 고급 프로그래밍 언어로 커널까지 작성된 운영체제이다.
- 서버 운영에 필수적인 CLI 인터페이스가 강력하다.
- 파일 생성, 삭제, 보호 기능을 가지며, 디렉터리 구조는 트리 구조 형태이다.
- 멀티태스킹(Multi-tasking)과 멀티유저(Multi-user) 운영체제이다.
- 파일 소유자, 그룹 및 그 외 다른 사람들로부터 사용자를 구분하여 파일을 보호한다.
- 주변장치를 파일과 동일하게 취급한다.
- UNIX 계열의 운영체제 : 리눅스(LINUX), MAC OS X 등

④ 리눅스(LINUX)의 특징

- 1990년대 초반에 핀란드의 컴퓨터공학과 학생이던 리누스 토발즈(Linus Torvalds)가 만든 오픈소스 컴퓨터 운영체제로 UNIX와의 호환이 완벽하다.
- 허가권과 소유권의 권한을 갖는다.
- 멀티태스킹(Multi-tasking)과 멀티유저(Multi-user)를 지원한다.
- 대소문자를 구분한다.
- Windows의 파일 확장자라는 개념이 없다.
- 종류 : RHEL, CentOS, Fedora, Ubuntu, Raspbian, Kali

02 UNIX의 개요

① 유닉스(UNIX)의 특징

- 다중 사용자 시스템으로 대화식 운영체제이다.
- 높은 이식성과 확장성을 갖는다.
- 네트워킹 시스템이다.
- 계층적 파일 시스템이다.

② 유닉스(UNIX)의 구성

③ 커널(Kernel)

- UNIX 시스템의 중심부에 해당하며 주기억장치에 적재된 후 상주하면서 실행된다.
- 프로세스 관리, 기억장치 관리, 입·출력 관리, 파일 관리, 시스템 호출 인터페이스 등의 기능을 담당한다.
- 하드웨어를 캡슐화한다.
- 대부분이 C언어로 개발(C언어 90%+어셈블리어 10%)되어 이식성과 확장성이 뛰어나다.

④ 쉘(Shell)

- 명령어 해석기(Interpreter)이다.
- 사용자의 명령어를 인식하여 필요한 프로그램을 호출하고 그 명령을 수행하는 기능을 담당한다.
- 사용자와 시스템 간의 인터페이스를 제공하며 사용자의 명령어들을 처리하는 스크립트 기능을 지원한다.
- DOS의 COMMAND.COM과 같은 역할을 한다.

⑤ 유틸리티(Utility)
- 사용자의 편의를 위한 프로그램을 제공한다.
- 문서 편집기, 컴파일러, 정렬 기능을 제공한다.

03 UNIX의 파일 시스템

- UNIX 파일 시스템의 디렉터리 구조는 트리 구조이다.
- UNIX 파일 시스템의 구조

부트 블록(Boot Block)	부팅에 필요한 코드를 저장하고 있는 블록
슈퍼 블록(Super Block)	전체 파일 시스템에 대한 정보를 저장하고 있는 블록
I-node 블록 (Index Node Block)	• 각 파일에 대한 정보를 저장하고 있는 블록 • 파일 소유자의 식별 번호, 파일 크기, 파일의 생성 시간, 파일의 최종 수정 시간, 파일 링크 수 등이 기록됨
데이터 블록(Data Block)	실제 데이터를 저장하고 있는 블록

04 UNIX의 주요 명령어 2020년 2회

UNIX는 쉘(Shell)에 CLI(Command Line Interface) 방법으로 운영체제를 제어한다.

명령어	DOS의 유사 명령어	설명
fork		프로세스 생성, 복제
exec		새로운 프로세스 수행
exit		프로세스 수행 종료
wait		자식 프로세스의 하나가 종료될 때까지 부모 프로세스를 임시 중지시킴
getpid		자신의 프로세스 아이디를 얻음
getppid		부모의 프로세스 아이디를 얻음
mount		기존 파일 시스템에 새로운 파일 시스템을 서브 디렉터리에 연결
umount		마운팅된 파일 시스템에서 해제
chdir	cd	디렉터리의 위치 변경
cp	copy	파일 복사
mv	move	파일 이동
rm	del	파일 삭제
cat	type	파일 내용 화면에 표시
chmod	attrib	파일의 사용 허가 지정
ls	dir	현재 디렉터리 내의 파일 목록 확인
chown		파일 소유자를 변경

합격생의 비법

정보처리기사 필답형 실기시험에서는 명령어를 영문으로 적는 문제가 출제 가능성이 매우 높습니다. 운영체제마다 명령어에 차이가 있으므로 UNIX 명령 기준으로 명확히 암기해 두세요.

05 Shell script

- 쉘(Shell)은 커널과 유저를 이어주는 명령어 해석기이다.
- 쉘의 종류에는 BASH Shell, Bourne Shell, C Shell, Korn shell 등이 있다.
- 쉘 스크립트(Shell Script)는 쉘에서 사용할 수 있는 명령어들로 작성된 쉘 프로그램을 의미한다.
  - 쉘 스크립트를 통해 쉘 명령어들을 순서대로 실행 가능하다.
  - 응용 SW 개발의 첫 단계에서 전체 동작 상태를 점검해 볼 수 있기 때문에 전체 구조상의 중요한 결함을 발견하는 것이 가능하다.
  - 애플리케이션의 프로토타입으로 쉘 스크립트를 유용하게 사용한다.
- 쉘 스크립트는 명령어, 변수, 제어문, 조건식, 메타 문자(meta character) 등으로 구성되어 있다.
- 쉘 스크립트는 C언어와 유사하며 스크립트 언어이기 때문에 컴파일이 필요하지 않다.
- 쉘 스크립트 프로그램은 명령어들을 나열해 놓은 배치(batch) 파일의 형태이다.
- 쉘 스크립트 작성 도구 : vi 편집기, gedit
- 쉘 스크립트 파일 확장자 : *.sh

C언어

```
[root@CentOS test]# cat hello.c
```

```
#include <stdio.h>
main( )
{
    printf( "Hello, C! \n" );
    return 0;
}
```

```
[root@CentOS test]# ./hello
```
컴파일된 실행 파일

Shell Script

```
[root@CentOS test]# cat hello.sh
```

```
#!/bin/bash

echo "Hello, script!"

exit 0
```

```
[root@CentOS test]# ./hello.sh
```
실행 가능한 쉘 스크립트

01 유닉스 시스템에서 파일의 내용을 화면에 출력할 때 사용하는 명령어를 쓰시오.

• 답 :

02 다음 〈보기〉에서 UNIX 운영체제의 특징으로 볼 수 있는 항목을 골라 쓰시오.

〈보기〉

ㆍ ㉠ 대화식 운영체제이다.
ㆍ ㉡ 다중 사용자 시스템(Multi-user system)이다.
ㆍ ㉢ 대부분의 코드가 어셈블리 언어로 기술되어 있다.
ㆍ ㉣ 높은 이식성과 확장성이 있다.

• 답 :

03 다음에서 설명하는 공통적인 용어를 쓰시오.

• 주기억장치에 적재된 후 상주하면서 실행된다.
• UNIX의 핵심적인 부분이다.
• 프로세스 관리, 기억장치 관리, 파일 관리, 입 · 출력 관리 등의 기능을 수행한다.

• 답 :

01 다음 윈도우즈 운영체제와 관련된 설명에 가장 부합하는 용어를 쓰시오.

- (   )(은)는 윈도우즈 운영체제에서 자체적으로 드라이브를 암호화하는 보안 기능을 말한다. 시스템 드라이브는 물론 USB 메모리, 외장하드 등도 암호화할 수 있다. (   )(은)는 기본적으로 AES 128-bit 암호화를 사용하며, 윈도우10 버전 1511에서부터는 XTS-AES라는 더 강력한 새로운 암호화 방식을 지원한다.
- (   )의 장점은 이미 사용 중인 드라이브도 포맷할 필요 없이 암호화가 가능하다는 점이다. 또한 파일 단위로 암호화하는 것이 아니라 파티션을 통째로 암호화하기 때문에 안전하며 사용법도 간단하다.
- (   )의 단점은 윈도우즈 운영체제에서만 지원된다. 윈도우즈 8/8.1/10의 Pro/Enterprise 이상 버전에서만 암호화가 가능하다.

- 답 :

02 다음 〈보기〉에서 선점형 프로세스 스케줄링 방법을 모두 골라 쓰시오.

〈보기〉

RR, FCFS, SRT, HRN, MLQ, MFQ

- 답 :

03 다음의 〈보기〉의 메모리 종류를 접근 속도가 고속인 순서대로 쓰시오.

〈보기〉

캐시 메모리, 레지스터, 주기억장치, 가상 메모리

• 답 :   →   →   →

04 다음 빈칸 ①~⑤에서 설명하는 용어를 쓰시오.

(①)(은)는 컴퓨터에서 컴퓨터 자원의 추상화를 의미하는 용어로, 물리적인 자원들을 사용자에게 하나로 보이게 하거나 하나의 물리적인 리소스를 여러 개로 보이게 하는 기술이다. (②)(은)는 인터넷을 통해 (①)된 컴퓨터 시스템 자원을 요구하는 즉시 처리하여 제공하는 기술이다. (②)의 서비스는 세 가지로 구분된다. (③)(은)는 서버, 스토리지 자원을 쉽고 편하게 이용하게 쉽게 서비스 형태로 제공하여 다른 유형의 기반이 되는 기술이다. (④)(은)는 서비스를 개발할 수 있는 안정적인 환경과 그 환경을 이용하는 응용 프로그램을 개발할 수 있는 API까지 제공하는 서비스이다. (⑤)(은)는 주문형 소프트웨어라고도 하며 사용자는 시스템이 무엇으로 이루어져 있고 어떻게 동작하는지 알 필요가 없이 단말기 등에서 필요하면 언제든지 서비스를 받을 수 있다.

• ① :
• ② :
• ③ :
• ④ :
• ⑤ :

05 유닉스 시스템에서 명령어 해석기로 사용자의 명령어를 인식하여 필요한 프로그램을 호출하고 그 명령을 수행하는 기능을 담당하는 것을 의미하는 용어를 쓰시오.

• 답 :

06 다음 〈보기〉에서 UNIX의 파일 시스템의 inode에서 관리하는 정보를 골라 쓰시오.

〈보기〉

파일의 링크 수, 파일이 만들어진 시간, 파일의 크기, 파일이 최초로 수정된 시간

• 답 :

데이터베이스 기초 활용하기

학습방향

1. 관계형 데이터베이스의 개념을 이해하고 실무에 활용할 수 있다.

2. 데이터베이스 관리에 관한 개념을 이해하고 실무 작업을 수행할 수 있다.

01 데이터베이스 개념

출제
빈도 상 중 하

핵심포인트

데이터베이스 개념 • 개체 • 속성 • 관계

합격생의 비법

이번 Section에 나오는 데이터베이스의 기본 개념과 용어들을 잘 정리해 두세요. 앞으로 자주 등장하는 용어입니다.

01 데이터베이스의 정의

- 데이터베이스란 어느 한 조직에서 업무 처리를 위해 다수의 응용 시스템 혹은 다수의 사용자들이 공용으로 사용하기 위해 통합 · 저장된 운영 데이터의 집합을 말한다.
- 데이터의 종류

통합된 데이터 (Integrated Data)	하나의 주제에 따라 중복을 최소화한 데이터의 집합
저장된 데이터 (Stored Data)	사용자나 응용 시스템이 필요시 언제든지 이용할 수 있도록 저장된 데이터의 집합
공용 데이터 (Shared Data)	여러 사용자와 다수의 응용 시스템이 공유할 수 있도록 만든 데이터의 집합
운영 데이터 (Operational Data)	중복을 최소화하고 여러 사람이 공유함에 있어 문제가 발생하지 않도록 관리를 필요로 하는 데이터로, 이용가치가 있는 데이터의 집합

02 데이터베이스의 특징

계속적인 변화(진화) (Continuous Evolution)	항상 최신 정보를 유지할 수 있도록 삽입, 삭제, 갱신이 이루어짐
동시 공유 (Concurrent Sharing)	여러 사용자가 동시에 접근하여 이용
실시간 접근성 (Real-Time Accessibility)	질의(Query)에 대해 실시간 처리 및 응답
내용에 의한 참조 (Contents Reference)	데이터의 물리적 주소나 위치에 의하지 않고 사용자가 요구하는 데이터 내용으로 검색(이용)

03 데이터베이스의 구성요소

① 개체(Entity)

- 사람이 생각하는 개념이나 정보 단위와 같은 현실 세계의 대상체로, 실세계에 존재하는 유형 혹은 무형 정보의 대상이며 서로 구별이 되는 하나하나의 대상을 말한다.
- 개체는 하나 이상의 속성(정보)으로 구성된다.

② 속성(Attribute)

• 개체의 특성이나 혹은 상태를 기술하는 것을 말한다.

• 속성만으로는 개체를 구분하기 어렵다.

③ 관계(Relationship)

• 두 개 이상의 개체 사이 또는 속성 간의 상호 연관성을 말한다.

• 관계의 종류(사상 대응수)

1:1(일대일)	두 개체 간의 구성 원소가 각각 하나씩 대응되는 경우
1:n(일대다)	두 개체 간의 구성 원소 중 하나의 원소와 여러 개의 원소가 대응되는 경우
n:m(다대다)	두 개체 간의 구성 원소들이 상호 여러 개의 원소들과 대응되는 경우

 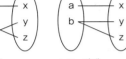

▲ 1:1 관계　　　▲ 1:n 관계　　　▲ n:m 관계

합격생의 비법

한 명의 학생이 있을 때 이 한 명의 학생은 개체가 됩니다. 그리고 그 학생이 가지고 있는 정보 가령 학번, 이름, 주소 등과 같은 것은 속성이 됩니다.

합격생의 비법

정보(Information)란 관찰이나 측정 등을 통해 수집된 자료(Data)를 가공하여 유용한 가치를 가지도록 한 것을 말합니다.

이론을 확인하는 **문제**

다음 괄호에 들어갈 알맞은 내용을 채우시오.

(①)	특정 조직의 응용 시스템들이 공유하여 사용할 목적으로 통합·저장되어 관리되는 운영 데이터의 집합으로, 특정 조직의 업무를 수행하는 데 필요한 상호 관련된 데이터들의 모임으로 통합·저장된 데이터이며 공용, 운영 데이터를 말한다.
(②)	데이터베이스에서 표현하고자 하는 정보의 대상으로 사람이 생각하는 개념이나 정보 단위와 같은 현실 세계의 대상체로, 실세계에 존재하는 유형 혹은 무형 정보의 대상이며 서로 구별이 되는 하나하나의 대상을 말한다.
(③)	데이터베이스에서 개체(Entity)의 성질, 분류, 식별, 수량, 상태, 특성 등을 기술하는 세부 정보의 관리요소로서 관계형 데이터베이스에서 사용되는 데이터의 가장 작은 논리적 단위를 의미한다.
(④)	두 개 이상의 개체(Entity) 혹은 속성 간의 연관성을 의미하는 것으로 데이터베이스에 존재하는 자료들 간의 연관성의 종류는 1:1, 1:n, n:m 등의 형태로 표현할 수 있다.

• ① :
• ② :
• ③ :
• ④ :

ANSWER　① 데이터베이스(Database)　② 개체(Entity)　③ 속성(Attribute)　④ 관계(Relationship)

핵심포인트

DBMS • 중복성 • 종속성 • 무결성 • 데이터베이스 언어

DBMS(DataBase Management System)의 정의

- 종래 파일 시스템의 문제점인 데이터의 중복성과 종속성★ 등의 문제를 최소화하기 위해 등장하였으며, 사용자와 데이터베이스 간의 중계 역할을 한다.
- 데이터베이스의 내용을 정의하고, 조작, 제어(관리)할 수 있도록 함으로써 모든 사용자나 응용 프로그램들이 데이터베이스를 공유할 수 있도록 관리·운영해 주는 소프트웨어 시스템을 말한다.

02 DBMS의 필수 기능

정의 기능 (Definition Facility)	저장될 데이터의 형태, 구조 등 데이터베이스의 저장에 관한 여러 가지 사항을 정의(생성)하는 기능
조작 기능 (Manipulation Facility)	데이터베이스의 자료를 사용자가 이용할 수 있도록 요구에 따라 검색, 갱신, 삽입, 삭제 등을 지원하는 기능
제어 기능 (Control Facility)	데이터의 정확성과 안전성 유지를 위한 관리 기능으로 데이터의 무결성★ 유지, 보안, 병행 수행 제어★ 등을 제공

03 DBMS의 장·단점

장점	• 데이터의 중복성과 종속성을 최소화함 • 데이터의 일관성을 유지함 • 데이터의 무결성을 유지함 • 사용자 간의 데이터 공유가 가능함 • 데이터의 보안 유지가 가능함 • 데이터의 표준화 구현이 가능함
단점	• 많은 운영비가 소요됨 • 자료 처리가 복잡함 • Backup(백업)과 Recovery(회복)의 어려움이 있음

★ 중복성과 종속성
- **중복성** : 동일한 데이터가 여러 곳에 중복 저장되는 성질을 말하며, 이로 인해 일관성이 결여될 수 있고 저장 공간 측면에서도 비효율적이다.
- **종속성** : 하나의 데이터가 삭제, 변경됨으로 인해 다른 데이터가 원하지 않게 그 영향을 받는 성질을 말한다.

합격생의 비법

DBMS는 쉽게 말해서 컴퓨터의 윈도와 같은 운영체제의 역할과 비슷합니다. 운영체제가 있어서 우리가 컴퓨터를 이용할 수 있고, 여러 가지 작업을 할 수 있듯이 데이터베이스에서도 DBMS가 그와 같은 역할을 한다고 생각하세요.

★ 무결성
데이터베이스의 자료가 오류 없이 정확성과 안정성을 유지하기 위한 제약 조건이나 성질을 말한다.

★ 병행 수행 제어
동시에 여러 가지 작업을 하는 경우 무결성 유지를 위해 동시에 제어하는 것을 말한다.

합격생의 비법

데이터의 중복성과 종속성을 최소화한다는 의미는 데이터의 '독립성'을 유지해야 한다는 것을 나타내기도 합니다.

04 데이터베이스 언어

합격생의 비법

데이터베이스 언어의 종류는 DBMS의 필수 기능과 유사합니다. 데이터베이스 언어는 DBMS의 기능을 수행하기 위해 만들어졌기 때문입니다. 따라서 이 두 가지를 연관지어 정리하세요.

- 데이터베이스 언어란 데이터베이스의 전체 구조와 구성요소 및 제약조건 등을 정의(생성)하고, 데이터베이스를 이용하며, 관리 · 운영을 위해 사용되는 언어를 말한다.
- 데이터베이스에서 사용되는 언어는 크게 정의어, 조작어, 제어어로 나뉜다.

정의어(DDL : Data Definition Language)	데이터베이스 구조를 정의 및 수정 등을 위해 사용되는 언어 예 CREATE, DROP, ALTER
조작어(DML : Data Manipulation Language)	데이터베이스 내의 자료를 검색, 삽입, 수정, 삭제하기 위해 사용되는 언어 예 SELECT, INSERT, UPDATE, DELETE
제어어(DCL : Data Control Language)	데이터베이스의 데이터에 대해 무결성 유지, 병행 수행 제어, 보호와 관리를 위한 언어 예 COMMIT, ROLLBACK, GRANT, REVOKE

이론을 확인하는 **문제**

다음 괄호에 들어갈 알맞은 내용을 채우시오.

(①)	응용 프로그램과 데이터베이스의 중재자 역할을 하며 모든 응용 프로그램들이 데이터베이스에 접근하여 데이터를 공유할 수 있도록 관리하는 프로그램의 집합체로서 데이터베이스 시스템을 운영 및 관리하며 데이터베이스와 사용자를 연결해 주는 역할을 한다. 또한 데이터의 독립성을 확보하고 중복성과 종속성을 최소화하여 모든 응용 시스템들이 데이터베이스를 공유하여 사용할 수 있도록 데이터베이스를 정의, 조작, 제어하기 위한 기능을 탑재한 소프트웨어 시스템을 말한다.
(②)	데이터베이스 내에 저장되는 데이터 값들이 항상 일관성을 갖고 데이터의 유효성, 정확성, 안정성을 유지할 수 있도록 하는 제약조건을 두는 데이터베이스의 특성을 말한다.
(③)	데이터베이스에서 구조를 정의하거나 수정 · 삭제 등을 위해 사용되는 언어를 정의어(DDL)라 하며, 데이터베이스의 자료를 조작(검색, 갱신, 추가, 삭제) 및 질의하기 위한 언어를 (③)(이)라 한다. 데이터베이스의 무결성 유지, 보안과 권한 검사, 회복 절차 이행, 병행 수행 제어 등을 위해 사용되는 언어를 제어어(DCL)라 한다.

- ① :
- ② :
- ③ :

ANSWER ① DBMS ② 무결성 ③ 조작어(DML)

03 데이터베이스 구조(스키마)

출제
빈도

핵심포인트

내부 스키마 • 개념 스키마 • 외부 스키마 • DBA

01 데이터베이스의 표현

논리적 구조	사용자 관점에서 본 구조를 나타내며 사용자가 이해하고 생각하는 것을 나타내는 형태
물리적 구조	저장 장치(기계) 관점에서 본 구조를 나타내며 기계 처리에 맞는 형태

02 스키마(Schema) 2020년 3회

- 스키마는 데이터베이스의 전체적인 구조와 제약조건에 대한 명세를 기술·정의한 것을 말하며, 스킴(Scheme)이라고도 한다.
- 스키마의 종류

내부 스키마 (Internal Schema)	물리적 저장 장치 관점(기계 관점)에서 본 데이터베이스의 물리적 구조
개념 스키마 (Conceptual Schema)	논리적 관점(사용자 관점)에서 본 전체적인 데이터 구조
외부 스키마 (External Schema)	전체 데이터 중 사용자가 사용하는 한 부분에서 본 논리적 구조를 말하며, 서브 스키마라고도 함

- 스키마의 구조

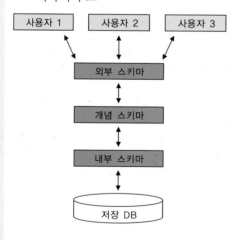

합격생의 비법

컴퓨터를 통해 보고 듣는 문자, 이미지, 영상, 소리 등은 사람이 보고 듣고 이해할 수 있는 형태입니다. 이와 같이 사람이 이해할 수 있는 것을 논리적 구조라고 합니다. 그러나 실제 컴퓨터 내부에서는 모든 것이 2진수로 표현되고 처리되는데, 이러한 형태를 물리적 구조라고 합니다. 앞으로 '논리적~'하면 사람이 표현하고 생각하는 구조, '물리적~'하면 기계 입장에서 표현하고 처리하는 구조로 이해해 두세요!

합격생의 비법

스키마 종류 어렵죠? 예를 들어 영진닷컴 홈페이지를 이용한다고 했을 때, 우리는 모르지만 영진닷컴 홈페이지를 관리하는 컴퓨터에는 사용자들에게 제공하기 위한 수많은 자료들이 실제 기계 처리에 맞게 분배되어 저장되고 처리됩니다. 이와 같이 실제 기계 처리에 맞게 저장되고 처리되는 일련의 모든 것을 내부 스키마라고 합니다.

그리고 이 모든 서비스는 홈페이지를 통해 우리가 알아볼 수 있는 문자와 이미지 등으로 나타나죠? 이와 같이 전반적으로 우리가 알아 볼 수 있는 형태로 나타내는 것을 개념 스키마라고 합니다.

마지막으로 영진닷컴 홈페이지에서 제공하는 많은 서비스 중 하나를 선택(하나의 메뉴를 클릭)하면 그에 해당하는 서비스가 제공됩니다. 이와 같이 외부 스키마는 전체 중에서 사용자가 직접 하나를 선택했을 때 그에 해당하는 서비스를 제공하는 것을 말합니다.

---

03 데이터베이스 관리자(DBA, DataBase Administrator)

- 데이터베이스 시스템과 관련된 모든 자원에 대해 기획·통제를 하며 데이터베이스 언어를 이용해 DBMS를 거쳐 전체적인 관리 운영에 책임을 지는 사람이나 집단을 말한다.
- DBA의 역할
  - 데이터베이스 구성요소를 결정
  - 저장 구조와 접근 방법을 선정
  - 보안, 권한 부여, 유효성 검사 등을 수행
  - 스키마를 정의
  - 예방, 회복 절차 수립 등을 모색
  - 무결성 유지를 위한 관리

이론 하나 더 알기

데이터베이스 사용자

- 데이터 관리자(DA, Data Administrator) : 정보 관리의 책임을 지는 경영 분야의 고위직으로 특정한 데이터베이스의 유지나 보안에 대해서는 책임을 지지 않으나 정보의 가치, 무결성과 질을 관리한다.
- 응용 프로그래머(Application Programmer) : 데이터베이스의 내용을 일반 사용자가 사용할 수 있도록 프로그램(응용 시스템)을 개발하는 사람을 말한다.
- 사용자(User) : 데이터베이스의 내용을 실제 사용하는 사람이나 집단을 말한다.

이론을 확인하는 **문제**

다음 괄호에 들어갈 알맞은 내용을 채우시오.

(①)	데이터베이스 구조와 관련된 전반적인 정의로서 데이터베이스 설계 단계를 의미하는 것으로 데이터베이스를 구성하는 개체, 속성, 이들 간에 존재하는 관계, 데이터 구조와 데이터들이 갖는 제약에 관한 정의를 총칭하는 것을 말한다.
(②)	데이터베이스는 3계층 구조로 구성되며 이 중 데이터베이스의 물리적 저장장치 관점에서 본 구조를 내부 스키마, 데이터베이스의 전체적인 구조를 논리적 관점에서 본 구조를 개념 스키마, 전체 데이터 중 사용자가 사용하는 한 부분에서 본 논리적 구조를 (②)(이)라 하며 서브 스키마라고도 한다.
(③)	데이터베이스 시스템과 관련된 모든 자원들에 대해 DBMS를 거쳐 표현하고 관리 목적으로 데이터베이스에 접근하여 데이터베이스 시스템의 관리 운영에 책임을 지는 사람 또는 집단을 말한다.

- ① :
- ② :
- ③ :

ANSWER ① 스키마(Schema) ② 외부 스키마 ③ DBA

04 데이터베이스 설계

핵심포인트
개념적 설계 • 논리적 설계 • 물리적 설계

합격생의 비법

이번 Section의 내용에 대한 직접적인 문제는 출제되지 않았습니다. 그러나 데이터베이스의 기초가 되는 내용이니 개념적 설계, 논리적 설계, 물리적 설계의 개념을 잘 정리해 두세요.

- 데이터베이스 설계는 데이터베이스의 스키마를 정의하고, 이에 따라 데이터베이스를 구현하기 위한 전반적인 과정을 말한다.
- 데이터베이스 설계 과정은 요구 조건 분석, 설계, 구현, 운영 및 유지보수 등의 과정을 통해 이루어진다.

```
요구 조건 분석
     ⇩
    설계
 개념적 설계
     ↓
 논리적 설계
     ↓
 물리적 설계
     ⇩
    구현
     ⇩
운영 및 유지보수
```

▲ 데이터베이스 설계 과정

01 요구 조건 분석

- 요구 조건 분석은 사용자가 무엇에 대한 정보를 필요로 하는지 문제가 무엇인지 등을 분석하는 과정이다.
- 실제로 만들어야 할 데이터베이스를 정의하고, 사용자의 요구 조건에 따라 명세서(Specification)를 작성하게 된다.

02 설계 2020년 2회

- 설계 단계는 요구 조건 분석을 통해 얻는 정보를 토대로 실제 데이터베이스를 만들기 위한 이전 단계이다.
- '개념적 설계 → 논리적 설계 → 물리적 설계' 과정을 통해 이루어진다.

① 개념적 설계(Conceptual Design)
- 개념적 설계는 구축하고자 하는 데이터베이스를 개념적으로 표현함으로써 구현할 데이터베이스를 정하고, 데이터베이스를 구성할 구성요소를 결정한 후 수행할 작업과 관계를 설계하는 과정을 말한다.

> **예** 회사에서 사원들 간에 비상 연락망을 만들 경우 비상 연락망을 구성할 구성요소, 즉 항목을 결정해야 한다. 가령 사원번호, 사원명, 부서명, 연락처 등의 항목으로 만들어야겠다면 그 항목을 결정하는 단계를 개념적 설계 단계라고 한다.

- 개념적 설계에서는 구성요소를 정하고 수행할 작업을 설계하기 위해 'E-R 모델'을 대표적으로 이용한다.

이론 하나 더 알기

E-R 모델(Entity-Relationship Model)

데이터베이스에서 사용되는 개체(Entity), 속성(Attribute), 개체와 개체 간의 관계(Relationship) 등을 약속된 기호를 이용하여 표현함으로써 데이터베이스의 전반적인 구조를 이해하기 쉽도록 표현한 모델을 말한다.

② 논리적 설계(Logical Design)
- 논리적 설계는 개념적 설계에서 만들어진 구조를 논리적으로 구현 가능한 데이터 모델로 변환하는 단계로 사용자가 알아볼 수 있는 형태로 변환하고, 스키마를 정의하는 과정을 말한다.

> **예** 사원번호, 사원명, 부서명, 연락처 등의 항목으로 구성된 비상 연락망을 만들 경우 아래와 같이 우리가 알아 볼 수 있는 테이블(표)과 같은 형태(구조)로 표현하여 사용자가 이해할 수 있도록 하는데, 이와 같은 단계를 논리적 설계 단계라고 한다.

비상연락망

사원번호	사원명	부서명	연락처

- 위와 같이 테이블(표)의 형태로 표현된 모델을 '관계 데이터 모델'이라고 한다.

③ 물리적 설계(Physical Design)
- 물리적 설계에서는 논리적 데이터베이스 구조를 실제 기계가 처리하기에 알맞도록 내부 저장 장치 구조와 접근 경로 등을 설계하는 과정이다.
- 효율적인 기계 처리에 맞도록 설계하는 과정을 말한다.

합격생의 비법

물리적 설계는 실제 기계 내부에서 데이터가 처리될 때 어떻게 해야 공간에 효율적으로 저장될지, 어떻게 해야 사용자들이 쉽게 사용할 수 있을지, 어떻게 해야 작업이 효율적으로 수행될지 등을 설계하는 과정입니다.

03 구현

- 구현 단계는 설계 과정에서 얻어진 것을 토대로 실제 데이터베이스를 만드는 과정 이다.
- 데이터베이스 언어를 이용하여 간결 · 명료하면서도 분석하고 계획한 내용과 일치하 고 유지 · 보수가 용이하도록 작성한다.

데이터베이스 언어

- 정의어(DDL, Data Definition Language) : 데이터베이스의 정의 및 수정, 제거를 위해 사 용되는 언어이다.
- 조작어(DML, Data Manipulation Language) : 데이터베이스 내의 자료를 검색, 삽입, 수 정, 삭제하기 위해 사용되는 언어이다.
- 제어어(DCL, Data Control Language) : 데이터베이스의 데이터 보호와 관리를 위해 사 용되는 언어이다.

합격생의 비법

데이터베이스의 전반적인 설 계 순서를 정리해 보죠.
요구 조건 분석 → 설계(개념 적 설계 → 논리적 설계 → 물리적 설계) → 구현 → 운 영 및 유지보수

04 운영 및 유지보수

- 운영 및 유지보수 단계는 구현된 데이터베이스를 실제로 운영하는 단계이다.
- 실제 사용해 봄으로써 문제점과 개선점 등을 파악하게 된다.

이론을 확인하는 문제

다음 괄호에 들어갈 알맞은 내용을 채우시오.

(①)	데이터 모델링은 데이터베이스 설계 과정에 해당하는 것으로 구축하고자 하는 데이터베이스에 대해 요구 조건 분석 → 설계 → 구현 → 운영/유지보수 과정을 거치게 된다. (①)(은)는 설계 과정 중 데이터베이스를 구성할 구성요소를 결 정하고 수행할 작업을 설계하는 과정으로, 구축하고자 하는 데이터베이스를 개념적으로 표현하는 단계를 말한다.
(②)	데이터베이스 설계 과정에서 만들어진 구조를 논리적으로 구현 가능한 데이터 모델로 변환하고 스키마를 정의하는 단 계를 논리적 설계라고 하며, 이를 실제 처리하기에 알맞도록 내부 저장 장치 구조와 접근 경로 등을 설계하는 단계를 (②)(이)라고 한다.

- ① :
- ② :

ANSWER ① 개념적 설계 ② 물리적 설계

O5 개체-관계 모델(E-R Model)

핵심포인트
E-R Model의 이해

01 개체-관계 모델(E-R Model)

- E-R Model은 개념적 설계 단계에서 사용되는 설계 기법이다.
- 데이터베이스를 구성하는 개체(Entity) 타입과 관계(Relationship) 타입 간의 구조 또는 개체를 구성하는 속성(Attribute) 등을 약속된 기호를 이용하여 표현함으로써 데이터베이스의 전반적인 구조를 이해하기 쉽도록 표현한 모델을 말한다.
- P. Chen 박사에 의해 최초로 제안되었다.

합격생의 비법

E-R Model의 개념과 구조를 이해할 수 있어야 합니다. E-R Model의 기호와 다양하게 표현되는 방법을 숙지해 두세요.

합격생의 비법

E-R Model은 다른 말로 E-R Diagram이라고 하며, 약어로 ERD라고도 합니다.

02 E-R Model의 기호

사각형	개체(Entity)★
타원	속성(Attribute)★
마름모	관계(Relationship)★
밑줄 타원	키 속성(기본키 속성)★
사각형-마름모-사각형	개체와 개체 간의 관계 구조
복합 타원	복합 속성★

★ 개체
실세계에 존재하면서 서로 구별이 되는 유형 혹은 무형 정보의 대상

★ 속성
개체의 특성이나 상태를 기술하는 것

★ 관계
두 개 이상의 개체 사이 또는 속성 간의 상호 연관성

★ 키 속성
개체의 속성들 중 모두 다른 값을 가져 개체를 식별할 수 있는 속성

★ 복합 속성
하나의 속성값이 세부적으로 나누어질 수 있는 속성

03 E-R Model의 표현

① 학번, 성명, 전공 속성으로 구성된 '학생' 개체의 경우

- '학생'이라는 이름의 데이터베이스를 구축하기 위한 개념적 설계 단계에서 E-R Model을 사용한다.
- 학번, 성명, 전공의 세 가지 속성 중 성명과 전공은 같은 학생이 있을 수 있으나 학번은 모두 다른 값을 가지고, 학생들을 유일하게 구분할 수 있으므로 키 속성(기본키 속성)으로 표현된다.

② 개체와 개체 간의 관계 타입을 표현한 경우

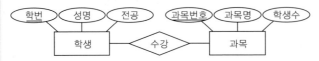

 – 학번, 성명, 전공 속성으로 구성된 학생 개체와 과목번호, 과목명, 학생수 속성으로 구성된 과목 개체 간에 '수강' 관계가 있음을 표현하고 있다.

③ 관계의 종류에 따른 표현 방법

• 1:1(일대일) 관계의 경우

 – 주민번호, 성명, 주소 속성으로 구성된 고객 개체와 계좌번호, 성명, 거래일, 금액 속성으로 구성된 계좌 개체 간에 '거래' 관계가 있으며, 고객과 계좌는 1:1의 거래 관계가 있음을 나타낸다.

 – 즉, 한 명의 고객은 하나의 계좌와 거래가 이루어지고, 하나의 계좌는 한 명의 고객과 거래가 이루어짐을 의미한다.

• 1:n(일대다) 관계의 경우

 – 고객 개체와 계좌 개체 간에 '거래' 관계가 있으며, 고객과 계좌는 1:n의 거래 관계가 있음을 나타낸다.

 – 즉, 한 명의 고객은 여러 개의 계좌와 거래할 수 있고, 하나의 계좌는 한 명의 고객과 거래가 이루어짐을 의미한다.

• n:m(다대다) 관계의 경우

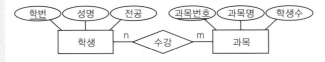

 – 학생 개체와 과목 개체 간에 '수강' 관계가 있으며, 학생과 과목은 n:m의 수강 관계가 있음을 나타낸다.

 – 즉, 한 명의 학생은 여러 과목을 수강할 수 있고, 한 과목은 여러 학생이 수강할 수 있음을 의미한다.

04 다양한 관계 표현법(정보 공학적 표현법)

──┼──────┼──	1:1 관계
──┼──────┼<	1:n 관계
>┼──────┼<	n:m 관계
──┼──────○	관계가 있을 수도 있고, 없을 수도 있음

① 1:1 관계의 정보 공학적 표현

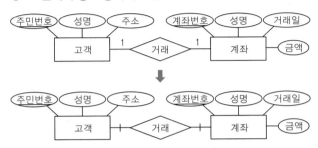

② 1:n 관계의 정보 공학적 표현

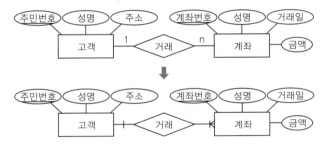

③ n:m 관계의 정보 공학적 표현

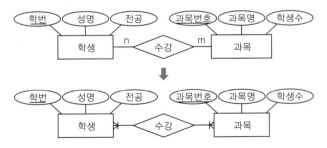

④ 'o'의 선택적 관계 표현

'o'는 선택의 의미로 고객 개체와 계좌 개체 간에 관계가 없을 수도 있고, 관계가 있다면 1:n의 거래 관계가 있음을 의미한다.

05 데이터베이스 모델

- 데이터베이스 모델은 개념적 설계 이후 논리적 설계 단계에서 사용되는 모델이다.
- 논리적으로 구현 가능한 데이터 모델로 변환하기 위해 사용되며, 관계 데이터 모델, 네트워크 데이터 모델, 계층 데이터 모델 등이 있다.

이론 하나 더 알기

데이터 모델 2021년 1회

- 데이터베이스 구축 시 데이터베이스 구조를 명시하기 위한 개념들의 집합
- 데이터 모델의 구성요소 3가지

구조(Structure)	논리적으로 표현된 개체들 간의 관계를 표시
연산(Operation)	데이터베이스에 저장된 실제 데이터를 처리하는 방법을 표시
제약조건(Constraint)	데이터베이스에 저장될 수 있는 실제 데이터의 논리적인 제약 조건을 표시

① 관계 데이터 모델

- 관계 데이터 모델은 표 데이터 모델이라고도 하며, 2차원 구조의 표(테이블) 형태로 표현하는 방법으로, 구조가 단순하며 사용이 편리하여 가장 많이 사용하고 있는 형태이다.
- n:m 표현이 가능하다.
- '학번', '성명', '전공', '학년'을 속성으로 갖는 '학생' 개체를 관계 데이터 모델로 표현하면 다음과 같다.

학생

학번	성명	전공	학년
083577	강희영	컴퓨터	3
072719	홍길동	토목	4
093505	김정미	컴퓨터	2

② 네트워크 데이터 모델

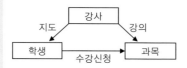

- 그래프 형태로 표현하며 망 데이터 모델이라고도 하며 레코드 타입 간 관계를 도형으로 표현한다.
- 오른쪽 그림은 강사 개체와 학생 개체, 과목 개체 간에 관계를 나타내는 것으로 강사와 학생 사이에는 '지도' 관계가 있고, 강사와 과목 사이에는 '강의' 관계가 있으며, 학생과 과목 사이에는 '수강신청' 관계가 있음을 나타낸다.

③ 계층 데이터 모델

```
        ┌─────────┐
        │   강사   │
        └─────────┘
         │       │
    ┌──────┐  ┌──────┐
    │ 학생  │  │ 과목  │
    └──────┘  └──────┘
```

- 트리 구조로 표현하여 트리 데이터 모델이라고도 한다.
- 부모–자식 관계, 즉 일 대 다(1:n) 관계를 나타낸다.

이론을 확인하는 문제

다음 괄호에 들어갈 알맞은 내용을 채우시오.

(①)	데이터베이스를 설계하는 과정은 3단계로 구성되며 개념적 설계 → 논리적 설계 → 물리적 설계 과정을 거치게 된다. 이 중 개념적 설계 단계에서는 Peter Chan이 제안한 (①)(을)를 이용하여 데이터베이스를 구성하는 개체(Entity) 타입과 관계(Relation) 타입 간의 구조 그리고 개체를 구성하는 속성(Attribute) 등을 기호를 이용하여 표현함으로써 데이터베이스의 전반적인 구조를 이해하기 쉽게 표현할 수 있다.
(②)	(①)에서 사용되는 기호는 다음과 같다. • ☐ : 개체(Entity) • ⬭ : (②) • ◇ : 관계 • 선 : 속성과 개체 집합을 연결, 개체 집합과 관계 연결
(③)	데이터베이스의 논리적 설계 단계에서 사용되는 데이터베이스 모델 중에서 표 데이터 모델이라고도 하며, 2차원 구조의 표(테이블) 형태로 표현하는 방법으로, 구조가 단순하며 사용이 편리하여 가장 많이 사용하고 있는 형태를 말한다.
(④)	데이터베이스 모델 중 계층 데이터 모델은 트리 구조로 표현하여 트리 데이터 모델이라고도 하며 부모–자식 관계, 즉 1:n 관계로 표현되며 (④)(은)는 CODASYL이 제안한 것으로 망 데이터 모델이라고도 하며, 레코드 타입 간의 관계에 대한 도형적(그래프 형태)으로 표현하는 방법을 말한다.

- ① :
- ② :
- ③ :
- ④ :

ANSWER ① E–R Model ② 속성 ③ 관계 데이터 모델 ④ 네트워크 데이터 모델

06 관계 데이터 모델

출제
빈도   상 중 하

핵심포인트

릴레이션(Relation) • 속성(Attribute) • 튜플(Tuple) • 도메인(Domain) • 차수(Degree) • 카디널리티(Cardinality)

01 관계 데이터 모델의 개념

합격생의 비법

앞으로 모든 데이터베이스에 대한 내용은 관계 데이터 모델로 표현하고 설명됩니다. 따라서 관계 데이터 모델과 관련된 모든 용어는 매우 중요하므로 정확히 개념을 알아 두세요.

- 관계 데이터 모델은 자료의 저장 형태를 2차원 구조의 표(테이블)로 표현하는 방법을 말한다.
- 관계 데이터 모델의 용어 2021년 1회

릴레이션(Relation)	자료 저장의 형태가 2차원 구조의 테이블(표)로 표현
속성(Attribute)	릴레이션을 구성하는 각 열(Attribute=Column=Filed)
튜플(Tuple)	릴레이션의 한 행을 구성하는 속성들의 집합(Tuple=Row=Record)
도메인(Domain)	하나의 속성이 가질 수 있는 값들의 범위
릴레이션 스키마(Relation Schema)	릴레이션의 이름과 속성 이름의 집합(릴레이션의 구조)
릴레이션 인스턴스(Relation Instance)	릴레이션에서 어느 시점까지 입력된 튜플들의 집합
디그리, 차수(Degree)	릴레이션을 구성하는 속성(항목)의 수
카디널리티(Cardinality)	릴레이션에 입력된 튜플(레코드)의 수

합격생의 비법

데이터베이스에서는 동일한 의미를 다양하게 표현합니다.
- 릴레이션(Relation) = 테이블(Table) = 표
- 속성(Attribute) = 열(Column) = 항목(Filed)
- 튜플(Tuple) = 행(Row) = 레코드(Record)

- 다음은 학번, 이름, 주민번호, 학과, 학년 항목으로 구성된 '학생'이라는 이름을 가진 릴레이션이다.

▲ 릴레이션의 구조

- 릴레이션을 구성하는 각각의 항목 '학번', '이름', '주민번호', '학과', '학년'은 속성이 된다.
- 릴레이션에서 한 명 한 명에 대한 '학번', '이름', '주민번호', '학과', '학년' 속성값, 즉 하나의 행이 튜플이 된다.

- 하나의 속성이 가질 수 있는 값의 범위를 도메인이라 하며, 도메인은 릴레이션을 만들 때 속성의 값으로 올 수 있는 범위를 제한함으로써 범위 외의 값은 올 수 없도록 해야 한다. '학년' 속성의 경우 속성값의 범위를 1, 2, 3, 4로 제한해 도메인을 만들면 '학년' 속성에는 그 외의 값은 입력될 수 없다.
- '학생' 릴레이션에서 항목은 '학번', '이름', '주민번호', '학과', '학년' 속성으로 구성되어 속성의 수가 5개이므로 차수(Degree)는 5가 된다.
- '학생' 릴레이션에서 현재까지 강희영, 김정미, 홍길동, 이영진 학생의 자료가 입력되었다면 이 네 명에 대한 '학번', '이름', '주민번호', '학과', '학년' 모든 값 자체, 즉 튜플(자료)의 집합을 릴레이션 인스턴스라고 한다.

083577	강희영	850502-1234567	컴퓨터	3
093505	김정미	840127-2345678	컴퓨터	2
072719	홍길동	811022-1345678	토목	4
100325	이영진	890628-1456789	법학	1

▲ 릴레이션 인스턴스

- '학생' 릴레이션에서 현재까지 강희영, 김정미, 홍길동, 이영진 학생의 자료가 입력되었다면 입력된 튜플의 수는 4이므로 카디널리티(Cardinality)는 4가 된다.
- '학생' 릴레이션에서 릴레이션 이름 '학생'과 속성명 '학번', '이름', '주민번호', '학과', '학년' 즉, 릴레이션의 구조를 릴레이션 스키마라고 한다.

학생

| 학번 | 이름 | 주민번호 | 학과 | 학년 |

▲ 릴레이션 스키마

이론 하나 더 알기

릴레이션의 특징

- 릴레이션의 튜플들은 모두 상이하다.
- 릴레이션의 튜플들은 유일하며 순서에는 의미가 없다.
- 릴레이션의 속성들 간의 순서는 의미가 없다.
- 릴레이션의 속성은 원자값★으로 구성되며 분해가 불가능하다.

번호	이름	성적			⇨	번호	이름	국어	영어	수학
		국어	영어	수학						

왼쪽의 성적 속성은 국어, 영어, 수학으로 나누어지므로 원자값으로 구성되어 있지 않다. 따라서 오른쪽과 같이 더 이상 분해되지 않도록 속성을 구성해야 한다.

★ 원자값(Atomic Value)
- 더 이상 분해되지 않는 최소 구성의 단위를 말한다.
- 널 값(Null value)도 원자값에 속한다.

02 E-R Model과 관계 데이터 모델과의 관계

① E-R Model로 표현된 단순한 개체와 속성을 릴레이션으로 표현한 경우

- 개념적 설계 단계에서 E-R Model로 표현된 '학번', '성명', '학과', '연락처' 속성으로 구성된 '학생' 개체를 논리적 설계 단계에서 '학번', '성명', '학과', '연락처' 속성으로 구성된 '학생' 릴레이션으로 구현하였다.
- E-R Model에서 개체는 릴레이션으로, E-R Model에서 각각의 속성은 릴레이션의 각 속성(항목)으로 변환된다.
- E-R Model에서 키 속성인 '학번'은 릴레이션에서 기본키(Primary Key)* 속성으로 표현된다.

★ 기본키(Primary Key)
키 속성과 동일한 개념으로 릴레이션에서 개체를 식별하기 위해 선정된 속성 즉, '학생' 릴레이션에서 한 명 한 명의 학생을 구별하기 위해 선정된 속성을 말한다.

② 개체와 개체 간의 관계를 나타낸 E-R Model을 릴레이션으로 표현한 경우

고객

주민번호	성명	주소	계좌번호

계좌

계좌번호	성명	거래일	금액

합격생의 비법

한 릴레이션에서 다른 릴레이션의 자료를 이용하기 위해 선정된 속성을 외래키(Foreign Key)라고 하며, 외래키는 참조(이용)하려는 릴레이션의 기본키 속성이어야 합니다. 외래키는 다음에 자세히 다루겠습니다.

- E-R Model에서 두 개체 간의 관계를 나타낸 경우 위와 같이 두 릴레이션으로 표현하며, 두 릴레이션의 관계를 연결하기 위해서는 두 릴레이션의 기본키 속성을 필요한 릴레이션에 추가해서 관계가 성립이 되도록 한다.
- 위 릴레이션 중 '고객' 릴레이션에서 홍길동 고객이 있다면, 홍길동 고객의 금액을 알고 싶은 경우 '고객' 릴레이션의 자료만으로는 금액을 알 수 없다. 이런 경우 '계좌' 릴레이션의 기본키인 '계좌번호'를 필요에 의해 '고객' 릴레이션에 추가해줌으로써 '계좌' 릴레이션을 이용해 금액을 알 수 있다. 즉, '고객' 릴레이션에서 홍길동 고객의 계좌번호를 알면 '계좌' 릴레이션에서 홍길동 고객의 계좌번호와 같은 계좌번호의 금액이 홍길동 고객의 금액이 된다.

> **이론 하나 더 알기**
>
> ### Mapping Rule
>
> Mapping Rule은 개념적 데이터베이스 모델링 결과를 관계형 데이터베이스 이론에 근거하여 데이터베이스 구조로 변환하는 과정을 말하며, 개체(Entity)는 릴레이션(테이블)으로, 속성은 릴레이션의 항목으로, 키 속성(식별자)은 기본키로, 관계는 외래키로 변환된다.

교차 엔티티(Intersection Entity)

n:m(다대다) 관계의 E-R Model을 릴레이션으로 표현하는 경우 보다 정확한 상호 참조를 위해 하나의 릴레이션을 더 만들게 되는데, 이를 '교차 엔티티(Intersection Entity)'라고 한다.

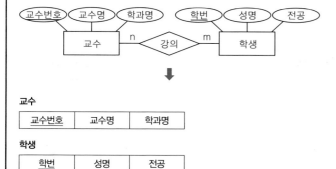

교수

교수번호	교수명	학과명

학생

학번	성명	전공

강의

교수번호	학번	→ 교차 엔티티

이론을 확인하는 **문제**

다음 괄호에 들어갈 알맞은 내용을 채우시오.

(①)	릴레이션은 데이터베이스의 구성을 2차원 구조인 테이블로 표현한 것을 말하는 것으로, 릴레이션을 구성하는 요소 중 열(Column) 또는 항목을 의미한다.
(②)	릴레이션(테이블)에서 하나의 행을 구성하는 속성들을 말하는 것으로 하나하나의 행(row)을 나타내며, 레코드(Record)라고도 한다.
(③)	릴레이션(테이블)을 구성하는 하나의 속성이 가질 수 있는 값들의 범위를 말하며, 예를 들어 학번, 이름, 학년, 과목, 성적으로 구성된 [학생] 릴레이션(테이블)에서 '학년' 속성값으로 1, 2, 3, 4와 같이 값의 범위가 지정된 경우 이외의 값은 올 수 없다.
(④)	릴레이션(테이블)에서 차수(Degree)는 하나의 릴레이션을 구성하는 속성(항목)의 수를 말하며, 학번, 이름, 학년, 과목, 성적으로 구성된 [학생] 릴레이션(테이블)인 경우 차수(Degree)는 5가 된다. 또한 릴레이션에 입력된 튜플(행)의 수를 (④)(이)라 하며, 릴레이션 인스턴스는 릴레이션에서 어느 시점까지 입력된 튜플들의 집합을 말한다.

- ① :
- ② :
- ③ :
- ④ :

ANSWER ① 속성(Attribute) ② 튜플(Tuple) ③ 도메인 ④ 카디널리티(Cardinality)

07 키(Key)와 무결성 제약조건

핵심포인트

키 · 후보키 · 기본키 · 대체키 · 외래키 · 유일성 · 최소성 · 개체 무결성 · 참조 무결성 · 도메인 무결성

합격생의 비법

이번 Section에서 다루는 내용은 지금까지 가장 많이 출제되었던 부분입니다. 개념을 정확히 알아두세요.

합격생의 비법

- 우리는 흔히 "문제를 해결하는 열쇠는 A이다."라는 말을 합니다. 이 말은 A를 이용해 문제를 해결할 수 있다는 말입니다(열쇠 = Key).
- 키(Key)는 하나의 단일 속성이 될 수도 있고, 필요한 경우 2개 이상의 속성이 조합되어 키가 될 수도 있습니다.

★ 유일성과 최소성
- 유일성 : 각 튜플을 유일하게 식별하는 성질을 말한다.
- 최소성 : 각 튜플을 유일하게 식별할 수 있는 최소 구성의 성질을 말한다.

01 키(Key)의 개념

- 키(Key)란 관계 데이터베이스에서 튜플을 식별하기 위해 사용하는 속성이나 속성의 집합이다.
- 데이터베이스의 참조 또는 검색 시에 사용된다.

02 키(Key)의 종류

학생

학번	이름	주민번호	학과	학년
070222	강희영	810503-1234567	컴퓨터	2
090203	김정미	830225-2345678	컴퓨터	1
020525	이나라	761207-2456789	신문방송	4
020723	강희영	741002-1345678	체육	4

인명

이름	주소
강희영	서울 특별시 1가 12번지
이영진	경기 안산시 2가 3번지
강희영	인천 광역시 3가 10번지
김정애	경기 안산시 2가 3번지

① 후보키(Candidate Key)

- 릴레이션(테이블)에서 각 튜플을 유일하게 식별할 수 있는 속성이나 속성의 집합을 말한다.
- 후보키가 될 수 있는 조건은 유일성과 최소성★을 모두 만족해야 한다.

> - 위 [학생] 테이블에서 학생 개개인은 학번이나 주민번호를 알면 구분할 수 있다. 따라서 '학번'과 '주민번호'는 후보키가 된다.
> - 위 [인명] 테이블에서는 이름에도 중복되는 값이 있을 수 있고, 주소에도 중복되는 값이 있을 수 있다. 따라서 이런 경우 이름과 주소를 모두 알아야 개개인을 구분할 수 있으므로 이름, 주소를 조합한 (이름, 주소)가 후보키가 된다.

- 위 [학생] 테이블에서 학번과 이름 두 가지를 알아도 학생 개개인을 구분할 수 있으나 이름 없이 학번 하나만 가지고도 학생 개개인을 구분할 수 있다. 이와 같이 하나하나의 자료를 식별하는 데 필요한 최소의 속성으로만 구성되는 성질을 최소성이라고 한다.

② 기본키(Primary Key, PK)

- 기본키는 후보키 중에서 튜플을 식별하기 위해 특별히 선택된 키를 말한다.
- 기본키는 중복될 수 없으며, NULL[*]값이 올 수 없다.
- 유일성과 최소성을 만족해야 한다.
- 위 [학생] 테이블에서 후보키인 '학번'과 '주민번호' 중에서 '학번'을 기본키로 설정할 수 있다(주민번호를 기본키로 설정해도 됨).

③ 대체키(Alternate Key)

- 대체키는 후보키 중에서 기본키를 제외한 속성을 말한다.
- 위 [학생] 테이블에서 '학번'을 기본키로 했다면 대체키는 '주민번호'가 된다. '주민번호'를 기본키로 했다면 대체키는 '학번'이 된다.

④ 외래키(Foreign Key, FK)

- 외래키는 하나의 테이블에서 원하는 자료를 얻지 못하는 경우 다른 테이블을 참조(이용)하기 위해 사용되는 속성을 말하며, 외래 식별자라고도 한다.
- 외래키는 참조 릴레이션(테이블)의 기본키와 같아야 한다.
- 외래키는 NULL이 올 수 있다.
- 외래키의 속성명과 참조 릴레이션의 기본키 속성명은 서로 달라도 무방하다.

교수

번호	교수이름	학과번호	직급
1001	이영진	A1	주임
1002	이순신	A2	부주임
1003	홍길동	B1	교수

학과

학과번호	학과이름	교수번호	학생수
A1	컴퓨터	1001	30
A2	정보통신	1002	20
B1	토목	1003	50

- 위 [교수] 테이블에서는 홍길동 교수가 담당하는 학생 수를 알 수 없다. 이때 [교수] 테이블에서 '학과번호'를 가지고 [학과] 테이블의 '학과번호'를 참조해서 홍길동 교수의 학과번호 'B1'에 해당하는 학생 수를 알면 된다. 이와 같이 [교수] 테이블의 '학과번호'를 외래키로 선정해서 [학과] 테이블을 참조하면 된다. 이때 [학과] 테이블과 같이 참조되는 테이블을 '참조 테이블'이라고 한다.

이론 하나 더 알기

식별 관계와 비식별 관계

- 위와 같이 [교수] 테이블의 외래키로 '학과번호'를 선정한 경우, 즉 외래키가 일반 속성인 경우는 참조 테이블과 '비식별 관계'라고 한다. 비식별 관계에서는 테이블을 참조하여 원하는 정보만 얻을 수 있는 관계이다.
- 반면 기본키를 외래키로 선정하여 다른 테이블을 참조하는 경우는 참조 테이블의 튜플을 식별할 수 있기 때문에 '식별 관계'라고 한다.

  - 식별 관계 : 외래키가 기본키인 경우
  - 비식별 관계 : 외래키가 일반 속성인 경우

합격생의 비법

기본키를 다르게 표현하기도 합니다(기본키 = 주키 = 주 식별자).

[*] NULL
데이터베이스에서 정보의 부재, 자료 없음(비어 있음)을 나타낸다. NULL은 숫자(0)나 공백(Space)과 다르다.

합격생의 비법

잠깐 정리해 보죠. 후보키는 튜플을 식별하기 위한 후보들이고, 이 중에서 편의상 튜플을 식별하기 위해 선택한 것이 기본키, 그리고 나머지는 대체키가 되는 것입니다.

⑤ 슈퍼키(Super Key)

- 슈퍼키는 한 릴레이션(테이블) 내의 튜플들을 식별할 수 있는 후보키와 다른 속성들과의 모든 조합을 말한다.
- 슈퍼키는 유일성은 만족하지만, 최소성은 만족하지 않는다.
- 위 [학생] 테이블에서 학생 개개인을 구분하기 위한 모든 경우를 후보키와 조합해서 나열하면 다음과 같다.

> (학번, 이름), (학번, 주민번호), (학번, 학과), (학번, 학년), (학번, 이름, 학과), (학번, 이름, 학과, 학년), (주민번호, 이름), (주민번호, 학과) …

릴레이션의 또 다른 표현 방법

학생

학번	이름	주민번호	학과	학년
083577	강희영	850502–1234567	컴퓨터	3
093505	김정미	840127–2345678	컴퓨터	2
072719	홍길동	811022–1345678	토목	4
100325	이영진	890628–1456789	법학	1

⇨

학생

학번
이름
주민번호
학과
학년

좌측의 릴레이션을 간단한 형태로 우측과 같이 표현하기도 한다. 기본키는 윗부분에 표현하고 나머지 속성은 아래 부분에 표기한다.

합격생의 비법

기본키와 관련된 무결성 제약조건은 '개체 무결성', 외래키와 관련된 무결성 제약조건은 '참조 무결성'입니다.

03 무결성(Integrity) 제약조건

무결성은 데이터베이스 자료의 오류 없는 정확성과 안정성을 나타내는 것으로, 무결성 제약조건은 정확성과 안정성을 유지하기 위한 제약조건이다.

① 개체 무결성

- 기본키는 NULL 값이 올 수 없으며, 중복될 수 없음을 나타내는 제약조건이다.
- 개체 무결성은 개체를 식별하기 위해서 오류가 없도록 하기 위한 제약조건이다.
- 아래 '학생' 릴레이션(테이블)에서 '학번'은 기본키로 학생들을 서로 구분하기 위해 선정된 속성이므로 중복되거나 NULL 값이 올 수 없다.

학생

학번	이름	학년	학과	성적
400	박태인	1	수학과	90
200	홍길동	2	국문과	70
100	이영진	4	컴퓨터과	95
300	이순신	3	토목과	80

② 참조 무결성

- 외래키는 NULL 값이 올 수 있으며, 참조 릴레이션(테이블)의 기본키와 같아야 하는 제약조건으로 테이블 참조 시 오류가 없도록 하기 위한 제약조건이다.
- 아래 [교수] 테이블의 '학과번호'에서 참조하는 [학과] 테이블의 '학과번호'의 값은 반드시 존재해야 한다.

교수

번호	교수이름	학과번호	직급
1001	이영진	A1	주임
1002	이순신	A2	부주임
1003	홍길동	B1	교수

학과

학과번호	학과이름	교수번호	학생수
A1	컴퓨터	1001	30
A2	정보통신	1002	20
B1	토목	1003	50

③ 도메인 무결성

- 릴레이션(테이블)에서 속성값의 범위가 정의된 경우 그 속성값은 정해진 범위 이내의 값으로 구성해야 하는 제약조건이며, 동일한 속성에 대해 데이터 타입과 데이터 길이가 동일해야 한다.
- 다음 [학생] 릴레이션(테이블)에서 학년 속성의 값으로 1, 2, 3, 4만 올 수 있도록 도메인을 정의했다면 그 외 값이 올 수 없으며, 학년 속성은 누구든지 동일한 숫자형 데이터 타입과 데이터 길이가 적용된다.

학생

학번	이름	학년	학과	성적
400	박태인	1	수학과	90
200	홍길동	2	국문과	70
100	이영진	4	컴퓨터과	95
300	이순신	3	토목과	80

④ 고유(Unique) 무결성

- 특정 속성에 대해 고유한 값을 가지도록 조건이 주어진 경우, 그 속성값은 모두 달라야 하는 제약조건을 말한다.
- [학생] 릴레이션에서 릴레이션 정의 시 '이름' 속성에는 중복된 값이 없도록 제한했다면 '이름' 속성에는 중복된 이름이 있어서는 안 된다.

⑤ NULL 무결성

- 특정 속성값에 NULL이 올 수 없다는 조건이 주어진 경우, 그 속성값은 NULL 값이 올 수 없다는 제약조건을 말한다.
- [학생] 릴레이션에서 릴레이션 정의 시 '학과' 속성에는 NULL 값이 올 수 없도록 제한했다면 '학과' 속성에는 NULL이 있어서는 안 된다.

⑥ 키 무결성

한 릴레이션(테이블)에는 최소한 하나의 키가 존재해야 하는 제약조건을 말한다.

다음 괄호에 들어갈 알맞은 내용을 채우시오.

(①)	릴레이션(테이블)에서 각 튜플들을 유일하게 식별할 수 있는 속성이나 속성의 집합을 말하며, (①)이(가) 될 수 있는 조건은 유일성과 최소성을 모두 만족해야 한다.
(②)	후보키(Candidate Key) 중에서 튜플을 식별하기 위해 특별히 선택된 속성을 말한다. (②)(은)는 중복이 될 수 없고 NULL이 올 수 없으며 유일성과 최소성을 만족해야 한다.
(③)	하나의 테이블에서 필요에 의해 다른 테이블을 참조하기 위해 사용되는 속성을 말한다. (③)(은)는 참조 릴레이션의 기본키(Primary Key)와 동일해야 하며, NULL이 올 수 있다.
(④)	기본키(Primary Key) 값은 중복된 값이 있을 수 없으며, NULL이 될 수 없음을 나타내는 제약조건이다. (④)(은)는 릴레이션(테이블)에서 개체(Entity)를 식별함에 있어 오류가 없도록 하기 위한 제약조건을 말한다.
(⑤)	두 릴레이션(테이블)의 참조 관계에 있어 외래키(Foreign Key) 값은 참조 릴레이션의 기본키(Primary Key)와 같아야 하는 제약조건으로 릴레이션(테이블) 참조 시 오류가 발생하지 않도록 하기 위한 제약조건을 말한다.

- ① :
- ② :
- ③ :
- ④ :
- ⑤ :

ANSWER ① 후보키(Candidate Key) ② 기본키(Primary Key) ③ 외래키(Foreign Key) ④ 개체 무결성 ⑤ 참조 무결성

08 관계 데이터 연산

핵심포인트

셀렉트(σ) • 프로젝트(π) • 조인(⋈) • 디비전(÷) • 동일 조인 • 자연 조인 • 외부 조인 • 세타 조인

출제
빈도 (상)(중)(하)

관계 데이터 연산은 관계 데이터베이스 구조에서 사용되는 연산으로, 크게 관계 대수와
관계 해석 두 가지 종류가 있다.

합격생의 비법

이번 Section에서는 관계 대수에 대한 내용을 공부합니다. 관계 대수에 해당하는 연산자의 개념과 종류, 이용법을 정확히 정리해 두세요.

01 관계 대수(Relational Algebra)

- 관계 대수는 릴레이션에서 사용자가 원하는 결과를 얻기 위해 연산자를 표현하는 방법으로 결과를 얻기 위한 절차를 표현하기 때문에 절차적 언어라고 한다.
- 관계 대수는 크게 순수 관계 연산자와 일반 집합 연산자로 나뉜다.

순수 관계 연산자	SELECT(σ), PROJECT(π), JOIN(⋈), DIVISION(÷)
일반 집합 연산자	합집합(∪), 교집합(∩), 차집합(−), 카티션 프로덕트(×)

① 셀렉트(SELECT, σ)

- 릴레이션에서 조건을 만족하는 수평적 부분 집합(튜플)을 구하기 위한 연산을 말한다.
- 결과는 조건을 만족하는 튜플들로 테이블이 만들어진다.
- 연산 기호는 시그마(σ)를 이용한다.
- 표기 형식

$$\sigma_{\langle 선택조건 \rangle}(테이블\ 이름)$$

- [학생] 테이블을 이용한 SELECT(σ) 연산

학생

학번	이름	학년	전공	점수
001	이영진	4	컴퓨터	90
002	김정미	3	영문	87
003	홍길동	1	수학	72
004	강감찬	1	수학	77

예1 [학생] 테이블에서 점수가 80점 이상에 해당하는 튜플들을 추출하여라.

〈표기〉

$$\sigma_{점수 \geq 80}(학생)$$

〈결과〉

학번	이름	학년	전공	점수
001	이영진	4	컴퓨터	90
002	김정미	3	영문	87

예 2 [학생] 테이블에서 학년이 '1'에 해당하는 튜플들을 추출하여라.

〈표기〉

$\sigma_{학년=1}(학생)$

〈결과〉

학번	이름	학년	전공	점수
003	홍길동	1	수학	72
004	강감찬	1	수학	77

② 프로젝트(PROJECT, π)

- 프로젝트 연산은 릴레이션에서 수직적 부분 집합(속성의 값)을 구하는 연산으로 원하는 속성만 추출하기 위한 연산이다.
- 연산 기호는 파이(π)를 이용한다.
- 표기 형식

$\pi_{\langle 추출\ 속성리스트 \rangle}(테이블\ 이름)$

- [학생] 테이블을 이용한 PROJECT(π) 연산

학생

학번	이름	학년	전공	점수
001	이영진	4	컴퓨터	90
002	김정미	3	영문	87
003	홍길동	1	수학	72
004	강감찬	1	수학	77

예 1 [학생] 테이블에서 학번과 이름 속성을 추출하여라.

〈표기〉

$\pi_{학번,\ 이름}(학생)$

〈결과〉

학번	이름
001	이영진
002	김정미
003	홍길동
004	강감찬

예 2 [학생] 테이블에서 학년과 전공 속성을 추출하여라.

〈표기〉

$\pi_{학년, 전공}$(학생)

〈결과〉

학년	전공
4	컴퓨터
3	영문
1	수학

〈풀이〉

추출된 결과에서 중복되는 값은 한 번만 표현된다.

③ 조인(JOIN, ⋈)

• 두 테이블로부터 조건에 맞는 관련된 튜플들을 하나의 튜플로 결합하여 하나의 테이블로 만드는 연산을 말한다.

• 조인의 종류는 동일 조인(Equi Join), 자연 조인(Natural Join), 외부 조인(Outer Join) 등 여러 가지 종류가 있다.

• 연산 기호는 '⋈'를 사용한다.

• 표기 형식

테이블1⋈$_{〈조인 조건〉}$테이블2

• 동일 조인(Equi Join)

– 관계 연산자 =, ≠, 〈, ≤, 〉, ≥ 중 '=' 연산자만을 사용하여 조건을 표현한다.

– 가장 기본이 되는 조인이며, 두 테이블의 모든 속성을 합한 하나의 테이블 구조로 만들어진다(중복이 되는 속성도 모두 표현한다).

학생

학번	성명	수강코드	학년
9507	이영진	10–A	4
9619	박태인	20–A	3
9610	김정애	30–B	3
9825	강감찬	10–A	1
9532	이태순	40–B	4

성적

학번	수강과목	점수
9507	운영체제	92
9507	데이터베이스	85
9619	전자계산기구조	91
9610	운영체제	88
9610	자료구조	80
9610	데이터베이스	70
9825	정보통신	72

예 [학생] 테이블과 [성적] 테이블에서 학번이 서로 동일한 튜플들을 이용하여 하나의 테이블로 만들어라.

〈표기〉

학생⋈$_{학번=학번}$ 성적

〈결과〉

학번	성명	수강코드	학년	학번	수강과목	점수
9507	이영진	10-A	4	9507	운영체제	92
9507	이영진	10-A	4	9507	데이터베이스	85
9619	박태인	20-A	3	9619	전자계산기구조	91
9610	김정애	30-B	3	9610	운영체제	88
9610	김정애	30-B	3	9610	자료구조	80
9610	김정애	30-B	3	9610	데이터베이스	70
9825	강감찬	10-A	1	9825	정보통신	72

〈풀이〉

① 두 테이블의 속성들을 합한 하나의 테이블 구조를 만든다.

학번	성명	수강코드	학년	학번	수강과목	점수

② 조건과 같이 [학생] 테이블의 학번과 [성적] 테이블의 학번이 서로 동일한 자료를 하나의 튜플로 만들어 위
에서 만든 테이블 구조에 삽입한다.

학생

학번	성명	수강코드	학년
9507	이영진	10-A	4
9619	박태인	20-A	3
9610	김정애	30-B	3
9825	강감찬	10-A	1
9532	이태순	40-B	4

성적

학번	수강과목	점수
9507	운영체제	92
9507	데이터베이스	85
9619	전자계산기구조	91
9610	운영체제	88
9610	자료구조	80
9610	데이터베이스	70
9825	정보통신	72

⇩

학번	성명	수강코드	학년	학번	수강과목	점수
9507	이영진	10-A	4	9507	운영체제	92
9507	이영진	10-A	4	9507	데이터베이스	85

③ 다른 모든 학번도 같은 방법으로 하되, 조건에 맞지 않는 튜플은 결과에 포함시키지 않는다(학생 테이블에
서 학번 '9532' 학생은 성적 테이블에 동일한 학번이 없어 결과에 포함되지 않는다).

• 자연 조인(Natural Join)
  – 동일 조인한 결과에서 중복되는 속성을 제거하여 표현한다.

학번	성명	수강코드	학년	학번	수강과목	점수
9507	이영진	10-A	4	9507	운영체제	92
9507	이영진	10-A	4	9507	데이터베이스	85
9619	박태인	20-A	3	9619	전자계산기구조	91
9610	김정애	30-B	3	9610	운영체제	88
9610	김정애	30-B	3	9610	자료구조	80
9610	김정애	30-B	3	9610	데이터베이스	70
9825	강감찬	10-A	1	9825	정보통신	72

———— 중복 속성 ————

– 위 동일 조인한 결과에서 '학번'이 중복되므로 하나를 제거하여 표현한다.

학번	성명	수강코드	학년	수강과목	점수
9507	이영진	10-A	4	운영체제	92
9507	이영진	10-A	4	데이터베이스	85
9619	박태인	20-A	3	전자계산기구조	91
9610	김정애	30-B	3	운영체제	88
9610	김정애	30-B	3	자료구조	80
9610	김정애	30-B	3	데이터베이스	70
9825	강감찬	10-A	1	정보통신	72

- **외부 조인(Outer Join)**
  - 조인 시 두 테이블 간에 관련 없는, 다시 말해 조건에 맞지 않는 튜플도 결과 테이블에 포함시켜 조인하는 방법으로 해당 자료가 없는 부분은 NULL 값이 된다.

학생

학번	성명	수강코드	학년
9507	이영진	10-A	4
9619	박태인	20-A	3
9610	김정애	30-B	3
9825	강감찬	10-A	1
9532	이태순	40-B	4

성적

학번	수강과목	점수
9507	운영체제	92
9507	데이터베이스	85
9619	전자계산기구조	91
9610	운영체제	88
9610	자료구조	80
9610	데이터베이스	70
9825	정보통신	72

  - 위 [학생] 테이블과 [성적] 테이블에서 [학생] 테이블에 있는 학번 '9532'는 [성적] 테이블에서 동일한 학번이 없으므로 동일 조인과 자연 조인에서는 결과 테이블에 포함되지 않았다. 그러나 외부 조인에서는 조건에 맞지 않는 경우도 결과 테이블에 포함되며, 해당 자료가 없는 경우 NULL 값이 된다.
  - [학생] 테이블과 [성적] 테이블을 외부 조인한 결과는 다음과 같다.

학번	성명	수강코드	학년	수강과목	점수
9507	이영진	10-A	4	운영체제	92
9507	이영진	10-A	4	데이터베이스	85
9619	박태인	20-A	3	전자계산기구조	91
9610	김정애	30-B	3	운영체제	88
9610	김정애	30-B	3	자료구조	80
9610	김정애	30-B	3	데이터베이스	70
9825	강감찬	10-A	1	정보통신	72
9532	이태순	40-B	4	NULL	NULL

④ **디비전(DIVISION, ÷)** 2020년 3회

- A, B 두 테이블에 대해 'A DIVISION B'는 B 테이블의 조건을 만족하는 튜플들을 테이블 A에서 추출하는 연산이다.
- 결과는 연산에 사용된 속성은 제외된다.
- 연산 기호는 '÷'를 이용한다.

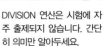

합격생의 비법

DIVISION 연산은 시험에 자주 출제되지 않습니다. 간단히 의미만 알아두세요.

• 표기 형식

테이블1(테이블1속성 ÷ 테이블2속성)테이블 2

02 관계 해석(Relational Calculus)

• 관계 해석은 릴레이션에서 결과를 얻기 위한 과정을 표현하는 것으로 연산자 없이 정의하는 방법을 이용하는 비절차적 언어이다.
• 튜플 관계 해석과 도메인 관계 해석이 있다.
• 표기 형식

{결과값 | 조건}

예 [학점] 테이블에서 수강번호가 'B123'이고, 점수가 80 이상인 학생의 이름을 구하여라.

{학점.이름 | 학점 ∧ 학점.수강번호='B123' ∧ 학점.점수≥80}

이론을 확인하는 문제

다음 괄호에 들어갈 알맞은 내용을 채우시오.

(①)	• 관계 데이터 연산은 크게 관계 대수와 관계 해석으로 나뉘며 이 중 관계 데이터베이스에서 사용자가 원하는 정보를 검색하기 위해서 어떻게 유도되는가를 기술하는 절차적 언어로 관계 대수가 있다. • 관계 대수의 종류에서 순수 관계 연산자들 중 (①) 연산은 릴레이션의 속성을 연산 대상으로 연산에 명세된 속성 값들만 선택한다. • 릴레이션의 수직적 부분 집합과 동일하므로 수직 연산이라 한다. 연산의 결과 릴레이션은 중복된 튜플을 배제하고 생성되며, 연산 기호로 파이(π)를 사용한다.
(②)	릴레이션에서 주어진 조건을 만족하는 튜플들을 선택하는 연산이다. (②) 연산의 결과 릴레이션은 주어진 릴레이션을 수평적 부분 집합의 결과와 동일하므로 수평 연산이라고도 한다. 연산 기호로 σ(시그마) 기호를 사용한다.
(③)	두 릴레이션(테이블)으로부터 조건에 맞는(관련된) 튜플들을 하나의 튜플로 결합하여 하나의 릴레이션(테이블)으로 만들기 위해 사용되는 연산을 말한다.
(④)	수학의 'Predicate Calculus'에 기반으로 제안되었으며 릴레이션에서 원하는 결과를 얻기 위한 과정을 표현하는 것으로 연산자 없이 정의하는 방법을 이용하는 비절차적 언어의 특징을 가진다.

• ① :
• ② :
• ③ :
• ④ :

ANSWER ① 프로젝트(Project) ② 셀렉트(Select) ③ 조인(Join) ④ 관계 해석

출제
빈도 (상) (중) (하)

핵심포인트

삭제 이상 • 삽입 이상 • 갱신 이상 • 완전 함수 종속 • 부분 함수 종속 • 이행적 함수 종속

- 지금까지 관계 데이터베이스 모델에 대해 여러 가지를 살펴보았다. 하지만 중요한 것은 실제로 사용되는 데이터를 오류 없이 무결성과 독립성 그리고 일관성을 유지하면서 상호 융통성 있는 관계 형성을 통해 어떻게 효율적으로 처리하느냐이다.
- 이에 우리가 다시 한 번 살펴보아야 하는 것은 데이터베이스를 설계하는 과정에 대한 내용이다.
- 데이터베이스는 개념적 설계를 거쳐 논리적 설계, 물리적 설계 단계로 진행하면서 대량의 데이터를 여러 사용자가 사용함에 있어 정확하고 효율적인 처리가 이루어지도록 설계가 이루어져야 한다.
- 논리적 설계 단계에서 무결성 등을 유지하기 위해 이상(Anomaly)과 종속에 대한 문제를 살펴보아야 한다.

합격생의 비법

이번 Section에서 배우는 용어는 다음 Section의 기본이 되는 용어들입니다. 매우 중요하므로 꼭 알아두세요.

합격생의 비법

다시 한번 정리하죠. 논리적 설계는 개념적 설계에서 만들어진 구조를 논리적으로 구현 가능한 데이터 모델로 변환하는 단계를 말하고, 물리적 설계는 논리적 데이터베이스 구조를 실제 기계 처리에 알맞도록 내부 저장 장치 구조와 접근 경로 등을 설계하는 단계를 말합니다.

01 이상(Anomaly) 2020년 4회

- 이상(Anomaly) 현상은 데이터베이스의 논리적 설계 시 하나의 릴레이션에 많은 속성들이 존재하여, 데이터의 중복과 종속으로 인해 발생되는 문제점을 말한다. 이상(Anomaly) 현상은 릴레이션을 처리하는 데 여러 가지 문제를 초래하게 된다.
- 이상의 종류에는 삭제 이상, 삽입 이상, 갱신 이상이 있다.

① 삭제 이상(Deletion Anomaly)

- 관계 데이터베이스에서 삭제는 튜플 단위로 이루어진다. 삭제 이상은 테이블에서 하나의 자료를 삭제하고자 하는 경우 그 자료가 포함된 튜플이 삭제됨으로 인해 원하지 않은 자료까지 함께 삭제가 이루어져 발생하는 문제점을 말한다.
  - '고객번호', '제품번호', '제품명', '단가', '주문량' 속성으로 구성된 [고객주문] 테이블이 있다.

고객주문

고객번호	제품번호	제품명	단가	주문량
A012	S-321	SD메모리	25,000	2
A012	M-789	메모리	28,000	1
A023	K-002	키보드	5,000	1
A123	K-012	헤드셋	10,000	2
A134	M-123	마우스	6,000	4
A134	S-321	SD메모리	25,000	2

A321	K-012	헤드셋	10,000	1
A567	M-123	마우스	6,000	2
A789	M-123	마우스	6,000	3
A789	S-567	스캐너	100,000	1

- [고객주문] 테이블은 한 명의 고객이 여러 제품을 주문하고, 하나의 제품을 여러 고객이 주문하고 있는 상황을 나타내는 테이블이다.
- 따라서 [고객주문] 테이블에서는 하나의 속성만으로는 튜플들을 식별할 수 없고, '고객번호'와 '제품번호'가 조합된 합성키 (고객번호, 제품번호)가 기본키가 된다.
- 이 중에서 고객번호 'A789'가 주문한 제품 중 스캐너 주문을 취소한다면, [고객주문] 테이블에서 스캐너를 삭제해야 한다.
- 삭제는 튜플 단위로 이루어지기 때문에 스캐너가 포함된 튜플이 삭제가 된다. 이때 스캐너가 포함된 튜플 전체가 삭제되며, 스캐너에 대한 가격 정보도 함께 삭제되어 스캐너에 대한 가격을 알 수 없게 된다. [고객주문] 테이블에서는 스캐너를 주문한 경우가 더 이상 없기 때문이다.
- 이와 같이 하나의 자료만 삭제하고 싶지만 그렇지 못하고 그 자료가 포함된 튜플 전체가 삭제됨으로 인해 원하지 않는 정보가 손실되는 문제점을 삭제 이상이라고 한다.

② 삽입 이상(Insertion Anomaly)

- 관계 데이터베이스에서 삽입 역시 튜플 단위로 이루어진다. 이때 삽입하는 과정에서 원하지 않는 자료가 삽입된다든지 또는 삽입하는 데 자료가 부족해 삽입이 되지 않아 발생하는 문제점을 삽입 이상이라고 한다.
  - 위 [고객주문] 테이블에서 새로운 제품을 판매하기 위해 새로운 제품에 대한 정보로 '제품번호', '제품명', '단가'를 삽입하려고 한다.
  - 그러나 [고객주문] 테이블에서는 (고객번호, 제품번호)로 조합된 합성키가 기본키이기 때문에 '고객번호'가 없다면 삽입할 수 없다. 기본키에는 NULL이 올 수 없기 때문이다.
  - 따라서 [고객주문] 테이블에 새로운 제품 정보를 삽입하기 위해서는 고객이 주문을 해서 '고객번호'를 알기 전까지는 새로운 제품에 대한 정보를 삽입할 수 없는 현상이 발생하게 된다.
  - 이와 같이 삽입 작업을 수행하는 경우 원하지 않게 삽입이 되지 않는 현상을 삽입 이상이라고 한다.

③ 갱신 이상(Update Anomaly)

- 관계 데이터베이스의 자료를 갱신하는 과정에서 정확하지 않거나 일부의 튜플만 갱신됨으로 인해 정보가 모호해지거나 일관성이 없어져 정확한 정보의 파악이 안 되는 현상을 말한다.

– 위 [고객주문] 테이블에서 마우스의 단가를 5,000으로 변경하려고 한다. [고객주문] 테이블에서 마우스가 포함된 튜플은 세 개이다.
– 그런데 마우스가 포함된 3개의 튜플을 모두 변경하지 않고 일부만 변경한다면 마우스의 단가를 파악할 때 5,000원인지 6,000원인지 알 수 없게 된다.
– 이와 같이 자료의 갱신 과정에서 잘못된 작업으로 인해 정보의 일관성이 없어져 정확한 정보를 파악하지 못하는 현상을 갱신 이상이라고 한다.

02 함수적 종속(Functional Dependency)

• 이상(Anomaly)과 함께 관계 데이터베이스에서 고려해야 할 것 중에 하나가 종속이다.
• 종속이란 어떤 릴레이션에서 속성 A, B가 있을 때 임의 튜플에서 A의 값이 B의 값을 함수적으로 결정한다면, 즉 A의 값을 알면 B의 값을 알 수 있거나 A의 값에 따라 B의 값이 달라진다면 B는 A에 함수적으로 종속되었다고 하고, 기호로는 A → B로 표기한다.
• B가 A에 종속되어 A 값을 알면 B 값을 알 수 있을 때 A를 '결정자'라고 하고, B를 '종속자'라고 한다.
• 종속의 종류로는 완전 함수 종속, 부분 함수 종속, 이행적 함수 종속 등이 있다.
• '학번', '성명', '수강과목', '학년'으로 구성된 [학생] 테이블이 있다.

학생

학번	성명	수강과목	학년
990111	김철수	정보통신	1
981010	이철준	컴퓨터	3
990223	박태인	데이터베이스	1
972020	김길동	운영체제	2
981533	이영진	산업공학	3
961017	최길동	컴퓨터	4
962111	이철준	데이터베이스	4

– [학생] 테이블에서 기본키인 '학번'을 알면 그 학생의 성명, 수강과목, 학년을 알 수 있다. 이때 '성명', '수강과목', '학년'은 '학번'에 종속되었다고 한다.
– 표기는 다음과 같다.

학번 → 성명
학번 → 수강과목
학번 → 학년

① 완전 함수 종속과 부분 함수 종속

• 완전 함수 종속(Full Functional Dependency)은 릴레이션에서 한 속성이 오직 기본키에만 종속이 되는 경우를 말한다.

• 부분 함수 종속(Partial Functional Dependency)은 릴레이션에서 한 속성이 기본키가 아닌 다른 속성에 종속이 되거나 또는 기본키가 2개 이상 합성키(복합키)로 구성된 경우 이 중 일부 속성에 종속이 되는 경우를 말한다.

• 위 [학생] 테이블에서 '성명', '수강과목', '학년'은 기본키인 '학번'을 알아야 알 수 있으므로 '성명', '수강과목', '학년'은 '학번'에 완전 함수 종속되었다고 한다.

• '고객번호', '제품번호', '제품명', '주문량'으로 구성된 [고객주문] 테이블이 있다.

고객주문

고객번호	제품번호	제품명	주문량
A012	S-321	SD메모리	2
A012	M-789	메모리	1
A023	K-002	키보드	1
A123	K-012	헤드셋	2
A134	M-123	마우스	4
A134	S-321	SD메모리	2
A321	K-012	헤드셋	1
A567	M-123	마우스	2
A789	M-123	마우스	3
A789	S-567	스캐너	1

   – 위 [고객주문] 테이블에서는 '고객번호'와 '제품번호'가 조합된 (고객번호, 제품번호)가 기본키이다. [고객주문] 테이블에서 '주문량' 속성은 기본키인 '고객번호'와 '제품번호'를 모두 알아야 구분할 수 있다. 이런 경우 '주문량' 속성은 기본키에 완전 함수 종속되었다고 한다.

   – 표기는 다음과 같다.

> (고객번호, 제품번호) → 주문량

   – 반면, '제품명'은 기본키인 '고객번호'와 '제품번호'를 모두 알아도 값을 구분할 수 있지만 기본키의 일부인 '제품번호'만 알아도 '제품명'을 알 수 있다. 이와 같은 경우 '제품명'은 기본키에 부분 함수 종속되었다고 한다.

   – 표기는 다음과 같다.

> 제품번호 → 제품명

– [고객주문] 테이블의 함수 종속 관계를 다이어그램을 이용하여 표현하면 다음과
같다.

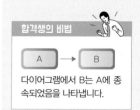

– 위 다이어그램에서 '주문량'은 '고객번호'와 '제품번호'의 조합에 종속됨을 나타낸
다. 반면, '제품명'은 '제품번호' 한 가지에만 종속됨을 나타낸다.

② 이행적 함수 종속(Transitive Functional Dependency)

• 이행적 함수 종속은 릴레이션에서 A, B, C 세 가지 속성 간의 종속이 A → B, B →
C일 때, A → C 가 성립이 되는 경우 이행적 함수 종속이라고 한다. 즉, A를 알면 B
를 알 수 있고 B를 알면 C를 알 수 있을 때, A를 알면 C를 알 수 있는 경우를 말한다.

A → B, B → C, A → C

• '제품번호', '제품명', '단가' 속성으로 구성된 [제품] 테이블이 있다.

제품

제품번호	제품명	단가
S-321	SD메모리	25,000
M-789	메모리	28,000
K-002	키보드	5,000
K-012	헤드셋	10,000
M-123	마우스	6,000
S-567	스캐너	100,000

– [제품] 테이블에서는 '제품번호'를 알면 '제품명'을 알 수 있다. 또 '제품명'을 알면
'단가'를 알 수 있다. 결국 '제품번호'를 알면 '단가'를 알 수 있다. 이와 같은 경우를
이행적 함수 종속이라고 한다.
– [제품] 테이블의 종속 관계는 다음과 같다.

제품번호 → 제품명, 제품명 → 단가, 제품번호 → 단가

– [제품] 테이블의 함수 종속 관계를 다이어그램을 이용하여 표현하면 다음과 같다.

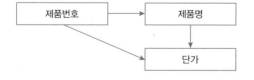

다음 괄호에 들어갈 알맞은 내용을 채우시오.

(①)	관계 데이터베이스의 논리적 설계 과정에서 하나의 릴레이션에 많은 속성들이 존재함으로써 데이터의 종속과 중복으로 인해 여러 가지 문제점이 발생하게 된다. (①) 현상은 릴레이션을 처리하는 데 발생하는 여러 가지 문제점으로 삽입, 삭제, 갱신 등의 종류가 있다.
(②)	관계 데이터베이스에서 (①) 현상과 함께 고려해야 할 문제가 종속이다. 종속이란 임의의 한 릴레이션에서 속성 A, B 가 존재하는 경우 A의 값을 알면 B의 값을 알 수 있거나 A의 값에 따라 B의 값이 달라진다면, B는 A에 함수적으로 종속 되었다고 하고, 기호로는 A → B로 표기한다. 이러한 종속 관계에서 한 속성이 오직 기본키(primary key)에만 종속이 되는 경우 (②) 관계에 있다고 한다.
(③)	(③)(은)는 종속의 종류 중에서 임의의 한 릴레이션에서 하나 속성이 기본키(primary key)가 아닌 이외의 속성에 종속 되거나 기본키(primary key)가 2개 이상 혼합키로 구성된 경우 이 중 일부 속성에 종속이 되는 경우를 말한다.
(④)	릴레이션에서 A, B, C 세 가지 속성 간의 종속 관계가 A → B, B → C 일 때, A → C 가 성립이 되는 경우, 즉 A를 알면 B를 알 수 있고, B를 알면 C를 알 수 있을 때, A를 알면 C를 알 수 있는 경우 (④)(이)라고 한다.

- ① :
- ② :
- ③ :
- ④ :

ANSWER ① 이상(Anomaly) ② 완전 함수 종속 ③ 부분 함수 종속 ④ 이행적 함수 종속

10 정규화

출제
빈도 (상) (중) (하)

핵심포인트

정규화 개념 • 제1정규형 • 제2정규형 • 제3정규형

01 정규화(Normalization)

- 정규화란 논리적 설계 단계에서 발생할 수 있는 종속으로 인한 이상(Anomaly) 현상 의 문제점을 해결하기 위해, 속성들 간의 종속 관계를 분석하여 여러 개의 릴레이션 으로 분해하는 과정을 말한다.
- 정규화되는 과정을 정규형이라고 하며, 정규형의 종류로는 제1정규형, 제2정규형, 제3정규형, BCNF, 제4정규형, 제5정규형 등이 있다.

합격생의 비법

정규화는 자주 출제되는 부분 중 한 부분입니다. 정규형의 개념을 정확히 정리하고 정규형의 종류를 구분할 수 있어야 합니다.

02 정규형의 종류

① 제1정규형(1NF : First Normal Form)
- 제1정규형은 한 릴레이션을 구성하는 모든 도메인이 원자값(Atomic Value)만으로 구성되도록 하는 정규형을 말한다.
- '회원번호', '성명', '연락처', '수강과목', '수강료'로 구성된 [회원] 테이블이 있다.

회원

회원번호	성명	연락처	수강과목	수강료
10010	박순신	123-4567	POP글씨	40,000
			지점토공예	40,000
20020	이감찬	234-1122	펜글씨	30,000
20030	김길동	321-4321	지점토공예	40,000
			기타	50,000

- 위 [회원] 테이블에서 '박순신'과 '김길동' 회원은 한 명의 회원이 여러 과목을 수강 하고 있다.
- 그런데 '박순신' 회원과 '김길동' 회원에 대한 중복이 되는 속성값 '회원번호', '성명', '연락처'에 해당하는 튜플을 하나로 합쳐서 나타내고 있다.
- 데이터베이스에서는 검색, 삽입, 삭제 등 여러 가지 작업이 튜플 단위로 이루어지 기 때문에 '박순신' 회원과 '김길동' 회원과 같이 튜플을 하나로 합쳐서 표현하면 원 활하게 수행되지 못한다.

– 따라서 위 [회원] 테이블이 각각의 튜플로 구성되도록 회원 정보를 나타내는 [회원] 테이블과 수강과목에 대한 정보를 나타내는 [강좌] 테이블로 분해하면 다음과 같다.

> 회원(회원번호, 성명, 연락처)
> 강좌(수강과목, 수강료)

회원

회원번호	성명	연락처
10010	박순신	123-4567
20020	이감찬	234-1122
20030	김길동	321-4321

강좌

수강과목	수강료
POP글씨	40,000
지점토공예	40,000
펜글씨	30,000
기타	50,000

– 이와 같이 모든 도메인이 각각의 튜플로 구성되도록, 즉 원자값만으로 구성되도록 분해하는 과정을 제1정규형(1NF)이라고 한다.

② 제2정규형(2NF : Second Normal Form) 2021년 2회

- 제2정규형은 제1정규형을 만족하면서 릴레이션을 구성하는 모든 속성이 기본키에 완전 함수 종속이 되도록 분해하는 과정을 말한다.
- 즉, 제2정규형에서는 릴레이션에 존재하는 부분 함수 종속을 제거하고 모든 속성이 기본키에 완전 함수 종속이 되도록 한다.
- '고객번호', '제품번호', '제품명', '주문량'의 속성을 가진 [고객주문] 테이블이 있다.

고객주문

고객번호	제품번호	제품명	주문량
A012	S-321	SD메모리	2
A012	M-789	메모리	1
A023	K-002	키보드	1
A123	K-012	헤드셋	2
A134	M-123	마우스	4
A134	S-321	SD메모리	2
A321	K-012	헤드셋	1
A567	M-123	마우스	2
A789	M-123	마우스	3
A789	S-567	스캐너	1

– [고객주문] 테이블에서 '고객번호'와 '제품번호'가 조합된 합성키(복합키)가 기본키가 된다.
– [고객주문] 테이블의 종속 관계를 살펴보면 '주문량' 속성값은 '고객번호'와 '제품번호' 모두 알아야 구분할 수 있으므로 기본키인 (고객번호, 제품번호)에 완전 함수 종속된다.

> (고객번호, 제품번호) → 주문량

- 반면, '제품명' 속성값은 기본키 (고객번호, 제품번호)의 일부인 '제품번호'만 알아도 구분할 수 있으므로 부분 함수 종속 관계에 있다.

제품번호 → 제품명

- 따라서 이와 같이 부분 함수 종속 관계가 있는 테이블을 기본키에 완전 함수 종속이 되도록 분해하면 다음과 같이 분해할 수 있다.

주문량(고객번호, 제품번호, 주문량)
제품(제품번호, 제품명)

주문량

고객번호	제품번호	주문량
A012	S-321	2
A012	M-789	1
A023	K-002	1
A123	K-012	2
A134	M-123	4
A134	S-321	2
A321	K-012	1
A567	M-123	2
A789	M-123	3
A789	S-567	1

제품

제품번호	제품명
S-321	SD메모리
M-789	메모리
K-002	키보드
K-012	헤드셋
M-123	마우스
S-567	스캐너

- 이와 같이 [고객주문] 테이블을 [주문량] 테이블과 [제품] 테이블로 분해하면 [주문량] 테이블에서 '주문량'은 기본키인 (고객번호, 제품번호)에 완전 함수 종속이 되고, [제품] 테이블에서 '제품명'은 기본키인 '제품번호'에 완전 함수 종속이 되어 제2정규형(2NF)을 만족하게 된다.

③ **제3정규형(3NF : Third Normal Form)**
- 제3정규형은 제2정규형을 만족하면서 릴레이션을 구성하는 속성들 간에 이행적 함수 종속 관계를 분해하여 비이행적 함수 종속이 되도록 하는 과정을 말한다.
- '학번', '전공', '담당교수' 속성으로 구성된 [수강] 테이블이 있다.

수강

학번	전공	담당교수
0001	컴퓨터	김선수
0002	기계	박길동
0003	토목	이찬성
0004	컴퓨터	김선수
0005	기계	박길동

- [수강] 테이블의 종속 관계를 살펴보면 다음과 같다.
- '학번'을 알면 그 학생의 '전공'을 알 수 있다. 즉, '전공'은 '학번'에 종속되어 있다. 또한 '전공'을 알면 '담당교수'를 알 수 있다. 즉, '담당교수'는 '전공'에 종속되어 있다. 결국 '학번'을 알면 '전공' 속성값을 알 수 있고, '담당교수' 속성값도 알 수 있게 된다. 즉, '학번'과 '담당교수' 속성 간에 이행적 함수 종속 관계가 있는 것이다.

> 학번 → 전공
> 전공 → 담당교수
> 학번 → 담당교수

- 따라서 이행적 함수 종속 관계가 있는 [수강] 테이블을 분해하면 다음과 같이 분해할 수 있다.

> 학생(학번, 전공)
> 교수(전공, 담당교수)

학생

학번	전공
0001	컴퓨터
0002	기계
0003	토목
0004	컴퓨터
0005	기계

교수

전공	담당교수
컴퓨터	김선수
기계	박길동
토목	이찬성

- 이와 같이 [수강] 테이블을 [학생] 테이블과 [교수] 테이블로 분해하면 각 테이블이 기본키에 완전 함수 종속 관계로 유지되면서 이행적 함수 종속 관계도 해결되어 제3정규형(3NF)을 만족하게 된다.

④ 보이스-코드 정규형(BCNF : Boyce-Codd Normal Form)

- 보이스-코드 정규형은 제3정규형을 만족하면서, 릴레이션에서 모든 결정자★가 후보키★가 되도록 하는 과정을 말한다.
- '회원번호', '수강과목', '강사' 속성으로 구성된 [등록] 테이블이 있다.

등록

회원번호	수강과목	강사
10010	POP글씨	최수지
10010	서예	김선수
20020	기타	이영춘
20030	네일아트	이태선
20030	POP글씨	최수지
30010	서예	박길동
30010	POP글씨	김정미

– [등록] 테이블에서 한 명의 회원이 여러 과목을 수강할 수 있으므로 '회원번호' 하나의 속성으로는 후보키가 될 수 없다.

– [등록] 테이블에서 후보키가 될 수 있는 것은 합성키(복합키)로 (회원번호, 수강과목) 또는 (회원번호, 강사)이다. (수강과목, 강사)는 후보키가 될 수 없다. 수강과목이 'POP글씨'이고, 강사가 '최수지'인 경우는 회원번호가 '10010'과 '20030' 두 가지로 서로 튜플을 식별할 수 없기 때문이다.

– 후보키 (회원번호, 수강과목)과 (회원번호, 강사) 중 기본키를 (회원번호, 수강과목)으로 지정하면 다음과 같은 종속 관계가 성립된다.

(회원번호, 수강과목) → 강사

– 또한 [등록] 테이블에서는 한 과목을 여러 명의 강사가 강의할 수 있음을 알 수 있다. 'POP글씨'를 강사 '최수지'와 '김정미'가 강의하고 있고, '서예'는 '김선수'와 '박길동' 강사가 강의하고 있다. 따라서 수강과목과 강사 간의 종속 관계는 강사를 알면 수강과목을 알 수 있는 형태이다. 수강과목과 강사 간에는 다음과 같은 종속 관계가 성립된다.

강사 → 수강과목

– 이때 '강사' 속성은 후보키가 아니다. 후보키가 아님에도 수강과목을 결정하는 결정자 역할을 하고 있는 것이다. 이와 같이 결정자가 후보키가 아닌 경우 분해하는 과정을 BCNF라고 한다. 위 [등록] 테이블은 다음과 같이 분해할 수 있다.

회원등록(회원번호, 강사)
강사(강사, 수강과목)

– [회원등록] 테이블의 '강사' 속성을 외래키로 지정하여 [강사] 테이블을 참조한다.

회원등록

회원번호	강사
10010	최수지
10010	김선수
20020	이영춘
20030	이태선
20030	최수지
30010	박길동
30010	김정미

강사

강사	수강과목
최수지	POP글씨
김선수	서예
이영춘	기타
이태선	네일아트
박길동	서예
김정미	POP글씨

– 이와 같이 [등록] 테이블을 [회원등록] 테이블과 [강사] 테이블로 분해하면 모든 결정자가 후보키가 되어 BCNF를 만족하게 된다.

⑤ 제4정규형(4NF : Fourth Normal Form)

• 제4정규형은 릴레이션에서 다치 종속(MVD) 관계가 성립되는 경우 분해하는 정규형을 말한다.

• 다치 종속(MVD : Multivalued Dependency)

– 함수 종속은 'A → B'인 경우 A의 속성값은 B의 속성값 하나를 결정하게 된다.

강사

강사	수강과목
최수지	POP글씨
김선수	서예
이영춘	기타
이태선	네일아트

– [강사] 테이블에서 '강사 → 수강과목' 종속 관계가 있다. 따라서 '강사' 속성의 값은 '수강과목' 속성 하나의 값과 대응되어 '수강과목' 하나하나를 식별할 수 있는 것이다.

– 다치 종속(MVD)은 함수 종속과는 달리 하나의 속성값이 대응되는 속성의 집합을 결정하는 종속 관계를 말하며, 릴레이션의 속성이 3개 이상일 때 존재한다.

– 다치 종속의 표기는 다음과 같이 한다.

> A ↠ B : A의 속성값은 B의 속성값의 집합을 결정하게 된다.

– '과목명', '강사', '교재' 속성으로 구성된 [강좌] 테이블이 있다.

강좌

과목명	강사	교재
POP글씨	최수지	POP-1
POP글씨	최수지	POP-2
POP글씨	김정미	POP-1
POP글씨	김정미	POP-2
서예	박길동	서예-1
서예	박길동	서예-2

– 위 [강좌] 테이블은 함수 종속 관계가 성립되지 않는다. 그런데 [강좌] 테이블에서는 '과목명'을 알면 그 과목과 관련된 강사들이 누구인지 강사의 집합을 알 수 있으며, '과목명'을 알면 그 과목과 관련된 교재의 집합을 알 수 있다. 즉, POP글씨와 관련된 강사는 (최수지, 김정미)이다. 또 POP글씨와 관련된 교재는 (POP-1, POP-2)이다.

– 이와 같이 하나의 속성값과 여러 개의 속성값이 종속된 관계를 다치 종속(MVD)이라고 한다. [강좌] 테이블은 다음과 같은 다치 종속(MVD)이 성립된다.

> 과목명 ↠ 강사
> 과목명 ↠ 교재

– 이와 같은 다치 종속(MVD) 관계의 테이블을 분해하는 것이 제4정규형이다.
– [강좌] 테이블은 다음과 같이 분해할 수 있다.

> 강사(과목명, 강사)
> 교재(과목명, 교재)

강사

과목명	강사
POP글씨	최수지
POP글씨	김정미
서예	박길동

강사

과목명	교재
POP글씨	POP-1
POP글씨	POP-2
서예	서예-1
서예	서예-2

⑥ 제5정규형(5NF : Fifth Normal Form)

- 제5정규형은 릴레이션에 존재하는 조인 종속(Join Dependency)이 후보키를 통해 서만 성립이 되도록 하는 정규형을 말한다.
- 조인 종속(Join Dependency)은 원래의 릴레이션을 분해한 뒤 자연 조인한 결과가 원래의 릴레이션과 같은 결과가 나오는 종속성을 말한다.

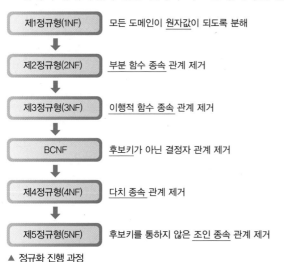

제1정규형(1NF)	→	모든 도메인이 원자값이 되도록 분해
제2정규형(2NF)	→	부분 함수 종속 관계 제거
제3정규형(3NF)	→	이행적 함수 종속 관계 제거
BCNF	→	후보키가 아닌 결정자 관계 제거
제4정규형(4NF)	→	다치 종속 관계 제거
제5정규형(5NF)	→	후보키를 통하지 않은 조인 종속 관계 제거

▲ 정규화 진행 과정

이론을 확인하는 **문제**

다음 괄호에 들어갈 알맞은 내용을 채우시오.

(①)	데이터베이스의 논리적 설계 시 하나의 릴레이션에 많은 속성들이 존재하게 하고, 데이터의 중복과 종속으로 인해 이상 (Anomaly) 현상이 발생할 수 있다. 이러한 이상(Anomaly) 현상을 제거하기 위해 릴레이션의 무결성을 유지하면서 정확한 정보를 제공하기 위해 여러 개의 릴레이션으로 분해하는 것을 (①)(이)라고 한다.
(②)	'주문번호', '부품번호', '부품가격', '주문량'의 속성으로 구성된 [주문현황] 테이블이 있다. **주문현황** 테이블 [주문현황] 테이블은 '주문번호'와 '부품번호'가 합성키인 (주문번호,부품번호)가 기본키이다. 또한 모든 도메인이 원자값으로 구성되어 있으므로 (②)(을)를 만족하고 있다.
(③)	위 [주문현황] 테이블의 종속 관계를 분석한 결과 '부품가격'은 기본키인 (주문번호,부품번호) 외에 '부품번호'만으로도 구분할 수 있으므로 '부품번호'에 종속되어 있음을 알 수 있다. 이와 같이 기본키가 아닌 속성에 종속이 되는 것을 부분 함수 종속이라 하며 이와 같은 종속을 해결하기 위해서는 (③)(을)를 수행함으로써 해결할 수 있다.
(④)	릴레이션에서 A를 알면 B를 알 수 있고, B를 알면 C를 알 수 있을 때, A를 알면 C를 알 수 있는 경우 이행적 함수 종속 관계가 성립된다고 할 수 있다. 이와 같은 경우 (④)(을)를 수행하여 종속 관계를 해결할 수 있다.

주문현황

주문번호	부품번호	부품가격	주문량
1318	C–1	1,500	20
1318	C–2	700	15
1222	C–3	600	15
1407	C–1	1,500	21
1407	C–4	600	12

- ① :
- ② :
- ③ :
- ④ :

11 트랜잭션(Transaction)

핵심포인트
트랜잭션 • 원자성 • 일관성 • 격리성 • 지속성 • COMMIT • ROLLBACK

01 트랜잭션(Transaction)

- 트랜잭션은 데이터베이스 내에서 한꺼번에 모두 수행되어야 할 연산들의 집합으로, 하나의 작업 처리를 위한 논리적 작업 단위를 말한다.
- 트랜잭션 내의 연산은 한꺼번에 완료되어야 하며 그렇지 못한 경우 모두 취소되어야 한다.

02 트랜잭션의 성질 2021년 2회, 2020년 1회

① 원자성(Atomicity)

트랜잭션의 가장 기본적인 특성으로 트랜잭션 내의 연산은 반드시 모두 수행되어야 하며 그렇지 않은 경우 모두 수행되지 않아야 한다.

② 일관성(Consistency)

트랜잭션이 정상적으로 완료된 후 언제나 일관성 있는 데이터베이스 상태가 되어야 하며, 결과에 모순이 생겨서는 안 된다.

> 사용자가 물건을 구매한 후 10점의 포인트를 적립카드에 적립하여 100점이 되었다면 그 결과는 어디에서 점수를 조회하더라도 동일한 결과가 나와야 한다. 본사에서 포인트 점수를 조회하면 100점인데 일반 매장에서 조회해서 100점이 아니면 일관성이 결여된 것이다.

③ 격리성(Isolation)

하나의 트랜잭션이 수행 중에는 다른 트랜잭션이 접근할 수 없으며 각각의 트랜잭션은 독립적이어야 한다. 따라서 독립성이라고도 한다.

> 동일한 회사의 적립카드를 이용하는 사용자 A와 사용자 B가 동시에 적립카드에 적립하더라도 사용자 A에게 적립하는 처리과정과 B에게 적립하는 처리과정은 서로 구별되어 각각 정확하게 처리되어야 한다.

합격생의 비법

일상생활에서 물건을 구매한 후 적립카드에 해당 포인트만큼 적립하는 경우, '적립카드 인식 → 포인트 입력 → 승인 → 회원 데이터베이스에 포인트 적립 → 종료'의 과정을 거치게 됩니다. 적립카드에 포인트를 적립하는 과정에서 이루어지는 위와 같은 연산들의 집합을 트랜잭션이라고 생각하세요. 이때 위 과정은 한꺼번에 모두 완료되어야 합니다. 이 중 한 과정에서라도 오류가 발생하면 모든 과정이 취소됩니다. 이것은 트랜잭션의 기본 성질입니다.

④ 영속성(Durability)

트랜잭션이 성공적으로 완료된 후 결과는 지속적으로 유지되어야 한다. 따라서 지속성이라고도 한다.

합격생의 비법

트랜잭션의 성질인 Atomicity, Consistency, Isolation, Durability를 함축하여 ACID 성질이라고 표현하기도 합니다.

> 사용자가 적립카드에 100점까지 적립했다면 그 결과는 이후 적립이 이루어지기 전까지 계속 유지되어야 한다.

03 트랜잭션 연산

트랜잭션 연산에는 COMMIT와 ROLLBACK이 있으며 하나의 트랜잭션은 COMMIT이나 ROLLBACK이 되어야 한다.

① COMMIT

- 트랜잭션이 성공적으로 종료된 후 수정된 내용을 지속적으로 유지하기 위한 연산이다.
- 적립카드에 10점의 점수를 적립하는 트랜잭션을 수행해서 정상적으로 종료되는 경우는 다음과 같다.

read(card)	→ 카드 인식
A = A + 10	→ 포인트 입력
recognition	→ 승인
write(A)	→ 포인트 적립
COMMIT	→ 정상 종료

② ROLLBACK 2020년 2회

합격생의 비법

앞에서 다뤘던 COMMIT 명령 및 ROLLBACK 명령과 동일한 의미로 이해하세요.

- 트랜잭션이 비정상적으로 수행되었거나 오류가 발생했을 때 수행 작업을 취소하고 이전 상태로 되돌리기 위한 연산이다.
- 적립카드에 10점의 점수를 적립하는 트랜잭션을 수행하는 도중 오류가 발생하는 경우는 다음과 같다.

read(card)	→ 카드 인식 ◄	
A = A + 10	→ 포인트 입력	작업 취소
오류		
ROLLBACK		

04 트랜잭션의 상태도

- 트랜잭션이 수행되는 과정은 다음과 같은 상태로 구분할 수 있다.

실행	현재 실행 중인 상태
부분완료	실행을 모두 마치고, 데이터베이스에 결과를 저장하기 직전 상태
완료	트랜잭션의 연산을 정상적으로 마치고, 연산 결과를 데이터베이스에 저장한 상태
실패	트랜잭션 실행 중 오류에 의해 더 이상 진행될 수 없는 상태
철회	트랜잭션 실행이 실패되어 복귀되는 상태

- 부분완료는 실행은 마쳤지만 아직 데이터베이스에 저장이 이루어지지 않은 상태이다. 따라서 부분완료가 되었다 하더라도 실패로 이어질 수 있다.
- 예를 들어 문서를 다 작성했더라도 저장하지 않으면 작성한 문서가 손실될 수도 있듯이 트랜잭션이 정상적으로 완료되었다 하더라도 COMMIT 연산을 수행하지 않으면 수행된 결과가 유지될 수 없다.
- 트랜잭션이 비정상적으로 수행되거나 오류가 발생하면 ROLLBACK 연산에 의해 취소된다. 이와 같이 하나의 트랜잭션은 반드시 COMMIT이나 ROLLBACK 되어야 한다.

▲ 트랜잭션의 상태도

다음 괄호에 들어갈 알맞은 내용을 채우시오.

(①)	데이터베이스에 보관된 자료를 이용하여 작업을 수행하는 가장 기본적인 작업의 단위가 되며, 여러 개의 연산이 하나의 논리적 기능을 수행하기 위한 연산들의 집합을 말한다. 한 카드회사의 신용카드를 발급 받아 카드를 이용해 물건을 구매하는 과정을 살펴보면, 카드 인식 → 금액 입력 → 카드 회사 송신 → 승인 → 승인 내역 수신 → 완료와 같은 과정을 거치게 된다. 이와 같이 하나의 작업을 수행하는 데 이루어지는 연산들의 집합을 (①)(이)라고 한다.
(②)	(①)(은)는 모든 연산은 반드시 한꺼번에 완료되어야 하며, 그렇지 못한 경우 모두 취소되어야 한다. 이와 같은 성질을 (②)(이)라 한다. 그 외에 실행된 후에도 언제나 일관성 있는 데이터베이스 상태가 되어야 하며, 결과에 모순이 생겨서는 안 되도록 하는 일관성의 성질을 갖는다.
(③)	데이터베이스 내의 하나의 (①)(이)가 수행 중에는 다른 (①)(이)가 접근할 수 없으며 각각의 트랜잭션은 독립적이어야 한다. 이러한 성질을 (③)(이)라 한다. 또한 성공적으로 종료된 결과는 계속 유지되어야 하는 영속성의 성질을 갖는다.
(④)	데이터베이스 내의 (①)(이)가 수행되는 과정의 상태는 다음과 같다. • 실행 : 현재 (①) 실행 중인 상태를 말한다. • 부분완료 : (①)의 실행은 모두 마쳤으나 데이터베이스에 저장하기 이전 상태를 말한다. • (④) : 성공적으로 완료된 (①)의 연산 결과를 데이터베이스에 저장한 상태를 말한다. • 실패 : (①)의 실행이 오류에 의해 더 이상 진행될 수 없는 상태를 말한다. • 철회 : (①)의 실행이 취소되는 상태를 말한다.

- ① :
- ② :
- ③ :
- ④ :

ANSWER ① 트랜잭션(Transaction) ② 원자성 ③ 격리성 ④ 완료

12 회복 기법과 병행 제어

핵심포인트

회복 기법 • 병행 제어 • 로킹(Locking)

01 회복(Recovery)

합격생의 비법

이번 Section에서는 회복의 기본 개념과 병행 제어에 대한 내용을 잘 정리해 두세요.

• 회복이란 여러 가지 요인으로 인해 손상된 데이터베이스를 손상되기 이전의 정상적인 상태로 복구시키는 작업을 말한다.

• 회복을 위해 로그(Log)를 이용하게 되는데, 로그(Log)란 트랜잭션이 수행되어 변경되는 데이터베이스의 상황 정보를 기록하는 것으로, 트랜잭션이 수행되기 이전 값과 수행된 이후 값 모두 기록된다. 이와 같은 정보를 담고 있는 파일을 로그 파일(Log File)이라고 한다.

① 회복 기법 2020년 4회

• **즉시 갱신 기법** : 트랜잭션이 실행(활동) 상태에서 변경되는 내용을 그때그때 바로 데이터베이스에 적용하는 기법이다. 변경되는 모든 내용은 로그(Log)에 기록하여 장애 발생 시 로그(Log)의 내용을 토대로 회복시킨다.

• **지연 갱신 기법** : 트랜잭션이 수행되어 부분완료될 때까지 데이터베이스에 적용하지 않고 지연시킨 후 부분완료가 되면 로그(Log)의 내용을 토대로 데이터베이스에 적용하는 기법이다.

• **검사 시점 기법** : 트랜잭션이 실행되는 중간에 검사 시점(Check Point)을 지정하여 검사 시점까지 수행 후 완료된 내용을 데이터베이스에 적용하는 기법이다.

• **그림자 페이징(Shadow Paging) 기법** : 그림자 페이징 기법은 로그(Log)를 사용하지 않고, 데이터베이스를 동일한 크기의 단위인 페이지로 나누어 각 페이지마다 복사하여 그림자 페이지를 보관한다. 데이터베이스의 변경되는 내용은 원본 페이지에만 적용하고, 장애가 발생되는 경우 그림자 페이지를 이용해 회복한다.

② REDO(재수행)와 UNDO(취소)

합격생의 비법

COMMIT과 ROLLBACK은 '저장해라', '취소해라'와 같은 명령어입니다. REDO와 UNDO는 COMMIT과 ROLLBACK 명령에 의해 수행되는 과정을 말합니다.

• **REDO** : 트랜잭션이 수행되어 COMMIT이 되면 변경된 내용을 데이터베이스에 반영하게 된다. 이때 로그(Log)의 내용을 토대로 재수행하며 변경된 내용을 데이터베이스에 반영하게 된다. 이와 같이 재수행하는 과정을 말한다.

• **UNDO** : 트랜잭션이 수행되는 도중 오류가 발생하거나 비정상적으로 종료되는 경우 트랜잭션이 시작된 시점으로 되돌아가는 과정을 말한다.

```
        트랜잭션1              트랜잭션2
                    COMMIT          오류발생
     ├────────────────┼──────────────┤
     ┊---------►       ↖          ↗
     REDO               ╲_____╱
                          UNDO
```

▲ REDO와 UNDO의 수행

데이터베이스 수행 시 발생되는 장애의 유형

- 트랜잭션 장애 : 하나의 트랜잭션이 수행되는 과정에서 발생하는 오류를 말한다.
- 시스템 장애 : 트랜잭션 장애들로 인해 시스템상의 문제가 발생하여 트랜잭션이 수행되지 못하는 경우를 말한다. 예를 들어 컴퓨터를 사용하는 도중에 컴퓨터가 다운되는 경우가 여기에 속한다.
- 미디어 장애 : 하드웨어적으로 하드디스크 등이 손상되는 경우를 말한다.

02 병행 제어(Concurrency Control)

- 동시에 여러 개의 트랜잭션이 실행되는 경우를 병행 실행이라고 하는데 이와 같은 병행 실행 시 트랜잭션 간의 격리성을 유지하여 트랜잭션 수행에 문제가 발생되지 않도록 제어하는 것을 병행 제어라고 한다.
- 대표적인 병행 제어의 방법으로 로킹(Locking) 기법이 있다.

① 로킹(Locking) 2021년 2회

- 로킹(Locking) 기법은 트랜잭션의 병행 실행 시 하나의 트랜잭션이 사용하는 데이터베이스 내의 데이터를 다른 트랜잭션이 접근하지 못하게 하는 것을 말한다.
- 하나의 트랜잭션이 실행될 때는 'LOCK'을 설정해 다른 트랜잭션이 데이터에 접근하지 못하도록 잠근 후 실행하고, 실행이 완료되면 'UNLOCK'을 통해 해제한다.

> LOCK → 트랜잭션 실행 → 트랜잭션 완료 → UNLOCK

- '학번', '이름', '국어', '영어' 속성으로 구성된 [학생] 테이블이 있다.

학생

학번	이름	국어	영어
071113	김길동	75	80
082134	이영진	82	85
072235	김정애	90	72
091156	박태인	85	80

- 위 [학생] 테이블을 사용자 A와 사용자 B가 거의 동시에 접근해서 사용자 A는 학생들의 '국어' 점수를 검색하는 트랜잭션을 수행하려고 하고, 사용자 B는 '김정애' 학생의 정보를 삭제하는 트랜잭션을 수행하려고 한다.
- 만약 사용자 A가 검색하는 도중 일부 값이 사용자 B에 의해 삭제된다면 검색 결과를 신뢰할 수 없을 것이다.
- 따라서 사용자 A는 [학생] 테이블을 사용하기 전 [학생] 테이블에 다른 트랜잭션이 접근하지 못하도록 'LOCK'을 설정한다.

합격생의 비법

로킹(Locking)을 락(LOCK)으로 표현하는 경우도 있습니다. 로킹은 다른 트랜잭션이 데이터에 접근하지 못하게 열쇠로 잠가 놓는다고 생각하세요.

‒ 그리고 사용자 A가 원하는 트랜잭션을 수행하고, 완료 후 'UNLOCK'을 통해 해제한다. [학생] 테이블에 대해 LOCK이 해제되면 사용자 B가 접근하여 이용할 수 있다. 만약 LOCK이 해제되지 않았다면 다른 트랜잭션이 접근할 수 없게 된다.

사용자 A	사용자 B
LOCK(학생)	
read 학생	
검색	
UNLOCK(학생)	
	LOCK(학생)
	read 학생
	삭제
	UNLOCK(학생)

② 로킹 단위

• LOCK을 설정할 데이터의 크기를 나타낸다.
• 로킹 단위는 테이블, 속성, 튜플 단위로 설정할 수 있다.
• 로킹 단위가 크면 많은 양의 데이터의 LOCK 설정이 가능하고, 로킹 단위가 작으면 적은 양의 데이터의 LOCK 설정이 가능하다.
• 로킹 단위가 크면 LOCK으로 설정한 가짓수가 적어지고, 로킹 단위가 작으면 LOCK으로 설정한 가짓수가 많아진다.
• 로킹 단위가 크면 병행성 수준이 낮아지고, 로킹 단위가 작으면 병행성 수준이 높아진다.

학생

학번	이름	국어	영어
071113	김길동	75	80
082134	이영진	82	85
072235	김정애	90	72
091156	박태인	85	80

LOCK

▲ 로킹 단위가 큰 경우

학생

학번	이름	국어	영어
071113	김길동	75	80
082134	이영진	82	85
072235	김정애	90	72
091156	박태인	85	80
LOCK	LOCK	LOCK	LOCK

▲ 로킹 단위가 작은 경우

• 위 그림에서 좌측은 로킹 단위를 크게 해서 테이블 자체를 LOCK으로 설정한 것이고, 우측은 로킹 단위를 작게 해서 속성 단위로 LOCK을 설정한 경우이다.
• 위 그림과 같이 로킹 단위를 크게 지정한 경우는 LOCK의 가짓수가 적어지고, 로킹 단위를 작게 지정한 경우는 LOCK의 가짓수가 많아진다.
• 로킹 단위를 크게 하여 테이블 자체를 LOCK으로 설정하면 LOCK이 해제되기 전에 다른 트랜잭션은 이 테이블에 접근할 수 없다. 따라서 다른 트랜잭션과 테이블을 이용하는 데 병행성 수준이 낮아지게 된다.
• 반면 로킹 단위를 작게 하면 현재 LOCK으로 설정되지 않은 부분은 다른 트랜잭션도 접근하여 이용할 수 있으므로 병행성 수준이 높아지게 된다.

③ 병행 제어를 하지 않았을 때의 문제점

병행 실행되는 트랜잭션에 대해 병행 제어를 하지 않은 경우 다음과 같은 문제를 초래한다.

갱신 분실 (Lost Update)	두 개 이상의 트랜잭션이 수행되는 과정에서 연산 결과의 일부가 없어지는 현상
모순성 (Inconsistency)	두 개 이상의 트랜잭션이 수행되어 얻어진 결과가 일관성 없이 서로 다른 현상
연쇄 복귀 (Cascading Rollback)	두 개 이상의 트랜잭션이 수행되던 중 하나의 트랜잭션이 취소되어 연쇄적으로 다른 트랜잭션도 취소하는 현상

이론을 확인하는 **문제**

다음 괄호에 들어갈 알맞은 내용을 채우시오.

(①)	데이터베이스를 구축하여 이용하는 과정에서 여러 가지 문제가 발생할 수 있다. 회복(Recovery)이란 여러 가지 요인으로 인해 손상된 데이터베이스를 손상되기 이전의 정상적인 상태로 되돌리는 과정으로 즉시 갱신 기법, (①), Check Point 기법, 그림자 페이지 기법 등이 있다. 즉시 갱신 기법과 (①), Check Point 기법은 로그(log)를 이용하는 기법으로, 이 중 (①)(은)는 트랜잭션이 수행되어 부분완료될 때까지 지연시킨 후 로그(log)의 내용을 이용해 문제를 해결하는 기법이다.
(②)	동시에 여러 개의 트랜잭션이 수행되는 것을 병행 실행이라고 하며 병행 실행 시 트랜잭션의 병행 제어를 함으로써 트랜잭션의 성질 중 격리성을 만족하도록 해야 한다. 병행 제어를 위한 대표적인 방법으로 (②) 기법이 있다. 하나의 트랜잭션이 실행되는 동안 다른 트랜잭션이 사용 중인 데이터에 접근하지 못하도록 'LOCK'을 설정해 실행하고, 실행이 완료되면 'UNLOCK'을 통해 해제하게 된다.
(③)	병행 제어를 하지 않았을 경우 트랜잭션이 수행되는 과정에서 연산 결과의 일부가 없어지는 갱신 분실, 트랜잭션이 수행되어 얻어진 결과가 일관성 없어지는 모호성, 그리고 트랜잭션이 수행되던 중 하나 트랜잭션이 취소되어 연쇄적으로 다른 트랜잭션도 취소되는 현상인 (③)(이)가 발생할 수 있다.

- ① :
- ② :
- ③ :

13 객체 지향 데이터베이스

핵심포인트
객체 • 클래스 • 매소드 • 상속 • 캡슐화 • 다형성

01 객체 지향 데이터베이스(OODB)의 등장 배경

합격생의 비법

객체의 개념과 객체 지향 기법에 관련된 용어들을 정리해 두세요.

- 기존의 관계형 데이터베이스는 문자나 숫자, 날짜, 시간 등과 같은 단순한 형태의 데이터를 저장하는 형태이다. 그러나 현재는 컴퓨터 기술과 통신이 발달하면서 데이터의 양이나 내용이 과거와 달라지고 있다. 현재는 단순한 형태의 데이터를 포함하여 이미지, 영상, 소리 등 다양한 멀티미디어 정보를 이용하고 있다. 따라서 이와 같은 멀티미디어 정보를 저장·관리하고 이용할 수 있도록 등장하게 된 개념이 객체 지향 데이터베이스(OODB, Object-Oriented DataBase)이다.
- 이와 같은 객체 지향 데이터베이스(OODB)를 관리하고 운영하는 데이터베이스 관리 시스템을 객체 지향 데이터베이스 관리 시스템(OODBMS, Object-Oriented DataBase Management System)이라고 한다.
- 또한 최근에는 기존의 관계 데이터베이스 모델의 한계를 극복하기 위해 새롭게 등장한 객체 지향 데이터베이스(OODB)보다 기존의 관계 데이터베이스와 객체 지향 데이터베이스를 접목한 객체-관계 데이터베이스(ORDB, Object-Relation DataBase)가 등장하게 되었으며, 이를 관리하고 운영하기 위한 시스템을 객체-관계 데이터베이스 관리 시스템(ORDBMS, Object-Relation DataBase Management System)이라고 한다.

02 객체(Object)와 객체 지향 기법의 특징

① 객체(Object)

- 객체(Object)란 유형이나 무형으로 현실 세계에 존재하는 하나하나를 추상화*한 것으로 서로 구별되는 개념적인 단위를 말한다.
- 객체(Object)는 관계 데이터베이스의 개체(Entity)와 유사하나 개체(Entity)의 개념과 자체적으로 처리 기능을 갖는 연산자까지 포함된 하나의 단위 시스템이다.

★ **추상화(Abstraction)**
객체(Object)에서 표현하고자 하는 것을 가시화하여 추출하는 과정을 말한다.

② 속성(Attribute)

- 속성(Attribute)은 객체의 특성이나 상태를 나타낸다.
- 관계 데이터베이스의 속성과 유사한 개념이다.

③ 메시지(Message)와 메소드(Method)

- 메시지는 객체에 어떤 처리를 하도록 지시하는 명령을 말한다.
- 메소드는 메시지에 따라 객체가 실행해야 할 검색·삽입·삭제·변경 등과 같은 구체적인 연산을 말한다.

> '학번', '이름', '점수' 속성으로 구성되어 있는 '학생' 객체에서 'A학생의 점수를 변경하여라'라고 한다면 이와 같은 명령은 메시지이며, 이 명령에 따라 점수를 변경하는 실제 연산을 메소드라고 한다.

④ 클래스(Class)

- 클래스는 유사한 성격과 공통적인 특성을 갖는 객체들의 모임을 말한다.
- 한 클래스 내의 객체들은 유사한 구조를 갖는다.

- 데스크탑과 노트북은 각각 하나의 객체이다. 이 두 객체는 하드디스크와 RAM/ROM, 메인보드, 비디오카드, 사운드카드를 가지고 있다. 이와 같이 유사한 성격과 공통적인 특징을 갖는 객체들을 컴퓨터라는 클래스로 만들 수 있다.

⑤ 캡슐화(Encapsulation)

캡슐화는 하나의 객체가 문제 해결을 위해 필요한 데이터, 연산, 상수 등의 정보를 하나로 묶음으로써 다른 객체와 정보은폐(정보은닉)가 이루어지도록 하는 것을 말한다.

> 약의 종류 중에 캡슐에 싸여 있는 약이 있다. 그 약은 어떤 병을 치료하는 데 필요한 성분들로만 구성되어 있다. 이와 같이 캡슐화함으로써 다른 성분들과 섞여 치료 효과를 저해하는 것을 방지할 수 있다.

⑥ 상속(계승 : Inheritance)

- 상속은 객체 지향 기법의 대표적인 특징으로 클래스의 계층구조에서 상위 클래스의 특징과 정보 등을 하위 클래스에서 그대로 재사용할 수 있는 개념을 말한다. 따라서 하나의 클래스를 만들 때 상위 클래스의 내용을 재사용함으로써 보다 효율적인 작업이 이루어진다.
- 하나의 클래스로부터 상속받는 것을 단일 상속(Single Inheritance)이라 하며, 여러 개의 클래스로부터 상속받는 것을 다중 상속(Multiple Inheritance)이라고 한다.

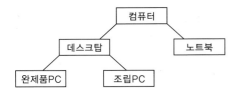

– 위 그림은 '컴퓨터' 클래스 하위에 '데스크탑' 클래스가 존재하는 그림이다. 따라서 '데스크탑' 클래스는 '컴퓨터' 클래스의 특징과 정보를 상속받을 수 있다.

⑦ 다형성(Polymorphism)

다형성은 동일한 객체더라도 경우에 따라 다른 의미의 연산으로 사용될 수 있는 개념을 나타내는 것으로 객체 지향 기법에서는 이와 같은 다형성의 특징을 가지고 있다.

이론을 확인하는 **문제**

다음 괄호에 들어갈 알맞은 내용을 채우시오.

(①)	지금까지의 관계형 데이터베이스는 단순한 형태의 문자, 숫자, 날짜 형태의 정보를 저장하고 관리하고 이용하는 데이터베이스이다. 그러나 IT 기술과 통신의 발달로 인터넷이 보급되는 가운데 단순한 형태의 정보뿐만 아니라 다양한 멀티미디어 정보를 이용하게 되었다. 따라서 객체(Object)라는 개념을 이용해 단순한 형태의 정보뿐만 아니라 이미지, 영상, 소리 등과 같은 멀티미디어 정보를 저장하고 관리/이용하기 위한 기술이 등장하게 되었으며, (①)(을)를 관리하고 운영하는 데이터베이스 관리 시스템을 (①) 관리 시스템(OODBMS)이라 한다.
(②)	객체 지향 데이터베이스에서 유형이나 무형으로 현실 세계에 존재하는 하나하나를 추상화하여 서로 구별이 되는 개념적인 단위를 (②)(이)라 하며, 자체적으로 처리기능을 갖는 하나의 단위 시스템이다. 속성(Attribute)은 이러한 (②)의 특성이나 상태를 나타낸다.
(③)	객체 지향 기법에서 (③)(은)는 각 객체가 실행해야 할 검색/삽입/삭제/변경 등과 같은 구체적인 연산을 말하며, 하나의 메시지에 의해 이루어진다.
(④)	객체 지향에서 공통적인 특징을 갖는 객체들을 그룹화하여 나타내는 것을 클래스(class)라 하며 객체 지향 기법의 대표적인 특징 중에 하나로 (④)(은)는 이전에 선언되었던 상위 클래스의 정보를 하위 클래스가 그대로 사용할 수 있는 개념으로 작업의 효율을 높일 수 있게 되었다.
(⑤)	객체 지향 기법에서는 다른 객체들과의 정보은닉을 위해 하나의 객체가 문제 해결을 위해 필요한 데이터, 연산, 상수 등의 정보를 하나로 묶을 수 있다. 객체 지향 기법에서 이러한 특징을 (⑤)(이)라 한다. 이러한 객체 지향 기법은 동일한 객체이지만 경우에 따라 다르게 사용될 수 있는 다형성의 특징도 가지고 있다.

- ① :
- ② :
- ③ :
- ④ :
- ⑤ :

ANSWER ① 객체 지향 데이터베이스(OODB) ② 객체(Object) ③ 메소드 ④ 상속 ⑤ 캡슐화

출제
빈도 상 **중** 하

합격생의 비법

이번 Section에서는 지금까지 내용 이외의 추가적인 내용을 다룹니다. 용어를 중심으로 정리해 두세요.

01 개체(Entity)의 종류

① 독립 개체(Independent Entity)

데이터베이스 내에서 다른 개체(Entity)에 종속되지 않고, 그 개체(Entity) 내에서 모든 검색과 변경 등이 가능한 개체를 말한다.

② 종속 개체(Dependent Entity)

• 데이터베이스의 그 개체(Entity) 내에서 원하는 검색 등의 연산을 하지 못하고 다른 개체(Entity)를 참조해야 하는 개체를 말하는 것으로, 다른 개체에 종속되는 개체이다.

• '번호', '교수이름', '학과번호'로 구성된 [교수] 테이블과 '학과번호', '학과이름', '학생수', '교수이름'으로 구성된 [학과] 테이블이 있다.

교수

번호	교수이름	학과번호
1001	이영진	A1
1002	이순신	A2
1003	홍길동	B1

학과

학과번호	학과이름	학생수	교수이름
A1	컴퓨터	30	이영진
A2	정보통신	20	이순신
B1	토목	50	홍길동

– 위 [교수] 테이블에서 '이영진' 교수가 담당하는 학과의 이름이나 학생수는 검색할 수 없고, [교수] 테이블의 '학과번호'를 외래키로 지정해서 [학과] 테이블을 참조해야 원하는 내용을 검색할 수 있다.

– 이와 같은 경우 [교수] 테이블은 '종속 개체'에 해당된다. 반면 [학과] 테이블에서는 자체적으로 원하는 내용을 모두 검색할 수 있으므로 '독립 개체'가 된다.

02 속성(Attribute)의 종류

① 단순 속성(Simple Attribute)

• 단순 속성은 속성의 값을 더 이상 작은 단위로 나눌 수 없는 속성을 말한다.

• 위 [학과] 테이블에서 '학과번호', '학과이름', '학생수' 등은 속성의 값을 더 이상 작은 단위로 나눌 수 없다. 따라서 이와 같은 속성을 단순 속성이라고 한다.

② 복합 속성(Composite Attribute)

- 복합 속성은 속성의 값을 여러 개의 작은 단위로 나눌 수 있는 속성을 말한다.
- 위 [교수] 테이블이나 [학과] 테이블에서 '교수이름'은 세부적으로 '성'과 '이름'으로 나눌 수 있다. 이와 같이 필요에 따라 속성값을 작은 단위로 나눌 수 있는 속성을 복합 속성이라 한다.

③ 결합 속성(Concatenate Attribute)

- 결합 속성은 두 개 이상의 속성값을 합쳐 하나의 속성으로 구성된 속성을 말한다.
- '출생년도'와 '출생월일'로 되어 있는 속성을 합쳐서 '생년월일'로 나타냈다면 '생년월일'은 결합 속성이 된다.

출생년도	출생월일	→	생년월일

03 관계(Relation)의 종류

① 중복 관계(Redundant Relation)

- 두 테이블 간의 참조가 두 가지 이상의 속성으로 참조할 수 있는 경우를 말한다.
- X 테이블에서 Y 테이블을 참조하는 경우 x2 속성으로도 Y 테이블을 참조할 수 있고, x3 속성으로도 Y 테이블을 참조할 수 있을 때 중복 관계라고 한다.

X

x1	x2	x3

Y

y1	y2	y3

② 재귀 관계(Recursive Relation)

- 일반적으로 참조는 두 테이블 간에 이루어지지만, 재귀 관계는 하나의 테이블 내에서 자기 자신의 테이블 내용을 참조하는 경우를 말한다.
- '사원번호', '이름', '연락처', '상사사번'으로 구성된 [사원] 테이블이 있다.

사원

사원번호	이름	연락처	상사사번
200	김길동	010-1234-5678	400
300	박영희	010-2345-8756	100
100	이철수	010-4321-1234	
400	최태희	010-5112-4321	300

- [사원] 테이블에서 '김길동' 사원의 상사가 누구인지 알기 위해서는 '김길동' 사원의 '상사사번'을 확인해야 한다. '김길동' 사원의 '상사사번'이 400이므로 '사원번호'가 400인 '최태희' 사원이 상사임을 확인할 수 있다.
- 이와 같이 자기 자신의 테이블을 참조하는 경우를 재귀 관계라고 한다.

04 분산 데이터베이스(Distributed Database)

분산 데이터베이스는 정보의 양이 급증하고 정보를 사용하는 사용자도 증가함에 따라 처리의 효율과 신속한 서비스를 제공하기 위해 통신 네트워크를 통해 여러 대의 컴퓨터에 데이터를 분산시켜 저장하고 관리하여 사용자의 정보 요청 시 각각 컴퓨터에서 직접 처리·제공하도록 구성된 데이터베이스를 말한다.

① 분산 형태

- 수평 분산(Horizontal Distribution) : 다량의 정보를 여러 개의 동등한 기능을 가진 컴퓨터(서버)에 저장시켜 운영하는 방식으로, 각각의 서버는 서로 공유할 수 있으며 어느 하나의 서버에 문제가 발생하더라도 데이터베이스 운영에 지장을 주지 않는 형태이다.
- 수직 분산(Vertical Distribution) : 수직 분산은 전체를 운영하는 주 서버와 처리를 담당하는 여러 대의 부 서버로 구성하여 운영하는 방식으로, 주 서버의 운영에 따라 관리되므로 관리가 용이하나 주 서버에 장애가 발생할 경우 전체 운영에 지장을 주게 된다.

② 분산 데이터베이스의 장단점

장점	• 자체적인 처리 능력으로 신속한 서비스가 제공됨 • 확장성이 용이함 • 신뢰성과 가용성이 증진됨 • 효율성과 융통성이 있음
단점	• 구축하기 복잡함 • 오류가 증가함 • 구축·운영 비용이 증가됨

05 튜닝(Tuning)

- 튜닝(Tuning)은 데이터베이스의 성능 향상과 사용자의 요구에 따라 빠른 검색을 통한 신속한 서비스 제공, 저장 공간의 효율을 향상시키는 등 데이터베이스 시스템을 최적화하기 위해 재조정(조율)하는 것을 말한다.
- 데이터 검색 시 자료가 저장된 블록의 이동과 접근 횟수를 줄일 수 있도록 저장 공간을 조정하여 신속한 검색이 이루어지도록 한다.
- SQL 명령어 작성 시 쉽게 이해할 수 있도록 표준화된 형태로 작성한다.
- 트랜잭션의 무결성을 유지하면서 정보 공유를 위해 적정한 수준의 Locking 기법을 사용한다.

06 CRUD 매트릭스

- 수행할 프로세스(업무)와 프로세스 수행에 사용된 개체 간의 상관관계를 분석하기 위해 2차원 구조의 행렬 구조로 표현함으로써 응용 시스템과 데이터베이스 간의 업무 분석을 하기 위한 상관 분석표를 말한다.
- CRUD 매트릭스에 사용된 C는 Create, R은 Read, U는 Update, D는 Delete를 의미한다.

프로세스 \ 개체	X	Y	Z
프로세스1	C	R	C
프로세스2	R	D	U
프로세스3	D	C	R

  - 위 표와 같은 경우 프로세스 1을 수행하기 위해 X와 Z 개체는 생성하였고, Y 개체는 읽기만 했다는 의미이다.
- 이와 같이 프로세스를 수행함에 있어 어떤 개체를 어떻게 이용했는지를 분석하기 위한 도표를 CRUD 매트릭스라고 한다.

07 트리거(Trigger)

- 트리거는 참조 관계에 있는 두 테이블에서 하나의 테이블에 삽입(Insert), 삭제(Delete), 갱신(Update) 등의 연산으로 테이블의 내용이 바뀌었을 때 데이터의 일관성과 무결성 유지를 위해 이와 연관된 테이블도 연쇄적으로 변경이 이루어질 수 있도록 하는 것을 말한다.

교수

교수번호	교수이름	학과번호
1001	이영진	A1
1002	이순신	A2
1003	홍길동	B1

학과

학과번호	학과이름	학생수	교수이름
A1	컴퓨터	30	이영진
A2	정보통신	20	이순신
B1	토목	50	홍길동

  - 위 두 테이블에서 [교수] 테이블의 '학과번호'를 외래키(Foreign Key)로 지정하여 [학과] 테이블을 참조하고 있다.
  - 이때, [학과] 테이블에 새로운 학과가 신설되어 학과 정보가 삽입되거나 또는 반대로 삭제되거나 변경되는 경우 이와 연관된 [교수] 테이블의 정보도 연쇄적으로 같이 삽입, 삭제, 변경이 이루어져야 데이터의 일관성과 무결성을 유지할 수 있다.

08 내장 SQL(Embedded-SQL)

① 내장 SQL의 의미

- 내장 SQL이란 삽입 SQL이라고도 하며, 일반 응용 프로그램에 SQL을 삽입하여 데이터베이스 자료를 이용하고 다양한 조작을 할 수 있도록 한 것이다. 즉, 응용 프로그램이 실행될 때 같이 실행되도록 호스트 프로그램 언어★에 삽입된 SQL을 말한다.
- 만약 정보를 제공하는 한 회사의 서버에 수많은 자료를 저장해서 데이터베이스를 구축한 뒤 사용자에게 직접 SQL 조작어(DML)를 이용해 자료를 추가하고, 필요한 정보를 검색해서 사용하도록 한다면 쉽게 이용하기 곤란할 것이다.

- 따라서 회사에서는 다음과 같은 사이트를 구축해서 사용자들이 쉽게 이용할 수 있도록 한다.

▲ 내장 SQL

- 인터넷상의 사이트도 여러 가지 호스트 프로그램 언어를 이용해 만든 일종의 프로그램이다. 여기에 데이터베이스와 연결해서 사용자들이 SQL 언어를 모르더라도 쉽게 정보를 이용할 수 있도록 한다. 이때 사이트(프로그램)에는 SQL 언어가 내장되어 있어서 사용자들이 화면상에서 버튼과 메뉴 등을 이용해 쉽게 사용할 수 있는 것이다.
- 이와 같이 호스트 프로그램 언어를 이용해 만든 프로그램에 내장되어, 데이터베이스를 이용할 수 있도록 하는 것을 내장 SQL이라고 한다.

② 내장 SQL의 특징

- 내장 SQL은 'EXEC SQL'문으로 시작하여 세미콜론(;)으로 종료한다.
- 내장 SQL은 호스트 프로그램 실행 시 같이 실행된다.
- 일반 SQL문은 실행 후 결과값으로 여러 자료(튜플)를 얻을 수 있지만 내장 SQL은 하나의 자료(튜플)만 얻을 수 있다.
- 호스트 언어에 데이터베이스의 자료를 불러와 기억하기 위한 공간(변수)이 필요하다. 불러온 자료를 기억하기 위한 변수를 호스트 변수라고 한다.

- 호스트 변수를 사용하기 위해서는 BEGIN DECLARE SECTION~END DE-CLARE SECTION을 통해 선언되어 있어야 한다.
- 호스트 변수명과 데이터베이스의 속성명은 같아도 무방하다.
- 호스트 변수는 구분을 위해 콜론(:)을 변수명 앞에 붙인다.
- 데이터베이스 속성의 데이터 타입과 호스트 변수의 데이터 타입은 서로 같아야 한다.

09 스토어드 프로시저(Stored Procedure)

- 스토어드 프로시저*란 자주 수행해야 할 SQL 처리 과정을 미리 하나의 작은 프로그램으로 작성하여 데이터베이스에 저장해 두었다가 필요한 경우 호출하여 사용하기 위해 만들어 놓은 프로그램이다.
- 반복되는 작업을 매번 작성하지 않아도 되므로 작업이 효율적이며 수행시간을 단축시킬 수 있다.
- 프로시저 생성은 CREATE 명령을 이용해 생성한다.

```
CREATE PROCEDURE 프로시저_이름
BEGIN
  SQL 처리 내용
END;
```

- 프로시저 삭제는 DROP 명령을 이용해 삭제한다.

```
DROP PROCEDURE 프로시저_이름;
```

10 기타 데이터베이스 용어

① 데이터 웨어하우스(Data Warehouse)

- 데이터 웨어하우스(Data Warehouse)란 한 조직이나 사용자의 의사 결정에 도움을 주기 위하여, 기간 내의 저장된 대량의 데이터를 공통의 형식으로 변환하여 관리하는 데이터베이스를 말한다.
- 웨어하우스(Warehouse)는 창고라는 의미로 기업의 여러 가지 의사결정을 위해 기업의 여러 가지 정보를 관리하는 정보 관리 시스템으로 이용된다.

② 데이터 마트(Data Mart)

데이터 마트는 데이터 웨어하우스의 축소판으로 데이터의 한 부분에서 사용자가 관심을 갖는 데이터들을 담은 비교적 작은 규모의 데이터 웨어하우스를 말한다. 즉, 대량의 다양한 정보를 사용자의 요구에 따라 체계적으로 분석하여 기업의 경영 활동을 돕기 위한 시스템을 말한다.

③ 데이터 마이닝(Data Mining) ^{2020년 1회}

데이터 마이닝은 데이터 웨어하우스와 같은 대량의 데이터에서 실제로 존재하지 않는 정보를 얻어내기 위해 각 데이터의 상관관계를 통계적 분석, 인공지능 기법 등을 통해 통계적 규칙(Rule)이나 패턴(Pattern)을 찾아내는 것을 말한다.

> 한 쇼핑몰에서 판매 인기 품목으로 '어학 학습기 깜박이'가 가장 많이 팔렸고, 주문 지역을 조사해보니 서울, 경기 지역이 가장 많았다. 그 내용을 토대로 '서울, 경기 사람들은 영어 공부를 많이 하는구나'라는 정보를 유추할 수 있다.

④ OLAP(Online Analytical Processing)

- 사용자가 직접 데이터베이스 검색과 분석을 통해 문제점이나 해결책을 찾도록 해주는 분석형 애플리케이션 개념이다.
- 대규모 데이터를 이용한 질의 검색 시 다수의 테이블을 이용하고, 연산에 장시간이 소요되기 때문에 간단히 해결하기는 어렵다.
- OLAP는 온라인 검색을 지원하는 데이터 웨어하우스 지원 도구이며, 이 같은 대규모 연산이 필요한 질의를 다차원 구조 분석 기법을 통해 고속으로 지원한다.

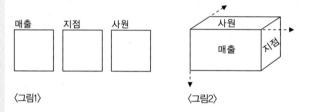

〈그림1〉 　　　　　　　　　　〈그림2〉

- 한 기업에서 〈그림1〉과 같이 '매출', '지점', '사원'들의 정보가 저장된 테이블이 있다. 이와 같은 여러 개의 테이블을 〈그림2〉와 같이 다차원 구조(큐브) 형태로 분석함으로써 '어느 지점의 어느 사원의 매출이 어떻게 되는지', '각 지점별 사원의 매출액은 어떻게 되는지' 등을 알 수 있다.

⑤ ODBC(Open Database Connectivity)

- 윈도 응용 프로그램에서 다양한 데이터베이스 관리 시스템(DBMS)에 접근하여 사용할 수 있도록 개발한 표준 개방형 응용 프로그램 인터페이스 규격을 말한다.
- ODBC는 서로 다른 데이터베이스에서 구축된 데이터를 상호 간에 공유할 수 있게 하며, 비록 데이터베이스가 교체되더라도 응용 시스템은 그대로 유지할 수 있게 해준다.

⑪ 인덱스(INDEX)

- 인덱스는 수많은 데이터 중에서 원하는 자료를 빠르고 효율적으로 검색하기 위해서 사용하는 방법을 말한다.
- 인덱스는 기본적으로 데이터의 위치(주소)를 관리·기억하는 인덱스 파일(Index File)과 실제 데이터를 기억하는 데이터 파일(Data File)로 구성된다.
- 데이터를 검색할 때는 먼저 인덱스 파일에서 데이터의 주소를 찾는다. 이어서 데이터 파일에서 인덱스 파일에서 찾은 주소의 데이터를 검색하게 된다.

이론을 확인하는 **문제**

다음 괄호에 들어갈 알맞은 내용을 채우시오.

(①)	데이터베이스에서 서로를 구별할 수 있는 하나하나를 개체(Entity)라 한다. 개체(Entity)의 종류 중 다른 개체(Entity)에 종속되지 않고, 그 개체(Entity) 내에서 모든 검색과 변경 등이 가능한 개체를 (①)(이)라 하고, 다른 개체(Entity)를 참조해야 하는 개체를 말하는 것으로, 다른 개체에 종속되는 개체를 종속 개체라고 한다.
(②)	관계 데이터베이스 간의 관계에는 종속 개체가 두 가지 이상의 속성으로 참조할 수 있는 경우를 중복 관계라고 하며, 보통은 참조 관계가 두 테이블 간에 이루어지지만 하나의 테이블 내에서 자기 자신 테이블의 내용을 참조하는 경우를 (②)(이)라고 한다.
(③)	상호 테이블 간의 참조 관계에 있는 두 테이블에서 하나의 테이블에 삽입(Insert), 삭제(Delete), 갱신(Update) 등의 연산으로 테이블의 내용이 바뀌었을 때, 연관된 테이블도 연쇄적으로 변경이 자동적으로 이루어지도록 (③)(을)를 이용한다. 그렇게 함으로써 데이터의 일관성과 무결성을 유지할 수 있다.
(④)	현대 사회에서 대기업이나 정부 기관에서는 데이터 웨어하우스와 같은 대량의 데이터가 존재한다. 데이터 웨어하우스에서 실제로 존재하지 않는 정보를 얻어내기 위해 각 데이터의 상관 관계를 통계적 분석, 인공지능 기법 등을 통해 통계적 규칙(Rule)이나 패턴(Pattern)을 찾아내는 것을 (④)(이)라고 한다.
(⑤)	현재 사회는 정보의 양이 급증하고 정보를 사용하는 사용자도 증가함에 따라 대량의 정보를 통신 회선을 통해 여러 대의 서버에 분산시켜 저장하고 관리하여 처리의 효율과 신속한 서비스를 제공할 수 있는 (⑤)(을)를 구축하게 되었고, 이는 각각 서버에서 자체적으로 처리할 수 있다.

- ① :
- ② :
- ③ :
- ④ :
- ⑤ :

ANSWER ① 독립 개체 ② 재귀 관계 ③ 트리거 ④ 데이터마이닝 ⑤ 분산 데이터베이스

01 다음 괄호 안 내용으로 가장 적합한 항목을 작성하시오.

(①)	• 데이터의 중복성을 최소화하면서 다양한 사용자의 정보 요구를 충족시킬 수 있는 상호 관련된 데이터의 통합된 집합체이다. • 공용(Shared) 데이터, 통합(Integrated) 데이터, 저장(Stored) 데이터, 운영(Operational) 데이터의 의미를 가지고 있다.
(②)	• 응용 프로그램과 데이터의 중재자로서 모든 응용 프로그램들이 데이터베이스에 접근하여 데이터를 공유할 수 있도록 관리하며, 데이터베이스와 사용자를 연결해 주는 역할을 한다. • 데이터베이스 내의 데이터 검색과 저장에 있어 편리하고 효율적인 환경을 제공하며, 데이터의 중복 통제와 데이터 독립성 증진에 기여할 수 있는 기능을 가지고 있다. • 데이터베이스 시스템 운영 비용의 오버헤드 발생과 시스템이 취약하다는 단점이 있다.
(③)	• 데이터베이스 구조와 관련된 전반적인 정의로서 데이터베이스 설계 단계를 의미하는 것이다. • 데이터베이스를 구성하는 개체, 속성, 이들 간에 존재하는 관계, 데이터 구조와 데이터 값들이 갖는 제약조건에 관한 정의를 총칭한다.
(④)	• 데이터베이스에 표현하려는 것으로, 사람이 생각하는 개념이나 정보 단위 같은 현실 세계의 대상체이다. • 유형, 무형의 정보로서 서로 연관된 몇 개의 속성으로 구성된다. • 파일 시스템의 레코드에 해당되며 정보를 표현하는 논리적인 단위이다.
(⑤)	• 관찰이나 측정 등을 통하여 수집되어진 자료를 가공하여 유용한 가치를 가지도록 한 것을 의미한다. • 의사결정을 위한 직접적인 역할을 한다.

• ① :
• ② :
• ③ :
• ④ :
• ⑤ :

02 다음 괄호 안 내용으로 가장 적합한 항목을 작성하시오.

(①)	• 파일 시스템에서 야기되는 데이터의 종속성과 중복성을 해결하기 위해 제안된 시스템으로, 응용 프로그램의 데이터에 대한 접근이 가능하여 모든 사용자나 응용 프로그램들이 데이터를 공유할 수 있도록 하는 소프트웨어 시스템이다. • 응용 프로그램과 데이터의 중재자로서 데이터베이스 시스템을 운영 및 관리하며 데이터베이스와 사용자를 연결해 주는 역할을 한다.
(②)	• 개체(Entity)의 성질, 분류, 식별, 수량, 상태, 특성 등을 기술하는 세부 정보의 관리요소로서, 관계형 데이터베이스에서 사용되는 데이터의 가장 작은 논리적 단위를 의미한다. • (②)만으로는 개체(Entity)를 식별할 수 없다.
(③)	• 사용자 요구사항을 도출하는 데이터 추상화의 최상위 단계이다. 사용자의 관점에서 보고자하는 정보의 집합을 말하며, 3단계 데이터베이스 구조 중 데이터를 이용하는 각 개인의 관점에서 본 구조를 말한다. • 사용자나 응용 프로그래머가 데이터베이스 시스템을 쉽게 이용할 수 있도록 하는 뷰(View) 단계의 정의를 말한다. • 같은 데이터베이스에 대하여 사용자마다 각각 다른 뷰(View)를 정의할 수 있도록 허용하는 단계로 전체 데이터베이스의 한 논리적 부분이 되기 때문에 서브 스키마(Sub Schema)라고도 한다.
(④)	• 내부 스키마를 데이터베이스에 적용하여 물리적인 데이터베이스를 정의하고 관리하는 언어이다. • 시스템에 저장할 데이터베이스를 생성, 변경, 제거하며 보안 및 무결성 규칙 등을 정의하여 사용할 수 있도록 하는 언어이다.
(⑤)	• 데이터베이스 시스템과 관련된 모든 자원들에 대해 기획/통제를 수행하는 사람 또는 집단을 말한다. • 데이터베이스를 DBMS에 표현하고 관리할 목적으로 데이터베이스에 접근하여 데이터베이스 시스템의 관리 운영에 대한 책임지는 사람을 말한다.

- ① :
- ② :
- ③ :
- ④ :
- ⑤ :

03 다음 괄호 안 내용으로 가장 적합한 항목을 작성하시오.

(①)	• 데이터베이스를 설계하는 과정 중 구축하고자 하는 데이터베이스를 개념적으로 표현하며, 구축하고자 하는 데이터베이스를 결정하는 단계이다. • (①) 단계에서는 E-R 모델을 이용하여 표현한다.
(②)	데이터베이스의 전체적인 논리적 구조는 다음과 같이 P. Chan이 제안한 구성요소들을 사용하여 개체-관계도(E-R Diagram)로서 표현할 수 있다. 괄호 안의 내용으로 가장 적절한 것은? • 사각형 : (②)(을)를 나타낸다. • 타원 : 속성을 나타낸다. • 마름모 : 개체집합 간의 관계를 나타낸다. • 선 : 속성과 개체집합을 연결시키며 개체집합과 관계를 연결시킨다.
(③)	• 데이터 개체(Entity)의 성질, 분류, 식별, 수량, 상태, 특성 등을 기술하는 세부 정보의 관리요소로서, 관계형 데이터베이스에서 사용되는 데이터의 가장 작은 논리적 단위를 의미한다. • 릴레이션(테이블)을 구성하는 하나의 열(Column)로서 애트리뷰트(Attribute)라고도 하며 파일 시스템의 항목(Field)으로 표현할 수 있다. • 데이터베이스의 무결성 확보를 위해서 중복을 최소로 하여 설정하는 것이 바람직하며, 프로그래밍 언어의 변수에 비유할 수 있다.
(④)	• 테이블에서 각각의 튜플을 유일하게 식별할 수 있는 속성이나 속성의 집합을 말한다. • (④)(이)가 될 수 있는 조건은 각 튜플을 유일하게 식별하기 위한 유일성과 각 튜플을 식별하기 위해 최소 구성으로 되어야 하는 최소성을 만족해야 한다.
(⑤)	• 무결성은 데이터베이스의 오류 없는 정확성과 안정성을 나타내는 것을 말한다. • 이러한 무결성을 유지하기 위한 제약조건 중 기본키(Primary Key)는 NULL이 있을 수 없으며, 중복될 수 없다는 제약조건은 (⑤) 제약조건이다. • (⑤) 제약조건은 개체를 식별하기 위해서 오류가 없도록 하기 위한 제약조건이다.

- ① :
- ② :
- ③ :
- ④ :
- ⑤ :

04 다음 괄호 안 내용으로 가장 적합한 항목을 작성하시오.

(①)	• 데이터베이스를 설계하는 과정에서 데이터베이스를 구성하는 개체(Entity)에 대한 설명과 개체와 개체 간의 관계 등을 약속된 기호로 표현하기 위한 기법을 말한다. • P. Chen 박사에 의해 최초로 제안된 기법이다.
(②)	'거래' 관계가 있는 [고객] 개체와 [계좌] 개체가 있다. 다음에서 설명하는 관계는 어떤 거래 관계를 나타내는가? • 한 명의 '고객'은 여러 '계좌'를 개설하여 거래가 이루어지고 있다. • 하나의 '계좌'는 한 명의 '고객'과 거래가 이루어지고 있다.
(③)	• 데이터베이스를 설계하는 논리적 설계 단계에서 사용되는 모델의 종류 중 하나이다. • 2차원 구조의 표(테이블) 형태로 표현하므로 표 데이터 모델이라고도 한다. • 구조가 단순하여 가장 많이 사용되는 모델이다.
(④)	• (③)에서 한 행을 구성하는 속성들의 집합으로 행(Row)을 의미한다. • 파일 시스템의 레코드(Record)에 해당한다.
(⑤)	• 릴레이션에서 원하는 결과를 얻기 위하여 연산자를 이용하여 표현하는 방법이다. • 결과를 얻기 위한 절차를 표현하기 때문에 절차적 언어라고도 한다. • 사용되는 순수 관계 연산자로 셀렉트, 프로젝트, 조인, 디비전이 있다.

• ① :
• ② :
• ③ :
• ④ :
• ⑤ :

05 다음 괄호 안 내용으로 가장 적합한 항목을 작성하시오.

(①)	• 데이터베이스에 정의된 애트리뷰트들이 취할 수 있는 데이터 속성의 제약조건이 정의되어 있다. • 데이터베이스에 저장되는 데이터 속성들의 데이터 유형, 데이터의 길이, 데이터 허용 범위, 데이터의 기본값, 데이터의 생성규칙 등이 정의되어 있다. • 관계형 데이터 모델에서 특정 애트리뷰트가 취할 수 있는 동일한 데이터 유형의 모든 원자값들의 집합이다.
(②)	• 관계형 데이터 모델에서 테이블을 구성하는 속성의 수, 즉 항목의 수를 말한다. • 하나의 릴레이션이 '학번', '이름', '학과', '성적', '학점'의 속성으로 구성된 경우 (②)(은)는 5가 된다.
(③)	데이터베이스를 구축하기 위한 설계과정에서 E-R 모델을 이용해 표현했던 내용을 관계형 데이터 모델로 표현하는 경우 다음과 같이 표현된다. • E-R 모델에서 개체는 릴레이션으로 표현된다. • E-R 모델에서 속성은 릴레이션의 속성으로 표현된다. • E-R 모델에서 관계는 (③)(으)로 표현된다.
(④)	• 릴레이션에서 각각의 튜플을 식별하기 위해 선택된 속성을 말한다. • 중복이 될 수 없으며, NULL이 될 수 없다. • 후보키(Candidate Key) 중에서 선정된 것으로 유일성과 최소성을 만족한다.
(⑤)	• 데이터베이스 내에 저장되는 데이터 값들이 항상 일관성을 갖고 데이터의 유효성, 정확성, 안정성을 유지할 수 있도록 하는 제약조건을 두는 데이터베이스의 특성이다. • (⑤) 규정의 대상으로는 도메인, 키, 종속성, 관계성 등이 있다.

• ① :
• ② :
• ③ :
• ④ :
• ⑤ :

06 다음 괄호 안 내용으로 가장 적합한 항목을 작성하시오.

(①)	관계 대수는 릴레이션에서 원하는 결과를 얻기 위해 연산자를 사용하는 절차적 언어이다. 관계 대수 연산자 중 다음이 설명하는 연산자는 무엇인가? • 릴레이션에서 조건에 맞는 수평적 부분 집합을 구하기 위한 연산자이다. • 연산 기호는 시그마(σ)를 이용한다.
(②)	관계 대수에서 두 릴레이션에 대해 조건에 맞는 튜플들을 하나의 튜플로 결합하기 위한 연산으로 조인 (JOIN)이 있다. 조인(JOIN)의 종류는 다음과 같다. • 동일 조인 : 가장 기본이 되는 조인으로 관계 연산자 중 '='를 이용하여 표현한다. • 자연 조인 : 동일 조인 결과에서 중복이 되는 속성을 제거하여 표현한다. • (②) : 조인 조건과 관련이 없는 튜플도 NULL 값으로 결과에 포함시켜 표현한다.
(③)	데이터베이스에서 릴레이션이 가지는 특징은 다음과 같다. • 릴레이션에 있는 튜플들은 모두 상이하다. • 릴레이션의 튜플과 속성에는 순서가 없다. • 릴레이션의 속성은 (③)(으)로 구성되어야 한다.
(④)	• 여러 개의 릴레이션이 존재하는 경우 각각의 릴레이션이 독립적으로 고립되는 경우는 바람직하지 못하다. 이러한 경우 여러 개의 릴레이션이 상호 참조를 통해서 관계가 형성이 되도록 구성해야 한다. • 하나의 릴레이션에서 다른 릴레이션을 참조하기 위해서는 (④)(이)가 필요하다. • (④)(은)는 참조 릴레이션의 기본키와 같아야 하며, NULL이 올 수 있다.
(⑤)	• 물리적 모델링 단계에서 고려해야 할 사항으로 데이터의 정확성과 안정성을 의미하는 무결성을 배제할 수 없다. • 모든 테이블의 튜플들을 유일하게 식별하기 위해서 오류가 없도록 하기 위한 개체 무결성과 테이블과 테이블 간에 (④)(을)를 이용해 상호 자료를 참조 시, 오류가 없도록 하는 (⑤) 등을 고려하여 설계해야 한다.

• ① :
• ② :
• ③ :
• ④ :
• ⑤ :

07 다음 괄호 안 내용으로 가장 적합한 항목을 작성하시오.

(①)	• (①)(은)는 릴레이션에서 데이터의 중복과 종속으로 인해 릴레이션을 조작할 때 곤란한 현상을 유발시킬 수 있는 문제점이다. • 릴레이션에서 튜플을 삭제함으로써 발생하는 문제점, 삽입함으로써 발생하는 문제점, 자료의 갱신으로 인해 정보의 모호성 등의 문제점이 발생할 수 있다.
(②)	• (②)(은)는 두 릴레이션에서 한 릴레이션의 값이 다른 릴레이션의 값을 결정하는 경우를 말한다. • 두 릴레이션 A, B에서 A 릴레이션의 값을 알면 B 릴레이션의 값을 알 수 있을 때 B는 A에 (②)되었다고 하고, 표기는 'A → B'와 같이 표현한다.
(③)	다음에서 설명하는 것은 무엇을 나타내는가? • 릴레이션 A, B, C에서 A의 값은 B의 값을 결정하고, B의 값은 C의 값을 결정하므로 결과적으로 A의 값이 C의 값을 결정하는 경우를 말한다. • A → B, B → C, A → C
(④)	• 데이터베이스의 논리적 설계 단계에서 (①)(와)과 (②)(으)로 인한 문제를 해결하기 위해 속성들 간의 관계를 분석하여 여러 개의 릴레이션으로 분해하는 과정을 말한다. • 종류에는 1NF, 2NF, 3NF, BCNF, 4NF, 5NF 등이 있다.
(⑤)	• (⑤)(은)는 데이터베이스 내에 존재하는 하나 이상의 물리적인 기본 테이블로부터 유도된 가상의 테이블이다. • (⑤)(은)는 저장 장치 내에 물리적으로 실제 존재하지는 않지만 사용자에게는 존재하는 것과 같은 결과를 보이므로 일반 사용자들은 실제적인 테이블과 같이 활용할 수 있다. • SQL을 이용하여 (⑤)(을)를 생성할 때는 CRATE문을 사용하여 정의하고, 삭제는 DROP문을 이용한다.

• ① :
• ② :
• ③ :
• ④ :
• ⑤ :

08 다음 괄호 안 내용으로 가장 적합한 항목을 작성하시오.

(①)	• 하나의 데이터베이스에서 이상과 종속으로 인한 문제를 해결하기 위해 정규화 과정을 통해 여러 개의 릴레이션으로 분해함으로써 문제점을 해결할 수 있다. • 정규화 과정 중 릴레이션을 구성하는 모든 도메인이 더 이상 분해되지 않는 '원자값'만으로 구성되도록 하는 과정을 (①)(이)라고 한다.
(②)	• 이상(Anomaly)이란 데이터의 중복과 종속으로 인해 발생하는 문제점을 말한다. • 이상(Anomaly)의 종류 중 입력하려는 속성값이 반드시 존재해야 입력이 가능한 경우나 입력하는 과정에서 원하지 않는 자료가 함께 입력이 됨으로써 발생하는 문제점을 (②)(이)라 한다.
(③)	• (③)(은)는 릴레이션에서 기본키가 아닌 다른 속성에 종속이 되거나 기본키가 2개 이상의 속성으로 된 합성키로 구성된 경우 이 중 일부 속성에 종속이 되는 경우를 말한다. • (③)의 문제점을 해결하기 위해서는 제2정규화 과정을 거쳐 완전 함수 종속이 되도록 분해하는 것이 바람직하다.
(④)	• 뷰(VIEW)는 데이터베이스 내에 존재하는 하나 이상의 테이블로부터 유도된 가상의 테이블이다. • 데이터의 논리적 독립성을 제공하고, 데이터 접근제어로 보안성을 향상하며, 여러 사용자의 요구를 지원할 수 있는 장점을 제공한다. • 뷰(VIEW)를 정의할 때는 CREATE문을 이용하며 구문은 다음과 같다. CREATE VIEW 뷰_이름(속성_이름) (④) SELECT 속성_이름 FROM 테이블_이름 WHERE 조건;
(⑤)	시스템 자신이 필요로 하는 여러 가지 개체에 관한 정보를 포함하고 있는 시스템 데이터베이스로서, 개체들에 대한 정보와 정보들 간의 관계를 저장한 것으로 데이터 사전이라고도 불린다.

- ① :
- ② :
- ③ :
- ④ :
- ⑤ :

09 다음 괄호 안 내용으로 가장 적합한 항목을 작성하시오.

(①)	• 데이터베이스에 보관되어 있는 자료를 조작하여 작업을 수행하는 모든 것으로서, 여러 개의 연산이 하나의 논리적 기능을 처리하기 위해 일괄적으로 수행되어야 하는 작업 단위로 구성된다. • (①)(은)는 (②), 일관성, 격리성, 영속성의 특징을 가진다.
(②)	• (②)(은)는 일괄적으로 수행되어야 하는 연산들이 반드시 모두 수행되어야 하며 그렇지 않은 경우 모두 수행되지 않는 성질을 말한다. • 따라서 모든 연산은 한꺼번에 완료되어야 하며, 이 중 하나의 연산 과정에서 오류가 발생하면 모든 과정이 취소되어야 한다.
(③)	(①)(이)가 수행되는 과정은 다음과 같이 분류할 수 있다. • 실행 : 현재 실행 중인 상태 • (③) : 실행을 모두 마치고, 저장하기 직전 상태 • 완료 : 정상적으로 수행하고 연산 결과를 DB에 저장한 상태 • 실패 : 수행 도중 오류에 의해 더 이상 진행될 수 없는 상태 • 철회 : 실패되어 이전 상태로 복귀되는 상태
(④)	• (④)(은)는 데이터베이스에서 다양한 원인으로 인해 손상된 내용을 손상되기 이전의 상태로 복구시키는 작업을 말한다. • (④)(을)를 위한 방법으로 즉시 갱신 기법, 지연 갱신 기법, 검사 시점 기법, 그림자 페이징 기법 등이 있다.
(⑤)	• 데이터베이스는 동시에 다수의 사용자들이 공유하기 위해서 만들어진 것이다. 동시에 다수의 사용자들이 수행시킨 연산들이 각각 독립적으로 수행함으로써 수행에 문제가 발생되지 않도록 제어하는 것을 (⑤)(이)라고 한다. • (⑤)(을)를 수행하지 않았을 때 갱신 분실, 모순성, 연쇄복귀 등의 문제가 발생할 수 있다. • (⑤)의 대표적인 방법으로 Locking 기법이 있다.

• ① :
• ② :
• ③ :
• ④ :
• ⑤ :

10 다음 괄호 안 내용으로 가장 적합한 항목을 작성하시오.

(①)	• (①)(은)는 데이터베이스의 수많은 데이터 중에서 원하는 자료를 빠르고 효율적으로 검색하기 위해서 사용된다. • 기본적으로 데이터의 위치(주소)를 관리 · 기억하는 인덱스 파일(Index File)과 실제 데이터를 기억하는 데이터 파일(Data File)로 구성된다.
(②)	• 최근에는 자체적으로 처리 기능을 갖는 객체(Object)의 개념을 이용해 개발하는 기법이 등장하게 되었다. • 객체 지향 기법에서 상위 클래스가 가지고 있는 정보와 특징 등을 하위 클래스에서 물려받아 재사용할 수 있는 성질을 말한다. 이와 같은 재사용을 이용해 보다 효율적인 작업이 이루어질 수 있다.
(③)	• (③)(은)는 데이터베이스의 자료들에 대해 부적합한 접근이나 침입을 통제함으로써 데이터의 손실이나 정보의 유출 등을 막기 위해 관리하는 것을 말한다. • 가장 대표적으로 정보를 특정 문자나 숫자열로 변환하는 암호화 기법을 이용해 보호한다.
(④)	• 병행 제어를 위한 대표적인 방법으로 하나의 트랜잭션이 수행 중에 사용하는 자료를 다른 트랜잭션이 접근하지 못하도록 제어하는 기법을 말한다. • (④)의 단위가 크면 병행성 수준이 낮아지고, 반대로 단위가 작으면 병행성 수준이 높아지게 된다.
(⑤)	• 데이터베이스에서 개체(Entity)는 상호 구별이 되는 하나하나의 대상을 말한다. 개체(Entity)의 종류 중 한 릴레이션에서 자체적으로 검색을 하지 못하는 경우 다른 릴레이션을 참조해야 하는 개체(Entity)를 (⑤)(이)라고 한다. • 이러한 경우 외래 식별자를 선정해서 참조하게 된다.

- ① :
- ② :
- ③ :
- ④ :
- ⑤ :

11 다음 괄호 안 내용으로 가장 적합한 항목을 작성하시오.

(①)	• (①)(은)는 기존에 존재하는 데이터베이스의 성능 향상을 위해 데이터베이스 시스템이 최적화되도록 재조정하기 위한 기법을 말한다. • (①)(을)를 통해 데이터의 접근 횟수와 시간을 줄여 신속한 검색이 가능하도록 할 수 있으며, 저장 공간을 조정함으로써 공간 확보의 효과도 얻을 수 있다.
(②)	• (②)(은)는 데이터의 한 부분으로서 특정 사용자가 관심을 갖는 데이터들을 담은 비교적 작은 규모의 데이터 웨어하우스, 즉 일반적인 데이터베이스 형태로 갖고 있는 다양한 정보를 사용자의 요구 항목에 따라 체계적으로 분석하여 기업의 경영 활동을 돕기 위한 시스템을 말한다. • (②)(은)는 전체적인 데이터 웨어하우스에 있는 일부 데이터를 가지고 특정 사용자를 대상으로 한다.
(③)	• (③)(은)는 여러 개의 테이블을 이용하여 다차원 구조 분석 기법을 제공한다. • 다수의 테이블을 이용하는 데 효율적으로 검색할 수 있도록 하는 분석형 애플리케이션이다. • 사용자가 직접 검색할 수 있다는 장점을 가지고 있다.
(④)	• 분산 데이터베이스는 네트워크상의 여러 노드에 분산되어 있으나 단일의 데이터베이스 관리 시스템으로 제어되는 데이터베이스를 말한다. 지리적으로 분산되어 있는 데이터가 실제로 어느 위치에 저장되어 있는지를 의식할 필요 없이 사용자는 필요한 데이터를 검색하고 갱신할 수 있다. • 이와 같이 실제로 분산되어 여러 개의 노드로 나누어져 있지만 사용자는 나누어져 있는 사실을 느끼지 못하는 것을 (④)(이)라고 한다.
(⑤)	• (⑤)(은)는 C, C++, Visual Basic 등과 같은 호스트 프로그램 언어에 삽입되어 일반 응용 프로그램이 실행될 때 같이 실행되도록 하는 기법이다. • (⑤)(은)는 다양한 조작을 할 수 있도록 여러 가지 기능을 제공한다. • (⑤) 기법을 이용하기 위해서는 사전에 외부의 데이터를 불러와 저장할 수 있는 호스트 변수 선언문이 필요하다.

• ① :
• ② :
• ③ :
• ④ :
• ⑤ :

## CHAPTER 03

네트워크 기초
활용하기

학습방향

1. 네트워크 계층 구조를 파악할 수 있다.
2. 네트워크 프로토콜을 파악할 수 있다.

01 네트워크의 개요

핵심포인트

LAN • WAN • LAN의 토폴로지 • 네트워크 장비 • 패킷 교환망

01 컴퓨터 네트워크(Computer Network)

- 네트워크(통신망, Network)란, 원하는 정보를 원하는 수신자 또는 기기에 정확하게 전송하기 위한 기반 인프라를 말한다.
- 컴퓨터 네트워크는 일반적으로 네트워크라고 불리며, 유·무선 매체를 이용하여 통신 설비를 갖춘 장치를 연결하는 통신망이다.

02 네트워크의 장점

- 네트워크를 구축하여 서버를 통해 구성원들 간에 데이터 공유를 편리하게 할 수 있다.
- 주변 장치를 공유하여 공간 및 비용을 절약할 수 있다.
- 저장 서버를 지정하면 중복 백업을 방지하여 백업이 용이하다.
- 거리와 공간의 제약을 극복함으로써 다양한 응용 프로그램과 서비스 지원이 용이하다.
- 사용자에게 편리성과 효율성을 제공할 수 있다.

03 거리(규모)에 따른 네트워크 분류

LAN (Local Area Network)	근거리 네트워크	회사, 학교 등 한정된 지역에서 컴퓨터, 프린터, 스캐너 등의 장치들을 연결하여 구축한 네트워크
MAN (Metropolitan Area Network)	도시권 네트워크	LAN의 확장형으로, 하나의 도시와 같이 LAN보다 더 큰 규모의 네트워크
WAN (Wide Area Network)	광대역 네트워크	MAN보다 더 넓은 범위와 규모의 네트워크이며, 멀리 떨어진 지역을 네트워크로 구성

04 LAN(Local Area Network)의 이해

동일 빌딩 내 또는 수백 m~수 Km 이내의 한정된 지역 내 등 비교적 좁은 지역에 분산 배치된 컴퓨터와 프린터 등의 단말기를 통신 회선으로 연결하여 각종 정보를 교환할 수 있는 통신 네트워크이다.

① LAN의 특징

- 단일 기관의 소유 및 제한된 지역 내의 네트워크이다.
- 어떤 종류의 통신 시스템 기기와도 연결이 가능하다.
- 광대역 전송 매체의 사용으로 고속 통신이 가능하다.
- 오류 발생률이 낮으며, 전송 지연을 최소화할 수 있다.
- 공유 매체 사용으로 경로 선택 없이 매체에 연결된 모든 장치로 데이터 전송이 가능하다.
- 통신 기기의 재배치와 확장성이 좋다.
- LAN의 기본 형태는 스타형, 링형, 버스형, 계층형으로 분류할 수 있다.
- 스마트폰, 태블릿, PC 등을 연결하는 Wi-Fi 기술을 이용한 무선 LAN(Wireless Local Area Network)의 비중이 높아지고 있다.

② LAN의 기본 형태(위상, 토폴로지, topology★)

★ 토폴로지(Topology)
위상이라고도 하며, 컴퓨터 네트워크의 요소들을 물리적으로 연결한 배치의 형태이다.

형태		설명
성형 (Star, 스타형)		• 중앙에 호스트 컴퓨터(Host Computer)가 있고 이를 중심으로 터미널(Terminal)들이 연결되는 중앙 집중식의 네트워크 구성 형태 • 중앙 컴퓨터와 직접 연결되어 응답이 빠르고 통신 비용이 적게 소요되지만, 중앙 컴퓨터에 장애가 발생하면 전체 시스템이 마비됨
링형 (Ring)		• 데이터는 한쪽 방향으로만 흐르고 병목 현상이 드물지만, 두 노드 사이의 채널이 고장나면 전체 네트워크가 손상될 수 있음 • 한 노드가 절단되어도 우회로를 구성하여 통신이 가능
버스형 (Bus)		• 한 개의 통신 회선에 여러 개의 사이트가 연결된 형태 • 한 사이트의 고장은 나머지 사이트들 간의 통신에 아무런 영향을 주지 않음
계층형 (Tree)		• 트리(Tree) 형태 • 분산 처리 시스템을 구성하는 방식
망형 (Mesh)		• 각 사이트는 시스템 내의 모든 사이트들과 직접 연결된 형태 • 통신 회선의 총 경로가 다른 네트워크 형태에 비해 가장 길게 소요됨 • 많은 단말기로부터 많은 양의 통신을 필요로 하는 경우에 유리함 • n개의 구간을 망형으로 연결하면 n(n−1)/2개의 회선이 필요

③ LAN의 전송 방식에 의한 분류

베이스 밴드(Baseband) 방식	• 신호 변조 없이 고유 주파수 영역을 사용하는 방식 • 시분할 다중화★ 방식(TDM)을 사용하고 통신 방식이 쉽고 경제적임
브로드 밴드(Broadband) 방식	• 디지털 신호를 아날로그 신호로 광대역 변조하는 방식 • 주파수분할 다중화 방식(FDM)을 사용

★ 다중화
- 여러 개의 채널들이 하나의 통신 회선을 통하여 결합된 신호의 형태로 전송되고 수신 측에서 다시 이를 여러 개의 채널 신호로 분리하는 것이다.
- 통신 회선을 다중화하면 선로의 공동 이용이 가능해 전송 효율을 높일 수 있다.
  - 시분할 다중화(TDM : Time Division Multiplexing)
  - 주파수분할 다중화(FDM : Frequency Division Multiplexing)

④ LAN의 표준안(계층 구조)

데이터 링크 계층	LLC(논리 링크 제어)
	MAC(매체 접근 제어)
물리 계층	물리 계층
〈OSI 7 계층〉	〈LAN의 계층〉

⑤ IEEE 802의 표준 규격

802.1	상위 계층 인터페이스
802.2	논리 링크 제어(LLC)
802.3	CSMA/CD
802.4	토큰 버스(Token Bus)
802.5	토큰 링(Token Ring)
802.6	MAN
802.8	고속 이더넷(Fast Ethernet)
802.11	무선 LAN
802.15	블루투스

⑥ 전송 매체 접근 제어(MAC, Media Access Control)

• 하나의 통신 회선에 여러 대의 컴퓨터를 연결하여, 통신이 가능하도록 한다.
• 연결된 컴퓨터들이 일정한 규칙 없이 데이터를 전송할 경우 통신 회선을 공유하기 때문에 데이터가 충돌하게 된다.
• MAC의 방식으로는 CSMA(Carrier Sense Multiple Access), CSMA/CD(Carrier Sense Multiple Access/Collision Detection)★, 토큰 버스(Token Bus), 토큰 링(Token Ring), 토큰 패싱(Token Passing)이 있다.

★ CSMA/CD
통신 채널 상태를 파악하여 통신 채널이 데이터 전송을 하지 않을 때 정보를 전송하는 방식으로, 전송 후 충돌이 발생하면 즉시 전송을 멈추고 다른 노드들에게 충돌 신호를 보낸 다음, 기다렸다가 재전송을 하는 기법이다.

⑦ LAN의 표준안 동향

• 이더넷(Ethernet)
  – 이더넷(Ethernet)은 가장 많이 사용하는 LAN 구축 방식으로 제록스사에서 개발한 후 DEC와 인텔사가 연합하여 확장한 LAN의 표준안이다.
  – 1985년 IEEE에 의해 802.3이 표준안으로 채택된 후 대부분 버스형에 많이 사용된다.
  – CSMA/CD를 MAC 프로토콜로 사용하는 LAN의 종류이다.

구분	10 BASE 5 Ethernet	10 BASE 2 CheaperNet	1 BASE 5 StarLAN	10 BROAD 36	10 BASE T
전송 매체	동축 케이블 (50 Ohms)	동축 케이블 (50 Ohms)	이중 나선	동축 케이블 (75 Ohms)	이중 나선
신호 전송	베이스밴드	베이스밴드	베이스밴드	브로드밴드	베이스밴드
전송 속도	10Mbps	10Mbps	1Mbps	10Mbps	10Mbps
세그먼트	500m	185m	500m	3600m	1000m

• 고속 이더넷(Fast Ethernet) : 100 BASE T라고도 불리는 이더넷의 고속 버전으로서, 100Mbps의 전송 속도를 지원하는 CSMA/CD 방식 기반의 LAN의 표준안이다.
• 기가비트 이더넷(Gigabit Ethernet) : 1Gbps의 속도를 제공하며 기존 이더넷 방식을 그대로 채택하고 있으므로 호환성이 높아 효율적이다.

- FDDI(Fiber Distributed Data Interface)
  - LAN 간의 트래픽 폭증 문제를 해결할 수 있는 고속 LAN으로 대표적인 표준이다.
  - 미국 표준협회(ANSI)와 ITU-T에 의해 표준화되었다.
  - 100Mbps의 속도를 갖는 두 개의 링으로 구성되어 있다.

⑧ 네트워크 관련 장비

리피터 (Repeater)	• 리피터는 디지털 신호를 증폭시켜 주는 역할을 하여 신호가 약해지지 않고 컴퓨터로 수신되도록 함 • OSI 7 참조 모델*의 1계층에서 동작
허브 (Hub)	• 네트워크에 연결된 각 회선이 모이는 접선 장치 • 각 회선을 통합적으로 관리하는 장비
브리지(Bridge), 스위치(Switch)	• 두 개의 LAN이 데이터 링크 계층에서 서로 결합되어 있는 경우에 이들을 연결하는 장비 • 스위치는 처리 방식이 하드웨어로 이루어지기 때문에 소프트웨어적으로 프레임을 처리하는 브리지에 비해서 훨씬 빠름 • 브리지는 포트들이 같은 속도를 지원하는 반면, 스위치는 서로 다른 속도를 연결 기능을 제공함 • 스위치는 브리지에 비해 제공하는 포트 수가 훨씬 많음 • OSI 7 참조 모델의 2계층에서 동작
라우터 (Router)	• 서로 다른 형태의 네트워크를 상호 접속하는 3계층 장비 • 적절한 전송 경로를 선택하고 이 경로로 데이터를 전달함 • OSI 7 참조 모델의 3계층에서 동작
게이트웨이 (Gateway)	• 서로 다른 프로토콜을 사용하는 망 연결 • OSI 7 참조 모델의 전(1~7) 계층에서 동작

합격생의 비법

네트워크 관련 장비는 시험에 자주 출제되는 부분입니다. 정확한 장비명과 장비의 역할을 직접 기술할 수 있도록 암기해 두어야 합니다. 더불어 OSI 7 참조 모델에서 각 계층에서의 네트워크 장비를 기억해 두세요.

★ OSI 7 참조 모델
• 1계층 : 물리 계층
• 2계층 : 데이터링크 계층
• 3계층 : 네트워크 계층
• 4계층 : 전송 계층
• 5계층 : 세션 계층
• 6계층 : 표현 계층
• 7계층 : 응용 계층

이론 하나 더 알기

L2, L3, L4 스위치

네트워크 장비인 스위치는 OSI 중 어떤 계층에서 수행되는지에 따라 다음과 같이 구분된다.

L2 스위치	가장 원초적인 스위치로 상위 레이어에서 동작하는 IP 이해가 불가능하다.
L3 스위치	IP 레이에서의 스위칭을 수행하여 외부로 전송하며 라우터와의 경계가 모호하다.
L4 스위치	TCP/UDP 등 스위칭을 수행하며 응용 계층에서 파악이 가능한 이메일 내용 등 정교한 로드 밸런싱 수행이 불가능하다.

05 WAN(Wide Area Network)의 이해

- 국가, 대륙과 같이 광범위한 지역을 연결하는 네트워크이다. 거리에 제약이 없으나 다양한 경로를 지나 정보가 전달되므로 LAN보다 속도가 느리고 에러율도 높다.
- 전용 회선 방식은 통신 사업자가 사전에 계약을 체결한 송신자와 수신자끼리만 데이터를 교환하는 방식이다.
- 교환 회선 방식은 공중망을 활용하여 다수의 사용자가 선로를 공유하는 방식이다.

① 전용 회선 및 교환 회선

전용 회선(Leased Line)	• 회선이 단말기 상호 간에 항상 고정되어 있는 방식 • 전송 속도가 빠르며, 전송 오류가 적음
교환 회선(Switched Line)	• 교환기에 의해 단말기 상호 간에 연결되는 방식 • 전용 회선에 비해 속도가 느림

② 회선 구성 방식

점-대-점(Point-to-Point) 방식 (=PEER To PEER)	• 중앙 컴퓨터와 단말기를 일대일로 연결하는 방식 • 통신망을 성형(Star)으로 구성 시 사용함 • 회선제어 : 경쟁 방식 사용
다중 점(Multi-Point) 방식	• 한 개의 통신 회선에 여러 개의 단말기를 연결하는 방식 • 멀티 드롭(Multi-Drop) 방식이라고도 함 • 통신망을 버스형(Bus)으로 구성 시 사용함 • 회선제어 : 폴링과 셀렉션 사용
회선다중(Line Multiplexing) 방식	여러 개의 단말기를 다중화기를 이용하여 중앙 컴퓨터와 연결하는 방식

③ 교환 회선 방식

④ 회선 교환 방식(Circuit Switching)

- 물리적 전용선을 활용하여 데이터 전달 경로가 정해진 후 동일 경로로만 전달이 된다.
- 데이터를 동시에 전송할 수 있는 양을 의미하는 대역폭이 고정되고 안정적인 전송률을 확보할 수 있다.
- 회선 교환 방식의 특징
  - 메시지가 전송되기 전에 발생지에서 목적지까지의 물리적 통신 회선 연결이 선행되어야 한다.
  - 기억 장치를 사용하지 않는다.
  - 데이터 전송 전에 먼저 통신망을 통한 연결이 필요하다.
  - 코드와 속도가 다른 단말기 간에는 통신이 불가능하다.

– 전체 경로가 미리 확보되어야 한다.
– 일정한 데이터 전송률을 제공하므로 동일한 전송 속도가 유지된다.
– 연결만 되면 실시간 통신이 가능하다.
– 연결되면 통신 회선은 공유되지 않고 일 대 일 방식으로 데이터를 송수신하게 된다.
– 통신 회선이 독점되므로 통신 비용이 비싸다.
– 고정 대역폭(Band Width)을 사용한다.
– 종류 : 공간 분할 교환 방식(SDS), 시분할 교환 방식(TDS)

⑤ 축적 교환 방식

• 메시지 교환 방식(Message Switching)
– 하나의 메시지 단위로 저장-전달(Store-and-Forward) 방식에 의해 데이터를 교환하는 방식이다.
– 각 메시지마다 수신 주소를 붙여서 전송하므로 메시지마다 전송 경로가 다르게 전달된다.
– 네트워크에서 속도나 코드 변환이 가능하다.

• 패킷 교환 방식(Packet Switching)★ 2021년 2회
– 메시지를 일정한 길이의 전송 단위인 패킷으로 나누어 전송하는 방식이다.
– 다수의 사용자 간에 비대칭적 데이터 전송을 원활하게 하므로 모든 사용자 간에 빠른 응답 시간 제공이 가능하다.
– 전송에 실패한 패킷의 경우 재전송이 가능하다.
– 패킷 단위로 헤더를 추가하므로 패킷별 오버헤드가 발생한다.
– 현재 컴퓨터 네트워크에서 주로 사용하는 방식이다.
– 패킷교환공중데이터통신망(PSDN)이라고도 한다.
– 패킷 교환 방식은 축적 후 전달(Store-and-Forward) 방식이다.
– 메시지를 작은 데이터 조각인 패킷으로 블록화한다.
– 종류 : 가상 회선 방식, 데이터그램 방식

★ 패킷 교환 방식의 주요 기능
• 패킷 다중화
• 논리 채널
• 경로 선택 제어 : 고정 경로 배정 방식, 플러딩 방식, 적응 경로 배정 방식
• 순서 제어
• 트래픽 제어
• 오류 제어

01 다음 설명에 해당하는 네트워크 장비의 명칭을 쓰시오.

> ① 두 개 이상의 LAN을 하나로 연결하는 장치
> ② 여러 대의 컴퓨터를 손쉽게 연결할 수 있도록 여러 개의 입력과 출력 포트를 가지고 있으며, 한 포트에서 수신된 신호를 다른 모든 포트로 재전송하는 장치
> ③ 이종 통신망 간에도 프로토콜을 변환하여 정보를 주고받을 수 있는 장치
> ④ 패킷의 수신 주소를 토대로 경로를 정해서 패킷을 전송함으로써 둘 이상의 네트워크를 연결하는 장치

- ① :
- ② :
- ③ :
- ④ :

02 LAN의 기본 토폴로지 중 중앙에 호스트 컴퓨터가 있고 이를 중심으로 터미널(Terminal)들이 연결되는 중앙 집중식의 네트워크 구성 형태로 중앙 컴퓨터와 직접 연결되어 응답이 빠르고 통신 비용이 적게 소요되지만, 중앙 컴퓨터에 장애가 발생되면 전체 시스템이 마비되는 형태는 무엇인지 영문으로 쓰시오.

- 답 :

03 근거리 통신망 LAN의 IEEE 802 표준 규격에 해당하는 빈칸 ①~②에 알맞은 접근제어 방식을 쓰시오.

802.1	상위 계층 인터페이스
802.2	논리 링크 제어(LLC)
802.3	CSMA/CD
802.4	(①)
802.5	(②)
802.6	MAN
802.8	고속 이더넷(Fast Ethernet)
802.11	무선 LAN
802.15	블루투스

- ① :
- ② :

ANSWER **01** ① 브리지 ② 허브 ③ 게이트웨이 ④ 라우터
02 STAR 또는 star
03 ① 토큰 버스 또는 Token Bus ② 토큰 링 또는 Token Ring

02 인터넷 구성의 개념

출제
빈도 (상)(중)(하)

핵심포인트

IP주소 • IPv6 • 도메인 네임 • DNS • 서브넷

01 인터네트워킹

- 각각 운영 중인 네트워크를 상호 연결해 데이터 통신이 이루어지도록 하는 것이다.
- 일반적으로 근거리 통신망(LAN)과 광대역 통신망(WAN)을 연결하는 것이다.
- 인터네트워크 관련 장비 : 리피터(Repeater), 브리지(Bridge), 라우터(Router), 게이트웨이(Gateway)

02 인터넷

- TCP/IP 프로토콜을 기반으로 전 세계 수많은 컴퓨터와 네트워크가 연결된 광범위한 통신망이다.
- 네트워크들의 집합체이다.
- 1969년 미국 국방성의 ARPANET(Advanced Research Project Agency Network)을 기원으로 한다.
- 인터넷(Internet)으로 연결된 각 컴퓨터들은 IP 주소라는 고유의 컴퓨터 주소를 가지고 있다.

03 인터넷 주요 서비스(TCP/IP상에서 운용됨)

WWW (World Wide Web)	하이퍼텍스트 기반으로 되어 있는 HTTP 프로토콜을 사용하며 웹페이지는 서버에서 정보를 제공하여 주고 클라이언트에서는 웹 브라우저에 의해 정보를 검색하고 제공받는 서비스
FTP	파일 전송 프로토콜(File Transfer Protocol)의 약자로 인터넷에서 파일을 송수신할 때 사용되는 서비스
텔넷(Telnet)	컴퓨터 통신망상의 다른 컴퓨터에 로그인하기 위해 사용하는 프로토콜 혹은 서비스
유스넷(Usenet)	분야별로 공통된 관심사를 가진 인터넷 사용자들이 서로의 의견을 주고받을 수 있게 하는 서비스
아키(Archie)	익명의 FTP 사이트에 있는 파일 정보를 검색할 수 있도록 하는 서비스
전자우편(E-Mail)	컴퓨터 통신망을 이용하여 사용자 간에 편지나 여러 정보를 주고받을 수 있는 서비스

04 인터넷 주소 체계

① 인터넷 프로토콜(IP, Internet Protocol)

- 패킷 교환 네트워크(Packet Switching Network)에서 정보를 주고받기 위해 사용하는 프로토콜로 OSI 7 계층 중 3 계층인 네트워크 계층 혹은 인터넷 모델의 인터넷 계층에 속한다.
- 패킷 헤더(Packet Header)에 포함된 IP 주소를 기반으로 패킷을 전달하며 호스트의 주소 지정과 패킷 분할 및 조립 기능을 담당한다.
- 패킷 전송과 정확한 순서를 보장하려면 TCP 프로토콜과 같은 IP의 상위 프로토콜을 이용해야 한다.

② IP 주소

- 컴퓨터 네트워크에서 컴퓨터 및 통신장비에 부여하는 고유한 주소이다.
- 인터넷에 연결된 기기들 간의 통신을 위해 사용하며 IP 주소를 이용하여 송신 호스트에서 수신 호스트로 패킷을 전달한다.

③ IPv4

- IP 주소는 컴퓨터 네트워크의 각 장치들에게 할당하는 논리적인 주소로 8비트 크기의 필드 네 개를 모아서 구성한 32비트(4바이트) 논리 주소이다.
- IP 주소는 .(점)으로 구분한 10진수 형태 4개로 구성된다. ⑩ 192.168.1.21
- IPv4의 IP 주소는 32비트로 네트워크 부분과 호스트 부분으로 구성되며, 효율적인 관리를 위해 클래스의 개념을 도입하며 라우팅 시 네트워크 부분만 참조한다.
- 전송 방식으로는 멀티캐스트, 유니캐스트, 브로트캐스트 방식이 있다.

④ IPv4 주소(Internet Protocol Address) 체계

- IPv4는 클래스 기반 주소 지정 방식으로 5개의 클래스로 구성된다.
- 각 클래스의 네트워크 주소 : 네트워크 자체의 주소이다.
- 호스트 주소 : 각 네트워크에 속한 호스트의 주소이다.

구분	설명				첫 번째 바이트 범위
A class	• 대형 기관 및 기업에서 사용 • 2^{24}(= 16,777,216) 중 16,777,214개의 호스트 사용 가능				0~127
	Net id	Host id	Host id	Host id	
B class	• 중형 기관 및 기업에서 사용 • 2^{16}(= 65,536) 중 65,534개의 호스트 사용 가능				128~191
	Net id	Net id	Host id	Host id	
C class	• 소형 기관 및 기업에서 사용 • 2^8(= 256) 중 254개의 호스트 사용 가능				192~223
	Net id	Net id	Net id	Host id	
D class	멀티캐스트용				224~239
E class	실험용				240~254

- A 클래스 할당할 수 있는 호스트의 수는 $2^{24}-2$인 16,777,214개이다. 호스트 부분이 3바이트(24비트)이므로 2^{24}가 되며, 호스트 bit가 모두 0이거나 모두 1인 경우는 제외해야 하므로 $2^{24}-2$가 된다.
- 주소 127.0.0.1번은 루프백(Loop-back) 인터페이스라고 하며, 로컬 시스템의 내부 테스트를 위하여 예약되어 있다.
- 사설 네트워크 주소 : 10.0.0.0, 172.16.0.0, 192.168.0.0

⑤ 도메인 이름(Domain Name)
- 숫자 IP 주소를 사람들이 이해하기 쉬운 단어로 표현한 것이다.
  - IP 주소 : 62.168.1.21
  - 도메인 네임 : www.daum.net
- DNS(Domain Name System) : 문자로 된 도메인 네임을 숫자로 된 IP 주소로 변환하는 시스템이다.

⑥ 서브넷(Subnet)
- 하나의 네트워크 주소를 이용하여 여러 개의 네트워크로 구성하는 것이다.
- 호스트 주소 비트의 일부를 네트워크 주소로 사용한다.

⑦ 서브넷 마스크
- 컴퓨터가 속한 네트워크를 나타내는 네트워크 식별자를 추출하는 것으로, IP 주소를 네트워크 주소 부분과 호스트 주소 부분으로 구분하기 위해서 사용한다.
- 네트워크 부분과 호스트 부분을 명시하는 역할을 한다.
  - 네트워크 부분 : 1
  - 호스트 부분 : 0
- 기본 서브넷 마스크

구분	10진수 형태	2진수 형태
A class	255.0.0.0	11111111.00000000.00000000.0000000
B class	255.255.0.0	11111111.11111111.00000000.0000000
C class	255.255.255.0	11111111.11111111.11111111.0000000

05 IPv6 2021년 1회, 2020년 4회

- IPv6는 IPv4 주소 자원의 부족과 인터넷 보안의 강화를 위해 제시된 인터넷 프로토콜 6번째 버전이다.
- IPv6 주소는 기존의 IPv4 주소 체계를 128비트 크기로 확장한 차세대 인터넷 프로토콜 주소이다.

① IPv4와 IPv6 주소의 차이점

IPv4	• 주소를 나타내기 위해 32비트 사용 • 32비트를 8비트 단위로 구분하여 10진수로 표현 • 예 201.10.34.130
IPv6	• 주소를 나타내기 위해 128비트 사용 • 사용 가능 주소 : 2^{128} • 예 2010:0DAC:0000:0000:0000:0000:14C0:75AB

② IPv6의 주소 유형

유니캐스트(Unicast)	1대1 (특정 단일)
멀티캐스트(Multicast)	1대다 (특정 집단)
애니캐스트(Anycast)	기타 방식 1대1 (근접 누구나)

③ IPv4/IPv6 전환 기술

- IPv6를 이용하여 구축한 네트워크와 기존 네트워크(IPv4) 간의 호환성이 지원되어야 한다.
- IPv6 패킷이 IPv4 망을 통해 전달될 수 있어야 한다.

듀얼 스택(Dual Stack)	• IPv4/IPv6를 동시에 지원 • IPv4/IPv6 패킷을 주고받을 수 있음
터널링(Tunneling)	• 두 IPv6 네트워크 간에 터널을 이용하는 기술 • IPv4/IPv6 호스트와 라우터에서 IPv6 패킷을 IPv4 패킷에 캡슐화하여 전송
주소 변환(Address Translation)	IPv4와 IPv6 간에 주소를 변환하여 두 버전을 연동

01 인터넷을 사용하기 위해 부여하는 192.168.0.1과 같은 IPv4 주소 체계는 총 4부분의 옥텟(octet)으로 구성되어 있으며, 이는 총 몇 비트인지 쓰시오.

•답 :

02 다음 〈보기〉에서 IETF에서 고안한 IPv4에서 IPv6로 전환(천이)하는 데 사용되는 전략을 골라 쓰시오.

〈보기〉

Dual stack, Tunneling, Source routing, Address translation

•답 :

03 다음은 IPv6 방식에 대한 설명이다. 빈칸 ①~③에 알맞은 답을 쓰시오.

IPv6는 (①)비트 주소 체계를 사용하여, IPv4의 문제점 중 하나인 규모 조정이 불가능한 라우팅 방법을 획기적으로 개선한 것으로 사용하지 않은 IP에 대해 통제를 할 수 있다. IPv6는 (②)개의 필드로 구성된 헤더와 가변 길이 변수로 이루어진 확장 헤더 필드를 사용한다. 보안과 (③) 확장 헤더를 사용함으로써 인터넷 계층의 보안 기능을 강화한다.

•① :
•② :
•③ :

ANSWER **01** 32

02 Dual stack, Tunneling, Address translation

03 ① 128 ② 8 ③ 인증

출제
빈도

핵심포인트

OSI 7 Layer • PDU

01 계층화 구조

- 통신 기능의 확장 및 통신기술의 도입을 쉽게 지원하는 다양한 방법 중 프로토콜을 몇 개의 계층으로 나누는 계층화와 관련된 참조 모델에는 대표적으로 OSI 7 layer가 있다.
- 구성요소
  - 계층화는 개체(entity), 데이터 단위(data unit), 접속(connection), 프로토콜(Protocol), 서비스 접근점(Service Access Point), 서비스(Service), 식별자(Identifier)로 구성된다.
- OSI 모델
  - 1984년, 국제표준화기구인 ISO(International Organization for Standardization)에서 OSI 모델을 발표하였다.
  - 통신 과정을 7계층으로 나누어 각 계층마다 통신 기능을 정의하고 표준화한 모델을 제시하였다.
  - 표준 프로토콜을 사용함으로써 다른 통신 시스템들 간의 상호 호환성을 구현하였으며 두 컴퓨터의 응용 프로그램 간의 데이터 전달 과정을 규정한 모델이다.
- OSI 참조 모델에서 계층을 나누는 목적
  - 시스템 간의 통신을 위한 표준을 제공하는 데 있다.
  - 시스템 간의 정보 교환을 하기 위한 상호 접속점을 정의한다.
  - 관련 규격의 적합성을 조성하기 위한 공통적인 기반 조성을 할 수 있다.
  - 네트워크 표준안을 따르고 있어 상호 호환성 문제가 발생하지 않는다.

02 PDU(Protocol Data Unit)

- 동일 계층 간 데이터를 전송하는 기본 단위이다.
- 계층별 단위
  - 물리 계층 : 비트(Bit)
  - 데이터 링크 계층 : 프레임(Frame)
  - 네트워크 계층 : 패킷(Packet)
  - 전송 계층 : 세그먼트(Segment), 데이터그램(Datagram)
  - 세션/표현/응용 계층 : 메시지(Message)

03 OSI(Open Systems Interconnection) 7 계층의 주요 기능

2021년 3회, 2020년 1회

계층		계층명	설명	주요 장비
하위 계층	1	물리 계층 (Physical Layer)	• 전기적, 기계적, 기능적, 절차적 기능 정의 • 허브, 네트워크 카드, 케이블 등 전송 매체를 이용하여 비트(Bit)를 전송 • 표준 : RS-232C, X.21	리피터
	2	데이터 링크 계층 (Data Link Layer)	• 내부 네트워크상에서의 흐름 제어, 에러 제어 • 현재 노드와 다음에 접근할 노드의 물리적 주소를 포함하여 프레임(Frame)을 구성 • 표준 : HDLC, LLC, LAPB, LAPD, ADCCP	스위치
	3	네트워크 계층 (Network Layer)	• 논리 주소 지정, 패킷(Packet)의 최적의 경로를 설정 및 네트워크 연결 관리 • 표준 : X.25, IP	라우터
	4	전송 계층 (Transport Layer)	• 외부 네트워크 통신 종단 간(End-to-End)의 에러 제어 및 흐름 제어 • 표준 : TCP, UDP	게이트 웨이
상위 계층	5	세션 계층 (Session Layer)	회화 구성(반이중, 전이중), 동기 제어, 데이터 교환 관리, 프로세스 간의 연결을 확립, 관리, 단절시키는 수단을 관장	
	6	표현 계층 (Presentation Layer)	코드 변환, 암호화 및 복호화, 압축, 구문 검색	
	7	응용 계층 (Application Layer)	• 응용 프로그램 간의 네트워크 서비스 • 프로토콜의 종류 : HTTP, SNMP, FTP, TELNET 등	

이론을 확인하는 문제

01 OSI 7 계층에서 단말기 사이에 오류 수정과 흐름제어를 수행하여 신뢰성 있고 명확한 데이터를 전달하는 계층의 명칭을 쓰시오.

• 답 :

ANSWER **01** 전송 계층 또는 Transport Layer

출제
빈도

핵심포인트

프로토콜 • TCP/IP • X.25

---

01 프로토콜(Protocol)의 개념 2020년 3회

- 둘 이상의 컴퓨터 사이에 데이터 전송을 할 수 있도록 미리 정보의 송·수신측에서 정해 둔 통신 규칙이다.
- 네트워크 프로토콜은 컴퓨터나 원거리 통신 장비 사이에서 메시지를 주고받는 양식과 규칙의 체계이다. 통신 규약 또는 규칙에는 전달 방식, 통신 방식, 자료의 형식, 오류 검증 방식, 코드 변환 규칙, 전송 속도 등을 정하게 된다. 다른 기종의 장비는 각기 다른 통신 규약을 사용하는데, 프로토콜을 사용하면 다른 기기 간 정보의 전달을 표준화할 수 있다.

02 프로토콜의 기본 요소 2020년 1회

구문(Syntax)	전송 데이터의 형식, 부호화, 신호 레벨 등을 규정함
의미(Semantic)	전송 제어와 오류 관리를 위한 제어 정보를 포함함
타이밍(Timing)	두 개체 간에 통신 속도를 조정하거나 메시지의 전송 및 순서도에 대한 특성을 가리킴

03 통신 프로토콜의 기능

흐름 제어 (Flow Control)	네트워크 내의 원활한 흐름을 위해 송수신측 간에 전송되는 패킷의 흐름 및 속도를 규제하는 것이며, 정지 및 대기(Stop and Wait), 슬라이딩 윈도우(Sliding Windows) 방식을 이용함
연결 제어 (Connection control)	통신을 위해 송신측과 수신측 사이의 연결을 설정하고, 유지하고, 종료하는 등의 작업을 제어하는 것
오류 제어 (Error control)	데이터 전송 중에 발생하는 메시지나 제어 정보의 파손에 대비하여 오류를 검출하고 수정하는 것
순서 제어 (Sequencing control)	데이터 전송 시 송신측이 전송하는 데이터들을 분할한 PDU(Protocol Data Unit)의 순서대로 수신측에 전달하여 순서를 결정하는 것
동기화 (Synchronization)	통신하는 송신측과 수신측 간의 초기화 상태, 검사 전 상태, 종료 상태 등과 같이 명확히 정의된 상태를 서로 맞춰줌으로써 통신의 진행을 원활히 할 수 있는 것
다중화 (Multiplexing)	하나의 회선(혹은 전송로)을 다수의 주파수 대역이나 시간 간격으로 분할하여 각각의 영역에서 독립된 신호를 동시에 송수신 가능하도록 빠르고 정확하게 통신로를 지원하는 것
주소 지정 (Addressing)	송신측과 수신측의 주소를 설정하고 주소에 따른 메시지의 형태를 구분할 수 있는 것

04 X.25

① X.25의 특징

- 패킷 교환망에 대한 ITU-T의 권고안으로 DTE와 DCE의 인터페이스를 규정한다.
- 흐름 및 오류 제어 기능을 제공하며 패킷형 단말기를 패킷 교환망 접속을 위한 인터페이스 프로토콜이다.
- 물리 계층, 프레임 계층, 패킷 계층 3개의 계층으로 구성되어 있다.
- OSI 계층의 하위 계층인 물리, 데이터링크, 네트워크 계층까지를 규정한다.
- 가상회선을 영구 가상회선과 교환 가상회선으로 구분한다.
- 헤더는 GFI(general format identifier) 4bit, LCI(logical channel identifier) 12bit로 구성된다.

② X.25의 계층 구조

패킷 계층
프레임 계층
물리 계층

- 물리 계층(Physical Layer) : OSI 7계층의 물리 계층에 해당한다.
- 프레임 계층(Frame Layer, = 링크 계층) : OSI 7계층의 데이터 링크 계층에 해당한다.
- 패킷 계층(Packet Layer) : OSI 7 계층의 네트워크 계층에 해당한다.

05 TCP/IP

① IP(Internet Protocol)

- OSI 7 계층의 네트워크 계층에 해당하며 비신뢰성 서비스를 제공한다.
- 데이터그램이라는 데이터 전송 형식을 갖는다.
- 신뢰성이 부족한 비연결형 서비스를 제공하기 때문에 상위 프로토콜에서 이러한 단점을 보완해야 한다.
- 비연결성이기 때문에 송신지가 여러 개인 데이터그램을 보내면서 순서가 뒤바뀌어 도달할 수 있다.
- 기능 : 패킷 분해/조립, 호스트 주소 지정, 경로 선택
- 직접 전달(direct delivery) : 송신자는 목적지 IP 주소를 이용하여 목적지 물리 주소를 찾아서(ARP 이용) 데이터 링크 계층으로 보내어 패킷을 전달한다.
- 간접 전달(indirect delivery) : 최종 목적지와 같은 네트워크에 연결된 라우터에 도달할 때 까지 여러 라우터를 경유해서 전달한다.

② TCP/IP의 구조(= 인터넷 모델 계층)

링크 계층 (Link Layer)	• 프레임(실제 데이터) 송 · 수신 • Ethernet, IEEE 802, HDLC, RS-232C
인터넷 계층 (Internet Layer)	• 주소 지정, 경로 배정 • IP, ARP, RARP, ICMP, IGMP, X.25
전송 계층 (Transport Layer)	• 호스트 간 통신 제공 • TCP, UDP
응용 계층 (Application Layer)	• 응용 프로그램 간의 데이터 송 · 수신 • FTP, SMTP, SNMP, Telnet

OSI 7 계층	TCP/IP
응용 계층 표현 계층 세션 계층	응용 계층
전송 계층	전송 계층
네트워크 계층	인터넷 계층
데이터링크 계층 물리 계층	링크 계층

〈OSI 7 계층〉　　　　〈TCP/IP〉

• 링크 계층(Link Layer)
  – 프레임(실제 데이터)을 송 · 수신한다.
  – Ethernet, IEEE 802, HDLC, RS-232C
• 인터넷 계층(Internet Layer) 2021년 3회/1회
  – 주소 지정, 경로 배정, 폭주 제어 기능을 수행하는 비연결형 패킷 전달 서비스를 제공한다.
  – IP(Internet Protocol) : 신뢰성 없는 비연결형 서비스로 데이터가 순서를 무시하고, 손실 또는 중복될 수 있다. 오류 검사 및 추적을 제공하지 않는다.
  – ARP(Address Resolution Protocol) : IP Address를 물리적 하드웨어 주소(MAC Address)로 변환하는 프로토콜이다.
  – RARP(Reverse Address Resolution Protocol) : 호스트의 물리 주소를 통하여 논리 주소인 IP 주소를 얻어 오기 위해 사용되는 프로토콜이다.
  – ICMP(Internet Control Message Protocol) : IP 프로토콜에서 오류 보고와 오류 수정 기능, 호스트와 관리 질의를 위한 제어 메시지를 관리하는 네트워크 계층 프로토콜이다. 메시지는 하위 계층으로 가기 전에 IP 프로토콜 데이터그램 내에 캡슐화된다. 메시지는 4바이트의 헤더와 가변 길이의 데이터 영역으로 나뉜다.

type(8)	code(8)	checksum(16)	icmp 메시지(가변)

- 전송 계층(Transport Layer)
  - 호스트 간(End to End) 통신을 제공한다.
  - TCP : 정확한 패킷 전송을 위해 패킷 헤더 부분에 일련번호 등의 추가 정보를 포함하며 연결 확인 후 데이터 전송이 이루어지는 신뢰성 서비스이다. UDP보다 속도가 느리다.
  - UDP : 패킷 헤더에 추가적인 정보가 없어 정확한 전송을 못하는 비신뢰성 전송 방식이며 TCP에 비해 속도가 빠르고 대용량 미디어 파일 전송에 주로 사용된다.
- 응용 계층(Application Layer)
  - 응용 프로그램 간의 데이터를 송 · 수신한다.
  - FTP, SMTP, SNMP, Telnet

06 표준안 제정 기관

- ISO(International Organization for Standardization, 국제표준화기구) : 전기 · 전자를 제외한 모든 분야의 국제표준화를 추진하는 기구로서, 적게는 공업용 볼트, 너트의 규격에서부터 통신의 프로토콜에 이르기까지 다양한 표준을 추진하고 있는데, 이는 국제적으로 통일된 표준을 바탕으로 상품과 서비스의 교역을 촉진하고 과학 · 기술 · 경제 전반의 국제 협력 증진을 목적으로 하고 있기 때문이다.
- ITU(International Telecommunication Union, 국제전기통신연합) : 인터넷 자체, 인터넷의 운영 및 관리, 그리고 인터넷 관련 기술의 공학적인 측면과 기술적인 측면의 쟁점 등을 해결하는 것을 목적으로 망 설계자, 관리자, 연구자, 망 사업자 등으로 구성되어 자생적으로 만들어진 그룹으로, 인터넷의 표준 규격을 개발하고 있는 인터넷아키텍처위원회(IAB, Internet Architecture Board)의 산하 조직이다.
- IEC(International Electronical Committee, 국제전기표준협회) : IEC는 비영리, 준-정부기관(Quasi-Governmental Organization)으로 전기 · 전자 기술 분야의 표준 제정 및 적합성 평가를 목적으로 설립되었다. 전기 · 전자 기술 분야의 표준 및 이와 관련된 문제 등에 수반되는 의문에 대한 국제적 협력과 이해를 증진하기 위하여 국제표준을 발간하고 관련된 적합성 평가 서비스를 제공하는 단체이다.
- IEEE(Institute of Electric and Electronic Engineers, 전기전자기술자협회) : 1884년에 설립된 미국전기학회(AIEE, American Institute of Electrical Engineers)와 1912년에 설립된 무선학회(IRE, Institute of Radio Engineers)가 1963년 합병하여 현재의 명칭과 조직으로 설립된 미국 최대의 학회로서 미국뿐만 아니라 전 세계 각국의 학자와 전문기술자 등 수십만 명이 가입하고 있는 세계 최대의 전기, 전자, 전기 통신, 컴퓨터 분야의 전문가 단체이다.

01 두 개체 간에 통신 속도를 조정하거나 메시지의 전송 및 순서에 대한 특성을 가리키는 프로토콜의 3가지 기본 요소를 쓰시오.

• 답 :

02 다음 〈보기〉에서 인터넷 프로토콜 아키텍처를 구성하는 4계층을 골라 쓰시오.

〈보기〉

> 응용 계층. 물리 계층, 표현 계층, 전송 계층, 인터넷 계층, 링크 계층

• 답 :

03 다음 설명하는 프로토콜이 무엇인지 쓰시오.

> 각 컴퓨터에서 IP 관리를 쉽게 하기 위한 프로토콜이며, TCP/IP 통신을 실행하기 위해 필요한 정보를 자동적으로 할당, 관리하기 위한 통신 규약으로서 RFC1541에 규정되어 있다.

• 답 :

ANSWER **01** 구문(Syntax), 의미(Semantics), 타이밍(Timing)
02 응용 계층, 전송 계층, 인터넷 계층, 링크 계층
03 DHCP

05 TCP/IP

핵심포인트

TCP/UDP • RIP • OSPF

01 TCP/IP의 구조 2020년 4회

• 인터넷 계층은 패킷을 분할하여 목적지로 전송하는 것을 목적으로 한다.
• 패킷의 전달 과정에 문제가 발생하면 패킷의 송신지 IP Address로 ICMP를 이용하여 오류 메시지를 전송한다.
• 전송 계층의 역할은 도달한 패킷의 손실 여부와 패킷의 순서 등을 관장한다.

응용 계층
표현 계층
세션 계층
전송 계층
네트워크 계층
데이터링크 계층
물리 계층

〈OSI 7 계층〉

응용 계층	HTTP, TELNET, SMTP, FTP, DNS
전송 계층	TCP, UDP
인터넷 계층	IP, ICMP, ARP, RARP
링크 계층	

〈TCP/IP〉

02 TCP의 개요

• TCP(Transmission Control Protocol)는 연결 지향형 프로토콜로 송·수신 호스트 간에 송·수신할 수 있는 통로를 만들고 데이터를 전송한다.
• 신뢰성 있는 연결 서비스를 제공한다.
• 전송 메시지의 정확한 도착을 보장하고, 오류의 경우 재전송하며 흐름 제어 기능이 있다.
• E-Mail, Download 등의 서비스에 적합하다.

03 TCP 세그먼트(Segment)

- TCP 세그먼트는 TCP를 이용하여 두 종단 장치 간 송수신하는 데이터들의 단위이다.
- 구성 : TCP 헤더 + 데이터(Data)
- 캡슐화 : IP 패킷의 데이터 부분에 포함되어 전송된다.

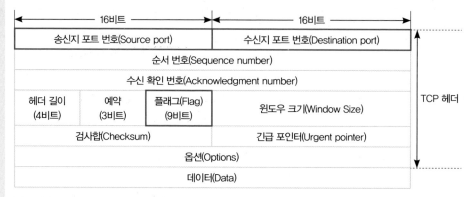

- 포트 번호(Port Number)는 상위 계층의 응용 프로그램으로 데이터를 전달하기 위한 통로를 의미한다. 0번부터 1023번까지는 예약이 되어 있다.
- 대표 포트 번호 : FTP 데이터(20), FTP 제어(21), TELNET(23), SMTP(25), DNS(53), HTTP(80)
- TCP/IP 플래그(제어)비트
  - 연결 관리, 오류 제어, 흐름 제어 등 TCP 동작을 제어하기 위해 사용된다.
  - SYN(Synchronization) : 초기 TCP 연결을 요청한다.
  - ACK(Acknowledgement) : ACK 번호 필드에 값이 타당한지 알려준다.
  - FIN(Finish) : TCP 연결을 정상적으로 종료한다.
  - RST(Reset) : TCP 연결을 즉시 종료한다.
  - PSH(Push) : 세그먼트 내의 긴급 데이터가 아닌 데이터를 가능한 빨리 처리한다.
  - URG(Urgent) : 긴급 데이터로 처리한다.

04 UDP의 개요

- UDP(User Datagram Protocol)는 비연결 지향형 프로토콜로 전송 메시지의 정확한 수신지 도착을 보장하지 않는다. 오류의 경우 재전송이 이루어지며, 흐름 제어 기능을 제공하지 않는다.
- 동영상 스트리밍, 화상 채팅과 같이 약간의 데이터 손실을 감수할 수 있는 서비스에 적합하다.

05 UDP 데이터그램

- UDP를 이용하여 주고받는 메시지이다.
- 구성 : UDP 헤더 + 데이터(Data)

06 경로 설정(Routing)

- 경로 설정은 각 메시지에서 목적지까지 갈 수 있는 여러 경로 중 한 가지 경로를 설정해 주는 과정이다.
- 경로 설정 요소(Parameter)에는 성능 기준, 경로의 결정 시간과 장소, 네트워크 정보 발생지 등이 있다.

07 라우터의 주요 기능

- 서로 다른 네트워크를 연결하여 원격의 호스트와 통신이 가능하도록 한다.
- 라우팅 테이블(Routing Table)에는 인접 네트워크 주소와 연결 인터페이스 혹은 원격지 네트워크로 가기 위한 정보를 저장한다.

① 경로 설정(Routing)
- 패킷의 목적지 네트워크 정보를 확인한다.
- 목적지까지 갈 수 있는 여러 경로를 확인한다.
- 최적의 경로를 결정한다.

② 스위칭(Switching)
- 결정된 경로에 따라 패킷을 전달하는 것이다.

08 라우팅 프로토콜(Routing Protocol)

- 목적지 네트워크로 가는 경로를 알아내기 위해 사용하는 프로토콜로, 라우터(Router) 간에 네트워크 상태 정보를 교환하기 위해 사용한다.
- 라우팅 프로토콜은 정적 라우팅 프로토콜과 동적 라우팅 프로토콜로 구분된다.
- 경로 설정 방식은 4가지 방식이 있다.
  - Fixed Routing(고정 경로 제어)
  - Adaptive Routing(적응 경로 제어)
  - Flooding(범람 경로 제어)
  - Random Routing(임의 경로 제어)

09 라우팅 프로토콜의 비교

구분	정적 라우팅 프로토콜 (Static Routing Protocol)	동적 라우팅 프로토콜 (Dynamic Routing Protocol)
정의	관리자가 목적지 네트워크의 정보를 라우터(Router)에 직접 수동으로 입력하는 라우팅 프로토콜	관리자가 목적지 네트워크로 가기 위한 경로를 직접 입력하지 않고 라우터 간의 정보 교환을 통해 최적의 경로를 찾아서 라우팅 테이블에 등록하는 프로토콜
특징	• 관리자가 지정한 경로로 무조건 패킷 전송 • 정해진 경로를 따서 패킷을 전송하기 때문에 라우터(Router)에 부담이 없음 • 일반적으로 학교나 기업에서 외부로 나가는 경로가 하나일 때 적용	• 동일한 라우팅 프로토콜로 설정된 라우터끼리 서로의 네트워크 정보를 주기적으로 교환하면서 라우팅 테이블에 등록된 최적의 경로를 수정하는 프로토콜 • 사용하는 알고리즘에 따라 최적의 경로를 설정하며, 사용하는 알고리즘은 라우팅 프로토콜에 따라 다름
장점	• 라우터(Router)의 프로세서(CPU)와 메모리를 적게 사용 • 대역폭 절약, 보안성이 좋음	관리자가 라우팅 테이블을 관리해야 하는 부담이 없음
단점	• 시간과 비용의 증가 • 네트워크의 변화에 대응의 어려움 • 대규모 네트워크에 부적합	• 서로 다른 라우팅 프로토콜(Routing protocol)을 사용하는 라우터(Router) 간에는 네트워크 정보를 교환하지 않음 • 라우터에 부담이 됨

10 동적 라우팅 프로토콜의 종류

거리 벡터(Distance Vector) 라우팅 프로토콜	• 목적지 네트워크로 가는 경로까지 거쳐야 하는 라우터의 순수 물리적인 거리를 이용하여 최적의 경로를 결정 • 예 RIP, IGRP
링크 상태(Link-State) 라우팅 프로토콜	• 대역폭과 지연 값 등의 링크의 상태를 이용하여 최적의 경로를 결정 • 예 OSPF

⑪ 라우팅 프로토콜의 종류

① EGP(Exterior Gateway Protocol, 외부 게이트웨이 프로토콜)

- 연구기관이나 국가기관, 대학, 기업 간, 즉 도메인(게이트웨이) 간에 라우팅 정보를 교환한다.
- BGP(Border Gateway Protocol)
  - 외부 라우팅 프로토콜로서 AS(Autonomous System) 간의 라우팅을 한다.
  - 테이블을 전달하는 데 주로 이용한다.

② IGP(Interior Gateway Protocol, 내부 게이트웨이 프로토콜)

- RIP(Routing Information Protocol)
  - IP 통신망의 경로 지정 통신 규약의 하나로서, 경유하는 라우터의 대수(hop의 수량)에 따라 최단 경로를 동적으로 결정하는 거리 벡터 알고리즘을 사용한다.
  - 버전 1은 인터넷, 인트라넷에 널리 사용되고 있으며 유닉스의 routed가 유명하며, RFC 1058로 규정된다.
  - 버전 2는 RFC 1723으로 규정되어 있으며, CIDR에 대응될 수 있도록 기능이 확장되어 있다.
  - 두 버전 모두 일반 기업의 구내 정보 통신망(LAN)에 이용되는 경우가 많다.
- OSPF(Open Shortest Path First protocol) 2020년 3회
  - 링크 상태 라우팅 프로토콜로 IP 패킷에서 프로토콜 번호 89번을 사용하여 라우팅 정보를 전송하여 안정되고 다양한 기능으로 가장 많이 사용되는 IGP(Interior Gateway Protocol)이다.
  - OSPF 라우터는 자신의 경로 테이블에 대한 정보를 LSA라는 자료구조를 통하여 주기적으로 혹은 라우터의 상태가 변화되었을 때 전송한다.
  - 라우터 간에 변경된 최소한의 부분만을 교환하므로 망의 효율을 저하시키지 않는다.
  - 도메인 내의 라우팅 프로토콜로서 RIP가 가지고 있는 여러 단점을 해결하고 있다.
  - RIP(routing information protocol)의 경우 홉 카운트가 15로 제한되어 있지만 OSPF는 이러한 제한이 없다.

01 외부 라우팅 프로토콜로서 AS(Autonomous System) 간의 라우팅 테이블을 전달하는 데 주로 이용되는 프로토콜을 영문 약자로 쓰시오.

• 답 :

02 다음 〈보기〉에서 TCP 헤더에 포함되는 정보를 골라 쓰시오.

〈보기〉

긴급 포인터, 호스트 주소, 순서 번호, 체크썸

• 답 :

03 다음에서 공통으로 설명하는 프로토콜이 무엇인지 쓰시오.

• 연결 지향형 프로토콜이다. • 송수신 호스트 간에 송 · 수신할 수 있는 통로를 만들고 데이터를 전송한다. • 신뢰성 있는 연결 서비스를 제공하며 전송 메시지의 정확한 도착을 보장한다. • E-Mail, Download 등의 서비스에 적합하다.

• 답 :

ANSWER **01** BGP
02 긴급 포인터, 순서 번호, 체크썸
03 TCP 또는 Transmission Control Protocol

01 다음 〈보기〉의 OSI 7 계층을 하위 계층에서 상위 계층의 순서대로 쓰시오.

〈보기〉

> 물리, 응용, 표현, 전송, 네트워크, 세션, 데이터링크

• 답 :　　　　→　　　　→　　　　→　　　　→　　　　→　　　　→

02 다음의 설명과 부합하는 빈칸 ①~②에 해당하는 포트 번호를 쓰시오.

> 인터넷이나 다른 네트워크 메시지가 서버에 도착하였을 때, 전달되어야 할 특정 프로세스(응용 프로그램)를 인식(구분)하기 위하여 포트번호가 필요하다. 즉, 포트 번호(Port Number)는 상위 계층의 응용 프로그램으로 데이터를 전달하기 위한 통로이다. 0번에서 1023번까지의 1024개의 포트번호는 사전에 예약되어 있다. 대표적인 상위 계층으로의 포트 번호를 살펴보자면, FTP 데이터는 (　①　)번, FTP 제어는 21번, TELNET은 23번, SMTP는 25번, DNS는 53번, HTTP (　②　)번이다.

• ① :
• ② :

03 다음의 다음 중 TCP, IP, UDP에 대한 설명과 부합하는 항목을 모두 쓰시오.

> ⓐ TCP는 순서 제어, 에러 제어 및 흐름 제어, 패킷 다중화 기능을 제공한다.
> ⓑ UDP는 TCP와 함께 전송 계층에 속하나 TCP와 다르게 전송 확인이나 신뢰성에 대한 고려는 없다.
> ⓒ IP는 에러 감지 및 복구 기능이 없으므로 신뢰도가 낮다.
> ⓓ TCP는 데이터그램 단위의 고속 전송을 할 때 사용한다.

• 답 :

제품 소프트웨어 패키징

모듈 소개

요구사항대로 응용 소프트웨어가 구현되었는지를 검증하기 위해서 테스트 케이스를 작성하고 개발자 통합 테스트를 수행하여 애플리케이션의 성능을 개선할 수 있다.

제품 소프트웨어 패키징하기

학습방향

1. 신규 개발, 변경, 개선된 제품 소프트웨어의 소스들로부터 모듈들을 빌드하고 고객의
   편의성을 고려하여 패키징할 수 있다.

CHAPTER 01

출제
빈도

핵심포인트
애플리케이션 패키징의 개념 • 패키징 시 고려사항

01 애플리케이션 패키징(배포)의 개념

고객의 요구사항에 맞추어 개발이 완료된 소프트웨어를 고객에 인도하기 위해 패키징하고, 설치 매뉴얼, 사용 매뉴얼 등을 작성하는 일련의 배포용 설치 파일을 만드는 작업을 의미한다.

02 애플리케이션 패키징의 특성

• 사용자를 중심으로 진행하며, 사용자의 다양한 환경에서 설치할 수 있도록 패키징한다.
• 신규 및 변경 개발 소스를 식별하고, 이를 모듈화하여 상용 제품으로 패키징하고 전체 내용을 포함한다.
• 향후 관리의 편의성을 위해 모듈화하여 패키징한다.
• 버전관리 및 릴리즈 노트 관리를 수행한다.
• 사용자의 불편함을 줄이고 사용자의 편의성을 먼저 고려한다.

03 패키징 시 고려사항

시스템 환경	고객의 설치 대상 HW/SW의 최소 설치 환경을 정의한다.
직관적 UI	• 사용자가 애플리케이션을 쉽게 설치할 수 있도록 UI를 제공한다. • 설치 단계를 매뉴얼에 직관적으로 표현하도록 한다.
관리 서비스	제품 애플리케이션이 하드웨어에 통합 적용될 수 있도록 패키징을 제공한다.
안정적 배포	• 제품 애플리케이션은 고객 편의성을 위해 다양한 채널을 통하여 안정적으로 배포될 수 있도록 한다. • 자동 업데이트 등을 제공하여 요구사항 변경에 빠르게 대처할 수 있도록 한다.

04 패키징 프로세스

기능 식별	• 개발 대상 소스의 목적과 기능을 식별한다. • 기능 수행을 위한 입출력 데이터를 식별한다. • 전체적인 기능 정의 및 데이터 흐름을 파악한다. • Function 단위 및 Output에 대해 상세 정의한다.

모듈화	• 모듈화를 위하여 모듈 간 결합도와 응집도를 분석한다. • 분류할 수 있는 기능 단위 및 서비스 단위를 모듈별로 분류한다. • 공유 가능한 기능과 재활용 기능을 분류한다. • 결합도(Coupling) : 소프트웨어 구조에서 연관 모듈 간의 연관성을 측정하는 척도이다(낮을수록 좋음). • 응집도(Cohesion) : 단위 모듈 내부 처리 요소 간에 기능적 연관도를 측정하는 척도이다(높을수록 좋음).
빌드 진행	• 신규 개발 소스 및 컴파일 결과물을 준비한다. • 정상적 기능으로 빌드되는 기능 단위 및 서비스를 분류한다. • 빌드 도구를 선별하여 선택하고, 해당 빌드 도구를 이용하여 빌드를 수행한다. • 컴파일 외의 에디터 등의 관련 도구 기능을 확인한다.
사용자 환경 분석	• 고객의 편의를 위하여 최소 사용자 환경을 사전에 정의한다. • 다양한 사용자 환경 테스트를 수행한다.
패키지 적용 시험	• 실사용자 환경에서의 패키징 적용을 테스트한다. • 사용자 관점에서 UI 및 시스템상의 편의성을 점검한다.
패키징 변경 개선	사용자 관점에서 패키징 적용 시 개선점을 도출하여 서비스 가능한 수준의 개선 후 개선 버전을 다시 패키징한다.

이론을 확인하는 문제

01 고객의 요구사항에 맞추어 개발이 완료된 소프트웨어를 고객에 인도하기 위해 패키징하고, 설치 매뉴얼, 사용 매뉴얼 등을 작성하는 일련의 배포용 설치 파일을 만드는 작업을 무엇이라고 하는지 쓰시오.

• 답 :

02 다음 모듈화에 대한 설명 중 맞는 것을 골라 쓰시오.

> 가. 모듈화를 위하여 모듈 간 결합도와 응집도를 분석한다.
> 나. 분류할 수 있는 기능 단위 및 서비스 단위를 모듈별로 분류한다.
> 다. 공유 가능한 기능과 재활용 기능을 분류한다.
> 라. 결합도(Coupling) : 단위 모듈 내부 처리 요소 간에 기능적 연관도를 측정하는 척도이다(높을수록 좋음).
> 마. 응집도(Cohesion) : 소프트웨어 구조에서 연관 모듈 간의 연관성을 측정하는 척도이다(낮을수록 좋음).

• 답 :

ANSWER **01** 애플리케이션 패키징
02 가, 나, 다

02 제품 소프트웨어 저작권 보호

핵심포인트

DRM • DRM 기술 요소

01 DRM(Digital Rights Management)

① DRM의 개념

- 디지털 콘텐츠의 생성에서부터 실제 사용자까지 유통 모든 과정에 걸쳐 콘텐츠를 안전하게 관리 및 보호하고 허가된 사용자만이 접근할 수 있도록 제한하는 기술이다.
- 컴퓨터 소프트웨어는 무한 복제가 가능하고 원본과 복사본이 같게 배포될 가능성이 크므로 이를 방지하기 위한 기술적인 방법이 필요하다.

② DRM의 기술적 요구사항

- 지속적 보호(Persistent Protection)
- 이용 편리성(Easy to Use)
- 유연성(Flexibility)
- 통합의 용이성(Seamless)

③ DRM의 기술 요소

요소 기술	설명	방식
암호화 (Encryption)	콘텐츠 및 라이선스를 암호화하고, 전자서명을 할 수 있는 기술	PKI, Encryption, Digital Signature
키 관리 (Key Management)	콘텐츠를 암호화한 키에 대한 저장 및 배포 기술	Centralized, Enveloping
암호화 파일 생성 (Packager)	콘텐츠를 암호화된 콘텐츠로 생성하기 위한 기술	Pre-packaging, On-the-fly Packaging
식별 기술 (Identification)	콘텐츠에 대한 식별체계 표현 기술	DOI, URI
저작권★ 표현 (Right Expression)	라이선스의 내용 표현 기술	ODRL, XrML/MPEG-21 REL
정책 관리 (Policy management)	라이선스 발급 및 사용에 대한 정책 표현 및 관리 기술	XML, Contents Management System
크랙 방지 (Tamper Resistance)	크랙에 의한 콘텐츠 사용 방지 기술	Secure DB, Secure Time Management, Encryption
인증 (Authentication)	라이선스 발급 및 사용의 기준이 되는 사용자 인증 기술	SSO,ID/PW, 디지털 인증, 이메일 인증
인터페이스 (Interface)	다른 DRM 플랫폼 간의 상호 호환성 인터페이스 및 인증 기술	IPMP

★ 저작권
저작자의 권리를 보호하기 위한 제반 규정과 법률을 의미한다.

이벤트 보고 (Event Reporting)	콘텐츠의 사용이 적절하게 이루어지고 있는지 모니터링하는 기술로, 불법유통이 탐지되었을 때 이동 경로 추적에 활용	–
사용 권한 (Permission)	콘텐츠의 사용에 대한 권한을 관리하는 기술 요소	퍼미션(렌더, 트랜스포트, 데리버티브)

02 DRM의 유통 과정과 구성

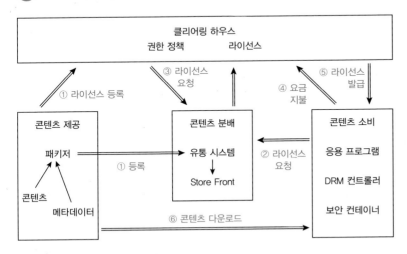

콘텐츠 제공자 (Contents Provider)	콘텐츠를 제공하는 저작권자
콘텐츠 분배자 (Contents Distributor)	쇼핑몰 등으로서 암호화된 콘텐츠 제공
Packager	콘텐츠를 메타 데이터와 함께 배포 가능한 단위로 묶는 기능
보안 컨테이너 (Security Container)	원본을 안전하게 유통하려는 전자적 보안 장치
DRM Controller	배포된 콘텐츠의 이용 권한을 통제
Clearing House★	콘텐츠의 키 관리 및 라이선스 발급 관리

03 디지털 콘텐츠의 사용 권한(Permission) 유형

렌더 퍼미션 (Render Permission)	사용자에게 콘텐츠가 표현되고 이용되는 권리 형태를 정의 예 문서(뷰, 프린트 권한 제어), 동영상(플레이 권한 제어)
트랜스포트 퍼미션 (Transport Permission)	사용자들 간에 권리 교환이 이루어지는 권리 형태를 정의 예 카피(copy), 무브(move), 론(loan)
데리버티브 퍼미션 (Derivative Permission)	콘텐츠의 추출 변형이 가능한 권한 예 익스트랙트(Extract), 임베드(Embed), 에디트(Edit) 등

★ Clearing House
디지털 저작권의 이용 생태계를 관리 및 감독하기 위한 제3의 운영 주체로서 디지털 저작물의 이용 명세를 근거로 신뢰할 수 있는 저작권료의 정산 및 분배가 이루어지는 곳이다.

04 DRM의 문제점과 대응 방안

DRM 기술 및 관리의 미 표준화	상호 운용성 확보를 위한 DRM 기술언어(XRML, XMCL)의 국내외 표준 수립
매회 인증 절차가 필요한 복잡한 구조	사용자 인증 정보의 세선화 혹은 암호화를 통한 사용 규칙 적용
양질의 콘텐츠	콘텐츠 유료화 및 신디케이션 사업 활성화 정책 지원
소액 결제 이용료 불편	m-commerce, m-ebpp★ 등 활용

이론을 확인하는 문제

01 디지털 콘텐츠의 사용 권한 유형 3가지를 쓰시오.

• 답 :

02 DRM 유통 과정과 구성에서 클리어링 하우스의 역할을 쓰시오.

• 답 :

03 DRM의 기술적 요구사항 4가지를 쓰시오.

• 답 :

ANSWER **01** 렌더 퍼미션, 트랜스포트 퍼미션, 데리버티브 퍼미션
02 콘텐츠의 키 관리 및 라이선스 발급 관리
03 지속적 보호, 이용 편리성, 유연성, 통합의 용이성

03 릴리즈 노트 작성

핵심포인트

릴리즈 노트의 개념 • 릴리즈 노트의 구성

출제
빈도 (상) (중) **(하)**

01 릴리즈 노트(Release Note)의 개념

- 소프트웨어의 기능, 서비스, 사용 환경 또는 지속적인 업데이트에 대한 정보를 확인할 수 있도록 사용자에게 제공하는 것을 릴리즈[*] 노트라고 한다.
- 개발 과정에서 정리된 릴리즈 정보를 소프트웨어의 최종 사용자인 고객과 공유하기 위한 문서이다.
- 테스트 진행 방법에 관한 결과와 소프트웨어 사양에 대한 개발팀의 준수 여부를 확인할 수 있다.
- 릴리즈 노트에 정리된 정보들은 이미 테스트를 거친 자료이며, 개발팀에서 제공하는 소프트웨어 사양에 대한 최종 승인을 얻은 후 문서화되어 제공된다.
- 소프트웨어에 포함된 전체 기능, 서비스의 내용, 개선 사항 등을 사용자와 공유할 수 있고 소프트웨어의 버전관리나 릴리즈 정보를 체계적으로 관리할 수 있다.
- 소프트웨어의 버전관리, 릴리즈 정보, 출시 후 개선된 항목의 경우 관련 내용을 릴리즈 노트에 담아 제공한다.
- 소프트웨어 초기 배포 시 제공되는 릴리즈 노트를 통하여 포함된 기능이나 사용 환경에 관한 내용을 확인할 수 있다.

★ 릴리즈(Release)
개발이 완성된 소프트웨어를 시장에 출시하는 것을 의미한다.

02 릴리즈 노트의 중요성

- 테스트 결과와 정보가 포함되며, 사용자에게 최종 배포된 릴리즈 노트를 보면 테스트 진행 상황을 확인할 수 있고 개발팀의 제공 사양을 얼마나 준수했는지 확인할 수 있다.
- 실사용자에게 보다 더 확실한 정보를 제공한다.
- 기본적으로 전체적인 제품의 수행 기능 및 서비스의 변화를 공유한다.
- 자동화 개념을 적용하여 전체적인 버전관리 및 릴리즈 정보를 체계적으로 관리할 수 있다.

03 릴리즈 노트 작성 시 고려사항 2020년 1회

- 개발팀이 직접 현재 시제로 정확하고 완전한 정보를 기반으로 하여 작성한다.
- 신규 소스, 빌드 등의 이력을 정리하고, 변경 또는 개선된 항목에 대한 이력 정보들도 작성하여야 한다.

• 작성의 표준 형식은 없고, 일반적으로 다음 항목이 포함된다.

초기 버전 릴리즈 노트 의 구조	머릿말 (Header)	릴리즈 노트명, 제품 이름, 작성일, 릴리즈 노트 날짜, 릴리즈 노트 버전 등의 정보를 고지하는 항목
	개요	소프트웨어 및 변경사항에 관한 간략하고 전반적인 개요 작성
	목적	해당 릴리즈 버전에서의 새로운 기능, 수정된 기능의 목록, 릴리즈 노트의 목적에 대한 간략한 개요 작성
	이슈(문제) 요약	발견된 문제(버그)와 수정사항에 대하여 간략한 설명 또는 릴리즈 추가 항목에 대한 요약
	재현 항목	버그 발견에 대한 재현 단계 기술
	수정/개선 내용	발견된 버그의 수정/개선 사항을 간단히 기술
	사용자 영향도	버전 변경에 따른 영향도 작성(최종 사용자 기준의 기능 및 응용 프로그램상의 영향도를 기준으로 작성)
	지원 영향도	해당 버전의 기능 변화가 타 프로세스에 미칠 수 있는 영향에 대한 설명 작성
	노트	SW/HW 설치 항목, 업그레이드, SW 문서화에 대한 참고 항목
	면책 조항	프리웨어, 불법 복제 금지 등 회사 및 표준 소프트웨어와 관련하여 고지할 사항
	연락처 정보	사용자 지원 및 문의 응대를 위한 연락처 정보
추가 작성 및 개선 사항의 예외 케이스		• 긴급한 버그 수정, 업그레이드 등 자체 기능 향상과 사용자 요청에 따라 발생하는 경우와 같은 예외 상황에 따른 추가 및 개선이 필요할 경우 다음과 같은 추가 항목이 작성되어야 한다. – 소프트웨어의 테스트 과정에서 베타 버전 출시 – 자체 기능 업그레이드의 경우 릴리즈 버전 출시 – 긴급 버그 수정 시 수정사항을 릴리즈 노트에 추가 작성 • 긴급히 버그 수정 시 릴리즈 노트 작성을 빠뜨리지 말고 반드시 버그 번호를 포함한 모든 수정된 버그를 기술하여 릴리즈 노트에 추가한다.

04 버전을 고려한 릴리즈 노트 작성 순서

① 모듈 식별
• 모듈별 빌드 수행 후 릴리즈 노트에 작성될 내용 확인
• 릴리즈 노트 작성을 위한 모듈 및 빌드 정리
• 입출력 데이터, 전체적인 기능 정의, 데이터 흐름 정리
• 기능 단위 및 출력에 대한 상세 정의

② 릴리즈 정보 확인
• 문서 이름(릴리스 노트 이름), 제품 이름 정보 확인
• 버전 번호, 릴리즈 날짜 확인
• 참고 날짜, 노트 버전 확인

③ 릴리즈 노트 개요 작성
• 제품 및 변경에 대한 간략한 전반적인 개요 작성
• 개발 소스의 빌드에 따른 결과물 기록
• 버전 및 형상관리에 대한 전반적인 노트 기록

④ 영향도 체크
- 버그의 간단한 설명 또는 릴리즈 추가 항목 기술
- 버그 발견을 위한 재현 테스트 및 재현 환경을 기록
- 소프트웨어 및 사용자 입장에서의 영향도 파악

⑤ 정식 릴리즈 노트 작성
- 릴리즈 정보, 헤더 및 개요 등 기본 사항 기술
- 정식 버전을 기준으로 릴리즈 노트 개요 작성
- 이슈, 버그 등 개선 내용 기술

⑥ 추가 개선 항목 식별
- 추가 개선에 대한 베타 버전을 이용한 테스트 수행
- 테스트 중 발생한 긴급 버그 수정
- 추가 기능 향상을 위해 작은 기능 수정
- 사용자 요청에 따른 추가 개선

이론을 확인하는 **문제**

01 다음이 설명하는 문서의 이름을 쓰시오.

- 소프트웨어의 기능, 서비스, 사용 환경 또는 지속적인 업데이트에 대한 정보를 확인할 수 있도록 사용자에게 제공하는 것이다.
- 테스트 진행 방법에 관한 결과와 소프트웨어 사양에 대한 개발팀의 준수 여부를 확인할 수 있다.
- 소프트웨어에 포함된 전체 기능, 서비스의 내용, 개선 사항 등을 사용자와 공유할 수 있고 소프트웨어의 버전관리나 릴리즈 정보를 체계적으로 관리할 수 있다.

- 답 :

02 릴리즈 노트 작성 시 초기 버전에 포함되어야 하는 구조 중 '프리웨어, 불법 복제 금지 등 회사 및 표준 소프트웨어와 관련하여 고지할 사항'을 작성하는 항목을 쓰시오.
- 답 :

ANSWER 01 릴리즈 노트
02 면책 조항

04 제품 소프트웨어 패키징 도구

출제
빈도 (상)(중)(하)

핵심포인트

패키징 도구의 개념 • 패키징 도구의 구성요소

01 패키징 도구의 개념

- 소프트웨어 배포를 목적으로 패키징 시에 지적 재산권을 보호하고 관리하는 기능을 제공하는 도구이다.
- 소프트웨어의 안전한 유통과 배포를 도와주는 솔루션이다.
- 패키징 도구는 불법 복제로부터 디지털 콘텐츠의 지적 재산권을 보호해 주는 사용 권한 제어 기술, 패키징 기술, 라이선스 관리, 권한 통제 기술 등을 포함한다.

02 패키징 도구 활용 시 고려사항

- 사용자에게 배포되는 소프트웨어임을 고려하여 반드시 내부 콘텐츠에 대한 암호화 및 보안을 고려한다.
- 다양한 이기종 콘텐츠 및 단말기 간 DRM 연동을 고려한다.
- 사용자 편의성을 위한 복잡성 및 비효율성 문제를 고려한다.
- 제품 소프트웨어에 적합한 암호화 알고리즘을 적용하여 범용성에 지장이 없도록 고려한다.

03 패키징 도구의 구성요소

암호화 (Encryption)	콘텐츠 및 라이선스를 암호화하고, 전자서명을 할 수 있는 기술이다. ⑩ PKI, Symmetric/Asymmetric Encryption, DiGital Signature
키 관리 (Key Management)	콘텐츠를 암호화한 키에 대한 저장 및 배포 기술로서, 관리 방식에는 분산형과 중앙 집중형이 있다.
암호화 파일 생성 (Packager)	콘텐츠를 암호화된 콘텐츠로 생성하기 위한 기술이다. ⑩ Pre-packaging, On-the-fly Packaging
식별 기술 (Identification)	콘텐츠에 대해 식별하고 체계화하는 기술이다. ⑩ DOI★, URI
저작권 표현 (Right Expression)	저작권의 라이선스 내용을 표현하는 기술이다. ⑩ XrML/MPGE-21 REL, ODRL
정책 관리 (Policy Management)	라이선스 발급 및 사용에 대한 정책 표현 및 관리 기술이다. ⑩ XML, Contents Management System
크랙 방지 (Tamper Resistance)	크랙에 의한 콘텐츠 사용 방지 기술이다(Code Obfuscation, Kernel Debugger Detection Module Certification). ⑩ Secure DB, Secure Time Management, Encryption
인증 (Authentication)	라이선스 발급 및 사용의 기준이 되는 사용자 인증 기술이다. ⑩ User/Device Authentication, SSO, DiGital Certificate
인터페이스 (Interface)	서로 다른 DRM 플랫폼 간의 상호 호환성 인터페이스 및 인증 기술이다. ⑩ IPMP
이벤트 보고 (Event Reporting)	콘텐츠의 사용이 적절하게 이루어지고 있는지 확인하는 모니터링 기술로서, 불법유 통이 탐지되었을 때 이동 경로를 추적에 활용한다.
사용 권한 (Permission)	콘텐츠의 사용에 대한 권한을 관리하는 기술 요소이다. ⑩ 렌더 퍼미션, 트랜스포트 퍼미션, 데리버티브 퍼미션

★ DOI(Digital Object Identifier)
책이나 잡지 등에 매겨진 국제표
준도서번호(ISBN)와 같이 모든 디
지털 콘텐츠에 부여되는 고유 식
별 번호

이론을 확인하는 **문제**

01 제품 소프트웨어 패키징 도구의 구성요소 중 '서로 다른 DRM 플랫폼 간의 상호 호환성 및 인증 기술'에 해당하는 요소는?

• 답 :

02 저작권 관리 구성요소 중 '원본을 안전하게 유통하기 위한 전자적인 보안 장치'를 무엇이라고 하는가?

• 답 :

ANSWER **01** 인터페이스
02 보안 컨테이너

03 저작권 관리 구성 요소 중 키 관리와 라이선스 발급을 관리하는 것은?

 • 답 :

04 디지털 콘텐츠의 사용 권한(Permission) 유형 중 사용자 간에 권리 교환이 이루어지는 권리 형태를 정의하는 권한 유형은?

 • 답 :

05 패키징 도구의 구성 요소 중 식별 기술에 사용되는 도구 2가지를 쓰시오.

 • 답 :

06 디지털 콘텐츠 사용 권한 유형 중 사용자에게 콘텐츠가 표현되고 이용되는 권리 형태를 정의하는 것으로 문서(뷰, 프린트 권한 제어), 동영상(플레이 권한 제어) 등에 해당하는 것은?

 • 답 :

ANSWER **03** 클리어링 하우스
04 트랜스포트 퍼미션(Transport Permission)
05 DOI, URI
06 렌더 퍼미션

01 다음의 소프트웨어 패키징 프로세스 단계를 순서대로 나열하시오.

가. 기능 식별	나. 패키징 변경 개선	다. 패키징 및 적용 시험	
라. 사용자 환경 분석	마. 모듈화	바. 빌드 진행	사. 배포

• 답 :   →   →   →   →   →   →

02 소프트웨어 패키징 단계 중 모듈화에 대하여 50자 내외로 작성하시오.

• 답 :

03 소프트웨어 패키징의 개념을 50자 내외로 작성하시오.

• 답 :

04 다음의 보기 중 DRM 기술 요소와 방식을 알맞게 연결한 것을 모두 쓰시오.

가. 암호화 – PKI, Encryption, Digital Signature
나. 식별 기술 – DOI, URI
다. 사용 권한 – IPMP
라. 저작권 표현 – XML, Contents Management System

• 답 :

05 기본적으로 작성된 패키지의 변경 내용을 관리하고, SW의 변화를 시간에 따라 기록하며 특정 시점의 버전을 다시 꺼내올 수 있도록 관리하는 체계를 무엇이라고 하는지 쓰시오.

• 답 :

06 저작권 관리 구성요소 중 패키저의 역할에 관하여 서술하시오.

• 답 :

07 다음 나열된 버전을 고려한 릴리즈 노트 작성 순서를 순서대로 나열하시오.

가. 모듈 식별	나. 릴리즈 정보 확인
다. 릴리즈 노트 개요 작성	라. 추가 개선 항목 식별
마. 정식 릴리즈 노트 작성	바. 영향도 체크

• 답 :   →   →   →   →   →

08 다음은 릴리즈 노트 작성 항목과 설명을 나타낸 표이다. 빈칸에 알맞은 항목을 순서대로 쓰시오.

머릿말(Header)	릴리즈 노트명, 제품 이름, 작성일, 릴리즈 노트 날짜, 릴리즈 노트 버전 등의 정보를 고지하는 항목
개요	소프트웨어 및 변경사항에 관한 간략하고 전반적인 개요 작성
(①)	해당 릴리즈 버전에서의 새로운 기능, 수정된 기능의 목록, 릴리즈 노트의 목적에 대한 간략한 개요 작성
이슈(문제) 요약	발견된 문제(버그)와 수정사항에 대하여 간략한 설명 또는 릴리즈 추가 항목에 대한 요약
재현 항목	버그 발견에 대한 재현 단계 기술
수정/개선 내용	발견된 버그의 수정/개선 사항을 간단히 기술
사용자 영향도	버전 변경에 따른 영향도 작성(최종 사용자 기준의 기능 및 응용 프로그램상의 영향도를 기준으로 작성)
지원 영향도	해당 버전의 기능 변화가 타 프로세스에 미칠 수 있는 영향에 대한 설명 작성
노트	SW/HW 설치 항목, 업그레이드, SW 문서화에 대한 참고 항목
(②)	프리웨어, 불법 복제 금지 등 회사 및 표준 소프트웨어와 관련하여 고지할 사항
연락처 정보	사용자 지원 및 문의 응대를 위한 연락처 정보

• ① :

• ② :

## CHAPTER 02

제품 소프트웨어 매뉴얼 작성하기

학습방향

1. 사용자가 제품 소프트웨어를 설치하는 데 참조할 수 있도록 제품 소프트웨어 설치 매뉴얼의 기본 구성을 수립하고 작성할 수 있다.

01 소프트웨어 매뉴얼

핵심포인트

소프트웨어 매뉴얼의 개념 • 설치 매뉴얼 • 사용자 매뉴얼

출제
빈도 (상)(중)(하)

01 소프트웨어 매뉴얼

① 개념

- 소프트웨어 매뉴얼(설명서) : 제품 소프트웨어 개발 단계부터 적용한 기준이나 패키징 이후 설치와 사용자 측면의 주요 내용 등을 기록한 문서로 설치 매뉴얼과 사용자 매뉴얼로 구분된다.
- 소프트웨어 설치 매뉴얼 : 소프트웨어 실사용자가 제품을 최초 설치 시 참조하는 매뉴얼이며, 제품 소프트웨어 소개, 설치 파일, 설치 절차 등이 포함된다.

② 소프트웨어 설치 매뉴얼 구성

목차 및 개요	• 작성하는 매뉴얼의 전체 내용을 순서대로 요약하여 작성한다. • 설치 매뉴얼의 주요 특징, 구성과 설치 방법, 순서 등에 관해 기술한다.
문서 이력 정보	매뉴얼 변경 이력에 대한 정보를 버전별, 시간순으로 작성한다.
설치 매뉴얼 주석	• 주의사항 : 사용자가 제품 설치 시 반드시 숙지해야 하는 중요한 정보 주석으로 안내를 작성한다. • 참고사항 : 설치와 관련하여 영향을 미치는 특별한 사용자 환경 및 상황에 관한 내용 주석으로 안내를 작성한다.
설치 도구의 구성	• exe, dll, ini, chm 등 해당 설치 관련 파일에 대한 안내를 작성한다. • 폴더 및 설치 프로그램 실행 파일에 대한 안내를 작성한다.

③ 소프트웨어 설치 환경 체크 항목

- 사용자 환경
- 설치 시 실행 중인 다른 프로그램 종료 확인
- 개선판 존재 여부 확인
- 백업 폴더 확인

④ 소프트웨어 설치 매뉴얼 작성 방법 및 구성

설치 화면 및 UI	• 설치 실행과 메인 화면 및 안내창에 관한 내용을 작성한다. • 실행 : exe 등의 설치 파일을 실행하는 방법부터 이미지로 설명한다. • 메인 화면 및 안내창 : 설치 메인 화면과 각 과정의 이미지로 설명한다.
설치 이상 메시지 설명	• 설치 방법이나 설치 환경이 잘못된 경우의 오류 창에 표시되는 메시지를 설명한다. • 설치 과정별로 참고할 사항이나 주의할 사항을 작성한다.
설치 시 점검 사항	• 설치 전 사용자 설치 환경에 따라 점검해야 할 사항을 작성한다. • 설치 시 요구되는 사용자 계정 및 설치 권한을 작성한다. • 설치 과정에서 오류가 발생하면 점검 사항들을 작성한다.
설치 완료 및 결과	설치 완료 화면의 이미지를 첨부하여 정상으로 설치 완료된 상태를 사용자에게 설명한다.
FAQ	설치 시 발생할 수 있는 다양한 상황을 질문 답변 방식으로 작성한다.

Network 환경 및 보안	• 네트워크 오류로 인한 문제가 발생하지 않도록 사전에 네트워크 연결 상태를 확인하도록 안내한다. • 배부 보안/방화벽을 원인으로 한 설치 문제가 발생하지 않도록 관련된 내용을 안내한다.
고객 지원 방법	설치 관련 기술적인 지원이나 소프트웨어에 서비스가 필요할 때 문의할 수 있는 연락처(국가, 웹 사이트, 전화번호, 이메일 등)를 안내한다.
준수 정보 & 제한 보증	• 제품 Serial 키 보존 및 불법 등록 사용 금지에 대한 준수 사항을 안내한다. • 저작권자의 SW 허가권/소유권 정보, 통신 규격, 개발 언어, 연동 프로그램, 문서 효력, 지적 재산권 정보 등과 관련된 내용을 안내한다.

⑤ 소프트웨어 설치 매뉴얼 작성 프로세스

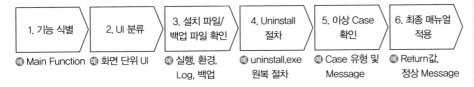

1. 기능 식별	2. UI 분류	3. 설치 파일/백업 파일 확인	4. Uninstall 절차	5. 이상 Case 확인	6. 최종 매뉴얼 적용
예 Main Function	예 화면 단위 UI	예 실행, 환경, Log, 백업	예 uninstall.exe 원복 절차	예 Case 유형 및 Message	예 Return값, 정상 Message

02 사용자 매뉴얼

① 개념

• 소프트웨어 설치와 사용에 필요한 제반 절차 및 환경 등 전체 내용을 포함하는 매뉴얼을 작성하며, 제품 소프트웨어에 대한 패치 개발과 업그레이드를 위해 버전관리를 수행한다.

• 소프트웨어 사용 방법을 기술하며 패키지의 기능, 패키지의 인터페이스, 포함하고 있는 메소드나 오퍼레이션과 메소드의 파라미터 등의 설명이 포함되어야 한다.

② 사용자 매뉴얼의 구성

사용자 화면 및 UI	• 주의사항 : 사용자가 반드시 숙지해야 하는 중요 정보를 작성한다. • 참고사항 : 특별한 사용자 환경 및 상황에 대한 예외사항을 작성한다.
주요 기능 분류	• 설명할 기능을 포함할 화면을 스크린 캡처하여 작성한다. • 동작하는 기능을 화면의 순서대로 차례로 분류하여 작성한다. • 기능 동작 시 참고사항, 주의사항 등을 메모로 추가한다.
응용 프로그램/설정	• 제품 실행 시 영향을 받거나 주는 소프트웨어에 대하여 설명한다. • 동작 시 사전에 실행해야 할 소프트웨어가 있다면 기술한다. • 동작에 필요한 기본 설정(Settings)과 기본 설정값을 안내한다.
장치 연동	제품 소프트웨어가 embedded(장치 내에 내장)와 관련된 제품일 경우에 해당 장치에 어떤 것이 있는지와 연동되는 장치에는 무엇이 있는지 설명한다.
Network 환경	제품 소프트웨어와 관련한 network 정보를 표시(Status)하고, Network에 정상 연결되었는지, 이를 위한 관련 설정값은 무엇이 있는지 설명한다.
Profile 설명	• 제품 소프트웨어 구동 시 점검하는 환경 파일이므로 환경 파일의 경로 변경, 이동을 금지하는 안내를 설명한다. • 구동 시 필요한 필수 파일의 내용을 간략히 설명한다.
고객 지원 방법	설치 및 사용에 관련된 기술적 지원을 받을 수 있는 전화번호, 이메일, 홈페이지 등의 정보를 기재한다.
준수 정보 및 제한 보증	• 시리얼 코드를 불법 등록하여 사용하지 못하도록 준수사항을 안내한다. • 저작권자의 지적 재산권, 허가권, 통신 규격, 개발 언어, 연동 프로그램, 문서 효력 등의 정보를 안내한다.

③ 사용자 매뉴얼 작성 프로세스

1. 작성 지침 정의	2. 구성요소 정의	3. 구성요소별 내용 작성	4. 사용자 매뉴얼 검토

이론을 확인하는 **문제**

01 소프트웨어 설치 매뉴얼 구성요소 중 주의사항이나 참고사항 등을 작성하는 항목은 무엇인지 쓰시오.

• 답 :

02 다음은 소프트웨어 매뉴얼 작성 프로세스이다. 빈칸에 알맞은 단계를 쓰시오.

(   ) → UI 분류 → 설치 파일/백업 파일 확인 → Uninstall 절차 → 이상 Case 확인 → 최종 매뉴얼 적용

• 답 :

ANSWER   **01** 설치 매뉴얼 주석
        02 기능 식별

02 소프트웨어 국제 표준 품질 특성과 품질 목표

핵심포인트

ISO/IEC 12119

01 소프트웨어 국제 표준 품질 특성

ISO/IEC 9126	• Information Technology–Software Quality Characteristics and Metrics • 소프트웨어 품질 특성과 척도에 관한 지침이다. • 고객 관점에서 소프트웨어에 관한 품질 특성과 품질 부특성을 정의한다. • 내/외부 품질 : 기능성, 신뢰성, 사용성, 효율성, 유지보수 용이성, 이식성 • 사용 품질 : 효과성, 생산성, 안정성, 만족도
ISO/IEC 12119	• ISO/IEC 9126의 품질 모델을 따르며 패키지 소프트웨어의 일반적인 제품 품질 요구사항 및 테스트를 위한 국제 표준이다. • 제품 설명서, 사용자 문서 및 프로그램으로 구분하여 각각 품질 요구사항을 규정하고 있다.
ISO/IEC 15504	• 소프트웨어 프로세스를 평가하고 개선함으로써 품질 및 생산성을 높이고자 하는 표준이다. • 평가 수준별 개발 기관의 능력 레벨을 Incomplete, Performed, Managed, Established, Predictable, Optimizing level의 6단계로 구분한다.
ISO 9001	• Quality systems–Model for quality assurance in design development production installation and servicing • 설계, 개발, 생산, 설치 및 서비스 과정에 대한 품질 보증 모델이다. • 공급자와 구매자 각각의 관리책임을 명시하고 있으며 운영 중인 품질 시스템이 이 표준에 적합할 경우 품질 인증을 부여할 수 있도록 한다.

02 소프트웨어 품질 목표(Software Quality And Goals)

• 정확성(Correctness) : 사용자의 요구기능을 충족시키는 정도를 의미한다.

• 신뢰성(Reliability) : 정확하고 일관된 결과를 얻기 위해 요구된 기능을 오류 없이 수행하는 정도를 의미한다.

• 효율성(Efficiency) : 요구되는 기능을 수행하는 데 필요한 자원의 수요 정도나 자원의 낭비 정도를 의미한다.

• 무결성(Integrity) : 허용되지 않는 사용이나 자료의 변경을 제어하는 정도를 의미한다.

• 이식성(Portability) : 다양한 하드웨어 환경에서도 운용할 수 있도록 다른 하드웨어에도 쉽게 적용될 수 있는 정도를 의미한다.

• 재사용성(Reusability) : 전체나 일부 소프트웨어를 다른 목적으로 사용할 수 있는가 하는 정도를 의미한다.

- 사용 용이성(Usability) : 사용에 필요한 노력을 최소화하고 쉽게 사용할 수 있는 정도, 적절한 사용자 인터페이스와 문서를 가지고 있는 정도를 의미한다.
- 유지보수성(Maintainability) : 사용자의 기능 변경의 필요성을 만족하기 위하여 소프트웨어를 진화하는 것이 가능한 정도를 의미한다.
- 유연성(Flexibility) : 소프트웨어를 얼마만큼 쉽게 수정할 수 있는가 하는 정도를 의미한다.
- 시험역량(Testability) : 의도된 기능을 수행하도록 보장하기 위해 프로그램을 시험할 수 있는 정도를 의미한다.
- 상호운용성(Interoperability) : 다른 소프트웨어와 정보를 교환할 수 있는 정도를 의미한다.

이론을 확인하는 문제

01 소프트웨어 국제 표준 품질 특성 중 다음에 해당하는 표준은 무엇인지 쓰시오.

- 소프트웨어 품질 특성과 척도에 관한 지침이다.
- 고객 관점에서 소프트웨어에 관한 품질 특성과 품질 부특성을 정의한다.
- 내/외부 품질 : 기능성, 신뢰성, 사용성, 효율성, 유지보수 용이성, 이식성
- 사용 품질 : 효과성, 생산성, 안정성, 만족도

- 답 :

02 소프트웨어 품질 목표 중 '정확하고 일관된 결과를 얻기 위해 요구된 기능을 오류 없이 수행하는 정도'를 의미하는 것은 무엇인지 쓰시오.
- 답 :

ANSWER **01** ISO/IEC 9126

02 신뢰성(Reliability)

01 제품 소프트웨어 설치 매뉴얼 구성 중 설치 매뉴얼 주석 항목에 작성해야 할 사항 2가지는 무엇인지 쓰시오.

• 답 :

02 다음은 제품 소프트웨어 설치 매뉴얼의 구성과 작성해야 할 내용을 정리한 표이다. 다음 중 빈칸에 알맞은 답을 쓰시오.

사용자 화면 및 UI	• 주의사항 : 사용자가 반드시 숙지해야 하는 중요 정보를 작성한다. • 참고사항 : 특별한 사용자 환경 및 상황에 대한 예외사항을 작성한다.
( )	• 설명할 기능을 포함할 화면을 스크린 캡처하여 작성한다. • 동작하는 기능을 화면의 순서대로 차례로 분류하여 작성한다. • 기능 동작 시 참고사항, 주의사항 등을 메모로 추가한다.
응용 프로그램/설정	• 제품 실행 시 영향을 받거나 주는 소프트웨어에 대하여 설명한다. • 동작 시 사전에 실행해야 할 소프트웨어가 있다면 기술한다. • 동작에 필요한 기본 설정(Settings)과 기본 설정값을 안내한다.
장치 연동	제품 소프트웨어가 embedded(장치 내에 내장)와 관련된 제품일 경우에 해당 장치에 어떤 것이 있는지와 연동되는 장치에는 무엇이 있는지 설명한다.
Network 환경	제품 소프트웨어와 관련한 network 정보를 표시(Status)하고, Network에 정상 연결되었는지, 이를 위한 관련 설정값은 무엇이 있는지 설명한다.
Profile 설명	• 제품 소프트웨어 구동 시 점검하는 환경 파일이므로 환경 파일의 경로 변경, 이동을 금지하는 안내를 설명한다. • 구동 시 필요한 필수 파일의 내용을 간략히 설명한다.
고객 지원 방법	설치 및 사용에 관련된 기술적 지원을 받을 수 있는 전화번호, 이메일, 홈페이지 등의 정보를 기재한다.
준수 정보 및 제한 보증	• 시리얼 코드를 불법 등록하여 사용하지 못하도록 준수사항을 안내한다. • 저작권자의 지적 재산권, 허가권, 통신 규격, 개발 언어, 연동 프로그램, 문서 효력 등의 정보를 안내한다.

• 답 :

03 소프트웨어 국제 표준 품질 특성 중 ISO/IEC 15504에는 평가 수준별 개발 기관의 능력 레벨을 6단계로 구분하고 있다. 6단계를 순서대로 작성하시오.

• 답 :

04 소프트웨어 품질 목표 중 '다양한 하드웨어 환경에서도 운용할 수 있도록 다른 하드웨어에도 쉽게 적용될 수 있는 정도'를 의미하는 목표를 쓰시오.

• 답 :

05 소프트웨어 품질 목표(SOFTWARE QUALITY AND GOALS) 중 '전체나 일부 소프트웨어를 다른 목적으로 사용할 수 있는가'하는 정도를 의미하는 것은 무엇인지 쓰시오.

• 답 :

06 ISO/IEC 9126의 사용 품질 구분 4가지를 쓰시오.

• 답 :

07 다음이 설명하는 소프트웨어 국제 표준 품질 특성을 쓰시오.

> • ISO/IEC 9126의 품질 모델을 따르며 패키지 소프트웨어의 일반적인 제품 품질 요구사항 및 테스트를 위한 국제 표준이다.
> • 제품 설명서, 사용자 문서 및 프로그램으로 구분하여 각각 품질 요구사항을 규정하고 있다.

• 답 :

## CHAPTER 03

소프트웨어
버전관리

학습방향

1. 형상관리 지침을 활용하여 제품 소프트웨어의 신규 개발, 변경, 개선과 관련된 버전을
   등록할 수 있다.

01 제품 소프트웨어 버전관리

핵심포인트
형상관리 · 버전관리 · 변경관리

01 형상관리

① 형상(Configuration)
• 소프트웨어 개발 단계에 생성되는 모든 문서, 코드 등을 통칭한다.
• 요구사항 변경 또는 오류로 지속해서 변화하는 자료이며, 이러한 변화를 이력화하여 유지보수성을 향상할 수 있다.
• 소프트웨어는 눈으로 확인할 수 있는 가시성이 없으므로 개발 과정의 진행 정도를 확인하는 도구로 사용된다.

② 형상관리 종류
• 형상관리는 버전관리, 리비전관리, 변경관리, 빌드관리, 이슈관리 등을 모두 포함한다.
• 버전관리와 변경관리

버전관리	• 다양한 형상 항목이 과거부터 현재에 이르기까지 요구사항 등의 변화에 따라 변경된 순서에 따라 버전을 부여함으로써 이력을 관리하는 것이다. • 버전을 통해 시간적인 변경사항과 해당 작업 담당자를 추적할 수 있다.
변경관리	• 변경된 요구사항에 대하여, 비용 및 기간 등을 고려하고 타당성을 평가한다. • 요구사항이 타당한 경우 제품 또는 산출물을 변경하고, 그렇지 않으면 변경을 거부하는 활동이다.

③ 형상관리 도구
• 소프트웨어 개발 생명 주기 전반에 걸쳐 생성되는 소스코드와 문서 등과 같은 산출물의 종합 및 변경 과정을 체계적으로 관리하고 유지하는 일련의 개발 관리 활동이다.
• 소프트웨어에 가시성과 추적 가능성을 부여하여 제품의 품질과 안전성을 높인다.
• 형상 식별, 형상 통제, 형상 상태 보고, 형상 감사를 통하여 변경사항을 관리한다.
• 이전 개정판이나 버전에 대한 정보에 접근 가능하여 배포본 관리에 유용하다.
• 불필요한 사용자의 소스 수정을 제한할 수 있다.
• 같은 프로젝트에 대해 여러 개발자의 동시 개발이 가능하다.

④ 형상관리의 필요성

- 이미 수정된 오류가 갑자기 다시 나타나거나, 사용하던 문서나 코드가 갑자기 사라지거나 찾을 수 없는 경우가 발생할 수 있다.
- 원시 코드와 실행 코드의 버전이 일치하지 않는다.
- 요구사항이 자주 변경되고, 변경이 어떤 결과를 가져올지 예측할 수 없다.
- 무엇을 변경해야 할지 막연하고, 따라서 변경에 대한 노력을 예측할 수 없다.
- 분산된 지역에서 소프트웨어를 병렬적으로 개발하기 어렵다.
- 제품 납품일을 맞추기가 어렵고, 프로젝트가 계획대로 잘 진행되고 있는지 알기가 어렵다.

⑤ 형상관리의 효과

관리적 효과	• 표준 확립으로 전사적 IT 자원 관리가 쉽기 때문에, 기간별/팀별/업무별 산출물 현황 및 변경 이력 통계를 파악할 수 있다. • 제품 개발 관련 산출물이 자동 생성되고 관리된다. • 개발/유지보수 활동을 통합 관리할 수 있다. • 변경 프로세스의 체계를 확립하고, 외주 개발 통제 및 현황 파악을 도와준다.
품질 향상 효과	• 산출물 버전관리를 자동으로 생성하고 관리할 수 있어 결함 및 오류가 감소한다. • 변경 프로그램의 이력 관리를 통하여 문제 파악 및 버그 수정이 쉬워지고, 변경 내용의 영향을 분석하는 것이 쉬워진다.

⑥ 형상관리 절차

형상관리는 최초 계획을 수립하고 형상 식별, 통제, 감사, 기록 및 보고와 같은 활동들을 통해 일련의 과정들을 거치게 된다.

형상 식별 (configuration identification)	• 형상관리의 가장 기본이 되는 활동이다. • 형상관리 계획을 근거로 형상관리의 대상이 무엇인지 식별하는 과정이다. • 변경 추적성 부여와 대상 식별을 위해 ID와 관리번호를 할당한다. • 형상 항목★ 식별 대상 : 품질관리 계획서, 품질관리 매뉴얼, 요구사항 명세서, 설계/인터페이스 명세서, 테스트 설계서, 소스코드
형상 통제 (configuration control)	• 형상통제위원회 운영을 통하여 변경 통제가 이루어져야 한다. • 요구사항 변경 요구를 관리하고, 변경 제어, 형상관리 등의 통제를 지원하고 기준선★에 대한 관리 및 형상 통제를 수행할 수 있다.

형상(상태) 보고 및 감사	• 설정한 베이스라인의 무결성 평가 단계이다.
	• 개발자, 유지보수 담당자가 아닌 제삼자(소프트웨어 이해도가 높은 품질 보증 조직이나 구성원)의 객관적인 확인 및 검증 과정을 통해 새로운 형상의 무결성을 확보하는 활동이다.
	• 형상 감사 시 고려사항
	  – 명시된 변경이 정확하게 수정되었는가?
	  – 기술 검토를 수행하였는가?
	  – 개발 프로세스를 준수하였는가?
	  – 변경 발생 시, 형상관리 절차를 준수하였는가?
	  – 변경에 대한 정보(변경일, 변경인, 변경사항)를 기록하였는가?

형상 감사 (기록/보고)	• 소프트웨어 개발 상태에 대한 보고서를 제공하는 단계이다. • 기준선에 대한 변경과 처리 과정에서의 변경을 상태 보고에 모두 기록한다. • 기록/보고 항목 : 승인된 형상 리스트, 계획된 변경 상태, 승인된 변경의 구현 상태

★ 형상 항목
개발 단계에 생산되거나 사용되는 작업 산출물 또는 작업 산출물들의 집합체를 의미한다.

★ 기준선(Baseline)
형상 통제 위원에서 프로젝트 관리를 위한 명세서 또는 제품으로서, 소프트웨어 개발 과정 중 변경 사항을 통제하기 위한 기준이다.

02 형상관리, 버전관리, 변경관리

형상관리 ⊇ 버전관리 ⊇ 변경관리

형상관리 (Configuration Management)	버전, 변경관리 개념을 포함하고, 프로젝트 진행 상황, 빌드와 릴리즈 퍼블리싱까지 모두 관리할 수 있는 통합 시스템이라고 할 수 있다.
버전관리 (Version Management)	• 변경 이력을 추적 관리하는 가장 좋은 방법이 버전으로 구분하는 것이다. • 사소한 체크인과 체크아웃부터 릴리즈, 퍼블리싱의 과정을 버전으로 관리한다.
변경관리 (Version Management)	• 소스코드의 변경 상황을 관리한다. • 문서의 변경 이력과 복원 등의 기능이 제공된다.

이론을 확인하는 **문제**

01 소프트웨어 버전관리 단계에서 다음은 무엇을 의미하는지 쓰시오.

- 소프트웨어 개발 단계에 생성되는 모든 문서, 코드 등을 통칭한다.
- 요구사항 변경 또는 오류로 지속해서 변화하는 자료이며, 이러한 변화를 이력화하여 유지보수성을 향상할 수 있다.
- 소프트웨어는 눈으로 확인할 수 있는 가시성이 없으므로 개발 과정의 진행 정도를 확인하는 도구로 사용된다.

• 답 :

02 형상관리 절차 중 다음이 설명하는 단계는 무엇인지 쓰시오.

- 형상관리의 가장 기본이 되는 활동이다.
- 변경 추적성 부여와 대상 식별을 위해 ID와 관리번호를 할당한다.
- 대상 : 품질관리 계획서, 품질관리 매뉴얼, 요구사항 명세서, 설계/인터페이스 명세서, 테스트 설계서, 소스코드

• 답 :

ANSWER **01** 형상(Configuration)
02 형상 식별(configuration identification)

02 버전관리 도구

핵심포인트

버전관리 도구의 구분 • 버전관리 도구의 종류 • git 주요 명령 • svn 주요 명령

01 버전관리 도구

① 버전관리 도구 분류

공유 폴더 방식	• 개발자들은 매일 완료된 파일을 공유 폴더에 복사하여 관리한다. • 담당자 한 명이 공유 폴더 내 자료를 자신의 PC로 복사한 후 컴파일하여 이상 유무를 확인하고, 파일의 오류가 확인되면 해당 파일을 등록한 개발자에게 수정 의뢰한다. • 파일에 이상이 없다면 다음 날 각 개발자가 동작 여부를 다시 확인한다. • 파일의 변경사항을 데이터베이스에 기록하여 관리한다. • 종류 : SCCS, RCS, PVCS, QVCS
클라이언트/서버 방식	• 버전관리 자료가 중앙 시스템(서버)에 저장되어 관리되는 방식이다. • 서버의 자료를 개발자별로 자신의 PC(클라이언트)로 복사하여 작업한 후 변경된 내용을 서버에 반영하고, 모든 버전관리는 서버에서 수행하는 방식이다. • 하나의 파일을 서로 다른 개발자가 작업할 경우 경고 메시지를 출력한다. • 서버에 문제가 생기면 서버가 복구되기 전까지 다른 개발자와의 협업 및 버전관리 작업이 중단된다. • 종류 : CVS, SVN(Subversion), CMVC, Perforce, CVSNT, Clear Case
분산 저장소 방식	• 하나의 원격 저장소와 분산된 개발자 PC의 로컬 저장소에 함께 저장되어 관리되는 방식이다. • 개발자별로 원격 저장소의 자료를 각자의 로컬 저장소로 복사하여 작업 후 변경사항을 로컬 저장소에서 우선 적용하여 로컬 버전관리가 가능하다. • 개발 완료한 파일을 수정한 다음에 로컬 저장소에 먼저 커밋(Commit)한 이후, 다시 원격 저장소에 반영(Push)하는 방식이다. • 로컬 저장소의 자료를 이용하여 작업할 수 있어 원격 저장소에 연결 장애에 있어 자유롭다. • 종류 : Git, Bazaar, Mercurial, TeamWare, Bitkeeper, Plastic SCM, GNU arch

② 주요 버전관리 도구

CVS	• Concurrent Versions System(동시 버전 시스템) • 소프트웨어 프로젝트를 진행할 때, 파일로 이뤄진 모든 작업과 모든 변화를 추적하고, 여러 개발자가 협력하여 작업할 수 있게 한다. • GNU 일반 공중 사용 허가서하에서 배포되어 오픈 소스 프로젝트에서 널리 사용되었다. • 최근에는 다음과 같은 CVS가 한계가 있어서 이를 대체하는 Subversion이 개발되었다. • 저장소의 파일들은 이름을 변경할 수 없으며 변경할 때에는 제거 후 다시 추가해야 한다. • 프로토콜은 디렉터리의 이동, 이름 변경을 허용하지 않으므로 서브 디렉터리의 파일은 모두 지우고 다시 추가해야 한다. • 아스키코드로 된 파일 이름이 아닌 유니코드 파일을 제한적으로 지원한다.
RCS(Revision Control System)	• CVS와의 차이점은 소스 파일의 수정을 한 사람만으로 제한한다. • 다수의 사용자가 동시에 파일 수정을 할 수 없도록 파일 잠금 방식으로 버전을 관리하는 도구이다.

Subversion(SVN)	• CVS보다 속도 개선, 저장공간 전략, 변경관리 단위가 작업 모음 단위로 개선되었다. 2000년부터 콜랩넷에서 개발되었다. • CVS와 사용 방법이 유사해 CVS 사용자가 쉽게 도입해 사용할 수 있다. • 현재는 아파치 최상위 프로젝트로서 전 세계 개발자 커뮤니티와 함께 개발되고 있다. • 디렉터리, 파일의 이름을 변경하거나 이동해도 버전관리가 가능하다. • 이진 파일의 경우 한 번 저장한 후 변경될 경우 차이점만 저장하기 때문에 저장소를 효율적으로 사용할 수 있다. • 소스 저장소로의 접근이 최적화되어 있으므로, 소스 저장고에서 필요 없는 네트워크 트래픽을 줄일 수 있다. • repository(저장소) : 프로젝트의 파일 및 변경 정보가 저장되는 장소 • trunk : 메인 개발 소스, 개발 소스를 commit했을 때 개발 소스가 모이는 곳 • branch : Trunk에서 분기된 개발 소스, 실험적인 기능을 추가하거나 출시를 위한 안정화 버전 작업을 할 때 • tag : 특정 시점에서 프로젝트의 스냅숏을 찍어두는 것 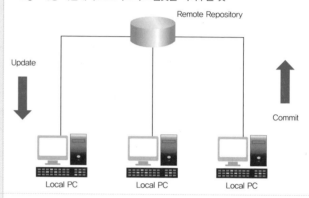
Bitkeeper	SVN과 비슷한 중앙 통제 방식으로 대규모 프로젝트에서 빠른 속도를 내도록 개발된 버전관리 도구이다.

Git	• Linux 초기 커널 개발자인 리누스 토르발스가 리눅스 커널 개발에 이용하려고 개발하였으며, 현재는 다른 곳에도 널리 사용되고 있다.
	• 초기 리눅스 커널의 버전 컨트롤 도구인 bitkeeper를 대체하기 위해 새롭게 등장하였다.
	• 프로그램 등의 소스코드 관리를 위한 분산 버전관리 시스템이다.
	• 지역 저장소와 원격 저장소, 2개의 저장소가 존재한다.
	  − 지역 저장소 : 개발자가 실제 작업하는 로컬 저장소
	  − 원격 저장소 : 다수 개발자가 협업을 위해 공동 관리하는 저장소
	• 지역 저장소에서 버전관리가 진행되어, 버전관리가 빠르다.
	• Git의 작업 폴더는 모두 전체 기록과 각 기록을 추적할 수 있는 정보를 포함하고 있으며, 완전한 형태의 저장소이다.
	• 네트워크에 접근하거나 중앙 서버에 의존하지 않는다.
	• GNU 일반 공중 사용 허가서 v2하에 배포되는 자유 소프트웨어이다.

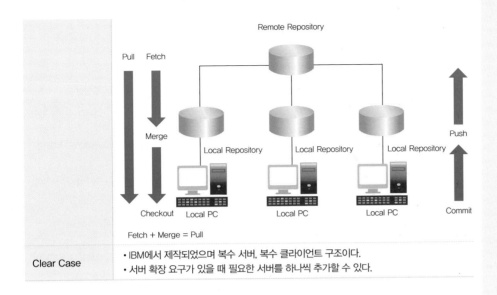

Fetch + Merge = Pull

Clear Case	• IBM에서 제작되었으며 복수 서버, 복수 클라이언트 구조이다. • 서버 확장 요구가 있을 때 필요한 서버를 하나씩 추가할 수 있다.

02 컴포넌트 저장소(Repository)

- 인증을 받은 컴포넌트를 등록하는 저장소로 손쉽게 컴포넌트를 이용할 수 있다.
- 저장소는 컴포넌트의 최신 버전을 유지하고 있으며, 컴포넌트의 버전별 상태도 유지하고 관리함으로써 사용자가 컴포넌트 이용을 쉽게 할 수 있도록 한다.

03 Git 주요 명령어

init	Git 생성하기
add	stage area에 파일을 추가하여 commit할 수 있도록 하기
commit	작업 내역 지역 저장소에 저장하기
branch	새로운 브랜치 생성하기
checkout	선택한 브랜치로 이동하기
merge	현재 브랜치와 지정한 브랜치를 병합하기
fetch	Git 서버에서 코드를 받아오기
pull	Git 서버에서 최신 코드를 받아와 병합하기
remote	원격 저장소 추가하기
clone	원격 저장소에 있는 프로젝트를 자신의 Local Machine에 내려받기
fork	타인의 원격 저장소의 내용을 자신의 원격 저장소로 복사하기
git config --global --list★	현재 설정 정보 조회하기
git --version	현재의 Git 버전 확인하기
git remote add	새로운 원격 저장소 추가하기

★ –
명령어 옵션 기호

★ ––
마지막 명령어 옵션에 사용하는 기호

04 Subversion(SVN) 주요 명령어

Import	아무 것도 없는 서버의 저장소에 맨 처음 소스 파일을 저장한다.
Check-in	체크아웃으로 가져온 파일을 수정한 뒤 저장소(Repository)에 새로운 버전으로 갱신한다.
Check-out	타 개발자가 수정 작업을 위하여 저장소(Repository)에 저장된 파일을 자신의 작업공간으로 인출한다.
Commit	체크인 시 이전 갱신 사항이 있는 경우 충돌(conflict)이 있으면 알림을 표시하고 diff(코드 비교) 도구를 이용하여 수정한 뒤 Commit(예치) 과정을 수행한다.
Diff	새로운 개발자가 추가된 파일의 수정 기록(Change Log)을 보면서 기존 개발자가 처음 추가한 파일과 이후 변경된 파일의 차이를 확인한다(Diff).
Update	저장소(Repository)에 존재하는 최신 버전 자료와 자신 작업공간과 동기화한다.
Branch	주 저장소(Repository)에서 파생된 프로젝트를 의미한다.
Fork	주 저장소(Repository)에서 소프트웨어 소스코드를 통째로 복사하여 독립적인 새로운 소프트웨어 개발 허용되는 라이선스를 따라야 한다.
Update	Commit 후 새로운 개발자가 자신의 작업공간과 Repository를 동기화(Update)한다.
Info	지정된 파일에 대한 정보를 표시한다.
merge	다른 디렉터리에서 작업 된 버전관리 내역을 기본 개발 작업과 병합한다.
trunk	개발 과정에서 메인 개발 소스가 모이는 디렉터리이다.
add	새로운 파일, 디렉터리를 버전관리 대상으로 등록한다.
export	버전관리 파일들을 제외한 순수 파일만 서버에서 받아온다.

01 버전관리 도구의 3가지 분류를 쓰시오.

· 답 :

02 다음에 설명하는 버전관리 툴의 이름을 쓰시오.

> · IBM에서 제작되었으며 복수 서버, 복수 클라이언트 구조이다.
> · 서버 확장 요구가 있을 때 필요한 서버를 하나씩 추가할 수 있다.

· 답 :

03 버전관리 도구 중 다음의 설명에 해당하는 것은 무엇인지 쓰시오.

> · 인증을 받은 컴포넌트를 등록하는 저장소로 손쉽게 컴포넌트를 이용할 수 있다.
> · 저장소는 컴포넌트의 최신 버전을 유지하고 있으며, 컴포넌트의 버전별 상태도 유지하고 관리함으로써 사용자가 컴포넌트 이용을 쉽게 할 수 있도록 한다.

· 답 :

04 Git 명령어 중 선택한 브랜치로 이동하는 명령어는 무엇인지 쓰시오.

· 답 :

05 SVN 명령어 중 새로운 개발자가 추가된 파일의 수정 기록(Change Log)을 보면서 기존 개발자가 처음 추가한 파일과 이후 변경된 파일의 차이를 보는 명령어는 무엇인지 쓰시오.

· 답 :

ANSWER **01** 공유 폴더 방식, 클라이언트/서버 방식, 분산 저장소 방식
02 Clear Case
03 컴포넌트 저장소(Repository)
04 checkout
05 diff

03 소프트웨어 빌드

출제
빈도

핵심포인트

빌드 자동화 도구 • Gradle

01 빌드(Build)

① 개념

- 소스코드를 컴파일한 뒤에 다수의 연관된 모듈을 묶어 실행 파일로 만드는 과정을 빌드라고 한다.
- 소스코드 파일을 컴퓨터에서 실행할 수 있는 상태 단위로 변환하는 과정 또는 결과물을 의미한다.
- 소스코드 파일이 실행 코드로 변환되는 컴파일 과정을 핵심으로 수행한다.
- 빌드에 따른 결과물을 대상으로 하는 상세 확인이 요구된다.
- 소프트웨어 개발자가 반복 작업해야 하는 코딩을 잘 짜인 프로세스를 통해 자동으로 실행하여, 신뢰성 있는 결과물을 생산해 낼 수 있는 작업 방식 및 방법이다.
- 프로세스 : 컴파일 → 패키징 → 단위 테스트 → 정적 분석 → 보고 → 배포 → 최종 빌드

② 제품 소프트웨어를 위한 빌드 기법

- 소프트웨어 빌드 시스템의 기본 개념을 알고, 빌드의 실행 단위 컴파일과 이를 위한 빌드 도구의 특징 및 사례들의 사전 확인이 필요하다.
- 빌드 도구는 이를 도와주는 유용한 유틸리티이며 이를 활용하여 컴파일 이외에도 제품 소프트웨어 완성을 위해 다양한 일을 할 수 있다.

02 빌드 자동화 도구

- 빌드 자동화 도구의 종류 : Gradle, Jenkins, Makefile, Ant, Maven
- 최근에 오픈 소스인 Gradle이 등장했으며, 구글이 안드로이드의 기본 빌드 시스템으로 Gradle을 선택하면서 사용자가 급증하였다.
- 빌드 자동화 도구의 기능 : 코드 컴파일, 컴포넌트 패키징, 파일 조작, 개발 테스트 실행, 버전관리 도구 통합, 문서 생성, 배포 기능, 코드 품질 분석

★ Groovy
자바를 기반으로 파이썬, 루비, 스몰토크 등의 특징을 더한 동적 객체 지향 프로그래밍 언어

★ DSL
웹 페이지에 사용되는 HTML과 같이 특정한 도메인에 특화된 언어

① Gradle

- Groovy★를 기반으로 제작된 DSL(Domain Specific Language)★을 스크립트 언어로 사용하는 오픈 소스 형태의 자동화 도구이다.
- 안드로이드 앱 개발 환경에서 사용된다.
- if, else, for 등의 로직 구현이 가능하고, XML을 사용하지 않아 간결하고 빠른 성능을 제공한다.

- 유연성과 확장성을 제공하며 하나의 Repository 내에 멀티 프로젝트를 구성할 수 있다.
- 스크립트는 Project와 Tasks 두 가지 개념으로 구성된다.

② Jenkins
- Java 기반의 오픈 소스 형태의 빌드 자동화 도구이다.
- 서버 기반의 도구로 클라이언트의 요청을 처리하기 위해 서버에서 실행되는 서블릿 (Servlet)과 실행 및 생명 주기를 관리하는 서블릿 컨테이너에서 실행된다.
- Web UI를 지원하고 SVN, Git 등의 대부분 형상관리 도구와 연동할 수 있다.
- 분산된 다수의 컴퓨터를 이용하여 분산 빌드, 테스트가 가능하다.
- RSS, E-mail을 통하여 빌드 실패 내역을 실시간 통지가 가능하다.

이론을 확인하는 **문제**

01 소프트웨어 빌드에 대하여 간략히 서술하시오.

- 답 :

02 빌드 자동화 도구의 기능을 3가지 쓰시오.

- 답 :

03 Java 기반의 오픈 소스 형태의 빌드 자동화 도구이며, 서버 기반의 도구로 클라이언트의 요청을 처리하기 위해 서버에서 실행되는 서블릿과 실행 및 생명 주기를 관리하는 서블릿 컨테이너에서 실행된다. 또한, Web UI를 지원하고 SVN, Git 등의 대부분 형상관리 도구와 연동 가능한 빌드 자동화 도구는 무엇인지 쓰시오.

- 답 :

ANSWER **01** 소스코드를 컴파일한 뒤에 다수의 연관된 모듈을 묶어 실행 파일로 만드는 과정
02 코드 컴파일, 컴포넌트 패키징, 파일 조작, 개발 테스트 실행, 버전관리 도구 통합, 문서 생성, 배포 기능, 코드 품질 분석
03 Jenkins

01 다음은 형상관리에 관한 설명이다. 다음이 설명하는 형상관리 단계를 쓰시오.

- 식별된 형상 항목의 변경요구를 검토, 승인하여 적절히 통제하는 단계이다.
- 형상통제위원회(CCB, Configuration Control Board)에서 변경요구를 수용할지 결정한다.
- 현재의 Baseline에 잘 반영될 수 있도록 조정하는 작업 단계이다.

• 답 :

02 형상관리 활동 4가지를 쓰시오.

• 답 :

03 형상관리에서 사용하는 베이스라인(Baseline)에 대하여 50자 내외로 간략하게 서술하시오.

• 답 :

04 다음에서 설명하는 빌드 자동화 도구를 쓰시오.

- Groovy로 제작된 DSL(Domain Specific Language)을 스크립트 언어로 사용하는 빌드 자동화 도구이다.
- Groovy와 유사한 도메인 언어를 채용하였다.
- 안드로이드 스튜디오의 공식 빌드 시스템이다.
- Java, C/C++, 파이선 등의 다양한 언어를 지원한다.
- 실행할 처리 명령들을 수집하여 Task로 만들고 Task 단위로 실행한다.

- 답 :

05 다음은 Subversion 주요 명령어이다. 빈칸에 알맞은 명령어를 순서대로 작성하시오.

- commit : 버전관리 대상으로 등록된 로컬 저장소의 변경 내용을 서버로 전송한다.
- (①) : 개발 과정에서 메인 개발 소스가 모이는 디렉터리이다.
- import : 아무것도 들어 있지 않은 원격 저장소에 최초 파일 업로드 시에 한 번만 사용한다.
- (②) : 로컬 저장소에 있는 파일들을 원격 저장소의 최신 버전으로 갱신한다.
- add : 새로운 파일, 디렉터리를 버전관리 대상으로 등록한다.
- diff : 지정된 소스의 이전 리비전과의 차이점을 비교한다.
- (③) : 버전관리 파일들을 제외한 순수 파일만 서버에서 받아온다.

- ① :
- ② :
- ③ :

06 다음은 Git에서 사용하는 명령어이다. 빈칸에 알맞은 명령어를 순서대로 쓰시오.

- add : 작업명세를 저장소에 저장하기 위해 Staging Area에 추가
- (①) : 작업한 내역을 지역 저장소에 저장
- branch : 새로운 branch 생성
- merge : 지정한 branch의 변경된 정보를 HEAD 포인터가 지시하는 branch에 반영
- (②) : 원격 저장소 내용을 자신의 원격 저장소로 복사

- ① :
- ② :

07 다음 보기는 소프트웨어 버전관리 도구이다. 공유 폴더 방식, 클라이언트/서버 방식, 분산 저장소 방식별로 구분하여 기호를 쓰시오.

가. SCCS	나. RCS	다. PVCS	
라. Git	마. GNU arch	바. Bazaar	사. Team Ware
아. Bitkeeper	자. CVS	차. SVN	카. Clear Case

- 공유 폴더 방식 :
- 클라이언트/서버 방식 :
- 분산 저장소 방식 :

합격을 다지는
예상문제 정답
(PART 08~PART 12)

CHAPTER 01 기본 SQL 작성하기

01 ❶ SQL
❷ 데이터 정의어(DDL)
❸ ADD
❹ CASCADE
❺ 데이터 조작어(DML)

02 ❶ CREATE
❷ NOT NULL
❸ REFERENCES
❹ VARCHAR 또는 VARCHAR2
❺ RESTRICT

03 ❶ FROM
❷ HAVING
❸ AND
❹ IS
❺ DISTINCT

04 ❶ VALUES
❷ UPDATE
❸ FROM
❹ ORDER BY
❺ IN

05 ❶ 데이터 제어어(DCL)
❷ ROLLBACK
❸ ON
❹ AVG
❺ LIKE

CHAPTER 02 고급 SQL 작성하기

01 =

02 ⓒ, ⓓ

03 ❶ Clustered
   ❷ Non-clustered

04 EXISTS

CHAPTER 03 응용 SQL 작성하기

01 1

02 TCL 또는 Transaction Control Language

03 COMMIT, ROLLBACK, CHECKPOINT

04 ❶ 2
   ❷ 2
   ❸ 200
   ❹ 100
   ❺ 50

05 GROUP BY ROLLUP

06 SELECT NAME, SCORE, RANK( ) OVER(ORDER BY SCORE DESC) AS R FROM STUDENT;

07
SELECT 과목이름, MIN(점수) AS 최소점수, MAX(점수) AS 최대점수 FROM 성적 GROUP BY 과목이름 HAVING AVG(점수) >= 90;

또는

SELECT 과목이름, MIN(점수) 최소점수, MAX(점수) 최대점수 FROM 성적 GROUP BY 과목이름 HAVING AVG(점수) >= 90;

또는

SELECT 과목이름, MIN(점수) AS "최소점수", MAX(점수) AS "최대점수" FROM 성적 GROUP BY 과목이름 HAVING AVG(점수) >= 90;

CHAPTER 04 | 절차형 SQL 작성하기

01 ❶ DECLARE
   ❷ BEGIN
   ❸ END

02 트리거 또는 Trigger

03 동적 SQL 또는 Dynamic SQL

04 ⓛ, ⓒ, ⓔ

05 AFTER 또는 after

06 INSERT, UPDATE, DELETE

07 IN

CHAPTER 01 소프트웨어 개발 보안 설계하기

01 안전한 소프트웨어 개발을 위하여 소프트웨어 생명 주기(SDLC)에 보안을 강화한 프로세스를 의미하며, 요구사항 분석, 설계, 구현, 테스트, 유지보수 등 SDLC 모든 과정에 걸쳐 적용되어야 할 보안 활동을 제시한다.

02 한국인터넷진흥원(KISA)

03 개인정보 보호법

04 ❶ 제15조
❷ 제28조

05 평문 전송, 입력값 미검증, 비밀번호 공유 등 위협을 유발할 수 있는 시스템 내부의 상황을 의미한다.

06 MS-SDL, Seven Touchpoints, CLASP

07 ❶ 위험 분석
❷ 테스트 계획

CHAPTER 02 소프트웨어 개발 보안 구현하기

01 Secure Coding

02 MD5

03 XSS(Cross Site Scripting)

04 SQL injection

05 코딩 과정에서 검사 시점과 사용 시점을 고려하지 않는 경우에 발행하는 보안 취약점이다.

06 CSRF(Cross Site Request Forgery)

07 가

08 Rainbow Table Attack

CHAPTER 01 | 기본문법 활용하기

01 ==0

02 ❶ 〉 A[i]
    ❷ 〈 A[i]

03 &&

04 for (String w :

05 1+2+3+4+5=15

06 n 〈 x.length

07 n.length

08 80.0

09 ❶ text.length()
    ❷ text.charAt(i)

10 9

11 16

12 4
    7
    3

13 ❶ 생성자 또는 Constructor
    ❷ 소멸자 또는 Destructor

14 ㉣

15 ❶ 상속
    ❷ 구체화

16 ❶ 1
    ❷ 11

17 ❶ input
    ❷ range

18 def add(a, b):

19	12 12 12 12
20	❶ e
	❷ if
	❸ True
21	import
22	in
23	55
24	C
	B
	A
25	len
26	1 5 7 5 9
27	kr
28	pass
29	['pass', 'dumok', 'a135']
30	[11, 13, 15, 17, 19]
	[12, 14, 16, 18, 20]
31	NOHTYP
32	item % 2
33	14
34	지불금액 : 21250원
35	㉣

CHAPTER 01   운영체제 기초 활용하기

01   비트로커 또는 BitLocker

02   RR, SRT, MLQ, MFQ

03   레지스터 → 캐시 메모리 → 주 기억장치 → 가상 메모리

04   ❶ 가상화 또는 Virtualization
        ❷ 클라우드 컴퓨팅 또는 Cloud Computing
        ❸ IaaS 또는 Infrastructure as a Service
        ❹ PaaS 또는 Platform as a Service
        ❺ SaaS 또는 Software as a Service

05   쉘 또는 Shell

06   파일의 링크 수, 파일이 만들어진 시간, 파일의 크기

CHAPTER 02   데이터베이스 기초 활용하기

01   ❶ 데이터베이스(Database)
        ❷ DBMS
        ❸ 스키마(Schema)
        ❹ 개체(Entity)
        ❺ 정보

02   ❶ DBMS
        ❷ 속성(Attribute)
        ❸ 외부 스키마
        ❹ 데이터 정의어(DDL)
        ❺ DBA

03   ❶ 개념적 설계
        ❷ 개체(Entity)
        ❸ 속성(Attribute)
        ❹ 후보키
        ❺ 개체 무결성

04 ❶ E-R 모델
    ❷ 1:n
    ❸ 관계 데이터 모델
    ❹ 튜플(Tuple)
    ❺ 관계 대수

05 ❶ 도메인(Domain)
    ❷ 디그리(Degree)
    ❸ 외래키(FK)
    ❹ 기본키(PK)
    ❺ 무결성

06 ❶ 셀렉트(Select)
    ❷ 외부 조인
    ❸ 원자값
    ❹ 외래키(FK)
    ❺ 참조 무결성

07 ❶ 이상(Anomaly)
    ❷ 종속
    ❸ 이행적 함수 종속
    ❹ 정규화(Normalization)
    ❺ VIEW

08 ❶ 제1정규형(1NF)
    ❷ 삽입 이상
    ❸ 부분 함수 종속
    ❹ AS
    ❺ 시스템 카탈로그

09 ❶ 트랜잭션(Transaction)
    ❷ 원자성(Atomicity)
    ❸ 부분 완료
    ❹ 회복
    ❺ 병행 제어

10 ❶ 인덱스(Index)
    ❷ 상속
    ❸ 보안
    ❹ Locking
    ❺ 종속 개체

11 ❶ 튜닝(TUNING)
    ❷ 데이터 마트(Data Mart)
    ❸ OLAP
    ❹ 투명성(Transparency)
    ❺ 내장 SQL

01 물리 → 데이터링크 → 네트워크 → 전송 → 세션 → 표현 → 응용

02 ❶ 20

ㅤ❷ 80

03 ⓐ, ⓑ, ⓒ

01   가 → 마 → 바 → 라 → 다 → 나 → 사

02   소프트웨어의 개발 효율성과 시스템 유지보수가 쉽도록 시스템을 기능별로 분류하는 것이다.

03   각 기능 모듈별로 작성한 실행 파일들을 모아 실제 사용할 수 있는 설치 파일을 제작하는 것을 말한다.

04   가, 나

05   제품 소프트웨어 버전 관리, 소프트웨어 버전 관리, 버전 관리

06   콘텐츠를 메타 데이터와 함께 배포 가능한 단위로 묶는 기능을 수행한다.

07   가 → 나 → 다 → 바 → 마 → 라

08   ❶ 목적
       ❷ 면책 조항

01   주의사항, 참고사항

02   주요 기능 분류

03   Incomplete, Performed, Managed, Established, Predictable, Optimizing level

04   이식성(Portability)

05   재사용성(Reusability)

06   효과성, 생산성, 안정성, 만족도

07   ISO/IEC 12119

01 형상 제어 또는 configuration control 또는 형상 통제

02 형상 식별, 형상 제어, 형상 상태 보고, 형상 감사

03 개발 과정의 단계별 산출물을 검토, 평가, 조정, 처리 등의 변화를 통제하는 시점의 기준이다.

04 Gradle

05 ❶ trunk
    ❷ update
    ❸ export

06 ❶ commit
    ❷ fork

07 • 공유 폴더 방식 : 가, 나, 다
    • 클라이언트/서버 방식 : 자, 차, 카
    • 분산 저장소 방식 : 라, 마, 바, 사, 아

자격증은 이기적!

이기적으로 공부하면
단기간에 합격할 수 있습니다.

자격증은 이기적!